权威·前沿·原创

皮书系列为
"十二五""十三五"国家重点图书出版规划项目

安徽上市公司蓝皮书

BLUE BOOK OF
LISTED COMPANIES IN ANHUI

安徽上市公司发展报告
（2019）

DEVELOPMENT REPORT ON LISTED COMPANIES IN ANHUI
(2019)

主　编／安徽上市公司发展报告编写组

社会科学文献出版社
SOCIAL SCIENCES ACADEMIC PRESS（CHINA）

图书在版编目(CIP)数据

安徽上市公司发展报告.2019/安徽上市公司发展
报告编写组主编. ––北京:社会科学文献出版社,
2019.10
　　(安徽上市公司蓝皮书)
　　ISBN 978 – 7 – 5201 – 5337 – 9

　　Ⅰ.①安…　Ⅱ.①安…　Ⅲ.①上市公司 – 研究报告 –
安徽 – 2019　Ⅳ.①F279.275.4

　　中国版本图书馆 CIP 数据核字(2019)第 171807 号

安徽上市公司蓝皮书
安徽上市公司发展报告(2019)

主　　编 / 安徽上市公司发展报告编写组

出 版 人 / 谢寿光
组稿编辑 / 恽　薇　王楠楠
责任编辑 / 王楠楠

出　　版 / 社会科学文献出版社·经济与管理分社 (010)59367226
　　　　　　地址:北京市北三环中路甲 29 号院华龙大厦　邮编:100029
　　　　　　网址:www.ssap.com.cn
发　　行 / 市场营销中心 (010)59367081　59367083
印　　装 / 三河市东方印刷有限公司

规　　格 / 开　本:787mm × 1092mm　1/16
　　　　　　印　张:36.75　字　数:556 千字
版　　次 / 2019 年 10 月第 1 版　2019 年 10 月第 1 次印刷
书　　号 / ISBN 978 – 7 – 5201 – 5337 – 9
定　　价 / 198.00 元

主要成员简介

陈　翔　法学博士学位，现任安徽省投资集团控股有限公司董事长、党委书记。对宏观经济、基金投资管理、类金融、企业治理、国有企业改革具有较深的研究造诣。著有《国有企业治理中的委托代理问题》《合伙协议治理规则属性的法律分析——以有限合伙制私募股权基金治理为视角》《浅析私募股权基金合伙协议的治理规则属性》《私募合伙人：有限合伙私募股权基金治理》等多部论著。

蔡　咏　现任国元证券股份有限公司董事长、党委书记，上海证券交易所博士后指导老师，安徽大学、安徽财经大学客座教授。对资本市场、上市企业、会计原理等具有较深的研究造诣。著有《实践的眼睛：证券公司与资本市场研究》《中国资本市场专题研究》《会计原理的学与教》等多项成果。

章宏韬　华安证券股份有限公司董事长、党委书记，中国证券业协会理事、上海证券交易所战略发展委员会委员、安徽省证券期货业协会会长、合肥工业大学兼职硕士生导师，对资本市场发展、上市公司治理、金融业务与管理等领域具有较深的研究造诣。

摘　要

2018 年，安徽省投资集团联合国元证券、华安证券、中科大管理学院等首次系统性开展安徽上市公司研究，发布《安徽上市公司发展报告（2018）》，为推动安徽上市公司高质量发展，形成了稳定、全面、可持续的研究成果。2019 年，继续用好"共建、共享、共用"合作研究平台，发挥"政产学研资"联手的独特优势，进一步深入研究安徽资本市场。本年度报告在 2018 年研究的基础上，继续对安徽上市公司进行跟踪研究，对排名变化做出总结；在关注安徽上市公司发展现状和趋势的同时，注重与江、浙、沪等长三角地区省市进行对比分析，充分揭示安徽上市公司发展存在的问题和差距，全面展示安徽上市公司发展的质量和水平。本报告按照"总报告—分报告—借鉴篇—专题报告"的递进式结构进行文章布局。

总报告系统总结了各报告的内容、结论，对比排名变化并分析原因，提出对策和建议，并进一步提高研究站位，升华结论与观点，旨在系统、准确地展示安徽上市公司总体发展情况。

分报告从上市公司业绩、投融资情况、营运能力、创新能力、社会贡献与社会责任情况、综合发展能力等六个方面，系统地考察了安徽上市公司发展状况。将各个层面进一步拆解为具体指标，不仅从总体上，还从行业结构、城市结构和股权结构层面，详细分析了上市公司发展状况；最后将各个层面的指标进行整合，做出综合评价，全面展示了安徽上市公司发展水平和质量。

借鉴篇对比分析了长三角各省市市值 TOP30 上市公司的行业分布、企业性质、创新以及盈利与分红等，并就推动长三角上市公司高质量一体化发展提出相应的对策建议。

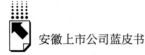

专题报告研究了股权投资基金及其对安徽企业的支持情况，对如何引导在皖股权投资基金更好地发挥作用提出相应的对策建议；全面分析了安徽港股上市公司的发展状况；对中证安徽发展指数进行介绍，并对重点成分公司进行了研究；对标长三角，探究金融供给侧改革视角下安徽区域金融发展路径；解析了安徽省近年来多个上市公司并购重组案例，结合存在的问题提出对策建议；探讨了安徽省信用债指数基金在提高企业融资效能方面的作用；专门研究了上交所科创板上市机制，通过与纳斯达克、香港市场、深圳创业板等板块发行机制进行比较，提出针对科创板上市企业的发展对策及安徽政策建议；研究了安徽上市公司商誉及商誉减值情况，并提出了相应的对策建议；同时研究了上市公司治理和内部控制的现状，详细分析了安徽典型案例，对内部控制缺陷进行总结并提出了对策建议。

关键词：上市公司　资本市场　长三角一体化　股权投资基金　并购重组

目　录

Ⅰ　总报告

Ⅱ　分报告

Ⅲ　借鉴篇

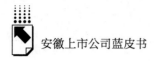
Ⅳ 专题报告

皮书数据库阅读**使用指南**

总 报 告

General Report

B.1
安徽上市公司发展研究

联合课题组*

摘　要： 上市公司是企业的优秀代表，上市公司的数量和质量，反映了区域经济发展水平和发展能力。在外部环境不确定性增加以及国内经济下行压力加大的形势下，促进企业上市和上市企业高质量发展，是增强区域经济实力、促进区域经济发展的有效途径。报告多维度分析评价了安徽上市公司发展质量，总结了头部上市公司、港股上市公司发展现状，同时介绍了股权基金、信用债指数对企业融资的推动作用以及上市公司商誉减值和内控治理等方面存在的风险。研究表明，安徽上市公司发展的内外部环境仍有很大的改善空间。报告分别从政府层面和企业层面提出了加快和改善上市公司发展的对策建议。希望整篇报告

---

* 联合课题组由安徽省投资集团中安研究院和中国科技大学管理学院工商管理创新研究中心共同组成。

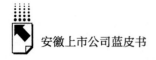

系统透彻的分析和具有针对性的对策建议，能够为政府制定和实施政策、企业改善经营管理提供参考，在促进企业上市、带动区域经济一体化发展等方面发挥积极作用。

关键词： 安徽省　上市公司　高质量发展

2018 年，面对复杂严峻的外部环境和艰巨繁重的改革发展稳定任务，安徽省坚持以习近平新时代中国特色社会主义思想为指导，深入贯彻十九大精神，坚持改革创新，攻坚克难，实现经济社会平稳健康发展，向现代化五大发展美好安徽建设迈出了新的步伐。全省生产总值突破 3 万亿元大关，经济发展质量和效益持续提高；科技创新实现重大突破，量子计算机控制系统、数字信号处理器、语音合成系统等领域一大批重大源头创新成果不断涌现；结构调整取得积极进展，高新技术产业增加值、战略性新兴产业产值大幅增长，新产业、新业态、新模式加速成长。同时，一批优势企业通过资本市场迅速做大做强，成为安徽经济发展的重要推动力量，为全省经济社会发展做出了重大贡献，也为安徽更好地融入长三角一体化发展发挥了积极作用。

上市公司是企业的优秀代表，是经济发展的支柱力量，上市公司的数量和质量，反映区域经济发展水平，体现区域经济发展能力。2018 年，安徽上市公司主动适应国家和区域推动经济转型升级的发展大局，聚焦主业和实业，稳健经营，保持业绩平稳增长，投融资水平、营运能力和创新水平不断提升，社会贡献能力持续增强，在自身转型升级发展的同时，也带动了行业和区域经济整体发展。特别是在长三角一体化发展国家战略的引领下，安徽上市公司为区域产业合作、技术合作、资源合作等提供了有力支撑，在优化区域资源配置，推动区域经济高质量发展等方面起到了引领和示范作用。

但是，安徽上市公司发展也面临着很多困难。从宏观层面来看，外部环境复杂严峻，国际产业同质化竞争激烈；产业结构偏重偏旧，传统工业经济在国民经济中的比重仍然较大；资本市场优化资源配置功能偏弱，直接融资偏向重资产、大规模、国有企业。从上市公司自身来看，部分企业治理结构不完善，内控机制存在缺陷；营运能力相对不足，经营管理有待加强；创新能力分布高度不均衡，整体水平仍然偏低。要克服这些困难，必须深化研究，找准问题，进一步理清推动安徽上市公司高质量发展的思路和举措。

本年度报告在《安徽上市公司发展报告（2018）》的基础上，继续对安徽省上市公司进行跟踪研究，对排行变化做出总结，并针对安徽省上市公司发展尚存问题，提出针对性对策建议，为政府部门政策制定和上市公司发展提供参考。报告由一个总报告、六个分报告、一个借鉴篇、九个专题报告共四个部分构成。

分报告，从上市公司业绩发展、投融资、营运能力、创新能力、社会贡献与责任、综合能力六个方面，系统考察了安徽上市公司发展状况。将各个层面进一步拆解为具体指标，不仅从总体上进行研究，还从行业结构、城市结构和股权结构层面做了详细分析；最后将各层面指标进行整合做出综合评价，全面展示了安徽上市公司的发展水平和质量。

借鉴篇，在长三角一体化发展上升为国家战略的背景下，对比分析了长三角各省市 TOP30 上市公司行业分布、企业性质、创新以及盈利与分红等，并就推动长三角上市公司高质量一体化发展提出了相关对策建议。

专题报告，研究了股权投资基金及其对安徽企业的支持情况，对如何引导在皖股权投资基金更好地发挥作用提出了对策建议；全面分析了安徽香港上市公司的发展状况；对中证安徽发展指数做了详细介绍；对标长三角，探究了金融供给侧改革视角下安徽区域金融发展路径；探讨了安徽省债券指数基金在提高企业融资效能方面的作用；专门研究了上交所科创板上市机制，通过与纳斯达克、香港市场、深圳创业板等板块发行机制比较，研究探讨针对科创板上市企业的发展对策及安徽政策建议；研究了安徽上市公司商誉及商誉减值情况；还对上市公司治理和内部控制、上市公司并购重组做了专题研究。

报告全景式地描述分析了安徽省上市公司的运营、治理和发展状况，从多个方面系统地进行了考察评估，通过细致的数据指标测度，全面展示了上市公司和资本市场"安徽板块"发展水平和质量，为完善资本市场体系和宏观经济决策提供了参考。报告针对安徽省上市公司存在的问题，从政府和

企业两个层面提出相关对策措施，有利于进一步优化政策，激励和推进企业上市，提高上市公司发展质量，对于安徽企业发展、区域经济发展、区域一体化协同发展都具有重要的战略意义。

一 安徽上市公司总体概况

总体来看，截至 2018 年 12 月 31 日，安徽上市公司总数达 112 家①，其中，A 股上市公司 103 家、港股上市 11 家、国外上市 1 家。2018 年，新增上市企业 7 家，退市 1 家，其中，新增 3 家 A 股上市、3 家港股上市、1 家纽交所上市。

截至 2018 年底，安徽 112 家上市公司总市值达 9364.51 亿元，占同年安徽 GDP 的 31.2%；累计总资产规模达 23922.42 亿元、净资产规模达 7089.88 亿元，分别较上年增加 16.1% 和 16.3%；实现营业总收入 9269.06 亿元、净利润 844.04 亿元，分别较上年增长了 23.5% 和 39.4%。其中，103 家 A 股上市公司 2018 年共实现营业总收入 8810.64 亿元，同比增长 21.11%；实现净利润 642.00 亿元，同比增长 31.23%。2018 年，安徽上市公司营收规模总体提升，业绩状况持续改善。

从全国位次、行业结构、区域结构、板块结构、融资规模等方面来看，2018 年安徽上市公司发展呈现如下特征。

（一）全国地位：市值继续领先中部，上市数量位次后移

上市公司数量代表着一个区域内优质企业数量，特别是代表着该区域企业成长能力、未来发展前景和规范经营水平。截至 2018 年 12 月 31 日，安徽 A 股上市公司有 103 家，在全国排名第 10 位，相较于上年同期下降 1 个位次；从港股数量看，安徽在全国与湖北、江西并列第 13 位；从国外市场看，华米科技成功登陆纽交所，成为首家国外上市皖企，安徽企业国外资本市场上市实现零的突破，但安徽国外上市公司数量在全国仅排第 18 位（见表 1）。

---

① 总数剔除了多地同时上市的重复计算情形。

　　上市公司市值体现企业在资本市场上的价值，也反映投资者对该企业发展的信心。借助市值运营，提升市场价值，是上市公司应该高度重视的工作。截至 2018 年 12 月 31 日，安徽 A 股 103 家上市公司，市值达 8335.04 亿元，在全国 A 股上市公司市值总量中占据 1.73%，全国排名为第 10 位，在中部地区排名继续维持第 1 位，中部其他省份分别是湖北 8307.19 亿元、湖南 7092.04 亿元、河南 7067.79 亿元、山西 4152.43 亿元、江西 3078.30 亿元（见图 1）。安徽港股上市公司市值 1470.11 亿元，其中海螺水泥 415.19 亿元、海螺创业 368.45 亿元、徽商银行 362.1 亿元，占据前三位（见图 2）。

表 1　2018 年分省份 A 股、港股和国外上市公司数量 TOP20

单位：家

A 股上市公司			香港上市公司			国外上市公司		
排名	省份	数量	排名	省份	数量	排名	省份	数量
1	广东	584	1	广东	186	1	北京	110
2	浙江	431	2	北京	166	2	上海	60
3	江苏	396	3	上海	110	3	广东	45
4	北京	317	4	江苏	66	4	浙江	26
5	上海	283	5	福建	53	5	福建	21
6	山东	193	6	浙江	49	6	江苏	18
7	福建	134	7	山东	37	7	山东	15
8	四川	119	8	四川	21	8	湖北	6
9	湖南	104	9	河南	21	9	陕西	5
10	安徽	103	10	河北	20	10	辽宁	4
11	湖北	101	11	辽宁	16	11	四川	3
12	河南	80	12	天津	12	12	河南	3
13	辽宁	72	13	安徽	11	13	江西	3
14	河北	55	14	湖北	11	14	湖南	3
15	新疆	55	15	江西	11	15	海南	3
16	天津	51	16	重庆	9	16	天津	2
17	重庆	49	17	新疆	7	17	广西	2
18	陕西	48	18	内蒙古	6	18	安徽	1
19	江西	42	19	湖南	5	19	河北	1
20	吉林	41	20	陕西	5	20	重庆	1

　　注：2019 年 6 月，众泰汽车的注册地址从安徽迁出，本报告以截至 2018 年 12 月 31 日安徽省 A 股 103 家上市公司为分析对象，仍然包括众泰汽车。分省份不包括港、澳、台，余同。

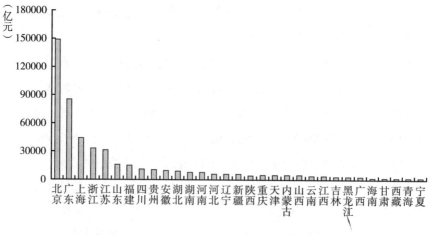

图1 2018年底各省份A股上市公司总市值比较

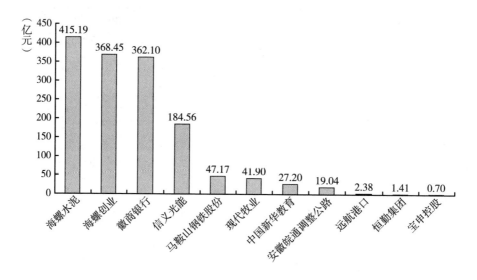

图2 2018年底安徽港股上市公司市值

注：A股、港股同时上市的，仅统计港股市场市值。

（二）新上企业：上市后备资源尚可，上市过会率偏低

企业上市速度反映出一个区域优质企业成长速度，也体现出企业上市筹资发展和扩张经营的意愿，还代表着区域获得外部资金来发展本地经济的能

力。纵向对比来看，2018 年在史上最严发审委的把关之下，安徽省全年上市企业数量相较于前两年大幅度下降，仅有 3 家（华菱精工、伯特利、长城军工）上市（见图 3）；横向对比来看，与其他中部省份比较，2018 年安徽新增上市公司数量落后于湖南、湖北（见图 4），这主要是由安徽上市过会率偏低导致，2018 年安徽省 4 家上会企业中，仅伯特利 1 家过会上市（长城军工为 2016 年过会，华菱精工为 2017 年过会）；湖北省上会企业 7 家，过会 6 家；湖南省上会企业 5 家，过会 3 家；江西上会 3 家，过会 2 家。

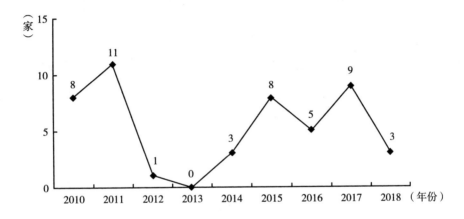

图 3　2010 年以来安徽省新增上市公司数量

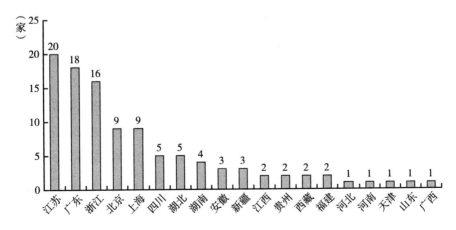

图 4　2018 年全国 A 股 IPO 家数区域分布

从上市后备资源来看，截至 2019 年 6 月 20 日，安徽省 IPO 在审企业 20 家，远多于湖南（6 家）和湖北（7 家），安徽省在会排队企业数量优势明显。此外，安徽辅导备案企业数量达到 64 家，大幅高于中部其他省份。可以看到，相较于中部其他省份，安徽上市后备资源充裕，如果提高企业质地以及过会率，安徽企业上市数量仍有望保持中部领先地位。

（三）行业结构：工业化中后期特征明显，产业综合竞争力偏弱

上市公司行业结构反映了各行业发展情况，体现了行业发展龙头企业带动作用和优质企业数量。总体上看，安徽省 A 股上市公司行业结构与上一年度相比无明显变化。截至 2018 年底，安徽省第一产业有 2 家上市公司，第二产业有 77 家，第三产业有 24 家，第二产业上市公司数量占比达到 75%，其中制造业 69 家。安徽省上市公司第二产业比重大，与安徽省 GDP 行业结构相近，体现出工业化中后期的产业特征（见图 5）。

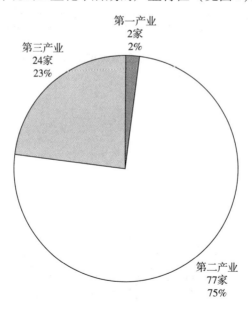

图 5 安徽省上市公司各产业结构

从各产业内部行业分布来看，第一产业 2 家上市公司都属于种子行业。第二产业共 77 家上市公司，其中制造业 69 家，采矿业 3 家，建筑业 3 家，电力、热力、燃气及水生产和供应业 2 家。制造业 69 家企业的行业分布为：化学原料及化学制品制造业 10 家，电气机械及器材制造业 7 家，汽车制造业 6 家，通用设备制造业 6 家，橡胶和塑料制品业及专用设备制造业各 5 家，计算机、通信和其他电子设备制造业，酒、饮料和精制茶制造业，医药制造业，有色金属冶炼及压延加工各 4 家，纺织业与金属制品业各 3 家，非金属矿物制品业 2 家，黑色金属冶炼及压延加工、化学纤维制造业、家具制造业、农副食品加工业、印刷和记录媒介复制业、造纸及纸制品业各 1 家（见图 6）。制造业上市公司中资源加工业公司较多，机电制造业公司较少，反映了安徽仍然处于工业化中后期，经济主要依赖劳动密集型和资源密集型传统产业，高端制造业实力仍然比较薄弱，产业整体竞争力偏弱。

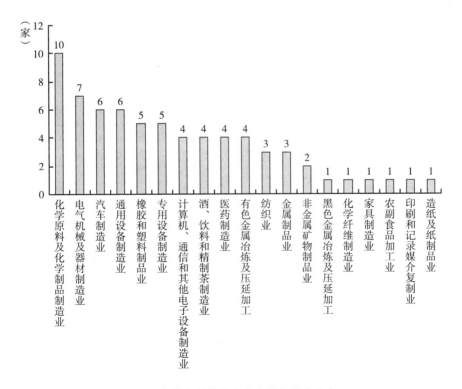

图 6　安徽省制造业上市公司各行业分布

第三产业上市公司24家，分别是信息传输、软件和信息技术服务业5家，水利、环境和公共设施管理业4家，批发和零售业3家，金融业3家，房地产业3家，交通运输、仓储和邮政业2家，文化、体育和娱乐业2家，科学研究和技术服务业1家，教育业1家（见图7）。公共管理和社会组织，国际组织，卫生、社会保障和社会福利业等行业没有上市公司。服务业上市公司中信息服务、金融服务、公共服务等现代服务业企业偏少，现代产业体系亟须加强。

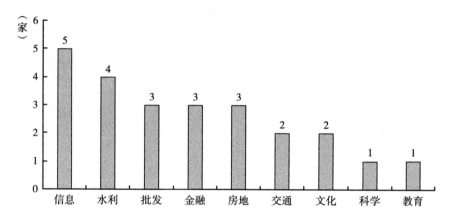

图7　安徽省第三产业上市公司各行业* 分布

　　*行业简称：制造代表制造业；信息代表信息传输、软件和信息技术服务业；文化代表文化、体育和娱乐业；水利代表水利、环境和公共设施管理业；批发代表批发和零售业；农林代表农、林、牧、渔业；科学代表科学研究和技术服务业；交通代表交通运输、仓储和邮政业；建筑代表建筑业；房地代表房地产业；电力代表电力、热力、燃气及水生产和供应业；采矿代表采矿业；金融代表金融业。本报告余同。

（四）区域结构：非均衡特征明显，上市数量区域差异较大

　　上市公司数量和质量反映了城市经济发展水平和发展能力。因此，各城市上市公司数量存在明显差异，说明中心城市集聚效应明显，且中心城市对周边城市的"虹吸效应"大于"辐射效应"，体现了区域经济发展不平衡的典型特征。随着经济持续增长以及政府的政策干预，各地市充分发挥比较优势，区域经济有望更加协调发展。

　　从安徽各地市上市公司数量分布看，非均衡特征明显。截至2018年底，合

肥市上市公司达到45家，占据安徽省A股上市公司总数的四成以上；芜湖市13家，宣城市8家，马鞍山市7家，铜陵市6家；淮南市、六安市、安庆市、蚌埠市、黄山市、滁州市和淮北市作为地级市，只有2~4家上市公司；亳州市、池州市、阜阳市均只有1家；宿州市因唯一的上市公司中弘股份（原借壳科苑股份上市）被强制退市，成为安徽省16个地级市中唯一没有上市公司的城市（见图8）。

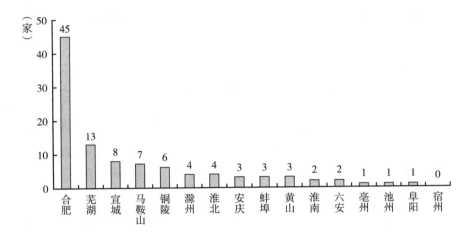

图8 安徽省各地市上市公司数量分布

从皖江城市带来看，上市公司数量达到87家，占全省上市公司总数的80%以上，其中合肥市占皖江城市带上市公司数量的50%以上；芜湖市上市公司数量仅相当于合肥市的29%；宣城市上市公司主要集中在县级市宁国；安庆市作为一个地域大市、人口大市却表现一般，只有3家上市公司，其中一家（盛运股份）已经负债累累；滁州市地处安徽面向江浙沪的桥头堡地区，上市公司仅有4家；池州市也仅有1家。

从合芜蚌国家自主创新示范区来看，A股上市公司总数量61家，合肥市占73%以上。蚌埠市仅有3家上市公司，且15年多没有新增上市公司，还不足合肥市的1/14。芜湖市的发展不足和蚌埠市明显弱势体现得非常明显，虽然享有合芜蚌自主创新示范区相同政策，但从上市公司数量来看，发展差距明显。

从皖北振兴来看，蚌埠市、淮南市、淮北市、阜阳市、宿州市和亳州市6个地级市，占安徽省一半的面积和一半以上的人口，A股上市公司总数却只有11家，总体不足芜湖市一个城市，是合肥市的近1/4，既反映了皖北经济薄弱，也说明了皖北振兴十分迫切。

（五）板块结构：国外上市实现零突破，多元市场布局有待优化

不同资本市场的功能有差异，所体现的企业属性也有差异。主板市场是中国主要的资本市场，集聚了一大批在上交所和深交所上市的优质公司。中小企业板是对主板市场的重要补充，暂时无法在主板上市的创业型企业、中小企业和高科技企业可在中小板市场上市，中小板可为其提供融资途径和成长空间，在资本市场上有着重要位置。创业板市场在中国特指深圳创业板，地位次于主板市场的二级证券市场，最大的特点就是低门槛进入、严要求运作，有助于有潜力的中小企业获得融资发展机会。政府和企业应结合不同市场板块的特征，合理引导和选择不同市场上市融资，形成有效利用不同资本市场、百舸争流的上市格局。

就板块分布而言，截至2018年底，安徽省A股上市公司包括主板市场62家，中小板市场27家，创业板市场14家（见图9）。安徽省资本市场结构主要呈倒三角结构，安徽企业在利用中小板和创业板上市融资方面，还有较大发展空间。

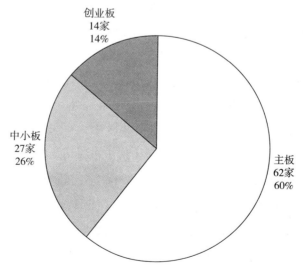

图9　安徽省上市公司板块分布

　　另外，境外市场能够帮助大型企业快速筹集到大量资金，给予国际规范的引导，推动企业按照国际市场准则迅速发展，并帮助所处区域吸引外资。2018年，华米科技成功登陆纽交所，成为安徽唯一一家在海外上市公司，标志着安徽省企业走向国际资本市场实现重大突破，为其他企业国外上市提供了很好的范本。

　　港股市场方面，安徽省是内地企业赴港上市先行者，自1993年马钢股份赴港上市以来，皖企在香港上市共有11家（见图10）。从总体运营来看，安徽省赴港上市公司表现良好。总营业收入和净利润稳步增长，2018年安徽省赴港上市公司总营业收入达2918.12亿港元，净利润达630.78亿港元。从融资能力来看，截至2019年3月底，安徽省赴港上市公司总市值为1844亿港元，总融资规模为214亿港元。与江浙沪相比，虽然总市值和总规模差距较大，但安徽省赴港上市公司平均市值（167.75亿港元）超过"江浙沪"地区（上海市147.48亿港元，浙江省89.55亿港元，江苏省64.54亿港元）；平均募集资金总额（19.46亿港元）高于江苏省（15.17亿港元）和浙江省（10.12亿港元）。一方面，说明安徽省赴港上市公司质量较优；另一方面，也说明安徽省赴港上市公司数量较少，未来仍有进一步提升的空间。安徽省可以通过挖掘已在A股上市或新三板挂牌企业、本土特色品牌企业，进一步推进省内优质企业赴港上市。

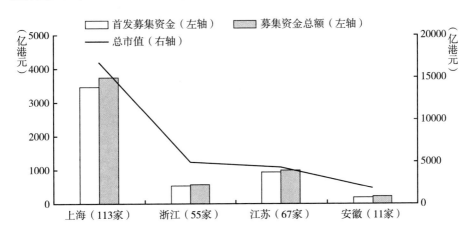

图10　江浙沪皖赴港上市公司市值和融资对比

（六）股权属性：民企数量超过半数，国企规模实力占优

不同属性的上市公司面临的市场、政策环境都存在差异。本报告中的央企是指中央所属企业掌握上市公司控制权或占据大股东地位的企业；国企是指安徽省地方国有资本掌握上市公司控制权或占大股东地位的企业；民企是指主要股东是由民营资本控制的企业，在本书中有时也简称为民营；外企是指外国或境外资本控股的企业；除此之外，还有少数是集体所有制资本控制的企业及公众企业。

从数量分布看，截至2018年底，民营企业占据安徽省上市公司总数的五成以上（53家），国企36家，央企8家，集体企业3家，外资企业2家，公众企业1家（见图11）。从市值规模看，安徽民营上市公司市值2823亿元，占所有上市公司市值的33.9%；央企和地方国企控制的上市公司市值达5225亿元。安徽民营上市公司数量虽然较多，但市值规模远低于国有企业（见图12），说明安徽省上市公司中民营企业实力不强、外资经济相对偏弱，经济活力和对外开放度不够；同时，国有企业规模占比较大，表明安徽省有待进一步深化国有上市公司资本结构改革，大力发展混合所有制经济，增强上市公司活力。

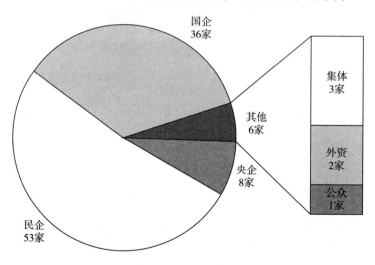

图11　安徽省上市公司企业股权结构情况

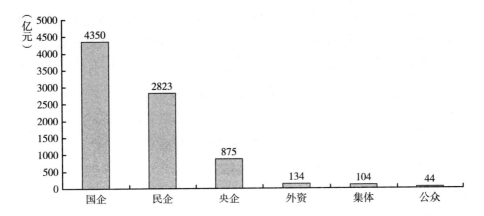

图 12　2018 年底安徽不同性质上市公司市值分布

（七）融资规模：融资余额首超万亿元，再融资能力有待加强

融资是企业筹集资金进行投资的行为与过程，也是企业调整资本结构的重要手段。融资规模反映了上市公司利用资本市场筹措资金的能力。安徽上市公司到 2018 年底总融资规模（余额）首超万亿元，达 10218.74 亿元，融资能力的稳步提升有助于上市公司借助资本市场平台不断做优做强（见图 13）。

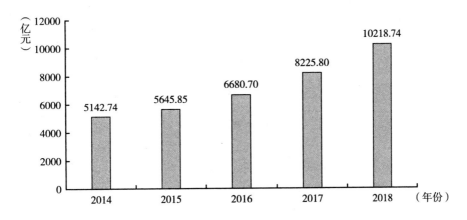

图 13　2018 年底安徽省上市公司融资总规模

上市公司股权融资分为初始融资与再融资，初始融资是指上市公司首次向社会公开发行股票并上市的行为。再融资则是指上市公司通过配股、增发等方式在证券市场上进行的直接融资。截至 2018 年 12 月 31 日，安徽上市公司初始融资总额为 538.38 亿元，其中，华安证券 51.3 亿元，马钢股份 23.7 亿元，新集能源 20.7 亿元，占据前三位。安徽上市公司再融资总额为 2244.25 亿元，其中增发总额① 2199.35 亿元，配股总额 44.90 亿元。国元证券、淮北矿业、海螺水泥再融资总额占据前三，分别为 244.14 亿元、214.20 亿元和 156.09 亿元。

可以看到，安徽上市公司再融资规模仅占总融资余额的 22%，银行借款等间接融资在上市公司融资中仍占主导地位，上市公司利用资本市场再融资的能力较弱。除去近三年新上市企业，安徽 86 家 A 股上市公司中，包括合肥城建、荃银高科、马钢股份等在内的多达 19 家企业，自上市至今没有进行过再融资。安徽资本市场融资功能未能充分发挥，对降低企业负债率、促进企业发展、防范金融风险的作用有限。

此外，安徽上市公司股权融资主要是通过增发的方式，投向存量企业，新上市企业获得融资较少。截至 2018 年底，A 股累计首发融资总额仅占股权融资总额的 19.3%，其中，2018 年当年，首发融资占股权融资额的比重仅为 4.1%。与此形成对比的是安徽 20 家企业在 IPO 排队，而过会平均等待时间为一到两年，融资需求旺盛，但未能通过资本市场实现有效资源配置。通过资本市场再融资，突破传统股权融资期限固定、股东实力弱等限制，是上市公司发展壮大的助推器，值得高度重视。

（八）多层次市场：直接融资再创新高，连续三年排名前移

资本市场是现代金融体系的重要组成部分，上市融资是直接融资，融资成本低，直接注入企业发展，且有利于企业规范经营。在金融供给侧结构性

---

① 增发总额是指上市以来以定向增发、公开增发方式募集资金总额，包括资产募集金额和货币募集金额。

改革的背景下，安徽省包括主板、中小板、创业板、新三板等在内的多层次资本市场基本形成。截至 2018 年 12 月 31 日，安徽省全部上市公司 112 家（103 家 A 股上市公司、11 家香港联交所上市公司和 1 家海外上市公司），新三板挂牌企业 340 家，省股权交易市场挂牌企业达 2986 家，其中 2018 年新增境内外上市公司 7 家（华菱精工、伯特利、长城军工 3 家境内上市公司和华米科技、中国新华教育、宝申控股、远航港口 4 家境外上市公司）、新三板挂牌企业 26 家、省股权托管交易中心挂牌企业 1127 家。在全国金融去杠杆、强监管、防风险深入推进的环境下，安徽省直接融资规模再创新高，有力支撑了全省经济社会发展。2018 年实现直接融资 5771.6 亿元，居全国第 12 位，连续 3 年在全国排名前移。

虽然安徽省资本市场发展取得了长足的进步，但对比发达省市，在支撑全省经济方面仍有短板。首先，各层次资本市场衔接不够，2018 年安徽省共有 4 家 IPO 企业上会，仅 1 家企业成功过会，过会率仅为 25%，创历史新低（见图 14）。鉴于过会平均等待时间要 1～2 年（2018 年全国 A 股 IPO 平均排队时长约为 443 天），安徽省后续上市资源尚需时间衔接，三板和四板未能有效为主板资本市场提供优质的后备力量。其次，仍需持续扩大直接融资规模，优化社会融资结构。据初步统计，2018 年全年安徽省新增贷款

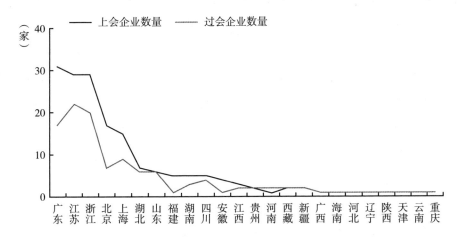

图 14　2018 年各省市 IPO 上会和过会公司数量

和直接融资累计突破1万亿元,有力支撑了安徽省经济社会发展。但当前安徽省间接融资仍然占据主导地位,直接融资规模显著小于上海、浙江、江苏等经济发达地区(2018年江苏省直接融资规模超2万亿元,是安徽省的4倍)。

(九)股权基金:助力企业上市发展,优化企业融资机制

近年来,安徽省按照"政府引导、市场化运营、专业化管理"的原则,逐步构建起覆盖企业生命全周期的省级股权投资基金体系。截至2018年底,分别由安徽省财政厅、安徽省投资集团、国元证券、华安证券等发起设立的股权基金母基金总规模超过1200亿元,设立子基金32只,规模362亿元。省级股权投资基金在支持安徽战略性新兴产业发展和优化安徽企业融资机制方面发挥了重要作用,是促进安徽企业上市和上市公司成长的有力工具。

一方面,股权基金通过"产业+基金"和"基地+基金"模式,服务全省"三重一创""制造强省"等重大发展战略,支持产业、基地、园区建设,形成促进战略性新兴产业发展的空间布局。另一方面,股权基金积极对接多层次资本市场,引导安徽优质企业依托多层次资本市场集群化加速成长。据统计,2010~2018年安徽省共有47家公司完成A股IPO,其中在上市前有股权基金支持的共34家,占比72.34%,高于全国比例。安徽省企业对于股权基金的吸引力以及股权基金发挥的作用都高于全国平均水平。

此外,安徽市场也涌现出一些创新指数产品,对上市公司优化资产结构、提高资产质量、推动金融有效服务实体经济、树立安徽资本市场形象,产生了积极影响。例如,中证"安徽发展"指数、"皖江30"指数、中债-安徽省公司信用类债券指数等发布以及围绕指数开发相关基金产品,一方面为投资者参与安徽上市公司发展提供良好的投资工具,另一方面为上市公司提供高效的金融资产管理工具,有助于打造安徽资本流动平台,建立安徽企业融资的长效机制,促进实体经济与金融发展有效结合,对于改善安徽投融资环境及提升投融资效率具有重要意义。

2018 年，整个资本市场跌宕起伏，外有中美贸易摩擦、全球流动性边际收缩等不确定因素影响，内有房地产政策收紧、信用违约、资管新规等冲击，市场在内忧外患中经历了艰难的一年。虽然安徽上市公司在 2018 年取得了新的发展进步，但在内外双重紧缩和市场不断下跌下，也暴露了一些风险和问题。

一是股权质押风险依存。截至 2018 年底，安徽 A 股上市公司质押股份数量合计为 115.93 亿股，质押股份市值合计为 682.03 亿元。部分中小企业股权质押比例较高，风险不容忽视，其中，质押股份占总市值比重最高的上市公司为 ST 新光，其控股股东至报告期末共质押 12.41 亿股，占其持股比例的 98.3%，质押股份占总市值比重约为 67.89%。截至 2019 年 4 月底，有 12 家上市公司第一大股东质押比例超过 80%，存在股票质押风险的有 5 家公司，分别为 ST 新光、司尔特、盛运环保、铜峰电子、梦舟股份，质押融资额共计约 115 亿元。

二是并购重组导致上市公司迁出。近年来，由于规模相对较大的外省企业借助安徽经营不善、发展困难的上市公司"壳"资源完成重组上市或重大资产重组，部分上市公司主营业务变更，业务经营地与原注册地分离，最终导致上市公司变更工商注册地址，由安徽迁出。据统计，2018 年，安徽有顺丰控股、众泰汽车两家上市公司迁址省外，目前仍有 7 家上市公司存在迁出风险。因并购重组而发生的迁址行为值得高度关注。

三是商誉减值风险凸显。自 2012 年以来，安徽上市公司确认商誉规模不断增加，截至 2018 年底，55 家上市公司确认的商誉总规模达到了 257.50 亿元，占 103 家上市公司总资产和净资产比重分别为 2.04% 和 4.36%。商誉整体金额高企，风险释放压力较大。由于近两年是并购业绩承诺的到期年，对赌业绩完成不理想，安徽上市公司出现了大规模集中商誉减值，商誉资产缩水较为严重，商誉减值风险严峻。2018 年，共有 16 家上市公司计提商誉减值，共确认了 26.53 亿元的商誉减值损失，同比增长 139.13%。减值损失成为上市公司亏损的重要原因，将会对企业发展和市场稳定产生冲击。

四是企业治理和内控机制亟待完善。从安徽上市公司实践来看，当前主要存在国有控股上市公司党委会与"三会"运作关系未理顺，"内部人"控制，导致内控存在重大缺陷、未建立健全风险评估机制、治理与内控机制流于形式、监管机制不完善等诸多问题。安徽 2018 年中弘股份退市，3 家上市公司（ST 新光、＊ST 华信、＊ST 安凯）被 ST，9 家上市公司（盛运环保、江淮汽车、梦舟股份、＊ST 华信、＊ST 安凯、融捷健康、六国化工、ST 新光、德力股份）出现亏损甚至巨额亏损，其中，中弘股份和盛运环保便是在近两年发生对外担保、未履行董事会和股东大会审批程序等内部控制问题。因此，提高公司治理水平、完善内部控制机制成为上市公司实现高质量发展的重要内容。

同时，受宏观市场环境的影响，部分上市公司尤其是一些民营企业经营现金流缩减、负债杠杆较高，企业的债务压力凸显，债务违约风险加大。大股东股权质押、债务逾期、流动性风险交织，导致违规占用资金和对外担保等行为有所"抬头"，个别公司涉嫌通过重大非常规交易侵占上市公司利益等行为时有发生，违法违规风险也不容忽视。

纵观 2018 年，在经历过资本市场的跌宕起伏之后，通过股权和债权等多方面多途径对上市公司进行驰援，使企业的流动性得以改善，市场对上市公司盈利能力和资产负债状况的信心也在不断恢复。同时，安徽正在大力推进国企改革、民企转型、创新驱动、多层次资本市场建设，加速融入长三角一体化发展。在新旧动能的转换中，安徽上市公司更应坚定从高速增长向高质量增长转换的决心，不断提高治理水平，妥善应对变化，全力做好风险控制，努力实现更高质量发展。

二　安徽上市公司多维度评价

评价指标体系是一种系统全面描述和评价社会经济现象的方法。本报告沿用上年设定的上市公司评价指标体系，评价安徽省 103 家（截至 2018 年底）A 股上市公司（见表 2）。

表 2　安徽省上市公司评价指标体系

评价维度	细分指标			评价维度	细分指标	
业绩发展	权益净利率（ROE）			营运能力	总资产周转率	
	资产收益率（ROA）				流动资产周转率	
	收入净利率				固定资产周转率	
	每股盈利（EPS）				应收账款周转率	
投融资水平	投资	内部投资	流动资产		存货周转率	
			固定资产	创新能力	创新投入	研发强度
			无形资产			高学历员工比例
		外部投资	可供出售金融资产		创新产出	每百人专利申请数
			持有至到期投资			主营业务利润率
			长期股权投资	社会贡献与社会责任	社会贡献	社会贡献率
			其他金融类投资			社会积累率
	融资		发行股票融资			每股社会贡献值
			债券融资		社会责任	责任管理
			银行借款融资			市场责任
			商业信用融资			社会责任
			自我累计融资			环境责任

报告采取分总评价模式，首先从业绩发展、投融资水平、营运能力、创新能力、社会贡献与社会责任五个维度综合评价安徽省上市公司，在具体评价时，选取有代表性的指标构建各维度评价体系；其次，选取业绩发展、营运能力、创新能力和社会贡献与社会责任四个维度进行综合系统评价，形成上市公司综合发展能力排名。报告中使用的熵值赋权法，是基于"差异驱动"原理，突出局部差异，由各个样本的实际数据求得最优权重，反映了指标信息熵值的效用价值，避免了人为因素的影响。基于这样的研究思路和方法，形成以下基本评价结果。

（一）业绩发展总体向好，两极分化现象明显

业绩是上市公司在一定经营期的经营效益，是企业经营、成长、发展成果的直接体现，也是彰显企业质量高低的直接指标。在经历 2015 年短暂下挫以后，安徽上市公司经营业绩持续改善，盈利能力总体向好。2018 年，

安徽省纳入排行的 97 家上市公司整体权益净利率（12.3%）、资产收益率（6.7%）和收入净利润率（7.9%）均达到近年来的最高水平（见图15）。

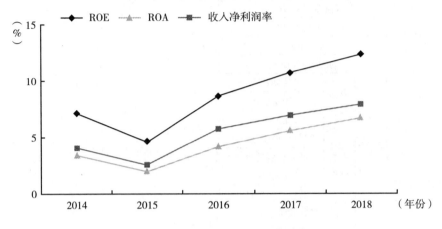

图15　安徽省上市公司业绩发展总体趋势

从区域上看，安徽省上市公司盈利能力水平区域差异较大（见图16）。受海螺水泥和马钢股份等龙头企业的带动作用，芜湖市、马鞍山市上市公司盈利能力指标发展较好，且呈现持续增长趋势，主要原因在于供给侧结构性改革"关停并转"了一些低水平水泥企业和钢铁企业，减少市场供给引致水泥和钢材价格上涨，促进两家企业收益回报大幅度提升；宣城市上市公司盈利能力整体排名较为平均，基本保持稳定，但从趋势来看增长明显承压；合肥市上市公司盈利能力差异明显，少数盈利能力较差的企业拉低了总体水平，平均水平呈现逐年降低的趋势，远低于安徽省同期平均水平，值得关注；铜陵、阜阳、淮南等地市上市公司整体盈利能力水平偏低，铜陵市上市公司数量不少，但盈利能力不够理想；阜阳市仅 1 家上市公司，该公司因体制原因而经营困难；淮南市 2 家上市公司中，新集能源虽然在供给侧结构性改革大背景下理应发展更好，但经营状况并不理想；亳州市 1 家上市公司从事白酒生产，总体业绩良好。

从行业上看，第二产业上市公司盈利能力持续增长（见图17）。其中，白酒制造业上市公司盈利能力表现最为突出，主要得益于安徽省在全国白酒市场上占据着重要的地位，白酒行业 4 家上市公司业绩表现优异；汽车制造业上市公司

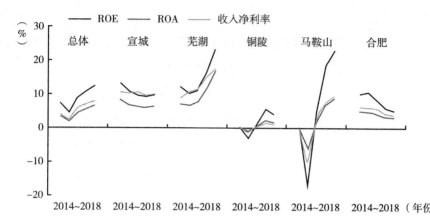

图 16　安徽省主要城市上市公司业绩发展趋势

经营业绩表现较差，说明随着国内汽车市场日渐饱和，安徽省汽车制造业由于技术、品牌等短板，竞争力略显不足。特别是安凯客车，由于新能源汽车补贴取消，业绩大幅度下滑。从第三产业来看，信息传输、软件和信息技术服务业上市公司盈利能力呈现先上升后下降的趋势，行业上市公司发展不够稳定。水利、环境和公共设施管理业上市公司盈利能力整体呈现增长态势，这与安徽省不断完善、发展基础设施建设密切相关。受电商冲击，批发和零售业上市公司各项盈利能力指标均呈持续下跌趋势，行业发展低迷，上市公司承压明显。

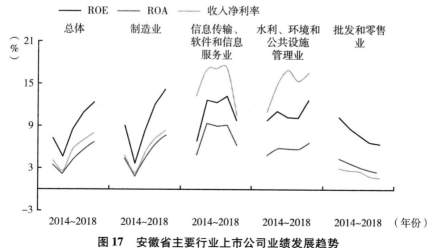

图 17　安徽省主要行业上市公司业绩发展趋势

从企业综合排名看，排名前十名的上市公司分别是海螺水泥、古井贡酒、口子窖、金禾实业、淮北矿业、欧普康视、设计总院、志邦家居、中公教育、开润股份。其中，海螺水泥的综合业绩以 0.9846 的分数和 5.63 元的每股收益遥遥领先，表现抢眼。作为 2018 年安徽唯一营收超过千亿元的上市公司，海螺水泥显示出强大的盈利水平和抗周期风险能力，这既是受供给侧结构性改革的影响，也是企业自身稳步推进国内布局和国际战略的结果。排名后十名的企业分别为安德利、铜峰电子、长虹美菱、海螺型材、江淮汽车、德力股份、六国化工、梦舟股份、融捷健康、盛运环保。排名前十名与后十名的上市公司多数属于制造业，说明制造业内部行业业绩水平两极分化现象较为突出，其中，能源原材料类、白酒类上市公司盈利能力普遍较好（见表3）。

表3　安徽省上市公司综合业绩前十名和后十名

排名	股票简称	综合业绩	行业	城市	股权属性	每股收益（元）	权益净利率（%）	资产收益率（%）	收入净利率（%）
1	海螺水泥	0.9846	制造	芜湖	国企	5.63	29.51	22.55	23.86
2	古井贡酒	0.8150	制造	亳州	国企	3.37	24.11	15.36	20.04
3	口子窖	0.7948	制造	淮北	民营	2.55	27.24	18.56	35.90
4	金禾实业	0.7255	制造	滁州	民营	1.62	24.74	16.04	22.06
5	淮北矿业	0.7157	采矿	淮北	国企	1.68	37.83	12.86	7.22
6	欧普康视	0.7152	制造	合肥	民营	0.98	23.65	19.51	45.76
7	设计总院	0.7042	科学	合肥	国企	1.35	22.08	15.10	26.48
8	志邦家居	0.6861	制造	合肥	民营	1.71	15.28	10.10	11.22
9	中公教育	0.6854	教育	芜湖	民营	0.22	47.39	19.49	18.48
10	开润股份	0.6792	制造	滁州	民营	0.80	30.91	15.37	9.00
88	安德利	0.5265	批发	合肥	民营	0.05	0.97	0.35	0.32
89	铜峰电子	0.5258	制造	铜陵	民营	0.02	0.77	0.53	1.18
90	长虹美菱	0.5248	制造	合肥	国企	0.04	0.77	0.22	0.20
91	海螺型材	0.5232	制造	芜湖	国企	0.03	0.40	0.09	0.10
92	江淮汽车	0.4752	制造	合肥	国企	-0.42	-5.88	-3.09	-2.83
93	德力股份	0.4522	制造	滁州	民营	-0.33	-8.71	-7.04	-16.16
94	六国化工	0.3770	制造	铜陵	国企	-1.16	-34.42	-9.33	-12.63
95	梦舟股份	0.3060	制造	芜湖	民营	-0.71	-44.56	-23.61	-24.35
96	融捷健康	0.2379	制造	合肥	民营	-0.99	-39.71	-31.52	-74.24
97	盛运环保	0.0289	制造	安庆	民营	-2.36	-155.62	-26.76	-605.96

　　注：因指标适用性问题，本报告剔除3家金融企业；因企业经营问题，本报告剔除了＊ST华信、ST新光和＊ST安凯。

（二）创新驱动深入推进，创新产出有待提升

上市公司创新能力直接反映了企业所属区域的创新水平，是提升区域乃至国家创新能力的基础。在国家创新驱动发展战略深入推进的影响下，安徽省上市公司近四年在创新能力提升方面取得了一定的成绩。2015～2018年，安徽省上市公司高学历员工比例和主营业务利润率逐年上升，而安徽省上市公司的研发强度存在一定的波动，每百人专利申请数也在不断下降，说明创新驱动战略需进一步深化（见图18）。

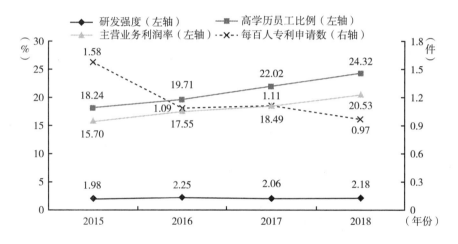

图18 安徽省上市公司创新能力各项指标发展趋势

从行业上看，不同行业之间创新能力差距较大。高技术行业，如信息传输、软件和信息技术服务业，科学研究和技术服务业，研发强度与高学历员工比例较高，每百人专利数及主营业务利润率较高，创新投入与创新产出"双高"特征明显，技术创新载体功能得到发挥。交通运输、仓储和邮政业，批发和零售业等劳动密集型行业研发强度与高学历员工比例较低，技术创新不尽如人意，"双低"特征明显，但仍可在管理创新和商业模式创新方面有所突破（见图19）。

从区域上看，合芜蚌自主创新示范区引领带动作用还需加强。创新示范区中合肥上市公司创新能力整体比较高且稳定，其研发强度、高学历人才投

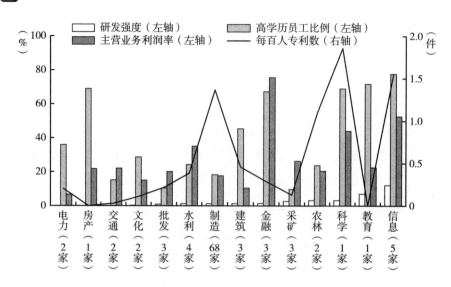

图19　安徽省各行业上市公司创新能力指标表现

入以及专利产出均较高，领先于其他城市；但芜湖市与蚌埠市上市公司创新产出与投入不足，亟待加强；相比之下，滁州市、安庆市虽然只有 3 ~ 4 家上市公司，但整体创新能力显著高于其他城市（见图20）。

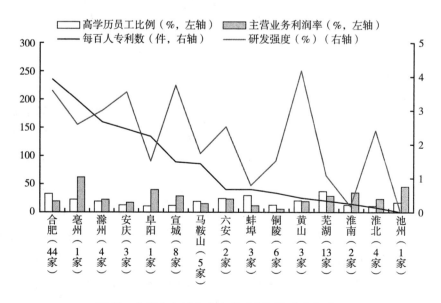

图20　安徽省各城市上市公司创新能力指标表现

　　从股权属性上看，安徽省国有控股上市公司（地方国企与在皖央企）创新能力表现突出。从创新投入看，央企上市公司研发强度与高学历员工比例在各股权属性上市公司中最高；民营企业近年来研发强度和高学历员工比例不断上升，研发投入和人才集聚均有所改善。从创新产出看，地方国有企业的专利产出能力要比在皖央企、民营企业和其他企业高，民营上市公司每百人专利申请数近年来下降趋势明显。总体来看，在创新投入和创新产出方面，国有企业表现较优于民营企业（见图21）。

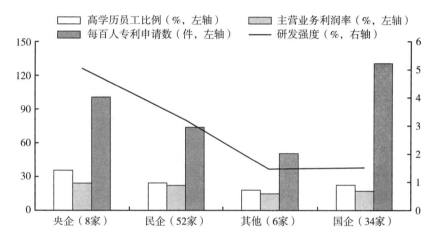

图21　安徽省各股权属性上市公司创新能力指标表现

　　从企业综合排名看，安徽省存在创新能力较强的上市公司，但整体创新能力水平仍需提升。2016～2018年，100家安徽省上市公司创新能力综合得分平均数为0.2022，中位数为0.1591，高于平均数的有37家，低于平均数的有63家（见图22）。创新能力排名突出的企业有科大讯飞、阳光电源、美亚光电、泰禾光电与聚隆科技。这些企业是安徽增强创新驱动发展的先锋，要继续发挥科技创新优势。但也要注意到，少数排名靠前的企业，因为经营业绩、创新能力等问题受到了市场的质疑。适当的压力能够促进企业进步。因此，企业需要转化市场压力为内在驱动力，在增强核心创新能力、优化商业模式、改善利润结构等方面下功夫，真正发挥创新示范引领作用。排名靠后的企业分别为合肥百货、铜陵有色、皖江物流、长信科技与安德利

（见表4）。有些企业由于行业属性，科技创新空间有限，但可以在管理创新、商业模式创新方面寻找发力点，推动企业提质增效发展。

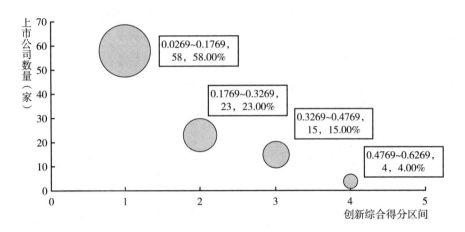

图22　安徽省上市公司三年创新能力综合得分平均数

表4　安徽省上市公司创新能力综合得分前十名和后十名

排名	股票简称	综合得分	行业	城市	股权属性	研发强度（%）	高学历员工比例（%）	每百人专利申请数（件）	主营业务利润率（%）
1	科大讯飞	0.6203	信息	合肥	央企	21.74	87.18	1.76	49.64
2	阳光电源	0.6143	制造	合肥	民企	4.34	65.61	7.68	25.27
3	美亚光电	0.5497	制造	合肥	民企	5.30	45.34	6.13	52.69
4	泰禾光电	0.5028	制造	合肥	民企	7.74	31.77	5.31	52.48
5	聚隆科技	0.4719	制造	宣城	民企	4.52	4.55	7.62	31.78
6	科大国创	0.4623	信息	合肥	民企	15.94	83.07	0.55	35.58
7	四创电子	0.4617	制造	合肥	央企	4.22	57.98	5.38	13.51
8	江淮汽车	0.4595	制造	合肥	地方国企	4.14	33.54	6.83	8.37
9	中电兴发	0.4143	信息	芜湖	民企	5.13	58.28	3.57	29.25
10	安徽合力	0.3971	制造	合肥	地方国企	4.03	22.31	5.70	19.85
91	梦舟股份	0.0707	制造	芜湖	民企	1.70	9.45	0.56	7.97
92	中粮生化	0.0697	制造	蚌埠	央企	0.76	13.03	0.34	13.95
93	楚江新材	0.0696	制造	芜湖	民企	2.64	7.08	0.50	6.39
94	德力股份	0.0681	制造	滁州	民企	1.02	4.59	0.57	16.96

续表

排名	股票简称	综合得分	行业	城市	股权属性	研发强度（%）	高学历员工比例（%）	每百人专利申请数（件）	主营业务利润率（%）
95	华孚时尚	0.0557	制造	淮北	民企	1.51	12.83	0.02	10.38
96	合肥百货	0.0478	批发	合肥	地方国企	0.00	11.15	0.00	17.96
97	铜陵有色	0.0462	制造	铜陵	地方国企	1.24	11.56	0.18	4.35
98	皖江物流	0.0433	交通	芜湖	地方国企	0.00	13.60	0.02	11.54
99	长信科技	0.0295	制造	芜湖	民企	0.75	4.05	0.08	11.11
100	安德利	0.0269	批发	合肥	民企	0.00	2.06	0.00	19.06

注：因企业经营问题，本报告剔除了＊ST 华信、ST 新光和＊ST 安凯。

（三）营运能力整体平稳，经营管理有待改善

上市公司营运能力主要指企业资产营运的效率和效益，直接反映企业的资产管理水平和资金周转情况。近年来安徽省上市公司的营运能力各项指标整体平稳。2018 年安徽省上市公司的总资产、流动资产与固定资产的整体周转率水平均实现了正向增长，但应收账款和存货的整体周转水平仍未摆脱负增长态势，说明金融去杠杆后企业经营风险加大，虽然也可以说安徽省上市公司营运能力具有发展潜力，但整体经营管理水平仍需进一步提高，要增强抗风险能力，特别要加强应收账款和存货管理（见图 23）。

从行业上看，安徽省各行业上市公司营运能力发展良好，各项指标在一定程度上体现了行业资产特征的差异。综合营运能力前十名的企业与后十名企业大多属于制造业，此外，采矿业，信息传输、软件和信息技术服务业与房地产业的各项指标水平也都存在两极分化现象，这反映了企业虽处同一行业但发展仍存在明显差异，一些排名靠后的企业需在管理创新上多做文章。

从区域上看，合肥市上市公司独占鳌头。在 2018 年各营运能力排名结果中，合肥市上市公司有四成企业高于安徽省一般水平。作为除合肥市外上市公司数量较多的城市，芜湖市、铜陵市、宣城市及马鞍山市上市公司的营

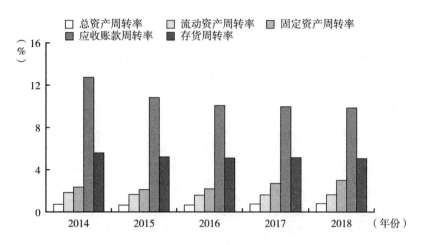

图 23　安徽省上市公司营运能力各项指标变化趋势

运能力高于安徽省一般水平。六安市、淮南市、阜阳市与安庆市不仅上市公司数量少，营运能力各项指标皆低于安徽省一般水平。

　　从股权属性看，得益于供给侧结构性改革，安徽省国有上市公司营运能力高于民营企业、集体企业、外资企业。民营企业尽管在整体营运水平上仍与地方国企存在一定的差距，但优质企业占比仍较大，进入综合营运能力水平前十名数量（5 家）多于国有企业（4 家）。

　　从企业综合排名看，设计总院和合肥城建分别位列第 1、第 2 名，主要是受其资产结构特性影响（设计总院存货占比极低，仅为 0.015%；合肥城建应收账款占比极低，仅为 0.005%）；盛运环保营运能力最差，资产结构亟待优化；应流股份虽然名气很大，综合运营能力却排倒数第 2；聚隆科技、文一科技和黄山胶囊分别处于倒数第 3 ～ 5 名，虽然冠以"科技之名"，但内部综合营运水平仍然不高（见表 5）。

表 5　安徽省上市公司综合营运能力排名前十名及后十名

综合排名	股票简称	综合得分	行业	城市	股权属性	总资产周转率	流动资产周转率	固定资产周转率	应收账款周转率	存货周转率
1	设计总院	0.5218	科学	合肥	国企	0.57	0.63	14.47	1.29	2825.60
2	合肥城建	0.4177	房地	合肥	国企	0.16	0.16	30.08	3192.66	0.12

续表

综合排名	股票简称	综合得分	行业	城市	股权属性	总资产周转率	流动资产周转率	固定资产周转率	应收账款周转率	存货周转率
3	三七互娱	0.1205	信息	芜湖	民营	0.87	1.87	46.42	6.99	35.58
4	众源新材	0.1079	制造	芜湖	民营	2.90	3.49	29.25	15.39	14.63
5	辉隆股份	0.1034	批发	合肥	集体	2.12	2.81	29.59	73.56	7.93
6	楚江新材	0.0805	制造	芜湖	民营	2.31	3.57	18.80	19.96	12.17
7	淮北矿业	0.0793	采矿	淮北	国企	1.78	8.31	3.57	83.92	57.34
8	开润股份	0.0731	制造	滁州	民营	1.71	2.04	22.45	9.14	4.35
9	皖新传媒	0.0706	文化	合肥	国企	0.77	1.01	27.41	10.83	6.60
10	精达股份	0.0611	制造	铜陵	民营	2.09	3.02	12.58	6.37	11.76
87	江南化工	0.0104	制造	宣城	民营	0.34	1.02	0.88	3.65	13.42
88	泰尔股份	0.0099	制造	马鞍山	民营	0.35	0.47	2.84	1.58	0.95
89	合锻智能	0.0095	制造	合肥	民营	0.36	0.69	2.13	2.05	1.29
90	铜峰电子	0.0093	制造	铜陵	民营	0.45	0.86	1.06	3.33	2.98
91	长城军工	0.0092	制造	合肥	国企	0.43	0.75	1.45	2.06	2.21
92	黄山胶囊	0.0084	制造	宣城	民营	0.39	0.60	1.38	4.73	3.18
93	文一科技	0.0077	制造	铜陵	民营	0.34	0.73	1.16	3.68	2.33
94	聚隆科技	0.0077	制造	宣城	民营	0.20	0.23	2.74	2.69	3.45
95	应流股份	0.0041	制造	合肥	民营	0.23	0.53	0.54	2.51	0.91
96	盛运环保	0.0005	制造	安庆	民营	0.04	0.09	0.75	0.43	0.56

注：＊ST华信、ST新光、＊ST安凯3家上市公司由于经营状况异常不参与分析；金融类3家上市公司不参与营运能力分析；皖通高速因无应收账款周转率统计结果不参与分析。

（四）社会贡献整体向好，制造业表现尚需提高

上市公司社会贡献的大小和社会责任的履行，关系到上市公司的公众形象，也关系到社会环境的健康和谐。2018年安徽省上市公司社会贡献与社会责任整体履行情况向好，社会贡献率、每股社会贡献值及社会责任均值分别为19.46%、2.363、3.89。从各指标综合来看，2018年安徽省上市公司社会贡献综合得分平均值为0.1921，高于平均水平的企业有30家，相比上年，2018年社会贡献情况较差，且社会贡献的高位分布差距更大。2018年安徽省上市公司社会责任平均数为3.89，高于平均水平的企业有50家，与

上年基本持平，说明安徽省上市公司履行社会责任强于社会贡献，但社会责任意识较强的企业偏少（见图24）。

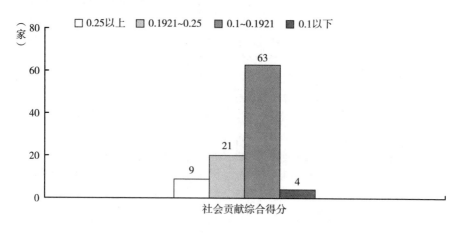

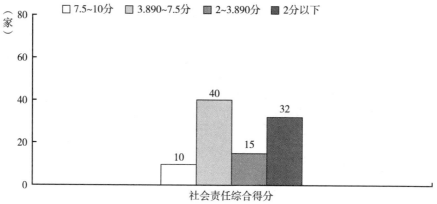

图24 安徽省上市公司社会贡献与社会责任综合得分分布

从行业上看，安徽省大多数行业上市公司社会责任综合得分高于平均值，仅有少部分行业社会贡献综合得分高于平均值，反映了安徽省各行业企业对社会的贡献水平有待进一步提升。具体来看，科学研究和技术服务业与采矿业兼顾社会贡献与社会责任，两方面表现都较为突出；文化、体育和娱乐业与房地产业在社会贡献与社会责任方面表现差距大，前者社会责任强，贡献一般；后者社会贡献大（主要是由于行业高工资、高税收和高利润），但社会责任表现差；电力、热力、燃气及水生产和供应业社会贡献与社会责任均较低（见图25）；上市公司数量最多的制造业在社会责任和社会贡献得分上均表现一般，水平不高，在一定程度上影响了安徽上市公司社会责任的整体形象。

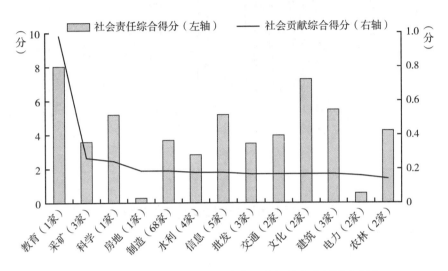

图25　安徽省各行业上市公司社会贡献与社会责任综合得分

从区域上看，安徽省大多数城市上市公司社会责任综合得分高于平均值，但仅有少部分城市社会贡献综合得分高于平均值。这其中，亳州市、淮北市和芜湖市上市公司社会贡献综合得分较高；淮南市、阜阳市和滁州市上市公司社会责任综合得分较高；合肥市上市公司社会贡献与社会责任履行情况一般；铜陵市和安庆市上市公司社会贡献与社会责任履行情况较差；马鞍山市上市公司社会责任履行情况在2018年整体有所改观的情况下仍然最差（见图26）。

从股权属性上看，地方国企和民企社会贡献与社会责任整体表现较好，尤其是地方国企充分发挥了带头作用；其他企业和央企社会贡献与社会责任得分偏低，还需积极提高自身社会责任意识（见图27）。

从企业综合排名看，在社会贡献方面，凭借快速的发展势头及优异的创收能力，中公教育一马当先，古井贡酒也表现亮眼；融捷健康、盛运环保因业绩较差无法实现收支平衡排名垫底（见表6）。

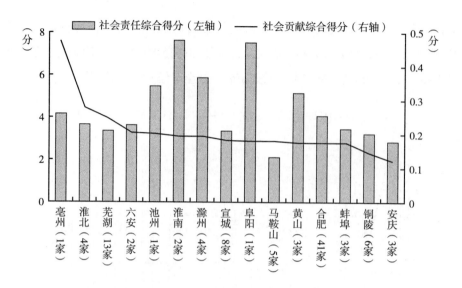

图26 安徽省各城市上市公司社会贡献与社会责任综合得分

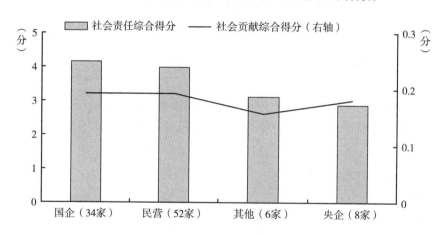

图27 安徽省各股权属性上市公司社会贡献与社会责任综合得分

表6 安徽省上市公司社会贡献综合得分前十名和后十名

综合排名	股票简称	综合得分	行业	城市	股权结构	社会贡献率(%)	社会积累率(%)	每股社会贡献值
1	中公教育	0.9775	教育	芜湖	民营	76.34	8.82	43.4979
2	古井贡酒	0.4721	制造	亳州	国企	60.87	44.88	13.6963
3	海螺水泥	0.3950	制造	芜湖	国企	44.62	27.65	11.4385

续表

综合排名	股票简称	综合得分	行业	城市	股权结构	社会贡献率(%)	社会积累率(%)	每股社会贡献值
4	淮北矿业	0.3362	采矿	淮北	国企	50.56	21.49	7.3449
5	口子窖	0.3263	制造	淮北	民营	47.37	42.98	6.5202
6	志邦家居	0.2790	制造	合肥	民营	34.13	23.73	5.7650
7	迎驾贡酒	0.2653	制造	六安	民营	44.20	35.79	3.4011
8	恒源煤电	0.2631	采矿	淮北	国企	33.77	23.62	4.8461
9	中鼎股份	0.2522	制造	宣城	民营	34.17	14.34	4.3975
10	安徽合力	0.2489	制造	合肥	国企	37.86	15.99	3.7161
88	辉隆股份	0.1430	批发	合肥	民营	7.97	14.49	0.8838
89	德力股份	0.1424	制造	滁州	民营	3.55	57.24	0.1653
90	铜峰电子	0.1411	制造	铜陵	民营	10.92	15.91	0.3791
91	神剑股份	0.1386	制造	芜湖	民营	9.69	15.59	0.3793
92	丰乐种业	0.1379	农林	合肥	国企	9.32	5.97	0.6561
93	国风塑业	0.1349	制造	合肥	国企	10.35	7.89	0.2979
94	六国化工	0.0742	制造	铜陵	国企	-1.10	-59.66	-0.1187
95	梦舟股份	0.0607	制造	芜湖	民营	-16.78	-9.66	-0.4907
96	融捷健康	0.0485	制造	合肥	民营	-21.81	-7.88	-0.6900
97	盛运环保	0.0269	制造	安庆	民营	-22.95	-1.97	-2.0295

注：因企业经营问题，本报告剔除了 ＊ST 安凯、＊ST 华信、＊ST 新光三家上市公司；金融行业因数据特殊性暂不考虑排名。

（五）投融资总量创新高，但水平差异仍较大

投融资效率反映了企业资本流动的效率，一定程度上决定了企业在市场竞争中的地位和发展前景。2014～2018 年，安徽省上市公司总投资和总融资规模显著增加，截至 2018 年底，安徽省上市公司投融资总额均超万亿元，分别达 10406 亿元、10218 亿元，为近五年最高值。但也应看到，安徽省上市公司投融资水平存在严重不均衡，投融资结构有待优化。从投资结构看，内部投资比重逐年增加，对外投资比重小幅增加；从融资结构看，间接融资稳步增长，但需要进一步提高股票、债券等直接融资比重（见图 28）。

就行业而言，制造业"一家独大"。2018 年底安徽省制造业上市公司投融资总规模分别高达 6732 亿元、6155 亿元，均超过其他行业上市公司投融

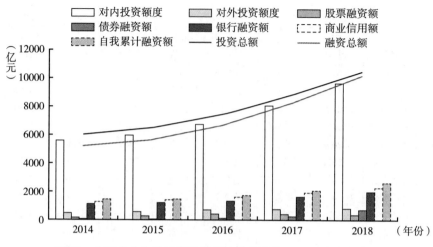

图28　安徽省上市公司投融资额度变化趋势（2018年底数据）

资规模的总和。采矿业、建筑业和金融业上市公司投融资水平相对较高；科学研究和技术服务业以及农、林、牧、渔业上市公司投融资水平较低（见图29）。与此同时，安徽省各行业上市公司投融资水平内部两极分化现象也较为明显。以制造业为例，由于企业规模不同，既有投融资水平排在前列的公司，如海螺水泥、马钢股份、铜陵有色和江淮汽车等，也有排名倒数的公司，如山河药辅、黄山胶囊和集友股份等。

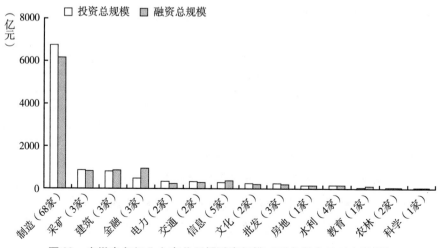

图29　安徽省各行业上市公司投融资规模（财务报表日时点数据）

就区域而言，安徽省各城市上市公司投融资差异明显。其中，合肥市、芜湖市和马鞍山市上市公司投融资规模较高，截至 2018 年底，这些城市投融资规模均超过千亿元，安徽省上市公司投融资规模呈现出向经济相对活跃地区集聚的特征；淮北市和蚌埠市因区域内有采矿业和建筑业上市主体，区域投融资水平较高；滁州市虽然拥有 4 家上市公司，但整体投融资规模较小（见图 30）。

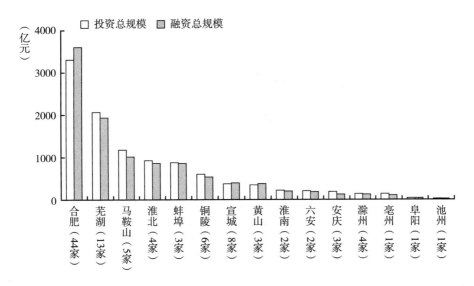

图 30　安徽省各城市上市公司投融资规模（财务报表日时点数据）

就股权属性而言，地方国企投融资规模显著高于其他各类型企业，截至 2018 年底，其投融资规模分别高达 6712 亿元、6309 亿元，投融资排名前十位的有八成拥有国资背景；民企中虽然有山鹰纸业、众泰汽车等投融资规模较高的企业，但多数民企投融资水平较低，排名后十位有 80% 以上是民企，内部水平差异化较为显著（见图 31）。

就企业投融资排名而言，安徽省上市公司投资和融资水平整体差异较大，截至 2018 年底，分别仅有 27 家、25 家高于平均值。排名前十位的公司投融资规模均超百亿元，而排名后十位投融资规模仅为个位数。海螺水泥、马钢股份、安徽水利等公司投融资规模显著高于其他公司，尤其是海螺

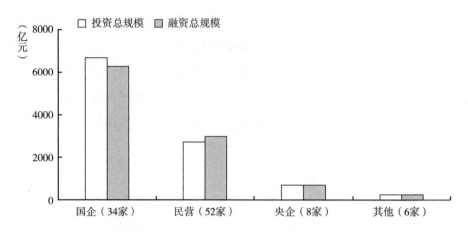

图31 安徽省各股权属性上市公司投资和融资规模（财务报表日时点数据）

水泥投融资规模均超千亿元，行业带动力凸显；中环环保、凤形股份、山河药辅、黄山胶囊等公司投融资规模均较小（见表7和表8）。

表7 安徽省上市公司总投资规模前十名和后十名

单位：亿元

排名	公司名称	总投资	行业	城市	股权属性	内部投资	对外投资
1	海螺水泥	1439.273	制造	芜湖	地方国企	1407.453	31.820
2	马钢股份	744.143	制造	马鞍山	地方国企	716.052	28.091
3	安徽水利	618.218	建筑	蚌埠	地方国企	613.616	4.602
4	淮北矿业	524.453	采矿	淮北	地方国企	515.152	9.301
5	铜陵有色	444.941	制造	铜陵	地方国企	440.806	4.135
6	江淮汽车	443.161	制造	合肥	地方国企	413.526	29.635
7	国元证券	345.371	金融	合肥	地方国企	14.726	330.645
8	皖能电力	281.707	电力	合肥	地方国企	223.711	57.996
9	山鹰纸业	275.278	制造	马鞍山	民企	262.826	12.452
10	众泰汽车	256.197	制造	黄山	民企	256.197	0.000
91	泰禾光电	9.957	制造	合肥	民企	9.957	0.000
92	华菱精工	9.936	制造	宣城	民企	9.906	0.030
93	安纳达	9.020	制造	铜陵	地方国企	9.020	0.000
94	凤形股份	8.993	制造	宣城	民企	8.273	0.720
95	文一科技	8.901	制造	铜陵	民企	8.901	0.000
96	集友股份	8.587	制造	安庆	民企	8.587	0.000
97	国机通用	8.089	制造	合肥	央企	8.089	0.000

续表

排名	公司名称	总投资	行业	城市	股权属性	内部投资	对外投资
98	黄山胶囊	7.489	制造	宣城	民企	7.473	0.015
99	山河药辅	5.256	制造	淮南	民企	5.256	0.000
100	中环环保	4.895	水利	合肥	民企	4.893	0.002

注：因企业经营问题，剔除了＊ST华信、＊ST安凯和ST新光3家上市公司数据。

表8　安徽省上市公司总融资规模前十名和后十名

单位：亿元

排名	公司名称	总融资	行业	城市	股权属性	银行借款融资	商业信用融资	自我累计融资
1	海螺水泥	1234.76	制造	芜湖	地方国企	39.84	63.957	966.95
2	国元证券	723.13	金融	合肥	地方国企	15.6	0.000	63.19
3	安徽水利	635.82	建筑	蚌埠	地方国企	168.49	355.302	32.68
4	淮北矿业	489.24	采矿	淮北	地方国企	106.36	87.227	79.55
5	江淮汽车	450.05	制造	合肥	地方国企	84.91	182.572	56.25
6	山鹰纸业	438.14	制造	马鞍山	民企	128.4	29.347	53.2
7	马钢股份	427.19	制造	马鞍山	地方国企	145.14	139.146	119.77
8	铜陵有色	401.22	制造	铜陵	地方国企	158.53	84.261	46.69
9	众泰汽车	303.2	制造	黄山	民企	22.64	103.364	23.85
10	皖能电力	189.41	电力	合肥	地方国企	99.04	17.989	47.26
91	文一科技	8.77	制造	铜陵	民企	0.3	4.216	-0.96
92	欧普康视	8.68	制造	合肥	民企	0	0.488	4.6
93	泰禾光电	8.61	制造	合肥	民企	0	0.874	4.06
94	众源新材	8.61	制造	芜湖	民企	1.55	0.445	2.97
95	集友股份	8.47	制造	安庆	民企	0.28	3.103	2.81
96	安纳达	8.31	制造	铜陵	地方国企	0.53	1.265	1.27
97	华菱精工	7.88	制造	宣城	民企	0.49	1.830	2.43
98	黄山胶囊	6.14	制造	宣城	民企	0	0.425	3.08
99	山河药辅	5.33	制造	淮南	民企	0	0.992	2.85
100	凤形股份	4.53	制造	宣城	民企	0.15	1.022	1.88

注：因企业经营问题，剔除了＊ST华信、＊ST安凯和ST新光3家上市公司数据。

（六）新兴产业后劲不足，传统产业仍需革新

通过业绩发展、创新能力、营运能力、社会贡献与社会责任四个方面测

算的综合发展能力，能够直接反映上市公司的整体发展状况。2018 年安徽省 97 家上市公司综合发展能力指数最高值为 0.51（满分为 1），均值为 0.22，其中有 39 家企业高于平均值。四项细分指标中，除了业绩发展指数表现较好（均值为 0.580，有 44 家企业高于平均值），创新能力（均值为 0.209，有 35 家企业高于平均值）、营运能力（均值为 0.159，有 33 家企业高于平均值）、社会贡献与社会责任（均值为 0.356，有 49 家企业高于平均值）皆表现一般。

从企业综合排名来看，三七互娱、阳光电源、科大讯飞等公司综合发展能力较强，皖江物流、海螺型材、盛运环保综合发展能力较弱。但需要留意的是，从整体上看，即使综合发展能力表现突出的上市公司，各个指标的发展也并不均衡，排名第一的公司得分仅为 0.51。说明上市公司在某些方面有亮点，但四个方面均表现突出的企业较少（见表 9）。

表 9　安徽省上市公司综合发展能力排名前十名及后十名

总排名	公司名称	综合能力	行业	城市	股权属性	业绩发展排名	创新能力排名	营运能力排名	社会贡献与社会责任排名
1	三七互娱	0.51	信息	芜湖	民营	19	11	1	20
2	阳光电源	0.42	制造	合肥	民营	42	2	58	17
3	科大讯飞	0.41	信息	合肥	央企	50	1	55	42
4	科大国创	0.39	信息	合肥	民营	63	6	11	58
5	中公教育	0.39	教育	芜湖	民营	9	23	15	1
6	美亚光电	0.38	制造	合肥	民营	11	3	64	49
7	四创电子	0.37	制造	合肥	央企	18	7	29	15
8	安徽合力	0.37	制造	合肥	地方国企	21	12	18	5
9	泰禾光电	0.36	制造	合肥	民营	31	4	79	16
10	众源新材	0.36	制造	芜湖	民营	32	78	2	25
88	神剑股份	0.14	制造	芜湖	民营	73	47	62	96
89	九华旅游	0.14	水利	池州	地方国企	26	67	85	62
90	皖能电力	0.14	电力	合肥	地方国企	64	85	34	78
91	德力股份	0.13	制造	滁州	民营	93	89	83	30
92	凯盛科技	0.13	制造	蚌埠	央企	85	65	78	82
93	梦舟股份	0.13	制造	芜湖	民营	95	90	32	77

总排名	公司名称	综合能力	行业	城市	股权属性	业绩发展排名	创新能力排名	营运能力排名	社会贡献与社会责任排名
94	江南化工	0.12	制造	宣城	民营	66	50	91	93
95	盛运环保	0.12	制造	安庆	民营	97	44	97	69
96	海螺型材	0.12	制造	芜湖	地方国企	91	84	53	86
97	皖江物流	0.10	交通	芜湖	地方国企	67	94	36	92

注：因指标适用性问题，本报告剔除 3 家金融企业；因企业经营问题，本报告剔除了＊ST 华信、ST 新光和＊ST 安凯。

从行业来看，各行业发展存在一定差距。因独特的政策优惠及较强的市场竞争力，教育、信息传输、软件和信息技术服务业以及科学研究和技术服务业具有较高的综合发展指数，综合发展能力相对突出，应成为引领安徽经济转型升级的新兴动力。但目前这些行业在规模、盈利等方面发展不成熟，企业数量不多、质量不高、增长后劲不足，尚未成为带动安徽经济发展的强劲力量。相较之下，囿于传统产业固有的发展模式和消费需求升级，采矿业，电力、热力、燃气及水生产和供应业，交通运输、仓储和邮政业综合发展能力较差，处于最低水平，处于工业化中后期的传统行业亟须进行结构转型升级，提升综合发展水平（见图 32）。因此，由于这两类行业大多是工业，在发展能力上的各自不足，加之市场环境变化、生产要素制约、环保不达标被限（停）产等因素影响，近几年安徽工业企业新旧更替滞缓。安徽省统计局数据显示，安徽省工业企业进少退多的情况日益明显，规模以上工业企业逐渐萎缩。"进规"企业数由 2012 年的 2540 户减少到 944 户，同时，"退规"企业数由 2012 年的 435 户增加到 2374 户。与长三角其他省市对比，安徽第二产业仍然体量较小，同时服务业短板突出。以上均印证了目前安徽新兴产业发展不足，传统产业面临亟待革新的现实局面。

从区域来看，区域经济与上市公司发展密切相关，两者之间相互促进也相互制约。亳州市依靠仅有的一家上市公司古井贡酒在综合发展能力指数方面居于榜首；合肥市、芜湖市经济基础较好，地理位置优越，所辖上市公司综合发展能力较强；但在滁州市等经济基础较为落后的地区，2018 年区域

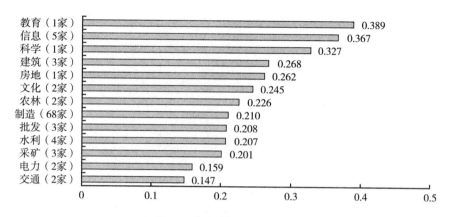

图32 安徽省各行业上市公司综合发展能力

上市公司综合能力也明显增强。由此可见，区域上市公司综合发展潜力与不确定性并存，即使区域条件并不优越，只要合理运用地区的资源禀赋，也能得到较好的发展（见图33）。

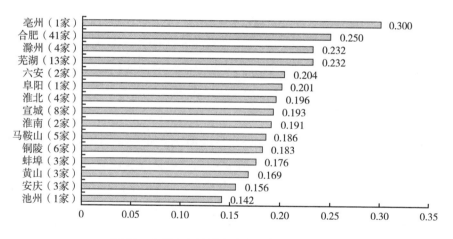

图33 安徽省各区域上市公司综合发展能力

从股权属性来看，央企的综合发展能力相对较高，这一方面是由于作为国民经济的重要支柱，央企能够享受到更多的政策和资源倾斜，另一方面也说明随着我国国企改革的不断深化推进，央企活力、竞争力不断提高；但与此同时，同样作为国有企业，地方国企表现却一般，值得重视；

民企受益于创新能力和社会贡献与社会责任表现较好，综合发展能力排名第2；少量外资企业表现较差，除了企业所处行业原因外，也需注意改善经营环境（见图34）。

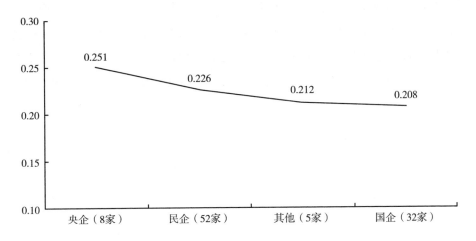

图34　安徽省各股权属性上市公司综合发展能力

（七）市值头部一花独放，带动效应亟待加强

高市值上市公司可以反映地区经济发展水平和开放程度，折射出产业结构特征和区域创新能力。从长三角区域上市公司TOP30分析中可以看出，上海的上市公司数量和市值占主导地位，江苏和浙江次之且不分伯仲，安徽仅有海螺水泥进入头部阵营。头部公司主要集中在金融业和制造业，其中，金融业数量虽少但体量偏大，制造业数量虽多但大体量制造业公司较少。此外，国有企业数量和市值占半壁江山，民营企业数量虽多，但体量相对偏小。

在各省市上市公司TOP30对比分析中可以看出，2018年安徽省上市公司TOP30总市值为5971亿元，分别为江、浙、沪的38.1%、46.2%和20.9%，位居长三角末位（见图35）。市值超过1000亿元、500亿~1000亿元的大型龙头企业分别仅有1家，500亿元以下有28家，其中，100亿元以下有12家，说明安徽省头部上市公司普遍规模较小，尾部效应尤其明显。从趋势上看，近三年安徽省头部上市公司市值与江浙沪的差距渐趋稳定甚至有所收敛，但中高市值企业的成长速度偏慢。按照《安徽省实施长江三角洲区域一体化发展规划纲要行动计划》的要求，安徽省要在高层次创新共建上聚焦发力，以建设长三角科技创新共同体为牵引，携手江浙沪联合开展关键核心技术攻坚，力争取得更多引领性原创成果重大突破；以共建全球创新成果集散中心为牵引，持续推进 G60 科创走廊建设，整合组建统一科技大市场，促进更多科技成果在安徽汇聚转化；以培育长三角世界级产业集群为牵引，积极承接江浙沪产业布局和转移，培育具有国际竞争力的大产业、大企业。

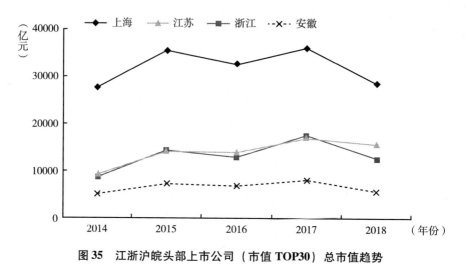

图 35　江浙沪皖头部上市公司（市值 TOP30）总市值趋势

　　从行业结构来看，上海"服务经济"一马当先，江浙制造业与服务业"双轮驱动"，安徽"制造经济"的成分更重。其中，安徽省上市公司市值 TOP30 中第二产业有 23 家，第三产业有 7 家。其中有 21 家制造业企业，市值占比超过七成，但多属能源、原材料、化工等传统制造业，"专精特新"等高端制造业尤显单薄。服务业短板效应突出，尤其是科学研究和技术服务业、租赁和商务服务业等生产性服务业仍是空白（见图 36）。

　　从股权属性来看，安徽省和上海市头部上市公司国资背景浓厚，江苏省和浙江省民营市场主体活跃。其中，安徽省头部上市公司国有企业数量多

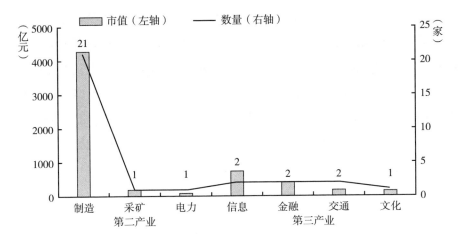

图36　安徽省头部上市公司分行业市值规模和企业数量

（16家），市值占比高（70%），盈利能力在长三角中表现最佳，主要是由于海螺水泥、淮北矿业以及酒类生产上市公司2018年效益表现抢眼。但也应看到，安徽省民营上市公司虽然与国有上市公司数量相当，但市值差距较大，盈利能力不佳，因此，发展仍需寻求内外部突破（见图37），一方面民企要从内部改善运营寻求突破，提高盈利能力；另一方面也需要政府优化外部营商环境，支持引导民营经济加快发展。

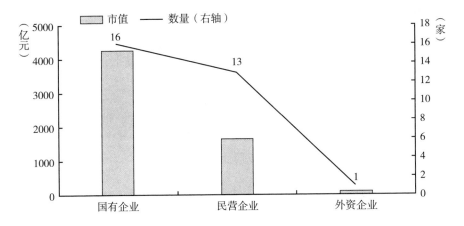

图37　安徽省头部上市公司分股权属性市值规模和企业数量

　　从企业发展来看，安徽省充分发挥后发优势，集中优势资源推动头部上市公司高效发展，追赶成效明显。在创新方面，2018 年安徽省头部上市公司研发投入 114.53 亿元，共申请专利 3700 件。虽然在数量上仍明显落后于江浙沪三省，但安徽省整体研发强度（1.93%）、每百人专利申请数（1.06件）均处于领先水平；在企业盈利方面，2018 年安徽省头部上市公司权益净利率（17.03%）、收入净利率（10.07%）也一直保持较快增长，与江浙沪间的差距逐渐缩小（见图38）。

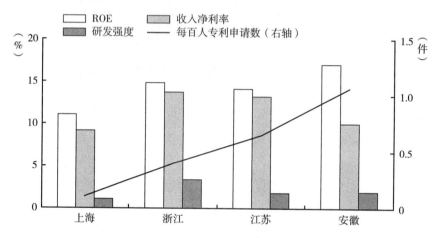

图38　江浙沪皖头部上市公司（市值 TOP30）企业发展情况对比

三　安徽上市公司发展排名及变化

　　本部分主要分析 2017～2018 年安徽省 103 家上市公司综合发展能力及各细分维度（业绩发展、创新能力、营运能力、社会贡献与社会责任）的排名及变化情况，并重点考察其前十名和后十名企业，分析排名变化的影响因素，为进一步提升安徽省上市公司发展水平和质量提供参考。

（一）综合发展能力排名及变化

　　为确保排名有效性，筛选出 97 家安徽省上市公司，对 2018 年综合发展能力进行排名。整体来看，2018 年安徽省上市公司综合发展能力排名变化较为明显，优质上市公司领先位置基本保持不变，整体呈现较强的综合发展能力，而排名靠后的上市公司波动较为明显，说明企业内部经营不够稳健，抗风险能力较差，容易受外部环境影响导致综合表现下降。同时，有部分上市公司注重提升创新、社会贡献与社会责任等方面的表现，社会影响力和综合实力提升明显。

对比 2017 年，排名上升的公司数有 46 家，下降的有 51 家。剔除排名连锁性变动产生的影响，名次上升超过 10 位的有 16 家，下降超过 10 位的有 19 家，整体排名变化明显。名次上升幅度最大的是金种子酒（↑43），其各项分指标能力较上年均增强，尤其是在社会贡献与社会责任方面；山河药辅（↑39）、淮北矿业（↑38）、泰尔股份（↑34）和应流股份（↑30）上升也较为明显。名次下降幅度最大的是常青股份（↓50），除创新能力外，其余各项分指标能力都有所减弱，尤其是在社会贡献与社会责任方面；文一科技（↓38）、众泰汽车（↓34）和六国化工（↓33）下降也较为明显。

对比 2017 年，2018 年上市公司综合能力排名前十名和后十名变化情况可见表 10。前十名上市公司中，中公教育（↑30）和泰禾光电（↑7）新入榜单，江淮汽车（↓4）和东华科技（↓2）略微下降致跌出榜单，其他 8 家公司持续入榜。其中，中公教育因借壳亚夏汽车完成上市，业绩和社会贡献与社会责任大幅提升，综合发展能力较强；泰禾光电因创新能力和社会贡献与社会责任提升明显，综合发展能力得到上升。后十名上市公司中，皖江物流（↓1）、海螺型材（↓4）、江南化工（↓3）和德力股份（↑4）排名依旧垫底，梦舟股份（↓29）、皖能电力（↓21）、神剑股份（↓18）、盛运环保（↓9）、凯盛科技（↓7）和九华旅游（↓7）新入榜单，其中，梦舟股份因经营不善业绩巨亏，导致综合表现大幅下降。金种子酒（↑43）、黄山旅游（↑28）、恒源煤电（↑26）、凤形股份（↑14）、司尔特（↑7）、长城军工（↑4）综合表现有不同程度的改善，均退出榜单。

表10 2017～2018年安徽省上市公司综合发展能力排名前十名及后十名对比

公司名称	总排名			业绩发展		创新能力		营运能力		社会贡献与社会责任	
	2018年	2017年	排名变化	2018年	2017年	2018年	2017年	2018年	2017年	2018年	2017年
三七互娱	1	4	↑3	19	6	11	16	1	6	20	10
阳光电源	2	3	↑1	42	28	2	1	58	50	17	51
科大讯飞	3	2	↓1	50	54	1	2	55	67	42	13
科大国创	4	8	↑4	63	74	6	6	11	23	58	56
中公教育	5	35	↑30	9	75	23	90	15	9	1	19
美亚光电	6	9	↑3	11	14	3	7	64	76	49	50
四创电子	7	1	↓6	18	25	7	3	29	13	15	7
安徽合力	8	6	↓2	21	36	12	9	18	24	5	18
泰禾光电	9	16	↑7	31	15	4	12	79	79	16	48
众源新材	10	5	↓5	32	21	78	70	2	1	25	8
神剑股份	88	70	↓18	73	57	47	31	62	59	96	94
九华旅游	89	82	↓7	26	32	67	77	85	71	62	45
皖能电力	90	69	↓21	64	87	85	75	34	19	78	72
德力股份	91	95	↑4	93	64	89	66	83	84	30	88
凯盛科技	92	85	↓7	85	71	65	50	78	62	82	79
梦舟股份	93	64	↓29	95	63	90	89	32	31	77	26
江南化工	94	91	↓3	66	68	50	45	91	89	93	92
盛运环保	95	86	↓9	97	97	44	40	97	97	69	41
海螺型材	96	92	↓4	91	88	84	79	53	52	86	83
皖江物流	97	96	↓1	67	66	94	95	36	42	92	90

注：因指标适用性问题，本排行剔除3家金融企业；因企业经营问题，本排行剔除了＊ST华信、ST新光和＊ST安凯。

（二）业绩发展排名及变化

为确保排名有效性，筛选出97家安徽省上市公司对2018年业绩进行排名。整体来看，安徽省上市公司综合业绩排名变化较大，除部分企业因市场回暖、借壳、重组等因素实现业绩上涨外，多数企业经营业绩受所处行业周期、上下游市场需求变化、营业成本控制等因素影响，均表现出不同程度的下滑。这表明安徽省上市公司还需进一步聚焦和强化主业、扎实经营，通过提高经营水平减少行业周期带来的不利影响，保持可持续高质量发展。

对比 2017 年，排名上升的公司有 35 家，下降的有 57 家，其余 5 家保持不变。剔除排名连锁性变动产生的影响，名次上升和下降至少 10 位的上市公司各有 23 家，整体排名变化较大。其中，排名上升幅度最大的是中公教育（↑64），除每股收益指标外各项盈利能力指标均出现增长；凤形股份（↑44）、淮北矿业（↑40）、惠而浦（↑38）和东华科技（↑34）上升也较为明显。下降幅度最大的是安纳达（↓45），其各项盈利能力指标都出现大幅度下滑；国机通用（↓43）、安德利（↓35）、聚隆科技（↓34）和德力股份（↓30）下降也较为明显。

对比 2017 年，2018 年上市公司综合业绩排名前十名和后十名变化情况可见表 11。前十名上市公司中，海螺水泥持续位居榜首，表现出强劲的盈利水平；中公教育（↑64）、淮北矿业（↑40）和设计总院（↑5）后来居上，新入榜单；安纳达（↓45）、国机通用（↓43）和三七互娱（↓12）跌出榜单，且盈利下滑现象较为明显。安纳达主要因为原材料价格上涨、环保因素制约导致产量下降，国机通用主要由土地收储非经常性损益事项所致。后十名中，长虹美菱、海螺型材、盛运环保排名持续靠后；安德利（↓35）、德力股份（↓30）和梦舟股份（↓29）等 7 家公司新入榜单，其中，排名下滑超 20 位的有 5 家，盈利下滑现象较为突出；凤形股份（↑44）、惠而浦（↑38）和东华科技（↑34）等 7 家公司因盈利表现出不同程度的改善而退出榜单，凤形股份因下游市场需求回暖，销量增加，各项业绩细分指标提升明显。

表 11　2017～2018 年安徽省上市公司综合业绩排名前十名及后十名对比

公司名称	综合排名			权益净利率		资产收益率		收入净利率		每股收益	
	2018年	2017年	排名变化	2018年	2017年	2018年	2017年	2018年	2017年	2018年	2017年
海螺水泥	1	1	—	4	14	1	10	8	13	1	1
古井贡酒	2	5	↑3	8	15	8	14	12	18	2	2

续表

公司名称	综合排名			权益净利率		资产收益率		收入净利率		每股收益	
	2018年	2017年	排名变化	2018年	2017年	2018年	2017年	2018年	2017年	2018年	2017年
口子窖	3	4	↑1	5	9	4	7	5	5	3	3
金禾实业	4	2	↓2	7	2	6	3	10	10	6	4
淮北矿业	5	45	↑40	2	48	12	44	46	26	5	46
欧普康视	6	6	—	9	6	2	2	1	1	11	7
设计总院	7	12	↑5	11	10	9	11	6	15	8	11
志邦家居	8	10	↑2	19	12	18	18	26	31	4	5
中公教育	9	73	↑64	1	67	3	74	15	81	61	77
开润股份	10	8	↓2	3	8	7	8	34	27	16	9
安德利	88	53	↓35	88	55	89	62	89	74	86	43
铜峰电子	89	86	↓3	89	86	87	82	84	78	91	89
长虹美菱	90	88	↓2	90	88	90	91	90	91	88	87
海螺型材	91	89	↓2	91	90	91	87	91	90	90	88
江淮汽车	92	70	↓22	92	75	92	86	92	89	93	58
德力股份	93	63	↓30	93	70	93	57	94	43	92	69
六国化工	94	72	↓22	94	68	94	81	93	86	96	67
梦舟股份	95	66	↓29	96	63	95	54	95	64	94	73
融捷健康	96	69	↓27	95	76	97	65	96	53	95	74
盛运环保	97	97	—	97	97	96	97	97	97	97	97

注：因指标适用性问题，本排行剔除了3家金融企业；因企业经营问题，本排行剔除了＊ST华信、ST新光和＊ST安凯。

（三）创新能力排名及变化

为确保排名有效性，筛选出100家安徽省上市公司对2018年创新能力进行分析。对比2017年，排名上升的公司有41家，下降的有52家，其余7家保持不变。剔除排名连锁性变动产生的影响，名次上升至少10位的公司有10家，下降超10位的有11家。其中，上升幅度最大的是中公教育（↑69），主要原因是其借壳上市后主营业务已发生重大变更，且其借壳上市的亚夏汽车此前并未披露研发支出，以致研发强度和高学历员工比例细分指标排名出现大幅度提高；新力金融（↑34）和恒源煤电（↑26）上升也较为明显。下降幅度最大的是德力股份（↓25），主要原因是其经营业绩表现较差，除高学历员工比例外其余创新指标均出现不同程度下滑；楚江新材（↓23）则因专利产出能力显著降低而排名下降较为明显。

对比 2017 年，2018 年安徽上市公司创新能力排名前十名和后十名变化情况可见表 12。前十名上市公司中，9 家公司依旧在榜，科大讯飞（↑1）、阳光电源（↓1）等企业创新能力表现突出；泰禾光电（↑9）新入榜单，东华科技（↓5）跌出榜单，但上升或下降幅度均较小。后十名上市公司中，德力股份（↓25）、楚江新材（↓23）新入榜单；中公教育（↑69）、新集能源（↑7）退出榜单；其余 8 家公司仍在榜中，安德利则持续垫底。

整体来看，安徽上市公司创新能力排名变化不大，但也有个别企业波动较大，尤其是排名下降的企业受自身业绩和创新产出影响明显。创新产出的提升与创新投入是密不可分的，只有以稳健经营为基础，在各自经营领域深耕细作，通过加大创新力度，方能增强企业持续创新能力。

表 12　2017～2018 年安徽上市公司创新能力排名前十名及后十名对比

公司名称	综合指标			研发强度		高学历员工比例		每百人专利申请数		主营业务利润率	
	2018年	2017年	排名变化	2018年	2017年	2018年	2017年	2018年	2017年	2018年	2017年
科大讯飞	1	2	↑1	1	1	3	3	25	25	13	12
阳光电源	2	1	↓1	23	29	10	8	1	1	42	43
美亚光电	3	7	↑4	15	10	17	16	4	9	10	11
泰禾光电	4	13	↑9	5	5	33	27	7	11	11	9
聚隆科技	5	8	↑3	22	28	94	94	2	3	30	25
科大国创	6	6	–	2	2	4	4	59	80	24	23
四创电子	7	3	↓4	25	21	14	10	6	4	78	76
江淮汽车	8	4	↓4	26	25	30	30	3	2	94	90
中电兴发	9	5	↓4	17	13	13	14	10	7	37	31
安徽合力	10	9	↓1	27	24	39	39	5	5	56	53
梦舟股份	91	92	↑1	70	73	79	77	57	61	95	96
中粮生化	92	91	↓1	78	77	62	69	68	59	74	95
楚江新材	93	70	↓23	58	65	89	88	62	36	97	99
德力股份	94	69	↓25	77	68	93	93	55	37	68	62

公司名称	综合指标			研发强度		高学历员工比例		每百人专利申请数		主营业务利润率	
	2018年	2017年	排名变化	2018年	2017年	2018年	2017年	2018年	2017年	2018年	2017年
华孚时尚	95	94	↓1	73	69	63	61	91	90	88	82
合肥百货	96	98	↑2	98	88	69	70	93	92	63	64
铜陵有色	97	95	↓2	75	75	67	68	79	82	100	100
皖江物流	98	97	↓1	88	87	60	62	90	89	83	77
长信科技	99	99	-	79	79	95	95	84	86	85	86
安德利	100	100	-	97	98	100	100	99	98	60	56

注：＊ST 华信、ST 新光、＊ST 安凯 3 家上市公司由于经营状况异常不参与本排行分析；本表中 2017 年排名是按照表中统计的上市公司在 2017 年的对应规模重新计算的排名。

（四）营运能力排名及变化

为确保排名有效性，筛选出 96 家安徽省上市公司对 2018 年综合营运能力进行排名。整体来看，安徽省上市公司综合营运能力排名变化较小，企业排名结果与所处行业资产特征及经营管理水平相关，优质企业的综合营运能力较为稳定，而排名靠后的企业营运能力改善程度十分有限。这说明安徽省上市公司经营水平分化明显，还需进一步加大管理创新力度，提高整体经营水平。

对比 2017 年，排名上升的公司有 44 家，下降的有 45 家，其余 7 家保持不变。剔除排名连锁性变动产生的影响，名次上升超 10 位的公司有 19 家，下降超 10 位的有 15 家。其中，上升幅度最大的是淮北矿业（↑72），主要因为淮北矿业控股股份有限公司并购雷鸣科化完成淮北矿业集团主业资产证券化，各项资产营运能力显著提高；精工钢构（↑21）和东华科技（↑19）上升也较为明显。下降幅度最大的是众泰汽车（↓54），这主要是其销量大幅下滑，导致部分营运能力大幅下降；常青股份（↓24）、欧普康视（↓20）和中钢天源（↓20）下降也较为明显。

对比 2017 年，2018 年上市公司综合营运能力排名前十名和后十名变化情况可见表 13，整体变化不大。前十名上市公司中，7 家公司依旧在榜；淮北矿业（↑72）、开润股份（↑8）和皖新传媒（↑2）后来居上，新入榜单；铜陵有色（↓8）、安德利（↓6）和中公教育（↓6）跌出榜单；但除淮北矿业外，上升或下降幅度均较小。后十名上市公司中，聚隆科技（↓18）、文一科技（↓8）和长城军工（↓8）新入榜单；中电兴发（↑11）、凤形股份（↑7）、集友股份（↑5）退出榜单；应流股份、盛运环保等其余7家公司仍在榜中。

表13　2017～2018年安徽省上市公司营运能力排名前十名及后十名对比

公司名称	综合排名			总资产周转率		流动资产周转率		固定资产周转率		应收账款周转率		存货周转率	
	2018年	2017年	排名变化	2018年	2017年	2018年	2017年	2018年	2017年	2018年	2017年	2018年	2017年
设计总院	1	1	—	58	46	88	80	11	14	95	94	1	1
合肥城建	2	2	—	96	91	96	96	2	1	1	1	97	97
三七互娱	3	8	↑5	27	37	28	24	1	5	50	48	6	6
众源新材	4	3	↓1	1	1	7	2	4	2	28	26	14	9
辉隆股份	5	4	↓1	3	4	13	13	3	3	11	10	23	28
楚江新材	6	5	↓1	2	2	5	7	9	6	23	21	16	13
淮北矿业	7	79	↑72	6	75	1	57	48	65	9	62	4	22
开润股份	8	16	↑8	7	9	22	38	6	9	44	50	53	56
皖新传媒	9	11	↑2	37	39	63	63	5	4	40	30	32	37
精达股份	10	6	↓4	4	3	11	10	13	12	53	51	17	14
江南化工	87	89	↑2	89	88	62	74	92	75	72	72	15	21
泰尔股份	88	94	↑6	87	94	94	95	60	82	94	96	90	95
合锻智能	89	90	↑1	86	87	86	84	73	64	92	88	88	88
铜峰电子	90	93	↑3	72	81	71	81	90	91	77	77	69	68
长城军工	91	83	↓8	76	68	76	65	82	81	91	86	79	74
黄山胶囊	92	92	—	83	79	89	88	85	83	63	57	68	67
文一科技	93	85	↓8	90	83	81	71	88	68	71	70	77	76
聚隆科技	94	76	↓18	95	89	95	94	61	24	82	75	63	30
应流股份	95	95	—	93	96	90	92	97	97	85	90	91	92
盛运环保	96	96	—	97	97	97	97	94	74	96	95	96	87

　　注：＊ST华信、ST新光、＊ST安凯3家上市公司由于经营状况异常不参与本排名分析；金融类3家上市公司不参与营运能力分析；皖通高速因无应收账款周转率统计结果，不参与分析。

（五）社会贡献与社会责任排名及变化

为确保排名有效性，筛选出 97 家安徽省上市公司对 2018 年社会责任履行程度和社会贡献大小进行排名。整体来看，安徽省上市公司社会贡献与社会责任变化较为显著，前者与企业经营业绩变化关系密切，而后者与企业披露的社会责任信息质量相关。这从侧面反映了安徽省一些上市公司还未形成稳定可持续的社会责任发展观，社会责任履行能力有待进一步提高。

对比 2017 年，社会贡献方面，排名上升的公司有 45 家，下降的有 48 家，其余 4 家保持不变。为剔除排名连锁性变动产生的影响，名次上升超 10 位和下降超 10 位的公司均有 22 家，变化较大。其中，淮北矿业（↑39）、山鹰纸业（↑39）、凤形股份（↑36）和新集能源（↑30）上升最为明显；永新股份（↓45）、国机通用（↓46）、长城军工（↓41）和众泰汽车（↓30）下降最为明显。

社会责任方面，排名上升的公司有 45 家，下降的有 51 家，其余 1 家保持不变。剔除排名连锁性变动产生的影响，名次上升超 10 位的公司有 31 家，下降超 10 位的有 34 家，变化较大。其中，黄山旅游（↑76）、山河药辅（↑75）、中公教育（↑74）和阳光电源（↑72）上升最为明显；常青股份（↓62）、志邦家居（↓59）和鸿路钢构（↓52）下降最为明显。

对比 2017 年，2018 年上市公司社会贡献与社会责任排名前十名和后十名变化情况可见表 14，可以看出社会贡献后十名和社会责任前十名变动较大，六国化工（↓17）、德力股份（↓21）等 6 家公司新入社会贡献后十名，黄山旅游（↑76）、山河药辅（↑75）和中公教育（↑74）等 8 家公司新入社会责任前十名。

表 14　2017～2018 年安徽省上市公司社会贡献与社会责任排名前十名及后十名对比

股票简称	社会贡献排名及变化			股票简称	社会责任排名及变化		
	2018	2017	排名变化		2018	2017	排名变化
中公教育	1	28	↑27	皖新传媒	1	9	↑8
古井贡酒	2	1	↓1	安徽水利	2	14	↑12
海螺水泥	3	3	—	山河药辅	3	78	↑75

续表

股票简称	社会贡献排名及变化			股票简称	社会责任排名及变化		
	2018	2017	排名变化		2018	2017	排名变化
淮北矿业	4	43	↑39	阳光电源	4	76	↑72
口子窖	5	2	↓3	黄山旅游	5	81	↑76
志邦家居	6	5	↓1	安徽合力	6	2	↓4
迎驾贡酒	7	4	↓3	皖维高新	7	11	↑4
恒源煤电	8	10	↑2	中公教育	8	82	↑74
中鼎股份	9	7	↓2	科大讯飞	9	17	↑8
安徽合力	10	17	↑7	金种子酒	10	51	↑41
辉隆股份	88	82	↓6	神剑股份	88	92	↑4
德力股份	89	68	↓21	常青股份	89	27	↓62
铜峰电子	90	87	↓3	志邦家居	90	31	↓59
神剑股份	91	84	↓7	华菱星马	91	93	↑2
丰乐种业	92	86	↓6	合肥城建	92	89	↓3
国风塑业	93	90	↓3	江南化工	93	84	↓9
六国化工	94	77	↓17	国风塑业	94	88	↓6
梦舟股份	95	91	↓4	中电兴发	95	90	↓5
融捷健康	96	85	↓11	国机通用	96	94	↓2
盛运环保	97	97	—	皖天然气	97	95	↓2

注：因企业经营问题，本报告剔除了＊ST安凯、＊ST华信、＊ST新光三家上市公司；因金融行业数据特殊性，本报告暂不考虑其排名。

（六）总投融资排名及变化

为确保排名有效性，筛选出100家安徽省上市公司对2018年总投融资进行排名。整体来看，安徽省上市公司投融资排名变化微弱，龙头公司投融资实力较强，中小企业投融资水平差距十分明显，上市公司投资潜力有待进一步挖掘，融资难的问题仍有待进一步改善。

对比2017年，投资方面，排名上升的上市公司有21家，下降的有61家，其余18家没有变化。剔除排名连锁性变动产生的影响，名次上升超10位的公司有5家，下降超10位的有2家，变化较小。融资方面，排名上升的上市公司有28家，下降的有62家，其余10家没有变化；剔除排名连锁性变动产生的影响，名次上升超10位的公司有8家，下降超10位的有3

家，变化较小。淮北矿业投融资上升幅度最大（均↑66），主要由于并购使其内部投资额和新增股票融资额大幅增长；盛运环保下降幅度最大（↓20和↓13），主要由于其业绩持续下滑，内部投资规模持续垫底，近两年自我累计融资规模均为负值。

对比2017年，2018年上市公司总投融资排名前十名和后十名变化不大，具体情况可见表15，前十名和后十名均仅有1~2家新入榜单。总投资前十名中，淮北矿业（↑66）新入榜单，皖江物流（↓4）跌出榜单；后十名中，安纳达（↓4）新入榜单，欧普康视（↑4）退出榜单。融资前十名中，淮北矿业（↑66）新入榜单，新集能源（↓2）跌出榜单；后十名中，安纳达（↓7）和众源新材（↓4）新入榜单，中环环保（↑10）和科大国创（↑1）退出榜单。

表15　2017~2018年安徽省上市公司总投融资排名前十名及后十名对比

公司名称	总投资排名及变化			公司名称	总融资排名及变化		
	2018年	2017年	排名变化		2018年	2017年	排名变化
海螺水泥	1	1	—	海螺水泥	1	1	—
马钢股份	2	2	—	国元证券	2	6	↑4
安徽水利	3	3	—	安徽水利	3	2	↓1
淮北矿业	4	70	↑66	淮北矿业	4	70	↑66
铜陵有色	5	4	↓1	江淮汽车	5	3	↓2
江淮汽车	6	5	↓1	山鹰纸业	6	7	↑1
国元证券	7	6	↓1	马钢股份	7	5	↓2
皖能电力	8	8	—	铜陵有色	8	4	↓4
山鹰纸业	9	9	—	众泰汽车	9	8	↓1
众泰汽车	10	7	↓3	皖能电力	10	10	—
泰禾光电	91	91	—	文一科技	91	93	↑2
华菱精工	92	99	↑7	欧普康视	92	94	↑2
安纳达	93	89	↓4	泰禾光电	93	92	↓1
凤形股份	94	92	↓2	众源新材	94	90	↓4
文一科技	95	97	↑2	集友股份	95	95	—
集友股份	96	96	—	安纳达	96	89	↓7
国机通用	97	94	↓3	华菱精工	97	100	↑3
黄山胶囊	98	95	↓3	黄山胶囊	98	96	↓2
山河药辅	99	98	↓1	山河药辅	99	98	↓1
中环环保	100	100	—	凤形股份	100	99	↓1

注：因企业经营问题，本排行剔除了＊ST安凯、＊ST华信、ST新光三家上市公司。

四 安徽上市公司发展对策

通过大量客观、翔实的数据和案例分析，我们较为系统、全面地研究和展示了安徽省上市公司发展的现状、特征和趋势。近年来，安徽省上市公司数量在中西部地区保持领先，海外上市实现突破，经济社会贡献不断显现，上市公司发展总体取得了一定的成绩；但也存在创新能力不足、经营业绩不稳定、带动作用不强等一系列问题。为解决好这些问题，推动优质企业上市和上市企业高质量发展，本报告从政府和企业层面提出了相关对策建议。

（一）政府层面的对策建议

1. 多措并举加快安徽多层次资本市场建设

完善多层次资本市场功能，对于有效匹配安徽省上市公司融资需求、帮助促进上市公司持续健康发展有着十分重要的现实意义。政府应从战略的高度重视多层次资本市场建设。第一，要继续大力推动优质企业加快上市步伐，帮助企业直接融资，持续督导资质优良的省内企业上市后备资源库，分层次、分批次对接多层次资本市场。在推动企业首发上市融资，支持上市公司和挂牌企业实施增发、配股的同时，鼓励企业发行公司债、企业债、中期票据。第二，完善企业上市政策体系，针对企业在境外市场、主板、中小板、创业板、科创板、新三板以及区域股权市场挂牌上市等多方面政策，进行系统梳理和优化整合，形成"政策清单"。进一步优化政策，落实主体关系，统一协调各项政策落实到位。第三，进一步发展政府引导基金和产业基金，引导社会资本和民间资本投资，推动战略性新兴产业发展壮大。同时，应通过严密科学的制度设计为基金市场化运行提供管理模式、组织架构保障，以防止行政权力干预投资项目或子基金运行。第四，优化政策环境，如加大财税优惠支持、明确安徽省股权交易中心可参与国企混改、推进政策扶持综合运用平台建设等，多方面促进安徽省股权交易中心发展，大力支持省属券商增加净资本，提高综合服务能力，提升核心竞争力，更好地服务省内企业，引领安徽多层次资本市场发展。

2. 抢抓科创板战略机遇，推动安徽上市公司板块持续扩容

政策引导是地方政府促进区域发展的重要手段，也是持续推进安徽上市公司板块扩容、质量提升、做优做强的重要抓手。其一，加大企业上市孵化培育力度，出台支持拟上市企业总部基地建设的政策举措，鼓励相关中介机构为区内引进优质上市企业资源，支持上市孵化机构参与上市企业总部基地建设、运营与管理，对符合条件的中介机构、上市企业孵化机构等给予奖励扶持。其二，加强企业上市激励引导支持，出台更有力度、更加精准的上市激励政策，在财政补贴、税收优惠、人才引进等方面出台实质性政策。研究设立支持企业上市发展基金，鼓励相关产业投资基金、创业投资基金、股权投资基金等参与企业股份制改造、上市挂牌、并购重组，提高企业对接多层次资本市场和资源整合的能力。其三，抢抓科创板战略机遇，围绕科创板重点支持的新一代信息技术、高端装备、新材料、新能源、节能环保以及生物医药等高新技术产业和战略性新兴产业，优化资源配置，全力支持科技型创新企业在科创板上市融资发展，建立和培育企业库，打造安徽"独角兽"和"瞪羚"企业上市梯队。

3. 围绕龙头上市公司，构建集群化发展的产业生态

新技术革命和新产业革命下，各行各业都面临着转型升级的艰巨任务，各级政府应关注和利用资本市场优化和改善行业结构，推动产业转型升级。一是推动战略性新兴产业集群发展，为先进行业蓄势储能。打造"三重一创"升级版，加快构建特色鲜明、链条完整的具有竞争力的产业集群，做好"育种育苗""植树造林"的工作，为培育符合上市要求的优质企业营造良好的产业生态。二是促进先进制造业和服务业发展，激发短板行业潜力。促进先进制造业和现代服务业深度融合，大力发展技术服务、工业设计、供应链物流、人力资源等生产性服务业，积极培育行业内优质企业上市发展。三是打造上市公司产业联盟，加大政府工作的协调力度，引进优势产业上市公司集群化发展，鼓励新兴产业上市公司募投项目在皖落地，涵养"源头

活水"。鼓励上市公司充分发挥资源整合能力，通过并购重组，推动大数据、人工智能、新材料等高精尖产业快速发展。

4. 优化市场导向的营商环境和创新创业土壤

创新是实现区域产业升级和经济高质量发展的动力源泉，也是企业提升竞争力、发展壮大的核心密码。新形势下，更要继续坚持从政策层面引导企业提升创新意识，加大科技创新、管理创新和商业模式创新投入力度。第一，发挥合肥综合性国家科学中心的优势，全面提升科技创新"硬实力"和创新成果转移转化水平。政府层面深化技术和产业、平台和企业、金融和资本、制度和政策四大创新支撑体系建设；加强技术转移和科技成果转化通道建设以及全生命周期创新链建设；支持高质量众创空间、科技孵化器、加速器建设，培育引进市场化、专业化创新创业中介服务机构；发挥科技成果转化引导基金作用，落实好创新成果转化各项优惠政策。第二，大力推动"大众创业、万众创新"，在全社会大力营造勇于创新、宽容失败的创新氛围，健全优化创新创业的政策体系和生态系统，发挥企业创新主体作用，既要关注"顶天立地"的大企业，更要培育发展一大批新兴创业型企业，扩大"铺天盖地"创新创业的新生力量，尤其是大力支持民营中小企业发展。第三，大力培育优质上市资源，聚焦新产业、新业态、新商业模式经济，加强加快优质上市资源培育，突出对 BATJ 类、"独角兽"企业的上市服务。提升服务的针对性，为优质创新企业定制针对性服务模式，积极推动优质创新创业企业对接资本市场。第四，要着力为企业发展提供良好的营商环境，抓住长三角一体化高质量发展机遇，加大交通基础设施一体化建设，加大人才引进力度，提高信息往来的便利化程度，全方位优化区域营商环境。

5. 积极推动具备条件的安徽企业在境外资本市场上市

推进安徽进一步改革开放，在吸引外资和扩大外贸的同时，高度重视本地企业在境外上市也是对外开放的重要工作内容，境外融资是直接获取外国投资者投资安徽发展的有效途径。第一，鼓励和支持安徽企业境外上市。安徽现有海外上市公司 1 家，港股上市公司 13 家，与安徽的经济实力不对称，且"标兵远、追兵近"，压力大，需要加大引导和支持力度。第二，深挖境外上市企业资源，加大对拟境外上市企业的培育和扶持力度，形成境外上市后备企业资源库，加强跟踪管理服务。第三，开展境外上市辅导培训，加强与香港、海外其他资本市场的联系，联合境外上市中介服务机构，定期开展境外上市咨询和对接服务，支持更多皖企"走出去"，利用境外资本市场上市融资，实现高质量发展。

6. 发挥头部公司作用，带动区域行业整体进步

头部公司是推动经济持续发展的重要力量，要充分发挥头部公司作用，带动区域和行业整体发展。一是发挥头部公司的集聚作用，开展以企引企、以商招商，加强产业对接和配套协作，提升产业集聚水平。突破体制障碍和区划限制，支持行业龙头通过兼并、重组、并购等形式，整合上下游产业链，推进信息技术、汽车制造、生物医药等优势产业一体化进程，形成具有竞争力的大型企业集团。二是发挥头部公司的创新引领作用，围绕战略性新兴产业等，以龙头企业为核心开展产学研用合作，不断提升技术创新能力。释放龙头企业在协作引领、产品辐射、技术示范、知识输出和营销网络等方面的核心作用，推动区域产业品牌提升和行业知识扩散，带动产业链上下游中小企业发展，推动区域经济发展。三是发挥头部公司合力效应。完善上市公司跨区域多层次一体化合作机制，搭建大企业、大集团合作交流平台。持续优化营商环境、营造良好的创新创业氛围，为龙头企业发展和产业链升级搭建完善的制度平台。四是顺应市场趋势，加大区域指数研究应用支持力度。"皖江30"和"安徽发展"指数是安徽省上市公司的靓丽名片，建议省政府相关部门加大宣传力度、积极推广宣传，通过省内外媒体的专栏报道，加深资本市场对其了解和认识，进而认可并最终形成强大的品牌知名度；发行安徽上市公司指数基金，满足市场对区域投资的需求，引导投资者使用安徽经济发展的金融工具；支持开发安徽上市公司指数 ETF 产品，探索国资管理由"管资产"向"管资本"模式转换的创新发展思路。

7. 借助资本市场，纵深推进安徽国资国企改革

安徽是国资大省，但是相较于上海、江苏等省市，安徽国有企业活力不足，市场竞争力不强，需要借力资本市场促进国资国企改革创新发展。第

一，以国有资本投资运营公司组建为契机，以并购重组为纽带，推动以上市公司为平台的资源整合，优化国资布局结构；第二，盘活国有资产存量，大力推进具备条件的省属国有企业整体上市，推进省属国有企业绩优子公司独立上市以及上市公司优质资产分拆上市，提高国有资本流动性和证券化率；第三，充分利用资本市场各类直接融资工具，优化国有控股上市公司资本结构，降低国资持股比例，引入民营股东，发挥国有资本的杠杆效应；第四，有序推进国有控股上市公司员工持股，打造利益共同体，激发企业活力和创造力。

8. 加强督导服务，推动上市公司规范发展

上市公司往往是地方支柱企业，是地方经济的重要组成部分，牵扯面较广，一旦出现风险，极易引发区域性金融风险。建议各级政府加大本地区上市公司规范经营督导力度，着力提高企业家社会担当意识，切实保护中小投资者利益。首先，继续完善国有上市公司治理结构，强化内部监管。政府部门要遵循市场经济规律，遵循"管资本，不管经营"总原则，减少对企业发展的行政干预，让国有上市公司依据公司法，按照现代企业制度，遵循市场规律自主经营。其二，强化对民营上市公司的辅导监管，确保发行审核、融资、并购等各环节的规范运作，进一步提高对上市公司的精准服务水平，帮助解决股权质押等实际发展难题。其三，加强上市公司经营管理者培训，提高上市公司规范运营和依法经营的意识，促进经营管理水平的提升。其四，提高上市公司信息披露质量，构建完善信披评价体系，奖励信息披露诚信、合规的企业，严厉打击虚假陈述、内幕交易、操纵市场等各类证券违法违规行为，提高违法成本。其五，加大惩戒力度，增强监管震慑力，提高违规成本，让不守规则的企业和个人付出沉重代价。

9. 以风险防控为重点，促进金融市场运行稳定

2018 年安徽上市公司防范风险的态势进一步巩固，市场运营状态总体平稳，各方关注的质押风险及融资风险问题一定程度上得到了有效化解，但因受宏观市场环境的影响，部分上市公司面临较大的风险与挑战。建议各级政府及相关部门，协调省属纾困基金和金融机构，对有发展前景但暂时陷入

经营困难的优质上市公司，提供更多流动性支持，同时引导绩差上市公司通过资产重组、债务重组等方式改善经营状况。针对部分公司退市风险，建议建立健全上市公司风险防范和处置应急机制，统筹研究解决工作中遇到的重大问题，采取有效措施维护上市公司的经营秩序、财产安全和社会稳定。针对安徽上市公司目前存在的商誉减值风险，建议监管部门做好风险排查，梳理上市公司商誉及减值情况，同时强化商誉减值合规监管，要求公司严格按照相关规定核算经营业绩、计提商誉减值，加强商誉信息披露监管，突出业绩承诺监管，严格评估机构监管，强化商誉监管工作调度。

10. 加强对上市公司迁址行为的政策引导，做好并购重组的协调服务

针对安徽省上市公司外迁问题，建议各级政府高度重视，建立上市公司重大事项信息通报机制，将上市公司迁址事项纳入省政府对各市政府目标管理绩效考核，加强营商安商环境培育等措施，做好对上市公司迁址行为的政策引导，促进安徽省上市公司提高质量，以项目和投资为手段，鼓励省外上市公司迁入安徽等，努力做大做强资本市场"安徽板块"。另一方面，政府有关部门要把推进企业并购重组作为地方经济社会发展的重点工作，创造条件，促进境内外并购项目落户安徽。加强安徽企业并购重组的协调服务，推动企业围绕产业链开展信息、项目、资本、人才等交流合作。推动金融机构开展投贷联动、并购贷款等业务，增加对安徽上市公司并购重组的融资支持；引导各类并购基金、私募股权基金参与安徽省上市公司并购重组工作。同时建立健全土地处置、股权转让、资产重组等快速处置机制和职工安置等兜底机制，维护社会稳定。

（二）企业层面的对策措施

1. 聚焦主业发力，增强内源性资本生成能力

中国的经济体系不缺资金，缺的是资本生成能力和机制。对于企业而言，就是企业自身的盈利能力和"造血功能"，是企业的现金流和利润流，也就是围绕主业的扩大再生产能力。一是明确主攻方向，做强做优主业。上市公司不应把规模和数量作为企业追求主要目标，而是应把突出主业放在重

要位置，努力适应新周期需要，紧紧围绕主营业务，制定发展战略，寻求市场突破，探索资本与产业有效融合的途径。二是全面清理无优势非主营业务，针对市场前景差、与主业紧密性不强、关联度不高的非主业，通过剥离、转让或者引进其他资本等方式，有计划、有步骤地退出，进而推动各类要素向主业集中，不断提升核心竞争力和盈利能力。三是借助资本市场推进优势非主营业务发展，对于发展成熟、有优势、前景好的非主营业务，上市公司可利用自身资本运作经验，积极推动其对接资本市场，实现上市融资发展。

2. 以创新赋能价值创造，增强企业发展的驱动力

上市公司应顺应时代发展，不断加强技术创新、管理创新和商业模式创新，提升竞争力。一是推进发展理念变革，强化创新发展理念。上市公司要转变片面强调速度和规模的传统思维，大力推进技术创新、管理创新和商业模式创新，更加注重企业发展的质量和效益。二是坚持创新驱动，进一步加大研发投入，瞄准核心技术和关键环节推进技术创新，掌握关键核心技术。加强互联网、大数据、人工智能等科技创新及其成果应用，不断提高研发设计、供应链管理、品牌培育和营销水平，注重新产品研发，不断推进产品迭代升级。三是高度重视创新人才集聚。打破论资排辈的用人观，给予创新人才应有的待遇和地位，增强企业员工创新意识，实现人尽其才、才尽其用。

3. 运用并购重组等价值管理手段，推动企业市值高质量增长

价值管理是上市公司利用资本市场实现价值的重要手段，具有很高的操作难度，多数企业价值管理水平薄弱，证券部力量不够，借力资本市场发展能力不足，需要引起重视。一是把企业经营（价值创造）和市值运营（价值实现）结合起来，学习海螺水泥价值管理经验，提升企业整体价值。二是积极推动并购重组，增强再融资能力，优化省内外资源配置，实现业务升级和战略转型，提升企业竞争力。在并购重组中，上市公司应关注融资风险及风险预防机制，尤其须审慎识别"高估值、高商誉、高业绩"，严防出现因业绩承诺不达标导致的大额商誉减值风险，避免因不当扩张影响上市公司经营管理的稳健性及风险防范的可控性。三是把握不断开放创新资本市场态

势，在提升自身实力和抗风险能力的同时，综合运用债券融资、股权融资等多种融资手段扩大直接融资，加强对外投资，增加带动力。四是拟上市企业要积极借助中介机构力量，学习了解资本市场知识，明确上市路径，形成科学高效的上市发展规划，实现上市融资和再融资。

4. 完善企业治理和内部控制，建立有效的内外部约束机制

良好的公司治理是企业规范发展的基本条件，也是防范化解业务风险、实现资本市场高质量发展的必然要求。其一，完善公司治理结构，营造良好的内控环境。上市公司应严格按照监管部门的相关要求，自觉完善治理架构与内部控制，规范运作，不断提升公司规范运作及治理水平。其二，建立健全风险评估和监督机制，增强规范公司治理及强化风险防控的意识，加强对上市公司董监高人员及大股东的合规意识培训，把好事前防范、事中控制、事后考核问责的三道"风控"关口；建立健全预防"内部人"控制机制，维护股东、债权人及公司的合法权益。其三，国有上市公司理顺公司党委会与"三会"运作关系，从法律和党的领导两个层面设计好内在逻辑，把保障党的领导和保障法人治理有机结合起来。其四，建立内控激励约束机制，对在内控管理和风险管理中成绩显著的机构、部门和人员予以奖励，同时实行严格的问责制，建立内控责任追究体系。其五，加强治理和内控文化建设，构建规范治理、防范风险的内部环境文化，形成科学、全面的内控管理理念。

5. 借助现代化管理体系和工具，持续提高企业运营能力

运营能力表现为企业资产经营的效率和效益。上市公司应积极引入先进的管理体系和管理工具，分别从总资产、流动资产、固定资产、应收账款、存货管理等方面，全面提升管理水平，提升综合运营能力。一是注重改善资产结构，兼顾总资产周转率、流动资产周转率和固定资产周转率的协调提升，使资产保持足够的流动性。二是提高应收账款回收能力，强化客户信用管理，建立应收账款回收预警机制，降低应收账款信用成本；建立各部门应收账款催收联动机制，提高超期应收账款回收力度。三是加强存货管理，完善库存管理制度，建立信息化库存管理系统，加强采购、验收与入库的智能化控制，优化企业存货管理，及时处理积压存货，提高现有存货周转速度。四是提升资金使用效率，加强财务预算管理，建立资金使用监控系统，保障企业资金有效有序流动，提高资金使用效率。

6. 将履行企业社会责任融入战略与经营，提升企业品牌内涵和价值

上市公司发展要勇于承担社会责任，通过提高社会贡献，来提升企业形象。建议上市公司，一是制定社会责任发展战略，积极投身社会公益活动，在构建和谐劳动关系、促进就业、关爱员工、依法纳税、节约资源、保护环境等方面发挥更加重要的作用，提高社会贡献能力。二是加强社会责任培训，高度重视社会责任管理，提高和强化企业员工与管理者的社会责任意识，按年度发布社会责任报告，加强环境、资源、扶贫等社会责任指标披露。三是塑造良好的企业品牌形象，强化无形资产意识，注重培育、挖掘、提升企业无形资产的价值，加大品牌建设力度，增加品牌建设投入，放大品牌价值。

总之，我们希望报告研究内容和相关建议，能够为政府部门把脉安徽资本市场存在的问题，进一步找准政策发力点，为相关企业把握资本市场新形势，运用好资本市场资源和工具，推动自身高质量发展，为投资者深化对安徽资本市场和上市企业的了解，理性投资决策，提供有益的参考。关于安徽上市公司发展的详细情况、热点问题或者某项指标的具体排名，敬请阅读各分报告和专题报告。

当前，我国经济发展面临的外部环境愈加复杂严峻，中美贸易摩擦、英国脱欧、伊朗问题等更加剧了不确定性。安徽省经济运行下行压力进一步加大，高质量发展遇到了巨大的挑战。上市公司是实体经济的"基本盘"，是经济发展动能的"转换器"，是完善现代企业制度和履行社会责任的"先锋队"。大力推动企业上市发展和提高上市公司质量，是安徽利用资本市场、深化国有企业改革、提升产业结构、推动经济高质量发展的重要经验和"制胜法宝"。因此，政府要更加重视多层次资本市场建设，进一步将上市公司发展提升至经济发展的战略高度，配置各类资源，提高服务质量，持续推进上市公司数量扩容、质量提升，为未来安徽经济发展提供核心动力。上

市公司要高度关注经济形势变化，充分把握全面深化改革、新一轮科技革命和产业变革、长江三角洲区域一体化等带来的新时代发展机遇，不断加强技术创新、管理创新、商业模式创新，加快发展动能转换，利用资本市场强化核心竞争能力和品牌影响力，实现自身加快成长，进一步推动安徽经济社会实现高质量发展。

分 报 告

Sub‑reports

B.2
安徽上市公司业绩发展报告

陈明春　李浩宇　周会云　李欣*

摘　要：　在中美贸易战、供给侧结构性改革及安徽"三重一创"背景
　　　　　下，探索安徽上市公司业绩表现具有重要意义。本报告依据
　　　　　经营业绩评价相关理论，运用熵值赋权法，对安徽上市公司
　　　　　业绩发展进行系统性评价，得出安徽上市公司业绩总体表现
　　　　　良好、业绩分化明显、环保等政策影响显著、民营上市公司
　　　　　经营效率降低等结论，最终基于研究结论，有针对性地提出
　　　　　优化上市公司管理系统、加强创新研发、健全完善内部控制
　　　　　制度、营造良好营商环境等对策建议。

*　陈明春，中国科学技术大学管理学院博士研究生，工商管理创新研究中心成员；李浩宇，中
国科学技术大学管理学院硕士研究生，工商管理创新研究中心成员；周会云，中国科学技术
大学管理学院硕士研究生，工商管理创新研究中心成员；李欣，博士，安徽省投资集团中安
研究院副院长。

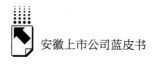
关键词： 上市公司业绩　经营效率　权益净利率　资产收益率

2018 年，世界经济格局进入大变革、大调整、大重组阶段，我国经济运行稳中有变，长三角区域一体化上升为国家战略，安徽经济发展迎来新的机遇与挑战。当前，安徽上市公司面临复杂的经营环境：中美贸易摩擦、供给侧结构性改革、环保政策和安徽省"三重一创"政策等，安徽各行业、区域、股权结构上市公司业绩表现如何，值得深入研究。本报告选取多个业绩代表性指标，分行业、区域、股权结构深入分析安徽上市公司业绩发展状况，找出业绩发展水平差异的原因，最后针对报告结论提出相应的对策和建议。合理评价安徽上市公司的业绩水平，有助于相关政府单位把握安徽上市公司的总体业绩水平，了解安徽上市公司的总体质量，把握安徽各行业、区域、股权结构上市公司整体业绩水平及差异；有助于上市公司找出差异，引导上市公司的经营行为，激励公司管理者提高经营管理水平，促进上市公司全面提高经营管理水平；有助于投资者从总体层面了解安徽上市公司业绩水平，并结合其他市场信息，做出理性的投资决策。

一　安徽上市公司业绩概念界定与评价指标

（一）上市公司业绩概念界定

业绩是指上市公司在一定经营期内的经营效益。通常所说的业绩包括经营业绩和管理业绩。经营业绩直观反映由经营活动带来的整体财务状况与经营结果，它以真实公允的会计报表为主要依据，是对公司状况的静态评价；管理业绩是由高级管理层的努力带来的结果与状况，是对管理者主观能动性的评价。

上市公司业绩多指上市公司经营管理中的经营业绩，主要包括经营效率

（即投入和产出间的比例关系）和效果（上市公司目标达成程度）。上市公司经营业绩有狭义和广义之分：狭义的经营业绩指在一定时期内，上市公司利用自身有限的资源，从事相关的经营活动而最终取得的经济成果，一般通过经济增加值、销售收入、营业利润等形式呈现；广义的经营业绩除了包括在一定经营期间内取得的经济利润，还包括公司在经营期间所表现出的经营效益水平，通过偿债能力、获利能力、资产运营能力等形式呈现。在对安徽上市公司业绩进行评价时，本报告主要采用狭义的经营业绩概念，分析上市公司的业绩水平。

（二）评价指标选择

本报告选取权益净利率（ROE）、资产收益率（ROA）、收入净利率和每股收益（EPS）分析上市公司业绩水平，并通过熵值赋权法构建综合业绩评价体系。

（1）权益净利率（ROE）＝（净利润/所有者权益）×100%

权益净利率是上市公司净利润与所有者权益的比率，反映所有者权益所获报酬的水平。

（2）资产收益率（ROA）＝（净利润/资产）×100%

资产收益率用于反映上市公司资产与利润之间的关系。资产收益率越高，说明上市公司利用全部资产的获利能力越强；资产收益率越低，说明上市公司利用全部资产的获利能力越弱。

（3）收入净利率＝（净利润/营业收入）×100%

收入净利率用以反映上市公司营业收入与利润之间的关系，是反映上市公司获利能力的重要指标，指标越高，说明上市公司营业收入获取利润的能力越强。

（4）每股收益（EPS）＝净利润/股本

在评价上市公司业绩时，单一指标对不同行业上市公司评价的有效性不同，如收入净利率，金融业等服务业上市公司的收入净利率往往较高，而批发和零售业的收入净利率往往较低，并不能准确评价不同上市公司的盈利能力。

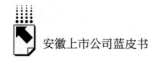

（三）综合评价指标计算方法

为准确评价不同行业上市公司的业绩水平，报告选取了以上几个指标进行综合评价。报告选取熵值赋权法计算各个指标的权重，试图通过不同指标的相互制衡抵消不同指标在评价不同行业上市公司业绩上的偏差。

（1）熵值赋权法

熵值赋权法基于"差异驱动"原理，突出局部差异，由各个样本的实际数据求得最优权重，反映了指标信息熵值的效用价值，避免了人为的影响因素，因而给出的指标权重更具有客观性，从而具有较高的再现性和可信度。信息熵反映的是信息的无序度，而不是指标的直观重要性，信息熵越大，信息的无序度越高，其信息的效用值越小，权重越小；反之，信息熵越小，信息的无序度越低，其信息的效用值越大，权重越大。

（2）综合指标的计算方法

步骤一：对分项指标进行去量纲处理，将所有指标缩放到 0 和 1 之间；

a. 对于正向评价指标，处理公式为：

$$X_{ij} = \frac{y_{ij} - y_j^{min}}{y_j^{max} - y_j^{min}}$$

b. 对于反向评价指标，处理公式为：

$$X_{ij} = \frac{y_j^{max} - y_{ij}}{y_j^{max} - y_j^{min}}$$

式中，$y_j^{max} = \text{Max } y_{ij}$；$y_j^{min} = \text{Min } y_{ij}$；

y_{ij} 表示第 i 个上市第 j 个评价指标的原始数据；

X_{ij} 表示第 i 个上市第 j 个评价指标的标准化数据。

步骤二：计算每个样本指标的贡献度；

$$P_{ij} = \frac{X_{ij}}{\sum_{i=1}^{n} X_{ij}}$$

P_{ij} 表示第 i 个上市对第 j 个评价指标的贡献度。

步骤三：计算每个指标的信息熵；

$$E_j = -K \sum_{i=1}^{n} P_{ij} \mathrm{Ln}\, P_{ij}$$

其中 $K = 1/\mathrm{Ln}\, n$ 。

步骤四：计算每个指标的权重；

$$w_j = \frac{1 - E_j}{\sum_{j=1}^{m}(1 - E_j)}$$

其中，m 表示指标个数。

步骤五：计算每个上市公司的得分；

$$score_i = \sum_{j=1}^{m} X_{ij}\, w_j$$

二　安徽上市公司经营业绩分析

本部分先分析各指标反映的安徽总体业绩水平及主要行业、城市上市公司业绩水平，然后分析安徽上市公司分指标排名。此外，本报告数据来源于万得数据库（Wind）。截至 2018 年底，安徽共有 A 股上市公司 103 家。因指标适用性问题以及经营问题，本报告剔除三家金融上市公司（新力金融、华安证券、国元证券）以及 ST 新光、＊ST 华信和＊ST 安凯。

（一）安徽上市公司权益净利率

1. 安徽上市公司权益净利率整体分析

数据显示，安徽上市公司业绩在经历 2015 年短暂下挫以来，权益净利率总体处于上升趋势。2015 年，安徽上市公司平均权益净利率为 4.6% 的较低水平；而 2018 年，安徽上市公司权益净利率已达到 12.3% 的较高水平，安徽上市公司业绩整体表现良好（见图 1）。

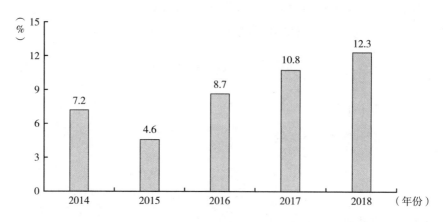

图1　安徽上市公司权益净利率（ROE）总体变动状况

2. 安徽上市公司权益净利率行业角度分析

安徽 103[①] 家 A 股上市公司共涉及 14 个行业，其中包括 69 家制造业公司，5 家信息技术业公司，4 家水利、环境和公共设施管理业公司，4 家批发和零售业以及 21 家其他行业公司。数据显示，制造业上市公司权益净利率在 2015 年短暂下降后持续增长，至 2018 年底，权益净利率已达到近五年的最高水平 14.1%，且高于安徽上市公司总体平均水平；信息传输、软件和信息技术服务业上市公司权益净利率表现较为稳定且处于较高水平，但 2018 年出现下跌；水利、环境和公共设施管理业上市公司权益净利率表现最为稳定且处于较高水平和增长势头；值得注意的是，受电商和消费升级的影响，批发和零售业上市公司盈利能力持续下跌，权益净利率水平从 2014 年的 10.2% 跌至 2018 年 6.4% 的最低水平（见图2）。

69 家制造业上市公司中，化学原料和化学制品制造业有 10 家，通用设备制造业 6 家，汽车制造业 6 家，医药制造业 4 家，专用设备制造业 5 家，计算机、通信和其他电子设备制造业 4 家，酒、饮料和精制茶制造业 4 家。其中，酒、饮料和精制茶制造业上市公司盈利能力最强，权益净利率

---

① 本报告仅使用了 97 家上市公司样本，剔除了 3 家金融业上市公司和 3 家被 ST 的上市公司，下同。

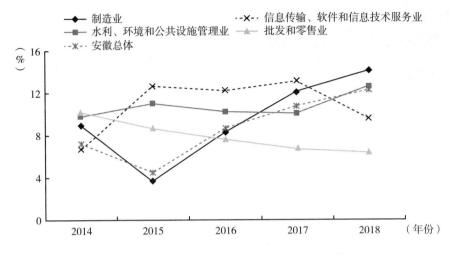

图2　安徽各主要行业上市公司权益净利率变动情况

较为稳定，且远高于制造业平均水平；安徽作为白酒生产大省，也是白酒消费大省，在全国白酒市场上占据着重要的地位，白酒行业上市公司业绩表现优异；专用设备制造业以及医药制造业权益净利率较高，盈利能力较强；通用设备制造业业绩处于稳中有进的增长趋势，但受行业特征影响，整体权益净利率不高，远低于制造业平均水平；计算机、通信和其他电子设备制造业以及专用设备制造业、医药制造业等代表高端制造业的上市公司业绩处于持续上升的水平，2018年业绩皆处于较高水平；值得注意的是，作为安徽支撑产业的汽车制造业业绩表现较差，行业整体呈亏损状态（见图3）。

3. 安徽上市公司权益净利率区域角度分析

安徽103家上市公司主要集中在合肥，合肥共有45家，占比43.7%；其次为芜湖，共有13家，占比为12.6%；宣城有8家，占比小于10%；而马鞍山和铜陵分别有7家和6家上市公司。本报告即选择上述城市进行安徽上市公司权益净利率区域分析。图4展示了2014～2018年各主要城市权益净利率波动情况。

数据显示，受海螺水泥和马钢股份等龙头企业带动作用的影响，芜湖

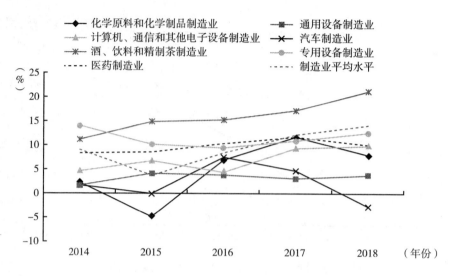

图3 制造业各主要二级行业上市公司权益净利率变动情况

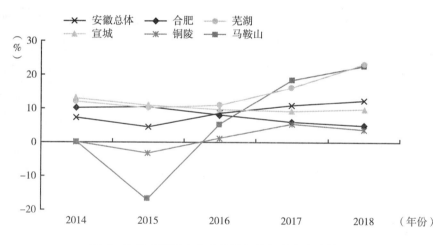

图4 安徽主要城市上市公司权益净利率变动情况

市、马鞍山市上市公司权益净利率较高，业绩水平较为可观且呈现增长趋势，至2018年，两市上市公司平均权益净利率都超过了20%；铜陵市上市公司权益净利率较为稳定，维持在4%附近；而宣城市上市公司权益净利率稳定在10%附近；此外，值得注意的是，合肥市上市公司虽很多，但权益净利率呈现逐年降低的趋势，2018 年权益净利率仅为 5%，低于安徽同期平均水平。

4. 安徽上市公司权益净利率排名

附件 1 为安徽 97 家参与分析的上市公司权益净利率排名以及行业、区域分布情况，2018 年权益净利率排名前十的上市公司分别为：中公教育、淮北矿业、开润股份、海螺水泥、口子窖、山鹰纸业、金禾实业、古井贡酒、欧普康视和马钢股份。其中，芜湖、淮北、马鞍山和滁州各有 2 家上市公司，合肥和亳州各有 1 家上市公司；排名前十的上市公司中，教育行业上市公司有 1 家（中公教育），采矿业有 1 家（淮北矿业），另外 8 家上市公司均属于制造业。而排名后十位的上市公司分别为：盛运环保、梦舟股份、融捷健康、六国化工、德力股份、江淮汽车、海螺型材、长虹美菱、铜峰电子和安德利。

上市公司权益净利率区域分布变动较大。2017 年权益净利率排名前十的上市公司分别是：国机通用、金禾实业、伯特利、三七互娱、安纳达、欧普康视、集友股份、开润股份、口子窖和设计总院；排名前十的上市公司中，合肥有三家上市公司，芜湖、滁州各有两家上市公司，铜陵、安庆、淮北各有一家上市公司，权益净利率前十名区域分布变动较大。

原材料相关类、白酒类上市公司业绩较好。原材料相关类上市公司，如淮北矿业（↑46）、海螺水泥（↑10）和马钢股份（↑6），以及白酒类上市公司，如口子窖（↑4）、古井贡酒（↑7）、迎驾贡酒（↑6）和金种子酒（↑21），盈利能力均有较大的涨幅。

上市公司权益净利率差距逐渐拉大。2017 年上市公司业绩排名前两位的上市公司权益净利率分别是 39.2%（国机通用）和 34.6%（金禾实业），后两位上市公司权益净利率分别是 –16.2%（凤形股份）和 –29.3%（盛运环保），极差为 60% 左右；而 2018 上市公司业绩排名前两位的上市公司权益净利率分别是 47.4%（中公教育）和 37.8%（淮北矿业），后两位上市公司权益净利率分别是 –44.6%（梦舟股份）和 –155.6%（盛运环保），极差远高于 60%，权益净利率差距逐渐拉大。

（二）安徽上市公司资产收益率

1. 安徽上市公司资产收益率整体分析

安徽上市公司资产收益率除 2015 年短暂下滑外，整体呈现上升趋势，上升幅度也较为平稳（见图 5）。2015 年，安徽上市公司资产收益率最低达 1.9%；而 2018 年安徽上市公司资产收益率增加至 6.7%。综合五年来看，安徽上市公司整体业绩较为良好，并稳步提升。

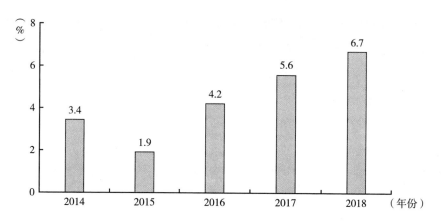

图 5　安徽上市公司资产收益率（ROA）总体状况

2. 安徽上市公司资产收益率行业角度分析

从行业角度看，制造业上市公司资产收益率波动趋势与安徽上市公司总体波动趋势一致，数值略高于安徽上市公司总体平均水平，制造业上市公司盈利能力强；信息传输、软件和信息技术服务业上市公司权益净利率总体显著高于安徽上市公司平均水平，且呈现先上升后下降的趋势；水利、环境和公共设施管理业上市公司资产收益率相对来说最为稳定，以较小幅度稳步上升，总体高于安徽上市公司平均水平；受消费升级的影响，批发和零售业资产收益率呈现持续下跌趋势，发展低迷，资产利用能力较弱（见图 6）。

安徽制造业各主要二级行业上市公司资产收益率变动情况见图 7。数据

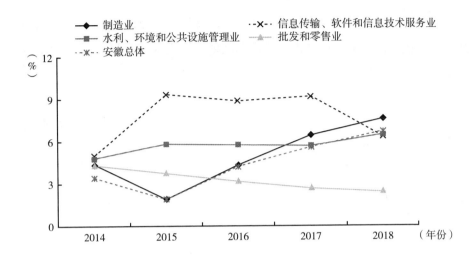

图6 安徽各主要行业上市公司资产收益率变动情况

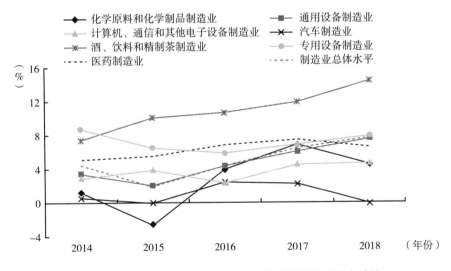

图7 安徽制造业各主要二级行业上市公司资产收益率变动情况

显示，酒、饮料和精制茶制造业盈利能力最强，上升趋势明显，上升幅度较大，且远高于制造业总体水平。安徽是白酒生产大省，以口子窖、古井贡酒为首，安徽白酒行业上市公司整体表现优异。与之形成对比，受新能源汽车补贴政策影响，汽车制造业资产收益率低于制造业总体水平，业绩较差；专用设备制造业以及医药制造业因行业自身特殊性整体业绩较为良好，总体略高于制造业整体水平；计算机、通信和其他电子设备制造业资产收益率小幅波动，发展趋于稳定。

3.安徽上市公司资产收益率区域角度分析

数据显示，芜湖市上市公司业绩优异，资产收益率水平近三年来增长幅度较大，获利能力不断提升。海螺水泥、三七互娱等龙头企业发展潜力较大。马鞍山市上市公司，除 2015 年业绩出现短暂下滑，整体也呈现较高速度的增长，2018 资产收益率达 8.8%；宣城市资产收益率稳定在 6% 左右，业绩波动不大，总体高于安徽整体水平；2014～2018 年，铜陵市上市公司资产收益各年整体水平普遍低于全省总体水平，铜陵市上市公司总资产利用能力相对全省水平仍不足；合肥市上市公司资产收益率持续下降，自 2016 年始，数值均低于全省的平均水平。近三年来，合肥市上市公司资产利用能力下降（见图 8）。

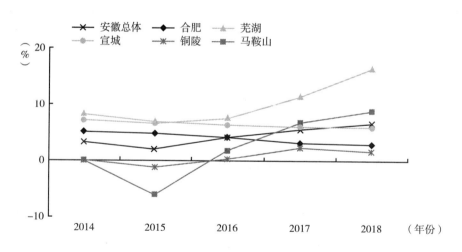

图8　安徽主要城市上市公司资产收益率变动情况

4.安徽上市公司资产收益率排名

附件 1 为安徽 97 家参与分析的上市公司资产收益率以及行业、区域分布情况，2018 年资产收益率排名前十的上市公司分别为：海螺水泥、欧普康视、中公教育、口子窖、美亚光电、金禾实业、开润股份、古井贡酒、设计总院以及集友股份。从区域来看，合肥有3家，滁州2家，芜湖2家，亳州、安庆、淮北各1家。从行业来看，中公教育为教育行业，设计总院为科学研究和技术服务业，其他均为制造业。除中公教育外，前十排名较为稳定。海螺水泥排名第一，资产收益率高达22.6%。中公教育由于培训人次持续增加、培训单价持续提高，以及"双师"、自主IT系统开发升级等经营数字化转型，盈利能力增强，资产收益率排名提高了71名。

排名后十位的上市公司分别为融捷健康、盛运环保、梦舟股份、六国化工、德力股份、江淮汽车、海螺型材、长虹美菱、安德利和华菱星马。其中，德力股份（↓36）、梦舟股份（↓41）和融捷健康（↓32）排名下降较多。从行业角度看，除安德利为批发和零售业，其余均为制造业。从区域角度看，合肥有4家，芜湖2家，马鞍山、铜陵、滁州各1家。其中，融捷健康问题较为突出，2018年亏损5亿元，资产收益率低至 − 31.5%。

（三）安徽上市公司收入净利率

1. 安徽上市公司收入净利率整体分析

安徽上市公司收入净利率在2015年短暂下挫之后，总体呈现稳步增长趋势（见图9）。2015年，安徽上市公司收入净利率下降至2.6%的最低水平。2016年实现较大增幅，随后增幅放缓。2018年增幅收窄至1个百分点，同时实现近五年收入净利率的最大值7.9%。安徽上市公司营业收入创造净利润的能力不断提升。

2. 安徽上市公司收入净利率行业角度分析

数据显示，制造业上市公司收入净利率水平及变动趋势和安徽整体相似，且数值也基本一致，在2015年短暂下降后持续增长，至2018年底，收入净利率已达到近五年最高水平8.3%；信息传输、软件和信息技术服务业上市公司收入净利率较为稳定且整体水平较高，维持在17%左右，但在2018年出现了下降；水利、环境和公共设施管理业上市公司收入净利率处

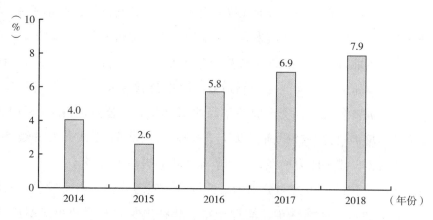

图9 安徽上市公司收入净利率总体状况

于较高水平，维持在 16% 左右，且呈现上升势头，有较强的发展势能。此外，受行业特征影响，安徽批发和零售业上市公司收入净利率水平整体远低于安徽上市公司总体平均水平且呈下降趋势，行业发展势头疲软，盈利能力较弱（见图 10）。

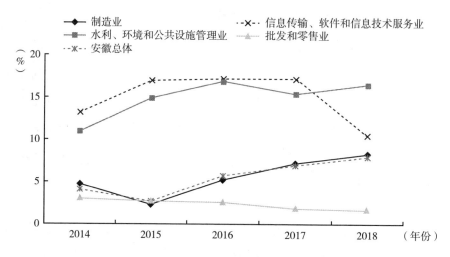

图10 安徽各主要行业上市公司收入净利率变动情况

制造业中，酒、饮料和精制茶制造业盈利能力最强，收入净利率稳步增长，于 2018 年达到 23.4% 的近五年最高值，且远高于制造业其他二级行业上市公司水平；化学原料和化学制品制造业收入净利率在 2015 年经过短暂下跌后进入了一段时间的高增长期，但在 2018 年出现了新的下滑点；医药制造业收入净利率整体较高，在经历前期稳定增长后，于 2018 年出现小幅度下滑；专用设备制造业与医药制造业收入净利率水平相当，都维持在 10% 左右的较高水平，盈利能力较强；通用设备制造业受行业特征影响，整体收入净利率不高，低于制造业平均水平，但做到了平稳发展、稳中有升。值得注意的是，汽车制造业收入净利率低于制造业总体水平，且收入净利率指标在 2018 年下跌为负值（见图 11）。

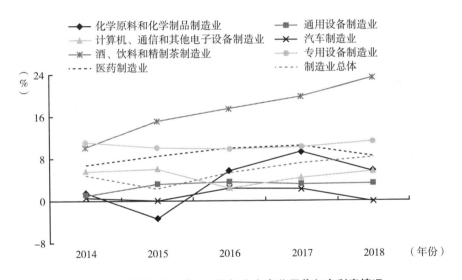

图 11　安徽部分制造业二级行业上市公司收入净利率情况

3. 安徽上市公司收入净利率区域角度分析

从区域角度分析，芜湖市、宣城市和马鞍山市上市公司收入净利率表现良好，高于全省平均水平且呈上升趋势。其中，芜湖市上市公司受海螺水泥、三七互娱和中公教育等龙头公司的带动，2018 年的收入净利率已远超全省平均水平，具有较高的利润获取能力。宣城市上市公司受广信股份和黄山胶囊经营状况的影响，收入净利率基本维持在 10%，各年收入净利率数值均明显高于全省的相应指标；马鞍山市上市公司受山鹰纸业、中钢天源和马钢股份经营状况影响，收入净利率稳步上升，从远低于全省平均水平到实现超越，2018年接近10%，波动趋势也反映了马鞍山市上市公司盈利能力的增强。铜陵市上市公司收入净利率较为稳定，维持在1%左右，波动很小，但其各年水平普遍低于全省总体相应指标，铜陵市上市公司盈利水平存在较大问题。值得注意的是，合肥市上市公司虽多，但收入净利率呈现逐年降低的趋势，2018年收入净利率仅为3.8%，远低于同期安徽总体平均水平（见图12）。

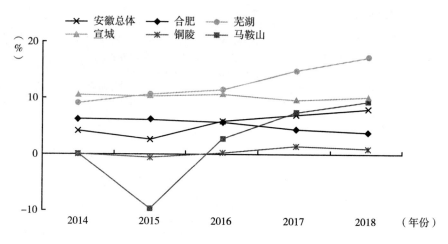

图12　安徽部分城市上市公司收入净利率

4. 安徽上市公司2018年收入净利率排名

安徽97家参与分析的上市公司2018年收入净利率排名以及行业、区域分布情况见附件2，收入净利率排名前十的上市公司分别为：欧普康视、黄山旅游、皖通高速、美亚光电、口子窖、设计总院、集友股份、海螺水泥、迎驾贡酒、金禾实业。十家公司中，水利、环境和公共设施管理业有1家（黄山旅游），交通运输、仓储和邮政业1家（皖通高速），科学研究和技术服务业1家（设计总院），其余7家均为制造业公司。从区域角度看，前十名中，合肥占据了4家，黄山、淮北、安庆、芜湖、六安和滁州各1家。

安徽排名后十位的上市公司分别为盛运环保、融捷健康、梦舟股份、德力股份、六国化工、江淮汽车、海螺型材、长虹美菱、安德利、华菱星马。除安德利（批发和零售业）外，其余均属于制造业；从区域角度看，排名后十位的上市公司中，合肥市占据 4 家，分别为安德利、长虹美菱、江淮汽车以及融捷健康。另外，问题较为严重的是排名倒数第一的安庆市盛运环保，其出现巨额亏损，收入净利率低至 -606.0%。

2017 年上市公司业绩排名前两位的上市公司收入净利率分别是 47.7%（欧普康视）和 42.4%（集友股份），排名后两位的上市公司收入净利率分别是 -24.5%（泰尔股份）和 -97.4%（盛运环保），极差为 145% 左右；而 2018 年上市公司业绩排名前两位的上市公司收入净利率分别是 45.8%（欧普康视）和 37.3%（黄山旅游），排名后两位的上市公司收入净利率分别是 -74.2%（融捷健康）和 -606.0%（盛运环保），极差已达 650% 左右，收入净利率差距逐渐拉大。

（四）安徽上市公司每股收益分析

每股收益即每股盈利（EPS），是普通股股东每持有一股所能享有的上市公司净利润或需承担的净亏损。每股收益通常被用来衡量普通股的获利水平及投资风险，是投资者等信息使用者据以评价盈利能力、预测成长潜力，进而做出相关经济决策的重要财务指标之一。因不同公司股本数量差异较大、EPS 易受股票股利和配股等影响，平均指标意义不大，因此本部分不统计各行业和各区域平均水平。

安徽 97 家参与分析的上市公司 2018 年每股收益排名，行业、区域分布情况以及与 2017 年排名对比情况见附件 1 和附件 2。每股收益排名前十位的上市公司分别为海螺水泥、古井贡酒、口子窖、志邦家居、淮北矿业、金禾实业、四创电子、设计总院、广信股份和恒源煤电。排名前十位的公司中除淮北矿业、设计总院、恒源煤电外均为制造业。从区域角度看，排名前十位的上市公司中，合肥 3 家，淮北 3 家，芜湖、宣城、滁州、亳州各 1 家。排名前三的海螺水泥、古井贡酒以及口子窖 2018 年每股收益分别达 5.63 元、3.37 元以及 2.55 元，与 2017 年相比，排名未发生变化。前十名除淮

北矿业外，其他变化幅度不大。淮北矿业因 2018 年钢铁行业景气，盈利能力增强，排名上升了 41 名。

安徽上市公司每股收益排名后十位的上市公司分别为盛运环保、六国化工、融捷健康、梦舟股份、江淮汽车、德力股份、铜峰电子、海螺型材、文一科技和长虹美菱。江淮汽车 2018 年受新能源政策和产品结构影响，业绩大幅下滑。而六国化工每股收益表现不好主要是因为资不抵债，无法偿还到期债务。盛运环保 2017 年与 2018 年均排名倒数第一，2018 年每股收益低至 -2.358 元。对比 2017 年，凤形股份因下游市场需求回暖，销量增加，每股收益排名提升了 50 名；惠而浦 2018 年进行产品结构的升级调整，聚焦高技术附加值产品，排名上升了 46 名；东华科技因 2018 年承包项目的顺利进行，排名提升了 46 名。而国机通用、安纳达以及安德利排名下降均超过 40 名，盈利能力下降。

三　安徽上市公司经营业绩综合评价

在前四个指标分析的基础上，为平衡不同指标在评价不同行业上市公司业绩水平有效性时的差异，报告以熵值赋权法为基础，以各项指标的内在数据结构特征构建一套合理的指标体系。此外，本报告还分析了各行业、区域以及股权结构上市公司综合业绩相较 2017 年的变动情况。

（一）综合业绩整体分析

根据熵值赋权法，各项指标的权重分别为：13.43%（权益净利率）、32.80%（资产收益率）、10.72%（收入净利率）和 43.05%（每股盈利）。附件 1 和附件 2 展示了安徽各上市公司的综合得分以及城市、行业分布及各项分指标的总排名情况。

所有参与比较的上市公司中，2018 年综合业绩排名前十位的分别是：海螺水泥、古井贡酒、口子窖、金禾实业、淮北矿业、欧普康视、设计总院、志邦家居、中公教育和开润股份。其中，合肥 3 家上市公司，芜湖、淮北和滁州各 2 家上市公司，亳州 1 家上市公司。综合业绩排名前十的上市公司中，教育行业上市公司有 1 家（中公教育），采矿业 1 家（淮北矿业），科学研究和技术服务业 1 家（设计总院），另外 7 家上市公司均属于制造业。2018 年综合业绩排名后十位的分别是：盛运环保、融捷健康、梦舟股份、六国化工、德力股份、江淮汽车、海螺型材、长虹美菱、铜峰电子和安德利。其中，合肥市 4 家上市公司，芜湖、铜陵各 2 家上市公司，安庆、滁州各 1 家上市公司。此外，综合业绩排名后十位的上市公司均属于制造业。

从公司层面分析，海螺水泥、古井贡酒和口子窖延续了 2017 年的优异成绩，而盛运环保、海螺型材和长虹美菱等上市公司综合业绩一直处于低位，值得关注。此外，中公教育（↑64）、凤形股份（↑44）、淮北矿业（↑40）、惠而浦（↑38）和东华科技（↑34）等上市公司综合业绩较 2017 年有明显的提升，而安纳达（↓45）、国机通用（↓43）、安德利（↓35）、聚隆科技（↓34）和德力股份（↓30）等上市公司综合业绩较 2017 年有明显的后退。

（二）综合业绩行业角度分析

各行业上市公司 2017 年和 2018 年业绩平均排名及排名变动情况见图 13。2018 年排名靠前的行业分别为科学研究和技术服务业（7），教育（9），采矿业（32），水利、环境和公共设施管理业（33），以及文化、体育和娱乐业（34）（部分行业上市公司数量较少，参考价值不大）。表 1 展示了部分行业业绩变动及原因。

表 1　部分行业业绩变动及原因

行业 （平均排名变动）	上市公司代表 （排名变动）	业绩变动原因
建筑业（↑12）	东华科技（↑34）	报告年度,公司承建的大型总承包项目进展正常,按完工进度确认的收入同比增加,营业收入大幅增长;此外,2018 年计提的资产减值准备较 2017 年大幅减少,净利润增长幅度较大

行业 （平均排名变动）	上市公司代表 （排名变动）	业绩变动原因
采矿业（↑19）	淮北矿业（↑40）	得益于国家供给侧结构性改革、钢铁行业景气,公司的煤焦化产品稳中向好,焦炭及化工产品价格整体同比上涨,企业盈利能力显著增强。公司煤化工产品产量、利润等均实现历史性突破
批发和零售业（↓13）	安德利（↓35）	报告年度,实体零售持续回暖,商品消费提档升级。公司主动适应新形势下零售业态的总体发展趋势,加强店面升级改造,增加消费体验功能,创新营销手段,让传统零售业焕发新的生机和活力

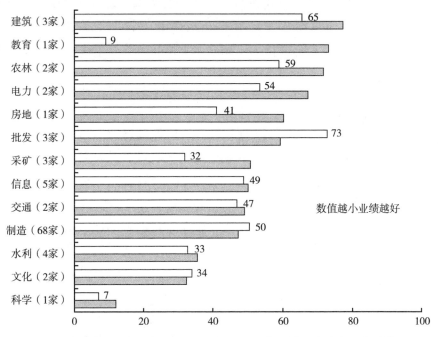

图13　安徽各行业*上市公司2017年和2018年业绩平均排名及变动情况

*行业简称：制造代表制造业；信息代表信息传输、软件和信息技术服务业；文化代表文化、体育和娱乐业；水利代表水利、环境和公共设施管理业；批发代表批发和零售业；农林代表农、林、牧、渔业；科学代表科学研究和技术服务业；交通代表交通运输、仓储和邮政业；建筑代表建筑业；房地代表房地产业；电力代表电力、热力、燃气及水生产和供应业；采矿代表采矿业；金融代表金融业。

建筑业 3 家上市公司中，2 家公司排名较 2017 上升；采矿业 3 家上市公司排名较 2017 年均上升；批发和零售业 3 家上市公司中，2 家公司排名下降；值得注意的是，制造业虽整体业绩高于安徽省平均水平，但 68 家制造业上市公司中仅有 24 家业绩排名较 2017 年有所提升，制造业内综合业绩分化加剧。

比较安徽制造业各二级行业 2017 年和 2018 年平均排名情况（见图 14），

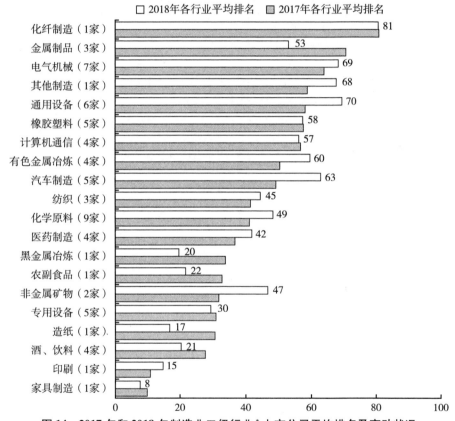

图 14　2017 年和 2018 年制造业二级行业*上市公司平均排名及变动状况

*二级行业：化纤制造代表化学纤维制造业；金属制品代表金属制品业；电气机械代表电气机械和器材制造业；其他制造代表其他制造业；通用设备代表通用设备制造业；橡胶塑料代表橡胶和塑料制品业；计算机通信代表计算机通信和其他电子设备制造业；有色金属冶炼代表有色金属冶炼和压延加工业；汽车制造代表汽车制造业；纺织代表纺织业；化学原料代表化学原料和化学制品制造业；医药制造代表医药制造业；黑金属冶炼代表黑色金属冶炼和压延加工业；农副食品代表农副食品加工业；非金属矿物代表非金属矿物制品业；专用设备代表专用设备制造业；造纸代表造纸和纸制品业；酒、饮料代表酒、饮料和精制茶制造业；印刷代表印刷和记录媒介复制业；家具制造代表家具制造业。

酒、饮料和精制茶制造业（21）、专用设备制造业（30）和医药制造业（42）等行业平均排名较为靠前，而通用设备制造业（70）和电气机械和器材制造业（69）等行业上市公司平均排名相对靠后。部分制造业二级行业业绩变动及原因见表2。

表2　部分制造业二级行业业绩变动及原因

二级行业（平均排名变动）	上市公司代表（排名变动）	业绩变动原因
金属制品业（↑18）	凤形股份（↑44）	报告年度,公司下游市场(水泥建材、冶金矿山等)需求有所回暖,产品销量上升及销售价格提升
酒、饮料和精制茶制造业（↑8）	金种子酒（↑25）	政府实施更大幅度的减税降费政策,改善消费环境,增强消费能力,近几年来,安徽省内白酒市场呈现消费快速升级态势
通用设备制造业（↓11）	国机通用（↓43）	主要由于公司非经常性损益事项——莲花路593号厂区土地收储的影响在2017、2018年度间有差额
汽车制造业（↓14）	江淮汽车（↓22）	①中国汽车销量28年来首次出现负增长,江淮整体盈利能力下降;②计提资产减值增加4亿多元;③受新能源汽车补贴和其他政府补贴减少影响

总体来说，安徽省原材料及相关行业上市公司业绩较好，但受国家政策影响显著，如供给侧结构性改革、环保政策等。此外，安徽省部分行业受消费升级影响较大，如酒、饮料和精制茶制造业以及批发和零售业，消费升级倒逼产业结构升级。

（三）综合业绩区域角度分析

2017年和2018年安徽各区域上市公司平均排名情况见图15。2018年，排名比较靠前的城市有亳州（2）、淮北（17）、池州（26）、黄山（33）等（部分城市上市公司数量较少，参考价值不大），而排名靠后的城市有铜陵（73）、阜阳（65）、蚌埠（65）等。表 3 为部分城市业绩变动及原因。

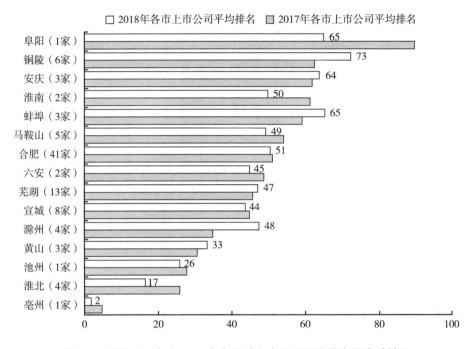

图 15　安徽 2017 年和 2018 年各区域上市公司平均排名及变动情况

　　马鞍山市 5 家上市公司中，3 家公司排名较 2017 年上升；铜陵市 6 家上市公司中，2 家公司排名上升，4 家排名下降；滁州市 4 家上市公司排名均下降；淮北市 4 家上市公司中，3 家公司排名较 2017 年升，表现优异。合肥市参与比较的 41 家上市公司中，22 家较 2017 年有所提升，业绩分布较为平均，表现良好。值得注意的是，芜湖市上市公司虽总体业绩较好，各参考指标在 2018 年皆达到了近几年最高水平，但 13 家上市公司中，只有 3 家上市公司综合业绩较 2017 年有所提升，1 家持平，9 家上市公司综合业绩较 2017 年有退步，芜湖市上市公司业绩分化明显。

表3 部分城市业绩变动及原因

城市 （平均排名变动）	上市公司代表 （排名变动）	业绩变动原因
马鞍山(↑5)	马钢股份(↑14)	主要原因是钢材销售价格上涨以及钢材销售量增加。系统联动高效生产和优化产线分工,持续提升精益制造水平,经营业绩得到有效支撑
铜陵(↓10)	安纳达(↓45)	受环保因素制约,公司生产负荷同比有所降低,钛白粉产销量受到一定影响,环保治理成本大幅上升,产品毛利率下降
滁州(↓13)	德力股份(↓30)	公司产品市场景气度低迷、产品结构调整初期良品率未能达到预期水平,导致主营业务收入较上年同期下降;而随着国家对环保要求的愈加严格,公司主要材料如石英砂、包装、煤炭等价格在2017年度上涨的基础上本期持续上涨,致使公司主营业务成本较上年同期增长2.00%

（四）综合业绩股权结构角度分析

安徽2017年和2018年各种股权结构上市公司平均排名情况见表4。2018年,97家参与比较的上市公司中,中央国企、地方国企、民营和其他类型上市公司的平均排名分别是53.6、50.8、47.5和46.0;而2017年,四类股权结构的上市公司平均排名分别是53.3、52.8、45.9和50.2。总体来说,中央国企2018年排名与2017年基本持平,地方国企和其他类型上市公司排名有明显提升,而民营上市公司2018年综合业绩排名较2017年下滑1.6个位次。

表4 安徽各股权结构上市公司平均排名情况

股权结构	2017年平均排名	2018年平均排名	排名涨跌幅
中央国企	53.3	53.6	↓0.3
地方国企	52.8	50.8	↑2.0
民营	45.9	47.5	↓1.6
其他	50.2	46.0	↑4.2

此外，参与比较的 32 家地方国企，18 家综合业绩排名较 2017 年有提升，表现优异。8 家中央国企中，4 家综合业绩排名较 2017 年有提升，表现良好。值得注意的是，52 家民营上市公司中，只有 21 家综合业绩较 2017 年有所提升，民营上市公司综合业绩相对下滑，经营效率变低。

四　研究结论与对策

（一）研究结论

1. 上市公司业绩总体表现良好，经营业绩分化明显

（1）从总体层面分析，安徽上市公司业绩所考察指标总体呈现持续增长的态势，权益净利率、资产收益率和收入净利率自 2015 年短暂下跌以来，均呈现持续增长的态势。至 2018 年，权益净利率（12.30%）、资产收益率（6.7%）和收入净利率（7.9%）均达到近几年来的最高水平。

（2）然而，安徽上市公司经营业绩分化明显。2017 年安徽上市公司中，凤形股份、盛运环保、中弘股份等 9 家上市公司亏损，1 家上市公司被 ST；2018 年，9 家上市公司亏损，3 家上市公司被 ST，1 家上市公司退市。此外，2017 年上市公司权益净利率极差为 60% 左右；而 2018 年上市公司权益净利率极差远高于 60%，经营业绩分化更明显。

2. 部分行业上市公司表现优异，政策作用显著

（1）从行业角度看，原材料相关类上市公司（如采矿、黑色金属冶炼、非金属矿物制品等行业）表现优异，其中海螺水泥以 0.9846 的综合业绩蝉联安徽上市公司综合业绩排名第一位，淮北矿业、马钢股份综合业绩排名分别提升了 40 个和 14 个位次。此外，酒、饮料和精制茶制造业、医药制造业业绩均呈现快速增长趋势；然而，在安徽上市公司业绩总体向好的背景下，部分行业呈现缓慢增长趋势，甚至行业整体亏损，如批发和零售业、汽车制造业等，行业业绩差异明显。

（2）部分行业政策作用显著，如汽车制造业（新能源汽车补贴）、采矿

业和黑色金属冶炼（供给侧改革、去产能、环保政策）。此外，由于环保政策影响，技术差异大的很多同行业上市公司业绩分化明显。如非金属矿物制品业的海螺水泥和德力股份业绩分化明显，技术重要性凸显。

3. 马鞍山、淮北上市公司表现优良，安庆、蚌埠上市公司业绩下滑

从区域角度看，马鞍山市上市公司在 2015 年触底反弹，至 2018 年，业绩已达到近五年最高水平，远高于安徽平均水平。此外，马鞍山市、淮北市表现优异，大部分上市公司排名均处于上升状态，然而，安庆市和蚌埠市的上市公司综合业绩指标均处于下降状态。值得注意的是，2018 年芜湖市上市公司各项指标均处于历史最好水平，且远高于安徽省平均水平，但 13 家上市公司中，仅 3 家上市公司综合业绩排名上升，9 家上市公司综合业绩排名下滑，内部绩效分化明显。合肥市虽各分指标处于下降状态（权益净利率等），但其上市公司中 22 家排名上升，3 家持平，16 家下滑，业绩分布均匀，表现良好。

4. 地方国企业绩排名提升，民企经营效率降低

从股权结构角度看，相较 2017 年，地方国企上市公司综合业绩平均排名提升了 2 个位次，而民营上市公司综合业绩平均排名下降了 1.6 个位次，参与比较的 52 家民营上市公司中，只有 21 家民营综合业绩排名有提升，民营上市公司经营效率变低。

5. 消费升级改变相关行业业绩，部分公司面临治理挑战

由于消费升级影响，部分行业业绩显著提升，如酒、饮料和精制茶制造业；然而，部分行业也被迫升级改造，如批发和零售业，消费升级赋能产业结构升级。此外，部分上市公司面临治理挑战，2018 年，盛运环保、梦舟股份、*ST 华信、ST 新光等上市公司被出具非标准审计报告，且几家公司内部控制存在重大缺陷，企业治理面临挑战。

（二）对策

上市公司业绩是上市公司各方面经营成果的最终体现，如创新能力、内部控制、并购重组等。上文分析出安徽上市公司发展中的问题，针对以上问

题，报告提出以下几点建议。

1. 打造高质量管理体系，全面提升业绩水平

当前，安徽部分上市公司存在技术水平低、管理混乱、内部控制不合理、对政策和市场敏感度不够高等问题，导致抵御风险能力差、经营绩效低下，在供给侧结构性改革、去产能和环保政策多重因素作用下，安徽上市公司经营业绩差距逐渐拉大。上市公司应积极关注市场机会与政策，调整企业发展战略，提前布局具有前景的行业，特别是在消费升级和产业结构升级背景下；强化对研发重要性的理解，加大对研发的投入，提升研发效率，整体提高技术水平，全面提高绿色产品覆盖率；优化内部管理效率，强调内部控制的作用，有效控制管理层凌驾于内部控制之上的风险，全面提升业绩水平。

2. 积极关注市场机会，提前布局前景行业

近年来，安徽部分行业上市公司业绩呈现下滑的迹象，内部治理结构等改革对业绩复苏的作用有限（如惠而浦等），应积极关注市场机会，整合现有资源，利用市场机会，提前布局前景行业，实现结构升级（如新零售＋互联网），降低经营风险，稳定现金流，带动区域经济更好地发展，特别是在消费升级和产业结构升级背景下。对政府来说，当前经济大环境下，相关部门应积极搭建研究平台，积极开展市场机会挖掘的相关研究，鼓励上市公司利用盈余现金流投资前景行业，推进"大众创新，万众创业"，提前布局有前景的行业，实现产业结构升级。

3. 做强主营业务，大力提高公司竞争能力

当前，部分上市公司多主业，或主业不强（如 ST 新光），经营范围宽泛，跨行业现象较为明显，导致竞争乏力、经营效益低下。上市公司经营应突出主业，做强主业，紧紧围绕主营业务，制定发展战略，寻求市场突破；淘汰非主营且无优势业务，集中资源发展主营业务；对于市场前景差、资金占用高的业务，应壮士断臂，果断实施"退出"机制；创造条件推进非主营优势业务另行上市发展，对于有优势、有核心能力的非主业，要积极创造条件独立上市融资发展。对政府来说，当前环境下，要引导上市公司强化主营业务。对于上市公司新项目投资，相关单位应积极参与项目立案的可行性研究，监督各项资金使用情况，确保上市公司资金投入对上市公司有战略意义或稳定现金流的项目。对于缺乏竞争力、经营效益低的项目，相关单位应关注上市公司资产剥离和重组事件，引导上市公司提高管理水平，优化运营效率，大力提高竞争能力。

4. 加强对上市公司监管，健全内部控制制度

A 股市场多家上市公司深陷管理层凌驾、内控重大缺陷等问题。2018年，A 股年报被会计师事务所出具"无法表示意见"的上市公司多达 37家。就安徽而言，2018 年中弘股份退市，3 家上市公司被 ST，9 家上市公司出现亏损甚至巨额亏损；此外，盛运环保、梦舟股份、＊ST 华信、ST 新光等公司被出具非标准审计报告，且存在重大内部控制缺陷，完善上市公司内部控制制度迫在眉睫。上市公司需营造良好的内部控制环境，设置富有成效的内部控制活动，强化内部审计以提高内控制度的执行力，提高内部控制人员的综合素质，切实提高公司的风险意识。

5. 营造良好营商环境，提升民企经营效率

近年来，安徽部分民营上市公司存在各种经营问题，导致经营效率低下。当前，民营上市公司面临经营成本高、融资贵、创新水平低、抗风险能力弱等问题。政府相关部门应通过相关政策，减少民营企业物流成本，以及用地、用工、用能等要素成本，优化经营环境；充分发挥风险投资、银行等融资渠道作用，健全完善融资担保机制，解决民营企业融资贵的难题，优化融资环境；全力支持民营企业创新，鼓励民营企业参与到产学研的工作中来，优化创新环境；构建亲清新型政商关系，优化政商环境，从实质上减少民营企业营商成本，提升民营企业效率。

6. 加强创新研发，提升核心竞争力

由于供给侧结构性改革和环保政策的影响，部分上市公司因无法达到环保标准，业绩大幅下降（如安纳达和德力股份）。而业绩下降的根本原因是技术水平不足，缺乏必要的创新。管理当局应针对行业具体情况，加大研发投入，加强对知识型人才的培养与引进，提高创新效率。对政府来说，各级

政府应有针对性地加大对企业创新的激励，并对创新企业给予一定程度的政策倾斜，鼓励企业内创新、企业间协同创新、产学研融合，实现企业创新能力的全面提升，提高企业业绩水平，带动区域经济发展。

附件

附件1　2018年安徽上市公司综合业绩与各指标情况

排名	公司名称	综合业绩	行业[1]	城市	股权结构	每股收益（元）	权益净利率（%）	资产收益率（%）	收入净利率（%）
1	海螺水泥	0.9846	制造	芜湖	国企	5.63	29.51	22.55	23.86
2	古井贡酒	0.8150	制造	亳州	国企	3.37	24.11	15.36	20.04
3	口子窖	0.7948	制造	淮北	民营	2.55	27.24	18.56	35.90
4	金禾实业	0.7255	制造	滁州	民营	1.62	24.74	16.04	22.06
5	淮北矿业	0.7157	采矿	淮北	国企	1.68	37.83	12.86	7.22
6	欧普康视	0.7152	制造	合肥	民营	0.98	23.65	19.51	45.76
7	设计总院	0.7042	科学	合肥	国企	1.35	22.08	15.10	26.48
8	志邦家居	0.6861	制造	合肥	民营	1.71	15.28	10.10	11.22
9	中公教育	0.6854	教育	芜湖	民营	0.22	47.39	19.49	18.48
10	开润股份	0.6792	制造	滁州	民营	0.80	30.91	15.37	9.00
11	美亚光电	0.6753	制造	合肥	民营	0.66	19.88	16.42	36.11
12	迎驾贡酒	0.6658	制造	六安	民营	0.97	18.42	12.66	22.34
13	黄山旅游	0.6559	水利	黄山	国企	0.78	14.17	12.76	37.33
14	恒源煤电	0.6528	采矿	淮北	国企	1.22	16.56	8.52	20.73
15	集友股份	0.6508	制造	安庆	民营	0.61	20.04	13.15	25.61
16	广信股份	0.6480	制造	宣城	民营	1.25	10.70	8.23	16.48
17	山鹰纸业	0.6453	制造	马鞍山	民营	0.70	27.21	10.94	14.10
18	四创电子	0.6394	制造	合肥	央企	1.62	11.33	3.77	4.99
19	三七互娱	0.6386	信息	芜湖	民营	0.47	15.53	13.12	15.09
20	马钢股份	0.6365	制造	马鞍山	国企	0.77	22.83	9.47	8.61
21	安徽合力	0.6326	制造	合肥	国企	0.79	12.79	9.80	7.36
22	洽洽食品	0.6323	制造	合肥	民营	0.85	13.55	9.01	10.52
23	山河药辅	0.6288	制造	淮南	民营	0.50	15.00	11.22	18.01
24	中鼎股份	0.6253	制造	宣城	民营	0.92	14.06	7.24	9.20
25	伯特利	0.6232	制造	芜湖	外资	0.60	15.79	9.50	11.59

续表

排名	公司名称	综合业绩	行业[1]	城市	股权结构	每股收益（元）	权益净利率（%）	资产收益率（%）	收入净利率（%）
26	九华旅游	0.6191	水利	池州	国企	0.83	8.67	7.36	18.97
27	皖通高速	0.6171	交通	合肥	国企	0.68	11.55	7.57	36.96
28	安科生物	0.6150	制造	合肥	民营	0.26	14.63	11.07	18.11
29	皖新传媒	0.6125	文化	合肥	国企	0.55	11.24	8.69	11.25
30	永新股份	0.6117	制造	黄山	集体	0.45	12.51	9.34	9.89
31	泰禾光电	0.6095	制造	合肥	民营	0.54	9.44	8.24	19.74
32	众源新材	0.6091	制造	芜湖	民营	0.54	11.17	8.45	2.92
33	华菱精工	0.6026	制造	宣城	民营	0.46	11.97	7.90	6.27
34	长信科技	0.6015	制造	芜湖	民营	0.31	15.45	8.63	7.55
35	精达股份	0.5977	制造	铜陵	民营	0.22	14.23	9.03	4.33
36	鸿路钢构	0.5975	制造	合肥	民营	0.79	9.84	4.39	5.28
37	楚江新材	0.5927	制造	芜湖	民营	0.39	10.34	7.20	3.12
38	司尔特	0.5914	制造	宣城	民营	0.42	8.77	6.66	9.99
39	时代出版	0.5914	文化	合肥	国企	0.65	7.06	4.91	5.16
40	中钢天源	0.5894	制造	马鞍山	央企	0.32	9.48	7.17	9.56
41	合肥城建	0.5888	房地	合肥	国企	0.77	13.73	2.41	14.92
42	阳光电源	0.5883	制造	合肥	民营	0.56	11.05	4.71	7.88
43	皖天然气	0.5880	电力	合肥	国企	0.52	9.06	5.30	5.12
44	华孚时尚	0.5824	制造	淮北	民营	0.50	10.89	4.37	5.27
45	国祯环保	0.5799	水利	合肥	民营	0.52	13.57	3.41	7.76
46	国机通用	0.5798	制造	合肥	央企	0.32	8.84	5.66	7.92
47	中环环保	0.5772	水利	合肥	民营	0.38	8.34	4.55	16.42
48	黄山胶囊	0.5756	制造	宣城	民营	0.41	5.29	4.49	11.56
49	荃银高科	0.5693	农林	合肥	公众	0.16	8.89	5.30	10.18
50	科大讯飞	0.5675	信息	合肥	央企	0.27	6.91	4.32	7.81
51	皖通科技	0.5670	信息	合肥	民营	0.27	6.27	4.24	8.27
52	凤形股份	0.5652	制造	宣城	民营	0.35	6.12	3.35	6.50
53	中粮生化	0.5651	制造	蚌埠	央企	0.26	8.76	3.94	2.92
54	安纳达	0.5649	制造	铜陵	国企	0.21	6.78	4.49	4.13
55	惠而浦	0.5632	制造	合肥	外资	0.34	6.54	3.12	4.17
56	常青股份	0.5627	制造	合肥	民营	0.38	4.67	2.89	4.18
57	众泰汽车	0.5607	制造	黄山	民营	0.39	4.64	2.44	5.42
58	安徽水利	0.5595	建筑	蚌埠	国企	0.46	9.52	1.18	2.11

续表

排名	公司名称	综合业绩	行业[1]	城市	股权结构	每股收益（元）	权益净利率（%）	资产收益率（%）	收入净利率（%）
59	合肥百货	0.5594	批发	合肥	国企	0.29	6.04	3.05	2.94
60	东华科技	0.5591	建筑	合肥	央企	0.33	7.31	2.47	3.70
61	国风塑业	0.5588	制造	合肥	国企	0.14	6.73	4.08	7.03
62	中电兴发	0.5573	信息	芜湖	民营	0.25	4.11	3.11	7.67
63	科大国创	0.5565	信息	合肥	民营	0.24	5.26	3.02	5.22
64	皖能电力	0.5561	电力	合肥	国企	0.31	5.58	2.31	4.77
65	金种子酒	0.5546	制造	阜阳	国企	0.18	4.44	3.25	7.82
66	江南化工	0.5545	制造	宣城	民营	0.18	4.80	3.19	9.50
67	皖江物流	0.5513	交通	芜湖	国企	0.11	4.92	3.35	5.14
68	长城军工	0.5512	制造	合肥	国企	0.15	5.07	2.92	6.82
69	丰乐种业	0.5484	农林	合肥	国企	0.18	3.65	2.48	2.98
70	丰原药业	0.5476	制造	芜湖	民营	0.19	4.86	2.10	2.01
71	辉隆股份	0.5474	批发	合肥	集体	0.19	5.96	2.00	0.95
72	富煌钢构	0.5459	制造	合肥	民营	0.25	4.08	1.38	2.55
73	神剑股份	0.5439	制造	芜湖	民营	0.09	4.12	2.43	4.10
74	合锻智能	0.5439	制造	合肥	民营	0.11	3.00	2.31	6.43
75	聚隆科技	0.5426	制造	宣城	民营	0.17	2.75	1.56	7.64
76	铜陵有色	0.5401	制造	铜陵	国企	0.07	4.03	2.07	1.16
77	新集能源	0.5388	采矿	淮南	央企	0.10	5.18	1.36	4.65
78	精工钢构	0.5387	建筑	六安	民营	0.11	4.11	1.46	2.10
79	应流股份	0.5380	制造	合肥	民营	0.17	2.57	0.92	4.04
80	华茂股份	0.5379	制造	安庆	国企	0.13	2.75	1.25	3.47
81	皖维高新	0.5357	制造	合肥	国企	0.07	2.76	1.44	2.22
82	安利股份	0.5349	制造	合肥	民营	0.11	2.34	1.07	1.29
83	全柴动力	0.5341	制造	滁州	国企	0.11	2.06	0.94	0.99
84	泰尔股份	0.5319	制造	马鞍山	民营	0.04	1.77	1.13	3.21
85	凯盛科技	0.5316	制造	蚌埠	央企	0.06	1.80	1.02	1.88
86	华菱星马	0.5316	制造	马鞍山	国企	0.11	2.14	0.53	0.84
87	文一科技	0.5283	制造	铜陵	民营	0.03	1.15	0.75	2.25
88	安德利	0.5265	批发	合肥	民营	0.05	0.97	0.35	0.32
89	铜峰电子	0.5258	制造	铜陵	民营	0.02	0.77	0.53	1.18
90	长虹美菱	0.5248	制造	合肥	国企	0.04	0.77	0.22	0.20
91	海螺型材	0.5232	制造	芜湖	国企	0.03	0.40	0.09	0.10

续表

排名	公司名称	综合业绩	行业¹	城市	股权结构	每股收益（元）	权益净利率（%）	资产收益率（%）	收入净利率（%）
92	江淮汽车	0.4752	制造	合肥	国企	-0.42	-5.88	-3.09	-2.83
93	德力股份	0.4522	制造	滁州	民营	-0.33	-8.71	-7.04	-16.16
94	六国化工	0.3770	制造	铜陵	国企	-1.16	-34.42	-9.33	-12.63
95	梦舟股份	0.3060	制造	芜湖	民营	-0.71	-44.56	-23.61	-24.35
96	融捷健康	0.2379	制造	合肥	民营	-0.99	-39.71	-31.52	-74.24
97	盛运环保	0.0289	制造	安庆	民营	-2.36	-155.62	-26.76	-605.96

注：1. 行业简称：制造代表制造业；信息代表信息传输、软件和信息技术服务业；文化代表文化、体育和娱乐业；水利代表水利、环境和公共设施管理业；批发代表批发和零售业；农林代表农、林、牧、渔业；科学代表科学研究和技术服务业；交通代表交通运输、仓储和邮政业；建筑代表建筑业；房地代表房地产业；电力代表电力、热力、燃气及水生产和供应业；采矿代表采矿业；金融代表金融业。

2. 截至目前，安徽共有 A 股上市公司 103 家，因指标适用性问题，本报告剔除 3 家金融企业；此外，因企业经营问题，本报告剔除了 * ST 华信、ST 新光和 * ST 安凯。

3. 各项指标数据来自万得数据库。

4. 以上三点适用于本报告余下各图表。

附件 2　2017 年和 2018 年各上市公司综合业绩排名与各分指标排名情况

公司名称	综合排名			权益净利率		资产收益率		收入净利率		每股收益	
	2018年	2017年	排名变化	2018年	2017年	2018年	2017年	2018年	2017年	2018年	2017年
海螺水泥	1	1	—	4	14	1	10	8	13	1	1
古井贡酒	2	5	↑3	8	15	8	14	12	18	2	2
口子窖	3	4	↑1	5	9	4	7	5	5	3	3
金禾实业	4	2	↓2	7	2	6	3	9	10	7	4
淮北矿业	5	45	↑40	2	48	12	44	46	26	5	46
欧普康视	6	6	—	9	6	2	2	1	1	11	7
设计总院	7	12	↑5	11	10	9	11	6	15	8	11
志邦家居	8	10	↑2	19	12	18	18	26	31	4	5
中公教育	9	73	↑64	1	67	3	74	15	81	61	77
开润股份	10	8	↓2	3	7	7	34	27	16	9	
美亚光电	11	14	↑3	13	19	5	9	4	4	24	40
迎驾贡酒	12	13	↑1	14	20	14	19	9	14	12	15
黄山旅游	13	25	↑12	23	42	13	24	2	9	19	36

续表

公司名称	综合排名			权益净利率		资产收益率		收入净利率		每股收益	
	2018年	2017年	排名变化	2018年	2017年	2018年	2017年	2018年	2017年	2018年	2017年
恒源煤电	14	16	↑2	15	18	27	27	11	19	10	10
集友股份	15	11	↓4	12	7	10	5	7	2	26	21
广信股份	16	26	↑10	37	41	30	32	18	23	9	13
山鹰纸业	17	31	↑14	6	11	17	25	22	29	22	44
四创电子	18	27	↑9	32	32	52	51	59	59	7	6
三七互娱	19	7	↓12	17	4	11	1	20	6	36	18
马钢股份	20	34	↑14	10	16	21	34	35	46	21	41
安徽合力	21	38	↑17	28	43	19	31	45	48	17	37
洽洽食品	22	33	↑11	27	39	24	37	27	37	14	28
山河药辅	23	32	↑9	20	35	15	23	17	21	34	38
中鼎股份	24	20	↓4	24	21	34	26	33	34	13	12
伯特利	25	15	↓10	16	3	20	13	23	24	27	19
九华旅游	26	28	↑2	48	46	33	35	14	16	15	20
皖通高速	27	24	↓3	31	33	32	28	3	3	23	26
安科生物	28	18	↓10	21	17	16	12	16	8	56	48
皖新传媒	29	22	↓7	33	30	25	20	25	25	29	35
永新股份	30	23	↓7	29	36	22	22	30	32	39	29
泰禾光电	31	19	↓12	42	25	29	16	13	12	31	14
众源新材	32	21	↓11	34	24	28	21	75	69	30	16
华菱精工	33	17	↓16	30	13	31	15	51	39	37	30
长信科技	34	40	↑6	18	28	26	33	44	54	51	56
精达股份	35	46	↑11	22	34	23	29	62	62	62	63
鸿路钢构	36	49	↑13	39	62	46	60	53	57	18	32
楚江新材	37	35	↓2	38	38	35	30	71	66	43	50
司尔特	38	48	↑10	46	54	37	47	29	40	40	52
时代出版	39	43	↑4	51	57	41	50	56	56	25	33
中钢天源	40	30	↓10	41	23	36	17	31	28	50	42
合肥城建	41	60	↑19	25	49	68	75	21	49	20	47
阳光电源	42	29	↓13	35	22	42	36	38	30	28	22
皖天然气	43	50	↑7	43	47	39	55	58	61	33	49
华孚时尚	44	39	↓5	36	31	47	45	54	52	35	24
国祯环保	45	47	↑2	26	37	53	58	41	41	32	27
国机通用	46	3	↓43	45	1	38	4	37	7	49	8

续表

公司名称	综合排名			权益净利率		资产收益率		收入净利率		每股收益	
	2018年	2017年	排名变化	2018年	2017年	2018年	2017年	2018年	2017年	2018年	2017年
中环环保	47	42	↓5	49	45	43	43	19	11	44	34
黄山胶囊	48	36	↓12	61	52	45	39	24	20	41	39
荃银高科	49	56	↑7	44	44	40	40	28	33	71	65
科大讯飞	50	55	↑5	52	60	48	52	40	38	55	51
皖通科技	51	54	↑3	56	56	49	46	36	36	54	57
凤形股份	52	96	↑44	57	96	54	96	49	95	46	96
中粮生化	53	51	↓2	47	26	51	49	74	60	57	54
安纳达	54	9	↓45	53	5	44	6	65	22	63	17
惠而浦	55	93	↑38	55	93	58	94	64	93	47	93
常青股份	56	37	↓19	68	40	63	41	63	47	45	25
众泰汽车	57	44	↓13	69	29	66	38	52	50	42	23
安徽水利	58	52	↓6	40	27	80	70	79	75	38	31
合肥百货	59	61	↑2	58	59	60	59	73	70	53	53
东华科技	60	94	↑34	50	94	65	93	68	94	48	94
国风塑业	61	65	↑4	54	64	50	68	47	63	73	80
中电兴发	62	58	↓4	73	65	59	56	42	35	58	55
科大国创	63	76	↑13	62	71	61	72	55	67	60	76
皖能电力	64	84	↑20	60	85	69	89	60	88	52	81
金种子酒	65	90	↑25	70	91	56	90	39	87	66	90
江南化工	66	77	↑11	67	79	57	64	32	44	68	78
皖江物流	67	74	↑7	65	66	55	61	57	55	75	79
长城军工	68	59	↓9	64	51	62	53	48	42	72	61
丰乐种业	69	87	↑18	76	87	64	83	72	83	67	86
丰原药业	70	62	↓8	66	61	71	63	81	72	64	60
辉隆股份	71	64	↓7	59	58	73	67	87	82	65	62
富煌钢构	72	68	↓4	74	69	77	76	76	71	59	59
神剑股份	73	57	↓16	71	53	67	48	66	45	82	66
合锻智能	74	71	↓3	77	77	70	69	50	51	76	75
聚隆科技	75	41	↓34	79	50	74	42	43	17	69	45
铜陵有色	76	80	↑4	75	74	72	73	85	85	83	82
新集能源	77	91	↑14	63	89	78	88	61	79	81	91
精工钢构	78	85	↑7	72	84	75	85	80	84	79	85
应流股份	79	79	—	81	80	85	80	67	58	70	68

续表

公司名称	综合排名			权益净利率		资产收益率		收入净利率		每股收益	
	2018年	2017年	排名变化	2018年	2017年	2018年	2017年	2018年	2017年	2018年	2017年
华茂股份	80	78	↓2	80	78	79	77	69	65	74	70
皖维高新	81	81	—	78	82	76	78	78	77	84	83
安利股份	82	92	↑10	82	92	82	92	83	92	80	92
全柴动力	83	67	↓16	84	73	84	71	86	76	78	64
泰尔股份	84	95	↑11	86	95	81	95	70	96	87	95
凯盛科技	85	75	↓10	85	72	83	66	82	68	85	71
华菱星马	86	82	↓4	83	81	88	84	88	80	77	72
文一科技	87	83	↓4	87	83	86	79	77	73	89	84
安德利	88	53	↓35	88	55	89	62	89	74	86	43
铜峰电子	89	86	↓3	89	86	87	82	84	78	91	89
长虹美菱	90	88	↓2	90	88	90	91	90	91	88	87
海螺型材	91	89	↓2	91	90	91	87	91	90	90	88
江淮汽车	92	70	↓22	92	75	92	86	92	89	93	58
德力股份	93	63	↓30	93	70	93	57	94	43	92	69
六国化工	94	72	↓22	94	68	94	81	93	86	96	67
梦舟股份	95	66	↓29	96	63	95	54	95	64	94	73
融捷健康	96	69	↓27	95	76	97	65	96	53	95	74
盛运环保	97	97	—	97	97	96	97	97	97	97	97

注：表中2017年排名均是使用2018年可比公司在2017年的业绩水平进行的重新排名，和上年度报告可能有出入，仅作为2018年业绩比较，不否定上年度的报告结论。

B.3
安徽上市公司投融资发展报告

马朝良　支援援　李　源*

摘　要： 在长三角区域一体化和安徽深化投融资体制改革的背景下，
　　　　探究安徽上市公司的投融资结构和动力作用具有重要意义。
　　　　本报告依据财务管理和投融资管理相关理论，运用 Wind 数据
　　　　库数据，对安徽上市公司投融资结构进行多角度研究，并对
　　　　比近两年上市公司投融资排名变化，得到上市公司总融资水
　　　　平有所提升、对外投资比重有待提高、直接融资亟须加强等
　　　　结论，最后基于这些结论提出引导资本投资方向、积极创新
　　　　融资机制、推动企业并购重组、培育更多上市资源等针对性
　　　　的对策建议。

关键词： 投融资　内部投资　对外投资　直接融资　间接融资

　　长三角区域一体化发展已上升为国家战略，安徽迎来经济发展新机遇。
上市公司的投融资发展会影响区域投融资发展，并进一步影响区域经济发
展。安徽目前正处于着力提高供给体系质量，深入推进"去降补"，以"三
重一创"为引领，加快发展产业经济，培育发展新动能的重要阶段；探讨
安徽上市公司投融资发展概况，分析安徽上市公司投融资的动力作用，对深

---

* 马朝良，博士，中国科学技术大学管理学院博士后，工商管理创新研究中心成员；支援援，
中国科学技术大学管理学院硕士研究生，工商管理创新研究中心成员；李源，硕士，安徽省
投资集团中安研究院研究员。

化安徽投融资体制改革，推动安徽省经济发展质量变革和效率变革具有重要意义。从微观层面看，上市公司投资决策直接影响公司盈利水平及经营风险。上市公司通过融资可以维持资本规模，稳定供求关系，调整资本结构。探究安徽上市公司投融资结构，对提升安徽上市公司发展质量有直接意义。

基于此，本报告在描述安徽上市公司近年来投融资总体趋势的基础上，从行业、区域和股权结构等维度分析安徽上市公司投融资结构，并探讨近两年安徽上市公司投融资结构变化，为上市公司优化资源配置和政府完善资本市场提供对策与建议。

一　上市公司投融资概念界定和评价指标

（一）投资概念和评价指标

上市公司投资指公司投入财力，以期在未来获取收益的行为；根据投资方向，可分为对内投资和对外投资。对内投资是一种直接投资，是指把资金投放在企业内部购置各种生产经营资产的投资，包括流动资产、固定资产及无形资产等。[①]　对外投资指企业将一定数量的货币资金、股权、实物资产和无形资产等对外进行各种形式的投资活动，以换取另一项资产并在未来获取相应收益的行为。[②]

本报告选取内部投资规模和对外投资规模之和评判总投资规模；使用流动资产、固定资产及无形资产之和评判内部投资规模；使用可供出售金融资产、持有至到期投资、长期股权投资和其他金融类投资之和评判对外投资规模。虽然新金融工具准则中，金融资产由"四分类"变为"三分类"，可供出售金融资产有所调整，但除几家境内外同时上市的公司外，其他上市公司均在2019年才施行新金融工具准则，本报告评价指标整体未受影响。

---

① 荆新：《财务管理学》，中国人民大学出版社，2012，第221页。
② 张新民：《企业财务报表分析》，对外经济贸易大学出版社，2001，第108页。

（二）融资概念和评价指标

上市公司融资是指企业作为筹资主体，根据经营活动、投资活动和资本结构调整等需要，通过一定的金融市场和筹资渠道，采取一定的筹资方式，经济有效地筹措和集中资本的活动。基于财务管理分类，上市公司融资方式可分为发行股票融资、债券融资、银行借款融资、商业信用融资和自我累计融资五种。[①]

本报告中上市公司总融资规模为年度财务报表日五种融资规模之和；发行股票融资规模指发行股票融资累计额，并使用新增股票融资额进行分析评价；债券融资规模指发行债券融资累计额；银行借款融资规模指"短期借款"和"长期借款"的期末余额之和；商业信用融资规模指"应付票据"、"应付账款"、"预收账款"和"长期应付款（合计）"的期末余额之和；自我累计融资规模指"盈余公积"和"未分配利润"的期末余额之和。

本报告中投融资数据均来源于 Wind 数据库各上市公司的合并报表，投融资规模及分指标规模均为年度财务报表日时点数据。由于企业经营问题，本报告剔除了＊ST 华信、＊ST 安凯和 ST 新光三家上市公司数据。

二　安徽上市公司投资情况分析

本部分从总投资及内外部投资的视角探讨 2018 年安徽上市公司投资规模与结构，并对比近两年上市公司投资特征变化；总投资及内外部投资规模均为统计年度财务报表日的时点数据，不是当年新增投资规模。

（一）上市公司总投资分析

1. 上市公司总投资规模分析

安徽上市公司总投资规模近五年呈稳定上升趋势，总投资占总资产比重

---

① 荆新：《财务管理学》，中国人民大学出版社，2012，第 6 页。

均维持在80%以上，上市公司在投资方面付出了较多努力（见图1）。从发展趋势看，2018年总投资占总资产比重为近四年最高值，上市公司整体投资能力有所提升。

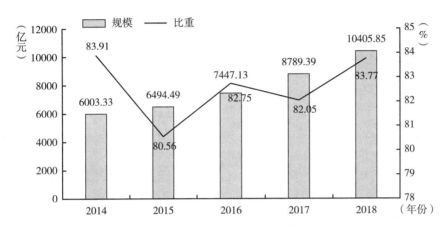

图1　2014～2018年安徽上市公司总投资规模及其占总资产比重

2.上市公司总投资结构分析

（1）整体分析

2018年安徽上市公司总投资规模差异较大（见附件1），本报告所考察的100家公司中，仅25家公司总投资规模高于平均值。排名前五位公司分别为海螺水泥、马钢股份、安徽水利、淮北矿业和铜陵有色，其中海螺水泥总投资规模达到1439亿元，投资龙头地位愈发明显；排名后五位公司分别为中环环保、山河药辅、黄山胶囊、国机通用和集友股份，总投资规模均低于9亿元。

和2017年对比，海螺水泥总投资规模增加了270亿元，仅增加额就高于省内91家公司2018年规模。淮北矿业总投资规模从2017年的21.65亿元增至2018年的524.45亿元，投资水平大幅提升；中粮生化和江南化工的总投资规模相比2017年均显著增加；盛运环保总投资规模减少了35.6亿元，排名也明显下降，与其在2018年债务规模较大、出售大量资产有直接关系。

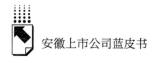

（2）行业角度分析

从行业分布看，制造业上市公司总投资规模最高，但内部差异明显；全省总投资规模前十名中有 6 家制造业公司，同时后十名中也有 9 家制造业公司。其他行业中，采矿业及交通运输、仓储和邮政业的五家公司排在前二十名，整体投资规模较高。从平均值看，采矿业及建筑业上市公司总投资规模平均值较高；水利、环境和公共设施管理业有 4 家上市公司，但总投资规模平均值排在倒数第二，有待提升。

和 2017 年对比，制造业和采矿业上市公司总投资规模明显增加，其他行业公司总投资规模变化不大；除交通运输、仓储和邮政业外，其他行业公司总投资规模平均值均有所增加（见图 2）。

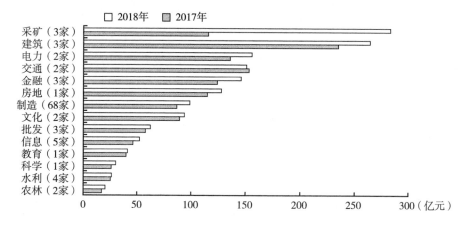

图 2　2018 年和 2017 年安徽各行业上市公司总投资规模平均值对比

注：图中行业简称和业绩发展分报告中一致，本报告中下同。

（3）区域角度分析

从区域分布看，各城市上市公司总投资规模存在显著差异，总投资规模排名靠前的公司没有地区集聚现象；在拥有超过 4 家上市公司的城市中，总投资规模均呈现两极分化现象。合肥市和芜湖市上市公司总投资规模显著高于其他城市；芜湖市上市公司总投资规模平均值也高于大部分城市，宣城市平均值则相对较低（见图 3）。

和 2017 年对比，安庆市上市公司总投资规模和平均值均明显下降，与盛运环保总投资规模下降有关；合肥市、蚌埠市、淮北市和芜湖市上市公司总投资规模显著增加，其他城市上市公司总投资规模也略有增加。

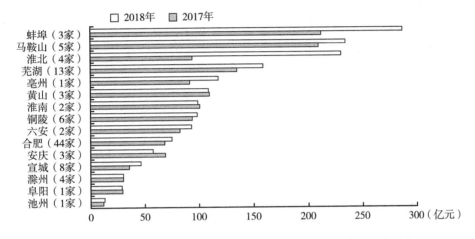

图 3　2018 年和 2017 年安徽各城市上市公司总投资规模平均值对比

（4）股权结构角度分析

从股权结构分布看，地方国企的总投资规模和平均值均显著高于其他各类型企业。前 10 名中有 8 家地方国企和 2 家民营企业，而后 10 名中有 8 家民营企业；山鹰纸业和众泰汽车两家民企的总投资规模分别为 275 亿元和256 亿元，排在全省第 9 和第 10 位，远高于大部分地方国企和中央国企。

和 2017 年对比，各股权结构上市公司总投资规模和平均值均有所增加，地方国企增幅较为明显（见图 4）。

（二）上市公司内部投资分析

1. 上市公司内部投资规模分析

安徽上市公司内部投资总规模近五年呈稳定上升趋势，并在 2018 年达到峰值 9589 亿元。内部投资占总投资比重近五年一直在 90% 以上，且近两年略有增加，安徽上市公司整体内部投资比重较大（见图 5）。

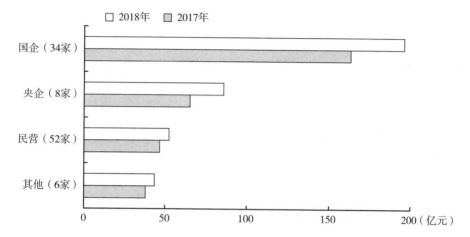

图4 2018年和2017年安徽各股权结构上市公司总投资规模平均值对比

注：图中国企代表地方国企，央企代表中央国企，民营代表民营企业，本报告中下同。

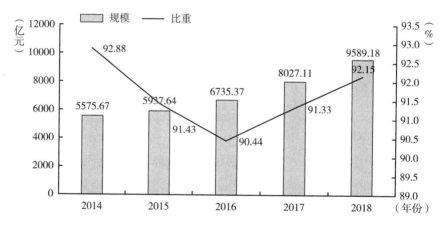

图5 2014～2018年安徽上市公司内部投资规模及其占总投资比重

2. 上市公司内部投资结构分析

（1）整体分析

分析2018年安徽上市公司内部投资规模和排名（见附件1和附件2），有25家公司内部投资规模高于平均值。排名前五位公司为海螺水泥、马钢股份、安徽水利、淮北矿业和铜陵有色，与总投资规模排名一致；排名后五位公司为中环环保、山河药辅、华安证券、黄山胶囊和国机通用，内部投资规模均低于 8.1 亿元。

对比 2017 年和 2018 年的内部投资规模排名（见附件 2），除淮北矿业外，排名前 10 位公司变动不大。此外，中粮生化和江南化工等公司内部投资规模和排名均显著提高，盛运环保、东华科技和梦舟股份等公司内部投资规模和排名均明显下降；中环环保内部投资规模连续两年排在倒数第一位；华菱精工内部投资规模增幅明显，从 2017 年的倒数第二位上升了 8 个位次。

（2）行业角度分析

从行业分布看，制造业、采矿业和建筑业上市公司内部投资规模较高，其中采矿业 3 家公司内部投资规模均在前 20 名；制造业公司内部投资规模存在两极分化现象。从平均值看，采矿业和建筑业上市公司内部投资规模最高；金融业上市公司内部投资规模最低，主要因为指标适用性问题，国元证券和华安证券在 Wind 数据库合并报表中没有流动资产数据（见图 6）。

和 2017 年对比，和总投资规模变化类似，制造业和采矿业上市公司内部投资总规模显著增加，其他行业上市公司内部投资总规模变动不大；除交通运输、仓储和邮政业外，其他行业上市公司内部投资规模平均值均有所增加。

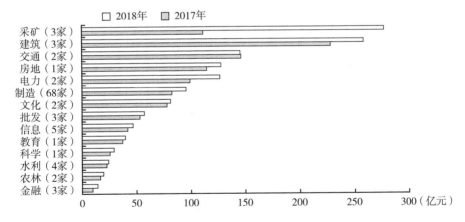

图 6　2018 年和 2017 年安徽各行业上市公司内部投资规模平均值对比

（3）区域角度分析

从区域分布看，淮北市和蚌埠市的 7 家公司内部投资规模整体较高，均

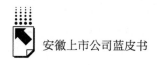

在前 45 位，其他存在较多上市公司的城市均呈现两极分化现象。

和 2017 年对比，淮北市、蚌埠市、芜湖市和合肥市上市公司内部投资总规模和平均值均显著增加，安庆市、淮南市和阜阳市上市公司则有不同程度的下降（见图 7）。

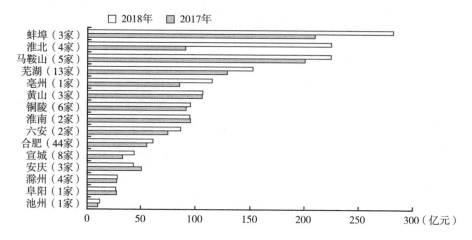

图 7　2018 年和 2017 年安徽各城市上市公司内部投资规模平均值对比

（4）股权结构角度分析

从股权结构看，地方国企上市公司内部投资总规模远高于民营企业，中央国企上市公司内部投资平均规模也显著高于民营企业；民营企业内部投资规模差异化尤为明显，前十名中有 2 家民营企业，后十名中有 7 家民营企业。

和 2017 年对比，各类股权结构上市公司内部投资总规模和平均值均有所增加，地方国企增幅较为明显（见图 8）。

（三）上市公司对外投资分析

1. 上市公司对外投资规模分析

安徽上市公司对外投资规模呈现稳定的上升趋势（见图 9），但对外投资占总投资比重自 2016 年开始呈现下降趋势。与图 5 对比发现，安徽上市

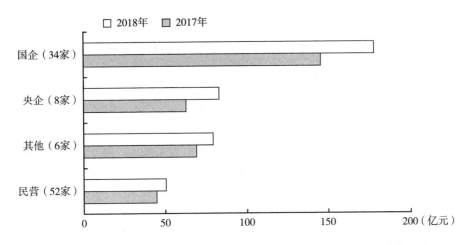

图 8 2018 年和 2017 年安徽各股权结构上市公司内部投资规模平均值对比

公司内部投资规模显著高于对外投资规模，2016～2018 年安徽上市公司整体提高了对内投资比重，降低了对外投资比重。

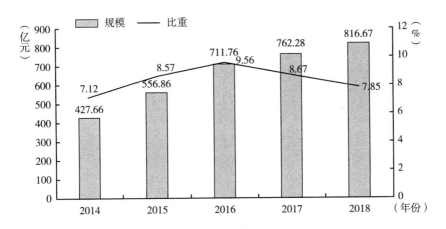

图 9 2014～2018 年安徽上市公司对外投资规模及占总投资比重

2. 上市公司对外投资结构分析

（1）整体分析

分析 2018 年安徽上市公司对外投资规模和排名（见附件 1 和附件 2），有 16 家公司对外投资规模高于平均值。排名前五位公司为国元证券、华安

证券、皖能电力、华茂股份和海螺水泥。山河药辅、国机通用等 18 家公司在数据库统计中缺少对外投资数据，应加大对外投资，扩大再生产，增强持续发展能力。

对比 2017 年和 2018 年的对外投资规模排名（见附件 2），排名前 10 位公司大多变动不大。中粮生化、楚江新材、科大国创等公司对外投资规模及排名有明显提高，盛运环保、古井贡酒等公司对外投资规模及排名下降明显。在 2017 年没有对外投资的公司中，志邦家居、海螺型材、华菱精工和富煌钢构等公司在 2018 年新增了对外投资，而山河药辅、国机通用等公司在 2018 年依然没有开展对外投资。

（2）行业角度分析

从行业分布看，金融业上市公司对外投资平均规模明显高于其他行业，这和行业特性有关；制造业上市公司对外投资整体规模较高，但内部差异化明显；房地产业公司缺少对外投资数据，农、林、牧、渔业公司对外投资规模也较低。

和 2017 年对比，制造业、金融业等行业公司对外投资平均规模有所增加，但电力、热力、燃气及水生产和供应业以及水利、环境和公共设施管理业等行业公司对外投资平均规模有显著下降（见图 10）。

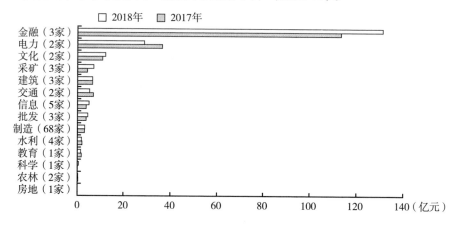

图 10　2018 年和 2017 年安徽各行业上市公司对外投资规模平均值对比

（3）区域角度分析

从区域分布看，合肥市上市公司对外投资总规模高于其他城市总和，且平均值排在全省第二，虽然内部存在明显的两极分化现象，但合肥市上市公司持续发展能力整体高于其他城市。滁州市和铜陵市共 10 家上市公司，但对外投资规模平均值较低，有待增加。

和 2017 年对比，合肥市、芜湖市、蚌埠市和淮北市上市公司对外投资总规模和平均值均显著增加，合芜蚌地区上市公司可持续发展能力较强；宣城市和安庆市上市公司对外投资总规模则明显下降，虽然安庆市上市公司近两年平均对外投资规模均排在全省第一位，但其上市公司数量较少，不足以代表城市水平（见图 11）。

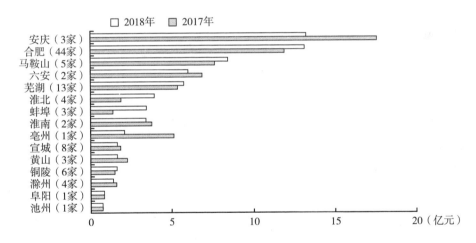

图 11　2018 年和 2017 年安徽各城市上市公司对外投资规模平均值对比

（4）股权结构分析

从股权结构看，地方国企上市公司对外投资总规模和平均值远高于其他类型企业，民营企业对外投资规模平均值最低，内部差异化较为显著。

和 2017 年对比，各类股权结构上市公司对外投资总规模和平均值均有所增加，民营企业变动较小（见图 12）。

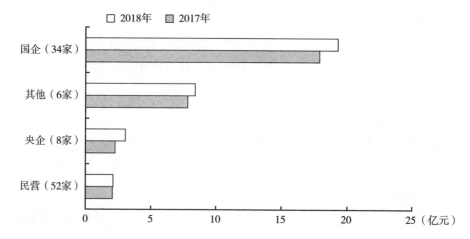

图12　2018年和2017年安徽各股权结构上市公司对外投资规模平均值对比

三　安徽上市公司融资情况分析

本部分从总融资及五种融资方式角度分别探讨安徽上市公司融资规模与结构，并对比2017年和2018年安徽上市公司融资特征变化；总融资及各种融资规模均为统计年度财务报表日的时点数据，不是当年新增融资规模。

（一）上市公司总融资分析

本部分分析安徽上市公司近年来总融资规模的变化趋势，探讨上市公司融资结构，通过对比上市公司的投融资规模，发现上市公司的投融资特点。

1. 上市公司总融资规模分析

近五年安徽上市公司总融资规模显著上升，且增长率也逐年增加，并在2018年达到最高值（见图13），安徽上市公司的整体融资水平近年来得到明显提升。

2. 上市公司总融资结构分析

（1）整体分析

分析2018年安徽上市公司总融资规模和排名（见附件3），安徽上市公

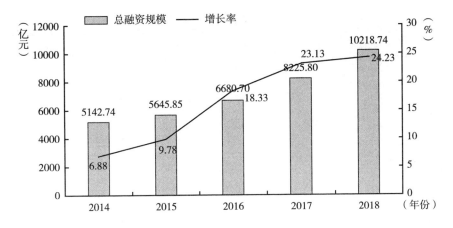

图 13　2014～2018 年安徽上市公司总融资规模及增长率

司总融资规模差异较大，仅有 27 家公司总融资规模高于平均值。排名前五位公司为海螺水泥、国元证券、安徽水利、淮北矿业和江淮汽车，排名后五位公司为凤形股份、山河药辅、黄山胶囊、华菱精工和安纳达；融资规模超过 400 亿元的公司有 8 家，低于 10 亿元的公司有 12 家。

　　和 2017 年对比，国元证券、淮北矿业、中粮生化、江南化工等公司总融资规模和排名显著提高，盛运环保、梦舟股份和融捷健康等公司总融资规模和排名下降明显。

　　（2）行业角度分析

　　从行业分布看，制造业上市公司融资规模存在两极分化现象，其他行业中存在上市公司总融资规模普遍较高或较低现象。采矿业及交通运输、仓储和邮政业的上市公司融资总额均较高，农、林、牧、渔业的上市公司融资总额较低。

　　和 2017 年对比，各类行业上市公司总融资规模及平均值均有所增加，其中制造业、采矿业和金融业增幅较大（见图 14）。

　　（3）区域角度分析

　　从区域分布看，合肥市上市公司总融资规模最高，但差异明显；淮北市 4 家上市公司总融资规模均较高，均在全省前 40 名。在位列倒数五名的公

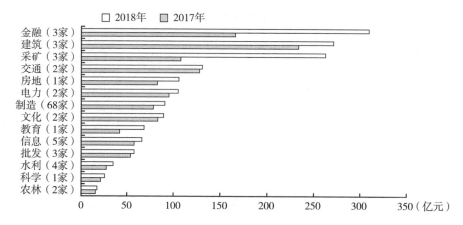

图14　2018年和2017年安徽各行业上市公司总融资规模平均值对比

司中,有3家公司属于宣城市,宣城市上市公司融资规模整体有待提高。

和2017年对比,安庆市上市公司总融资规模及平均值均有所下降,主要因为盛运环保总融资规模下降幅度较大。铜陵市上市公司总融资规模及平均值略有下降,其他城市整体均有所上升(见图15)。

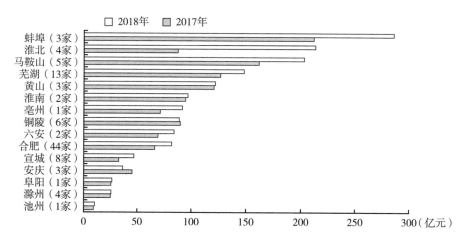

图15　2018年和2017年安徽各城市上市公司总融资规模平均值对比

(4)股权结构角度分析

从股权结构分布看,地方国企融资规模显著高于民营企业,山鹰纸业和众泰汽车两家民营企业融资规模较高。

和 2017 年相比，安徽各类股权结构上市公司融资规模总值及平均值均有所提高（见图 16）。

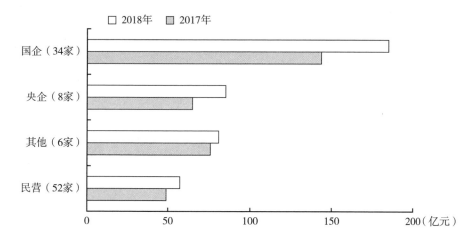

图 16 2018 年和 2017 年安徽各股权结构上市公司总融资规模平均值对比

3. 上市公司投融资相关分析

对比分析 2018 年安徽上市公司投融资总规模，结合附件 1 和附件 3，结果如图 17 所示。本报告所考察的 100 家上市公司中，有 24 家公司投融资规模均高于全省平均值；有 3 家公司融资规模高于全省平均值，但投资规模低于全省平均值；有 1 家公司投资规模高于全省平均值，但融资规模低于全省平均值；其他 72 家上市公司的投融资规模均低于全省平均值。这说明上市公司投融资水平具有一定相关性。

从行业看，制造业上市公司投融资水平存在两极分化现象，投融资水平差异显著；采矿业和交通运输、仓储和邮政业上市公司投融资水平较高，对应的 5 家公司投融资规模均高于全省平均值；农、林、牧、渔业，批发和零售业以及水利、环境和公共设施管理业上市公司投融资水平较低，对应的 9 家公司投融资规模均低于全省平均值。这和 2017 年的行业整体分布基本一致。

从区域分布看，合肥市公司投融资规模存在两极分化现象；滁州市和安庆市公司投融资水平较低，对应 7 家公司投融资规模均低于全省平均值；淮北市公司整体投融资水平较高，4 家公司中有 3 家投融资规模高于全省平均值。

从股权结构分布看，地方国企投融资水平整体高于民营企业，52 家民营企业中有 44 家投融资规模低于全省平均值，有待提升。

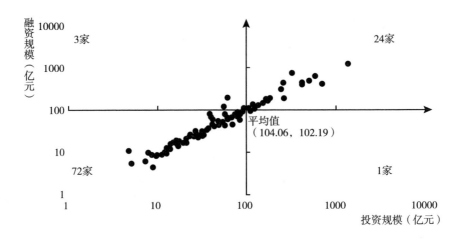

图 17　2018 年安徽上市公司投融资规模分布

（二）上市公司发行股票融资分析

本部分使用上市公司统计年度新增股票融资额对发行股票融资情况进行具体分析。

1. 上市公司发行股票融资规模分析

对 2014～2018 年安徽上市公司新增股票融资额和 IPO 新增融资额分析。安徽上市公司新增股票融资额和 IPO 新增融资额的整体变化趋势一致，在 2014～2016 年显著增加，随后在 2016～2018 年有明显下降，2018 年 IPO 新增融资额为近四年来的最低值，2016 年安徽上市公司新增股票融资额和 IPO 新增融资额均为近年来的峰值（见图 18、图 19）。

2. 上市公司发行股票融资结构分析

对 2018 年安徽上市公司新增股票融资额进行排名。在 Wind 数据库中仅

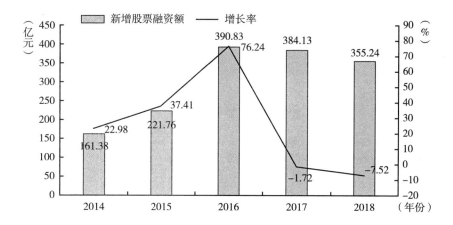

图 18　2014～2018 年安徽上市公司新增股票融资额及增长率

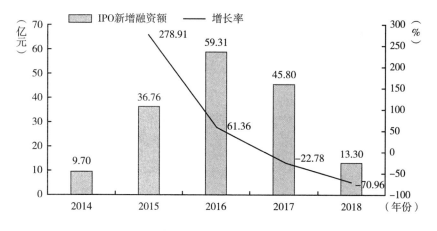

图 19　2014～2018 年安徽上市公司 IPO 新增融资额及增长率

收集到 9 家公司 2018 年有新增股票融资，其中淮北矿业新增股票融资最高，为 204 亿元（见表 1）。和 2017 年相比，新增股票融资的公司数量和新增股票融资规模都有明显下降。

从行业看，制造业上市公司 2018 年有新增股票融资的数量最多（6 家），但属于采矿业的淮北矿业新增股票融资额比其他 8 家公司之和还要多。

从区域看，宣城市上市公司 2018 年有新增股票融资的数量最多（3

家），而省会合肥则只有 2 家公司，和 2017 年（11 家）相比有明显下降。

从股权结构看，民营企业有新增股票融资的数量较多，地方国企和中央国企新增股票融资规模较高。有 5 家民营企业在 2018 年有新增股票融资，虽然融资规模都不高，但也表现出民营企业在新增股票融资方面的努力。

表 1　2018 年安徽上市公司新增股票融资额及排名

排名	公司名称	新增股票融资额（亿元）	分行业排名		分城市排名		分股权结构排名	
1	淮北矿业	204.06	采矿	1	淮北	1	国企	1
2	中粮生化	82.85	制造	1	蚌埠	1	央企	1
3	江南化工	24.99	制造	2	宣城	1	民营	1
4	广信股份	14.35	制造	3	宣城	2	民营	2
5	精工钢构	9.57	建筑	1	六安	1	民营	3
6	皖通科技	6.13	信息	1	合肥	1	民营	4
7	伯特利	5.62	制造	4	芜湖	1	外企	1
8	长城军工	4.55	制造	5	合肥	2	国企	2
9	华菱精工	3.13	制造	6	宣城	3	民营	5

（三）上市公司债券融资分析

和发行股票融资情况类似，发行债券融资的安徽上市公司也较少，经过对 Wind 数据库中相关数据手动筛选，本报告对债券融资累计额进行分析。

图 20 为 2014~2018 年安徽上市公司债券融资累计额及增长率变化情况，从新增债券融资额看，2018 年新增债券融资额最高，为 485.6 亿元。

由于财务风险和其他限制条件的制约，通过债券融资的安徽上市公司数量较少。2014~2018 年安徽只有 7 家上市公司发行债券融资，且主要在近两年进行融资，只有山鹰纸业近五年每年都进行债券融资（见表 2）。

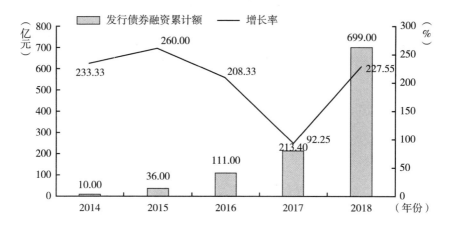

图20　2014～2018年安徽上市公司债券融资累计额及增长率

表2　2014～2018年安徽上市公司发行债券累计融资规模

单位：亿元

公司名称	城市	2014 年	2015 年	2016 年	2017 年	2018 年
国元证券	合肥	0	0	0	20	394.60
山鹰纸业	马鞍山	10	25	58	109	151
华安证券	合肥	0	8	42	57	107
安徽水利	蚌埠	0	0	6	11	26
盛运环保	安庆	0	0	2	9.55	13.55
精工钢构	六安	0	0	0	3.85	3.85
司尔特	宣城	0	3	3	3	3

（四）上市公司银行借款融资分析

1. 上市公司银行借款融资规模分析

近五年安徽上市公司银行借款融资额呈逐年增加趋势，增长率在 2017 年达到最高（见图21），安徽上市公司近年来大幅增加了银行借款方面的融资。

2. 上市公司银行借款融资结构分析

（1）整体分析

分析 2018 年安徽上市公司银行借款融资规模及排名（见附件 3 和附件

121

图21　2014～2018年安徽上市公司银行借款融资规模及增长率

4），仅23家公司银行借款融资规模高于平均值。排名前五位公司为安徽水利、铜陵有色、马钢股份、新集能源和山鹰纸业，银行借款融资均在100亿元以上；志邦家居、泰禾光电等17家上市公司没有银行借款融资数据。

和2017年相比，淮北矿业、江南化工等公司银行借款融资大幅增加，恒源煤电、梦舟股份等公司银行借款融资下降明显；全柴动力和设计总院两家公司在2017年有一定的银行借款融资，但2018年没有相关数据；司尔特、惠而浦、开润股份和集友股份等上市公司在2018年新增了银行借款融资。

（2）行业角度分析

从行业分布看，制造业上市公司银行借款规模差异明显，部分行业上市公司银行借款规模存在普遍较高或较低现象。制造业上市公司银行借款融资总规模达到1168.46亿元，显著高于其他行业；在17家银行借款为0的上市公司中，有13家属于制造业，制造业上市公司银行借款规模存在显著差异。采矿业上市公司银行借款融资规模相对较高，均排在前30位；文化、体育和娱乐业以及农、林、牧、渔业的上市公司银行借款融资规模较低，这与行业的特性是密不可分的。

和2017年对比，采矿业上市公司银行借款大幅增加，科学研究和技术服务业上市公司（仅1家，即设计总院）银行借款总额降至0（见图22）。

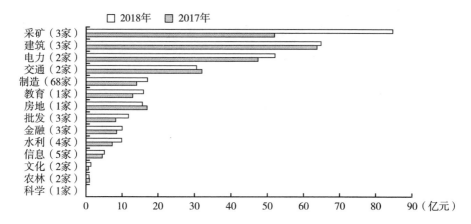

图 22　2018 年和 2017 年各行业上市公司银行借款融资规模平均值对比

（3）区域角度分析

从区域分布看，合肥市和马鞍山市上市公司银行借款融资规模较高，芜湖市上市公司银行借款融资规模有待提高。合肥市上市公司银行借款融资规模达到 512.6 亿元，远高于其他城市，省会城市的上市公司更容易从银行借款。马鞍山市两家公司马钢股份和山鹰纸业的银行借款融资均排在前五位，得到了银行的大力支持。芜湖市虽然有 13 家上市公司，且都有银行借款数据，但借款融资总规模低于铜陵市和蚌埠市等城市，整体有待提升。

和 2017 年对比，铜陵市、芜湖市、黄山市和滁州市上市公司银行借款融资平均值有所下降，池州市、阜阳市和亳州市的 3 家上市公司依然缺少银行借款融资数据（见图 23）。

（4）股权结构角度分析

从股权结构分布看，地方国企银行借款融资规模相对较高。银行借款融资规模排名前十位的上市公司中有 6 家地方国企，地方国企更容易从银行获得借款。虽然民营企业整体银行借款融资规模高于中央国企，但中央国企银行借款融资平均规模更高。

和 2017 年对比，各股权结构上市公司银行借款融资规模平均值均有显著提高（见图 24）。

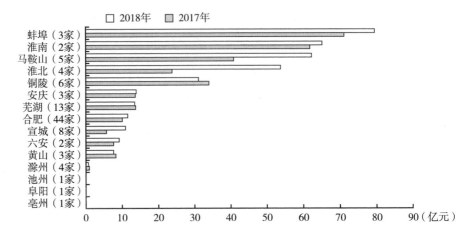

图23　2018年和2017年各城市上市公司银行借款融资规模平均值对比

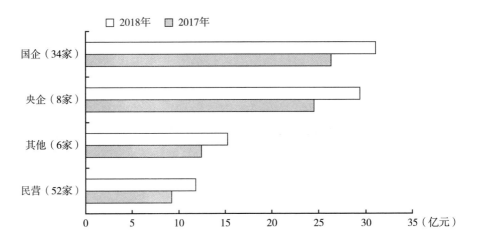

图24　2018年和2017年各股权结构上市公司银行借款融资规模平均值对比

（五）上市公司商业信用融资分析

1. 上市公司商业信用融资规模分析

和银行借款融资变化情况类似，近五年安徽上市公司商业信用融资规模逐年增加，增长率在2017年达到最高值（见图25），并在2018年有所放缓。

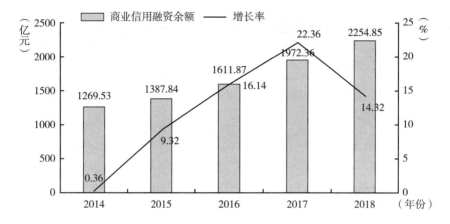

图25 2014～2018 年安徽上市公司商业信用融资余额及增长率

2. 上市公司商业信用融资结构分析

（1）整体分析

分析 2018 年安徽上市公司商业信用融资规模和排名（见附件 3 和附件4），仅 23 家上市公司商业信用融资规模高于平均值。排名前五位公司为安徽水利、江淮汽车、马钢股份、众泰汽车和淮北矿业，排名后五位公司为黄山胶囊、众源新材、欧普康视、九华旅游和泰禾光电，由于行业特殊性，未考虑金融业公司。

对比安徽上市公司 2017 年和 2018 年的商业信用融资规模排名（见附件3 和附件4），和 2017 年类似，安徽水利、江淮汽车、马钢股份和众泰汽车四家公司商业信用融资额超过 100 亿元，显著高于其他上市公司；淮北矿业、中公教育和皖维高新等公司 2018 年商业信用融资额显著增加。

（2）行业角度分析

从行业分布看，建筑业上市公司的商业信用融资规模较高，3 家公司排名均在前 20 位；农、林、牧、渔业及水利、环境和公共设施管理业上市公司商业信用融资规模整体较小，与行业性质有很大关系。

和 2017 年对比，除金融业、批发和零售业以及交通运输、仓储和邮政业以外，其他行业上市公司商业信用融资规模和平均值均有所增加（见图26）。

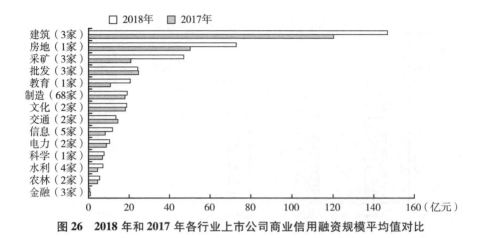

图 26　2018 年和 2017 年各行业上市公司商业信用融资规模平均值对比

（3）区域角度分析

从区域分布看，各城市上市公司商业信用融资规模存在显著差异。合肥市上市公司的商业信用融资总体规模最高，但内部存在显著差异；蚌埠市和淮北市共 7 家上市公司的商业信用融资规模均较高，排名均在前 50 位。

和 2017 年对比，蚌埠市、淮北市和合肥市等城市上市公司商业信用融资规模和平均值显著增加，马鞍山市、淮南市、滁州市和安庆市等城市上市公司商业信用融资规模有所下降（见图 27）。

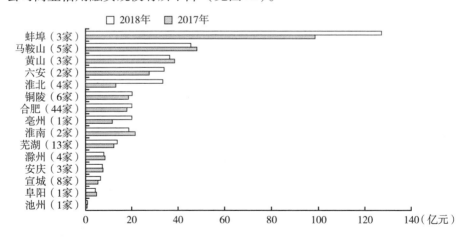

图 27　2018 年和 2017 年各城市上市公司商业信用融资规模平均值对比

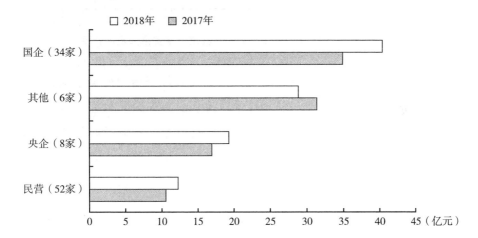

（4）股权结构角度分析

从股权结构分布看，地方国企上市公司的商业信用融资规模较高。排名前十位的上市公司中有 8 家为地方国企，地方国企上市公司的商业信用融资平均规模显著高于民营企业，地方国企更容易获得商业信用融资。

和 2017 年对比，地方国企、中央国企和民营企业上市公司商业信用融资规模及平均值均有所提高，其他类型的上市公司略有下降，主要因为惠而浦和伯特利两家外企在 2018 年商业信用融资规模有所下降（见图 28）。

图 28 2018 年和 2017 年各股权结构上市公司商业信用融资规模平均值对比

（六）上市公司自我累计融资分析

1. 上市公司自我累计融资规模分析

近五年安徽上市公司自我累计融资额逐年增加，且 2015 年之后增长速度明显上升，并在 2018 年达到最高（见图 29）。

2. 上市公司自我累计融资结构分析

（1）整体分析

分析 2018 年安徽上市公司自我累计融资规模和排名（见附件 3 和附件 4），安徽上市公司自我累计融资规模存在显著的两极分化现象，仅 24

图29　2014～2018年安徽上市公司自我累计融资余额及增长率

家公司自我累计融资规模高于平均值。排名前五位公司为海螺水泥、马钢股份、皖通高速、淮北矿业和国元证券；排名后五位公司为盛运环保、梦舟股份、融捷健康、华菱星马和六国化工，这五家公司以及皖江物流、铜峰电子和文一科技共8家公司自我累计融资额均为负值，主要是因为它们的未分配利润负值较大，2018年亏损严重。虽然新集能源2018年未分配利润也是较大的负值，但其盈余公积金较高，冲减之后自我累计融资额为正值。

海螺水泥2018年自我累计融资规模达到966.95亿元，比2017年增加了234亿元，仅增长量就远高于其他公司2018年的自我累计融资额。和2017年相比，淮北矿业、山鹰纸业、中粮生化等公司自我累计融资额有显著增加；文一科技、铜峰电子、华菱星马和皖江物流4家公司的自我累计融资额仍是负值；中粮生化和新集能源的自我累计融资额由负转正，且中粮生化上升明显；六国化工、融捷健康、梦舟股份和盛运环保4家公司的自我累计融资额由正转负，有显著亏损。

（2）行业角度分析

从行业分布看，制造业上市公司自我累计融资规模存在显著差异，文化、体育和娱乐业以及建筑业上市公司自我累计融资规模较高。在8家自我累计融资额为负值的上市公司中，有7家公司属于制造业，制造业公司自我累计融资规模差异巨大；文化、体育和娱乐业以及建筑业的 5 家公司自我累计融资规模均在前 40 位，相对较好。

和 2017 年对比，采矿业以及信息传输、软件和信息技术服务业上市公司自我累计融资规模均有显著增加，各行业上市公司自我累计融资规模平均值均有所提升（见图 30）。

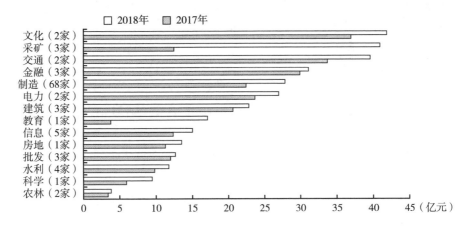

图 30　2018 年和 2017 年各行业上市公司自我累计融资规模平均值对比

（3）区域角度分析

从区域分布看，各城市上市公司自我累计融资规模差异明显。由于海螺水泥自我累计融资规模庞大，芜湖市上市公司整体自我累计融资规模显著高于其他城市。安庆市上市公司整体自我累计融资规模为负，这与盛运环保较大负值的自我累计融资规模有关；铜陵市 6 家上市公司中，有 3 家公司自我累计融资规模为负值，有待改善。

和 2017 年对比，淮北市、合肥市、芜湖市、宣城市等城市上市公司自我累计融资额及平均值均有所增加；安庆市上市公司自我累计融资额大幅降低，且平均值在 2018 年降为负值，整体效益亟待改善（见图 31）。

（4）股权结构角度分析

从股权结构分布看，民营企业和中央国企上市公司自我累计融资规模较小。在 8 家自我累计融资额为负值的上市公司中，有 5 家民营企业和 3 家地

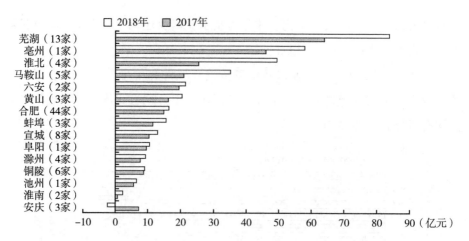

图31 2018年和2017年各城市上市公司自我累计融资规模平均值对比

方国企；8家中央国企上市公司的自我累计融资额均低于全省平均值，民营企业和中央国企的自我累计融资水平整体需要提升。

和2017年对比，各股权结构上市公司整体自我累计融资规模及平均值均有所提升（见图32）。

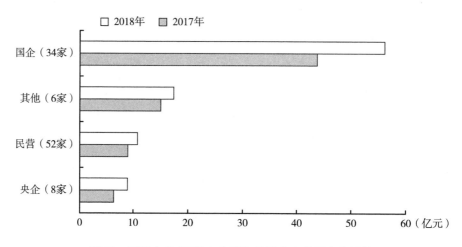

图32 2018年和2017年各股权结构上市公司自我累计
融资规模平均值对比

四 研究结论与对策

（一）研究结论

基于对安徽上市公司2018年投融资规模与结构的分析，以及近两年安徽上市公司投融资结构的对比分析，得到以下结论。

1. 安徽上市公司总投融资水平有所提升，但整体差异较大

2014～2018年，安徽上市公司总投资和总融资规模显著增加，增长率也逐年上升，安徽上市公司整体投融资水平有所提升。和2017年对比，2018年有75家公司总投资规模上升，78家公司总融资规模上升，大部分安徽上市公司投融资规模均有明显增加。本报告所考察的100家上市公司2018年的总投资平均值和总融资平均值分别为104.06亿元和102.19亿元，和2017年的87.89亿元和82.26亿元相比均有大幅增加；超过总投资平均值和总融资平均值的公司分别有25家和27家，也多于2017年的24家和25家。安徽龙头上市公司投融资规模显著高于其他公司，海螺水泥、马钢股份、安徽水利、江淮汽车和山鹰纸业等公司投融资规模近两年一直排在全省前十位，优势明显。

2018年安徽上市公司投融资各项指标的分析显示，在本报告所考察的100家上市公司中，有24家公司投融资规模均高于全省平均值，同时有72家公司投融资规模均低于全省平均值，上市公司投融资水平整体差异较大，存在严重不均衡。和2017年对比，淮北矿业、中粮生化、江南化工等公司投融资规模均明显增加，排名显著上升；盛运环保、融捷健康等公司投融资规模明显下降，排名也显著下滑。

2. 安徽上市公司内部投资比重逐年增加，对外投资比重有待提高

安徽上市公司内部投资比重较大。2014～2018年，安徽上市公司内部投资规模增幅明显，且内部投资占总投资比重在2018年达到92.15%，为近四年的最高值，安徽上市公司将投资更多地放在了内部投资上。

对外投资比重有待提高。2014～2018 年，安徽上市公司对外投资规模虽然逐年增加，但增幅较小，且对外投资占总投资比重呈下滑趋势。2018 年，众泰汽车、合肥城建、华菱星马、口子窖、四创电子、迎驾贡酒、广信股份、凯盛科技、永新股份、常青股份、安利股份、众源新材、泰禾光电、安纳达、文一科技、集友股份、国机通用和山河药辅等公司缺少对外投资数据。上市公司进行对外投资，可以通过多元化经营而降低经营风险，稳定经营收益，还可以完善产业链，增强自身产业竞争优势，提高可持续发展能力。安徽上市公司应加强对外投资的关注度，以进一步增强产业竞争优势，提高公司质量。

3. 安徽上市公司间接融资稳步增长，直接融资亟须加强

银行借款融资、商业信用融资和自我累计融资稳步增长。2014～2018 年，安徽上市公司银行借款、商业信用融资和自我累计融资规模均有所增加，并在 2018 年达到近几年最高值，分别为 1947.90 亿元、2254.85 亿元和 2596.22 亿元。但部分公司对间接融资手段的利用还不够充分，仍有待加强。例如，古井贡酒、黄山胶囊、山河药辅、聚隆科技、欧普康视、金种子酒、全柴动力、国机通用、华安证券、皖新传媒、迎驾贡酒、九华旅游、设计总院、口子窖、广信股份、泰禾光电和志邦家居等公司无银行借款融资，国元证券和华安证券无商业信用融资。

股票融资和债券融资亟须加强。2016～2018 年，安徽上市公司新增股票融资额和 IPO 融资额均出现下降趋势，且 2018 年通过新增股票融资的只有 9 家上市公司；采用发行债券方式进行融资的只有 7 家上市公司，相关融资规模也有待提升。

4. 制造业公司投融资规模较大，其他行业公司显现差异性

制造业上市公司 2018 年投融资总规模时点数据分别为 6732 亿元和 6155 亿元，均超过其他行业上市公司投融资规模之和。但制造业内部存在严重的两极分化现象，在 25 家高于总投资平均值和 27 家高于总融资平均值的公司中，均有 13 家制造业公司，包括海螺水泥、马钢股份、铜陵有色和江淮汽车等排名全省前十位的公司，同时也有山河药辅、黄山胶囊和集友股份等排

名倒数的公司。

其他行业上市公司的投融资水平存在显著区别。由于淮北矿业 2018 年投融资水平大幅提高，采矿业整体投融资水平显著高于其他行业。此外，交通运输、仓储和邮政业上市公司投融资水平相对较高，农、林、牧、渔业上市公司投融资水平相对较低。

5. 芜湖和合肥上市公司投融资水平较高，安庆和宣城有待提高

芜湖市、合肥市和淮北市上市公司整体投融资规模较大。芜湖市上市公司总投融资规模平均值均位居全省前列。合肥市上市公司数量较多，总投融资规模远高于其他城市，总投融资规模平均值居于全省中游，整体较好。在 25 家高于总投资平均值和 27 家高于总融资平均值的公司中，分别有 9 家和 10 家合肥市上市公司。淮北市和蚌埠市上市公司投融资规模和 2017 年相比也显著增加。

安庆市和宣城市上市公司融资规模有待提高。和 2017 年相比，安庆市投融资规模均有所下降，且部分指标下降幅度较大，这与盛运环保投融资水平下降有直接关系。宣城市有 3 家公司（凤形股份、黄山胶囊和华菱精工）位列总融资规模后四名，整体融资水平有待提高。

6. 地方国企投融资水平较高，民营企业投融资水平差异尤为显著

地方国企 2018 年总投融资规模时点数据分别达到 6712 亿元和 6309 亿元，各分指标平均值也显著高于其他各类股权结构上市公司，和 2017 年相比有明显增加。在 25 家高于总投资平均值和 27 家高于总融资平均值的公司中，均有 16 家地方国企，地方国企整体投融资优势较为明显。

民营企业投融资水平差异化较为显著，虽然有投融资水平很高的山鹰纸业和众泰汽车等，但在投融资各指标排名较低的公司中，民营企业占比也较大；民营企业 2018 年各分指标的平均值也相对较低。

（二）对策

1. 引导资本投资方向，挖掘企业投资潜力

安徽上市公司对内投资比重较大，对外投资比重较小，甚至有些公司缺

少对外投资数据。在长三角区域一体化的背景下，要充分发挥安徽上市公司投资带动作用。政府应积极设立产业引导基金，引导社会资本投向主导产业和战略性新兴产业，支持"三重一创"建设，促进优质资本、项目、技术和人才在安徽集聚；积极支持战略性新兴产业基地和园区建设，推动安徽上市公司相关产业链延伸；发挥中心城市投资带动作用，挖掘安徽各市上市公司投资潜力，优化皖江示范区金融生态，提高区域投资能力，进而整体提升地方企业的竞争力。

2. 积极创新融资机制，大力发展直接融资

当前安徽上市公司间接融资规模稳步增长，但直接融资规模仍有待提高，政府和上市公司应积极创新融资机制，推动直接融资发展，促进融资结构优化。对于政府来说，应依托多层次资本市场，增加投资项目，拓宽融资渠道；适当放宽债券发行条件，减少对募集资金用途的控制；鼓励债券融资，进一步发展企业债券、公司债券、非金融企业债务融资工具等；结合国企改革和混合所有制机制创新，优化安徽主要行业投资项目的直接融资；加快构建更加开放的投融资机制，加强与国际金融机构的多层次投融资合作。

对于安徽上市公司来说，应积极拓宽自身融资渠道，增加新增股票融资和债券融资，通过技术创新和管理制度变革等方法提升自身实力；上市公司在提高经营效率的基础上应积极积累内源资本，提升企业内源融资能力。

3. 推动企业并购重组，促进行业整合升级

雷鸣科化和淮北矿业的并购重组，以及中公教育借壳亚夏汽车等成功案例对安徽各行业企业有借鉴意义。政府应发挥产业并购基金作用，构建并购重组服务平台，引导上市公司利用资本市场并购重组，创新商业模式，整合产业链，做大产业群；重点扶持各市产业链缺失或高端品牌、高端技术等并购重组项目，推动行业整合和产业转型升级。

安徽上市公司应积极参与并购重组，实现战略转型和业务升级，并在有条件的情况下开展境外并购，拓宽海外市场。九华旅游、黄山旅游等公司应

充分利用行业优势，积极推进并购重组，进一步提升资产规模。安徽一些有条件的未上市公司可以通过并购重组借壳上市，提升融资水平。

4. 营造优良政策环境，培育更多上市资源

龙头企业对区域有较强的带动作用，上市公司的投融资发展对区域经济发展有着重要意义。对于没有上市公司的宿州市以及只有一家上市公司的阜阳市、池州市和亳州市来说，应该构建更强有力的上市培育工作机制，营造更优良的上市培育政策环境，引导上市培育中介机构获得国家和省市的政策支持；积极培育潜在上市资源，形成培育、改制、申报与发行的良性循环，实现直接融资的可持续发展，并进一步带动区域发展。

这些城市的企业应明确企业发展方向，积极邀请资本市场相关专家前来调研，联系上市培育中介机构提供服务，理清企业发展思路，明确上市路径，形成科学高效的上市发展规划。

5. 激发企业投资活力，提高民企融资水平

和地方国企以及中央国企相比，安徽民营上市公司的投融资水平相对较低；52家民营企业中有44家企业投融资规模低于全省平均值，亟待提升。政府应支持安徽民营上市公司积极开展政产学研合作，引导民营企业资金发展新经济，激发投资新活力；组建政府创业风险投资引导基金，增加对中小民企的投资；建立有利于民企融资的政策机制，优化金融供给机制，通过政府出资、鼓励民资和吸引外资的途径，提高民企融资能力。

安徽民营上市公司应优化投资结构，加大对高附加值项目的投资，提升企业投资水平；主动寻求投资项目，增加对外投资，提升多元化经营能力，大力提升企业竞争力；规范财务管理，加强内控和资金运作，寻找多渠道合作，增强抗风险能力，提高融资水平。

附件

附件1 2018年安徽上市公司总投资规模及子指标（年度财务报表日时点数据）

单位：亿元

排名	公司名称	总投资	行业	城市	股权结构	内部投资	对外投资
1	海螺水泥	1439.273	制造	芜湖	国企	1407.453	31.820
2	马钢股份	744.143	制造	马鞍山	国企	716.052	28.091
3	安徽水利	618.218	建筑	蚌埠	国企	613.616	4.602
4	淮北矿业	524.453	采矿	淮北	国企	515.152	9.301
5	铜陵有色	444.941	制造	铜陵	国企	440.806	4.135
6	江淮汽车	443.161	制造	合肥	国企	413.526	29.635
7	国元证券	345.371	金融	合肥	国企	14.726	330.645
8	皖能电力	281.707	电力	合肥	国企	223.711	57.996
9	山鹰纸业	275.278	制造	马鞍山	民企	262.826	12.452
10	众泰汽车	256.197	制造	黄山	民企	256.197	0.000
11	新集能源	191.807	采矿	淮南	央企	184.913	6.893
12	中粮生化	186.439	制造	蚌埠	央企	180.597	5.842
13	阳光电源	178.758	制造	合肥	民企	169.630	9.129
14	华孚时尚	177.400	制造	淮北	民企	176.412	0.987
15	皖江物流	163.019	交通	芜湖	国企	153.400	9.619
16	长虹美菱	147.541	制造	合肥	国企	146.472	1.069
17	皖通高速	138.935	交通	合肥	国企	137.646	1.289
18	恒源煤电	134.186	采矿	淮北	国企	128.691	5.495
19	合肥城建	127.672	房地	合肥	国企	127.672	0.000
20	精工钢构	125.272	建筑	六安	民企	113.186	12.087
21	中鼎股份	123.876	制造	宣城	民企	119.191	4.685
22	皖新传媒	123.572	文化	合肥	国企	105.302	18.270
23	科大讯飞	121.104	信息	合肥	央企	112.950	8.154
24	古井贡酒	117.466	制造	亳州	国企	115.353	2.113
25	华菱星马	110.922	制造	马鞍山	国企	110.922	0.000
26	江南化工	99.497	制造	宣城	民企	95.659	3.838
27	鸿路钢构	97.383	制造	合肥	民企	96.979	0.405
28	合肥百货	92.322	批发	合肥	国企	88.382	3.940
29	皖维高新	89.256	制造	合肥	国企	82.177	7.079
30	盛运环保	88.161	制造	安庆	民企	81.373	6.788
31	长信科技	84.495	制造	芜湖	民企	76.776	7.719
32	口子窖	82.009	制造	淮北	民企	82.009	0.000
33	惠而浦	79.637	制造	合肥	外企	69.337	10.300
34	辉隆股份	79.330	批发	合肥	集体	69.463	9.866

续表

排名	公司名称	总投资	行业	城市	股权结构	内部投资	对外投资
35	华茂股份	74.310	制造	安庆	国企	41.459	32.851
36	应流股份	71.707	制造	合肥	民企	71.216	0.491
37	安徽合力	71.460	制造	合肥	国企	68.291	3.169
38	富煌钢构	66.709	制造	合肥	民企	66.682	0.028
39	华安证券	65.567	金融	合肥	国企	6.288	59.279
40	时代出版	64.084	文化	合肥	国企	57.876	6.208
41	四创电子	60.110	制造	合肥	央企	60.110	0.000
42	迎驾贡酒	60.043	制造	六安	民企	60.043	0.000
43	三七互娱	59.078	信息	芜湖	民企	42.329	16.749
44	广信股份	57.228	制造	宣城	民企	57.228	0.000
45	凯盛科技	54.688	制造	蚌埠	央企	54.688	0.000
46	精达股份	53.995	制造	铜陵	民企	49.002	4.992
47	金禾实业	53.424	制造	滁州	民企	52.464	0.961
48	东华科技	50.782	建筑	合肥	央企	46.972	3.810
49	六国化工	50.270	制造	铜陵	国企	49.847	0.423
50	楚江新材	50.151	制造	芜湖	民企	49.274	0.877
51	洽洽食品	48.556	制造	合肥	民企	46.990	1.566
52	黄山旅游	45.548	水利	黄山	国企	40.628	4.920
53	司尔特	44.289	制造	宣城	民企	40.336	3.953
54	中电兴发	43.956	信息	芜湖	民企	43.677	0.279
55	中公教育	41.363	教育	芜湖	民企	39.735	1.628
56	国祯环保	40.403	水利	合肥	民企	38.909	1.494
57	梦舟股份	38.830	制造	芜湖	民企	36.297	2.533
58	海螺型材	37.343	制造	芜湖	国企	37.021	0.322
59	伯特利	34.877	制造	芜湖	外企	34.599	0.277
60	全柴动力	34.347	制造	滁州	国企	34.247	0.100
61	长城军工	33.358	制造	合肥	国企	33.357	0.001
62	设计总院	30.039	科学	合肥	国企	29.302	0.737
63	皖天然气	29.401	电力	合肥	国企	29.237	0.164
64	神剑股份	28.458	制造	芜湖	民企	27.556	0.902
65	金种子酒	28.162	制造	阜阳	国企	27.327	0.835
66	新力金融	27.353	金融	合肥	集体	22.697	4.656
67	丰原药业	27.022	制造	芜湖	民企	24.819	2.203
68	美亚光电	26.772	制造	合肥	民企	26.272	0.500
69	志邦家居	24.633	制造	合肥	民企	24.231	0.402
70	皖通科技	24.533	信息	合肥	民企	24.449	0.084
71	永新股份	24.127	制造	黄山	集体	24.127	0.000
72	常青股份	23.952	制造	合肥	民企	23.952	0.000

续表

排名	公司名称	总投资	行业	城市	股权结构	内部投资	对外投资
73	丰乐种业	21.868	农林	合肥	国企	21.370	0.498
74	泰尔股份	21.729	制造	马鞍山	民企	20.231	1.498
75	安利股份	20.295	制造	合肥	民企	20.295	0.000
76	铜峰电子	18.459	制造	铜陵	民企	18.347	0.111
77	国风塑业	18.310	制造	合肥	国企	18.302	0.008
78	荃银高科	17.951	农林	合肥	公众	17.781	0.170
79	德力股份	17.132	制造	滁州	民企	12.870	4.262
80	合锻智能	17.001	制造	合肥	民企	16.294	0.707
81	中钢天源	16.794	制造	马鞍山	央企	16.617	0.177
82	融捷健康	16.052	制造	合肥	民企	12.765	3.288
83	安科生物	15.797	制造	合肥	民企	13.795	2.002
84	安德利	14.654	批发	合肥	民企	14.554	0.100
85	聚隆科技	14.589	制造	宣城	民企	14.584	0.005
86	科大国创	12.957	信息	合肥	民企	12.629	0.328
87	开润股份	12.926	制造	滁州	民企	12.755	0.171
88	九华旅游	12.563	水利	池州	国企	11.824	0.739
89	欧普康视	11.584	制造	合肥	民企	11.376	0.208
90	众源新材	10.336	制造	芜湖	民企	10.336	0.000
91	泰禾光电	9.957	制造	合肥	民企	9.957	0.000
92	华菱精工	9.936	制造	宣城	民企	9.906	0.030
93	安纳达	9.020	制造	铜陵	国企	9.020	0.000
94	凤形股份	8.993	制造	宣城	民企	8.273	0.720
95	文一科技	8.901	制造	铜陵	民企	8.901	0.000
96	集友股份	8.587	制造	安庆	民企	8.587	0.000
97	国机通用	8.089	制造	合肥	央企	8.089	0.000
98	黄山胶囊	7.489	制造	宣城	民企	7.473	0.015
99	山河药辅	5.256	制造	淮南	民企	5.256	0.000
100	中环环保	4.895	水利	合肥	民企	4.893	0.002

注：1. 行业和股权结构简称同分报告一中的附件1一致；

2. 因企业经营问题，剔除了＊ST华信、＊ST安凯和ST新光3家上市公司数据；

3. 本表各项指标数据来自Wind数据库；

4. 以上三点也适用于本报告余下各表。

附件2 2018 年安徽上市公司总投资和子指标排名及与 2017 年对比情况

公司名称	总投资排名及变化			内部投资排名		对外投资排名	
	2018 年	2017 年	排名变化	2018 年	2017 年	2018 年	2017 年
海螺水泥	1	1	—	1	1	5	5
马钢股份	2	2	—	2	2	7	6
安徽水利	3	3	—	3	3	29	32
淮北矿业	4	70	↑66	4	68	15	54
铜陵有色	5	4	↓1	5	4	31	33
江淮汽车	6	5	↓1	6	5	6	7
国元证券	7	6	↓1	79	78	1	1
皖能电力	8	8	—	9	9	3	2
山鹰纸业	9	9	—	7	7	10	15
众泰汽车	10	7	↓3	8	6	83	80
新集能源	11	10	↓1	10	8	20	18
中粮生化	12	47	↑35	11	43	23	57
阳光电源	13	12	↓1	13	12	16	22
华孚时尚	14	14	—	12	13	48	44
皖江物流	15	11	↓4	14	10	14	16
长虹美菱	16	13	↓3	15	11	47	46
皖通高速	17	15	↓2	16	14	46	25
恒源煤电	18	16	↓2	17	15	24	23
合肥城建	19	20	↑1	18	16	83	80
精工钢构	20	21	↑1	21	21	11	10
中鼎股份	21	18	↓3	19	17	27	28
皖新传媒	22	19	↓3	24	19	8	8
科大讯飞	23	22	↓1	22	20	17	20
古井贡酒	24	23	↓1	20	23	40	26
华菱星马	25	24	↓1	23	22	83	80
江南化工	26	55	↑29	26	56	34	24
鸿路钢构	27	27	—	25	25	61	61
合肥百货	28	25	↓3	27	24	33	34
皖维高新	29	26	↓3	28	26	19	13
盛运环保	30	17	↓13	30	18	21	9
长信科技	31	33	↑2	31	33	18	14
口子窖	32	31	↓1	29	27	83	80
惠而浦	33	28	↓5	34	28	12	12

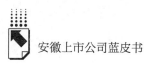

续表

公司名称	总投资排名及变化			内部投资排名		对外投资排名	
	2018 年	2017 年	排名变化	2018 年	2017 年	2018 年	2017 年
辉隆股份	34	30	↓4	33	30	13	17
华茂股份	35	29	↓6	50	51	4	3
应流股份	36	35	↓1	32	31	59	48
安徽合力	37	32	↓5	35	29	37	38
富煌钢构	38	43	↑5	36	40	77	80
华安证券	39	52	↑13	98	95	2	4
时代出版	40	34	↓6	39	34	22	19
四创电子	41	42	↑1	37	39	83	80
迎驾贡酒	42	36	↓6	38	32	83	80
三七互娱	43	39	↓4	49	44	9	11
广信股份	44	44	—	40	41	83	80
凯盛科技	45	45	—	41	42	83	80
精达股份	46	38	↓8	45	38	25	27
金禾实业	47	40	↓7	42	35	49	42
东华科技	48	37	↓11	47	36	35	35
六国化工	49	41	↓8	43	37	60	56
楚江新材	50	50	—	44	45	51	62
洽洽食品	51	48	↓3	46	47	43	39
黄山旅游	52	46	↓6	51	49	26	21
司尔特	53	54	↑1	52	53	32	31
中电兴发	54	51	↓3	48	48	65	60
中公教育	55	53	↓2	53	50	42	37
国祯环保	56	56	—	54	52	45	43
梦舟股份	57	49	↓8	56	46	38	47
海螺型材	58	58	—	55	55	64	80
伯特利	59	65	↑6	57	62	66	65
全柴动力	60	57	↓3	58	54	73	69
长城军工	61	59	↓2	59	57	82	79
设计总院	62	64	↑2	60	61	54	59
皖天然气	63	61	↓2	61	58	71	66
神剑股份	64	63	↓1	62	64	50	49
金种子酒	65	60	↓5	63	59	52	50
新力金融	66	84	↑18	70	87	28	30
丰原药业	67	67	—	65	65	39	45

续表

公司名称	总投资排名及变化			内部投资排名		对外投资排名	
	2018 年	2017 年	排名变化	2018 年	2017 年	2018 年	2017 年
美亚光电	68	62	↓6	64	60	57	55
志邦家居	69	66	↓3	67	63	62	80
皖通科技	70	78	↑8	66	74	75	72
永新股份	71	69	↓2	68	67	83	80
常青股份	72	68	↓4	69	66	83	80
丰乐种业	73	71	↓2	71	72	58	51
泰尔股份	74	73	↓1	73	73	44	40
安利股份	75	76	↑1	72	71	83	77
铜峰电子	76	75	↓1	74	70	72	67
国风塑业	77	72	↓5	75	69	79	77
荃银高科	78	81	↑3	76	80	70	64
德力股份	79	77	↓2	83	81	30	29
合锻智能	80	79	↓1	78	76	56	58
中钢天源	81	80	↓1	77	77	68	63
融捷健康	82	74	↓8	84	75	36	36
安科生物	83	83	—	82	83	41	41
安德利	84	85	↑1	81	82	73	69
聚隆科技	85	82	↓3	80	79	80	75
科大国创	86	86	—	86	84	63	73
开润股份	87	90	↑3	85	89	69	71
九华旅游	88	87	↓1	87	86	53	52
欧普康视	89	93	↑4	88	92	67	68
众源新材	90	88	↓2	89	85	83	80
泰禾光电	91	91	—	90	90	83	80
华菱精工	92	99	↑7	91	99	76	80
安纳达	93	89	↓4	92	88	83	80
凤形股份	94	92	↓2	95	91	55	53
文一科技	95	97	↑2	93	97	83	80
集友股份	96	96	—	94	96	83	80
国机通用	97	94	↓3	96	93	83	80
黄山胶囊	98	95	↓3	97	94	78	74
山河药辅	99	98	↓1	99	98	83	80
中环环保	100	100	—	100	100	81	76

注：1. 本表中 2017 年排名是按照表中统计的上市公司在 2017 年的对应规模重新计算的排名，仅作为 2018 年比较；

2. 排名变化中，↑代表排名上升，↓代表排名下降，—代表排名不变；

3. 以上两点也适用于附件 4。

附件 3　2018 年安徽上市公司总融资规模及部分子指标（年度财务报表日时点数据）

单位：亿元

排名	公司名称	总融资	银行借款融资	商业信用融资	自我累计融资
1	海螺水泥	1234.76	39.84	63.957	966.95
2	国元证券	723.13	15.6	0	63.19
3	安徽水利	635.82	168.49	355.302	32.68
4	淮北矿业	489.24	106.36	87.227	79.55
5	江淮汽车	450.05	84.91	182.572	56.25
6	山鹰纸业	438.14	128.4	29.347	53.2
7	马钢股份	427.19	145.14	139.146	119.77
8	铜陵有色	401.22	158.53	84.261	46.69
9	众泰汽车	303.2	22.64	103.364	23.85
10	皖能电力	189.41	99.04	17.989	47.26
11	新集能源	188.74	130.55	36.316	1.66
12	华安证券	183.12	0	0	26.39
13	华孚时尚	181.5	92.76	12.061	30.76
14	中粮生化	170.18	56.37	12.950	7.05
15	阳光电源	165.32	16.78	77.046	32.28
16	皖江物流	143.82	45.58	10.242	-2.34
17	中鼎股份	136.96	44.01	18.859	47.38
18	长虹美菱	131.84	23.38	63.695	13.05
19	精工钢构	125.02	18.7	56.096	20.16
20	皖通高速	119.48	15.63	17.134	81.45
21	三七互娱	118.46	6.5	11.770	35.03
22	科大讯飞	116.68	10.84	29.369	23.31
23	华菱星马	112.76	34.01	50.046	-4.12
24	皖新传媒	111.36	0	23.183	55.79
25	江南化工	111.24	38.06	9.931	9.44
26	恒源煤电	110.76	16.23	17.891	41.27
27	合肥城建	106.18	15.69	73.080	13.49
28	鸿路钢构	93.62	13.17	37.278	17.7
29	古井贡酒	92.03	0	19.833	57.98
30	长信科技	87.18	24.59	16.328	23.04
31	合肥百货	81.44	4.29	39.872	26.72
32	惠而浦	78.25	0.75	34.715	21.11
33	国祯环保	78.1	35.56	25.127	9.89

续表

排名	公司名称	总融资	银行借款融资	商业信用融资	自我累计融资
34	四创电子	77.74	14.7	30.787	13.19
35	辉隆股份	76.11	26.83	27.754	8.5
36	皖维高新	74.93	16.15	20.170	5.95
37	口子窖	70.15	0	15.332	45.91
38	中公教育	68.23	16.07	20.647	17.05
39	安徽合力	68.18	4.03	19.191	35.26
40	时代出版	67.75	2.57	14.566	27.8
41	应流股份	62.52	33.7	6.209	8.18
42	富煌钢构	57.82	17.07	21.779	5.55
43	中电兴发	57.66	5.84	9.327	8.35
44	盛运环保	56.54	22.55	16.494	-29.45
45	东华科技	55.27	7.2	29.227	15.64
46	楚江新材	53.48	12.8	2.602	10.72
47	广信股份	52.45	0	11.757	19.34
48	六国化工	49.29	17.81	18.945	-3.63
49	凯盛科技	48.83	13.61	11.847	6.79
50	精达股份	48.81	7.21	9.153	12.44
51	司尔特	46.08	4.6	4.127	14.26
52	华茂股份	45.9	19.51	1.889	18.98
53	金禾实业	44.26	1.81	8.148	27.53
54	洽洽食品	44.09	5.9	7.026	12.28
55	迎驾贡酒	43.28	0	11.698	22.75
56	黄山旅游	39.76	0.03	1.150	28.23
57	梦舟股份	37.11	2.63	12.834	-7.27
58	海螺型材	33.34	7.46	1.987	16.51
59	神剑股份	32.97	7.91	6.222	6.17
60	全柴动力	31.51	0	14.308	5
61	皖通科技	27.17	0.27	6.153	5.69
62	伯特利	26.57	2.92	9.776	8.25
63	金种子酒	26.46	0	4.028	10.57
64	设计总院	25.42	0	7.979	9.47
65	新力金融	25.01	14.57	2.871	3.65
66	常青股份	24.97	6.12	4.074	6.96
67	长城军工	23.98	4.15	7.553	7.72

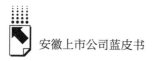

续表

排名	公司名称	总融资	银行借款融资	商业信用融资	自我累计融资
68	永新股份	23.56	0.49	4.272	9
69	丰原药业	23.47	3.66	8.308	4
70	志邦家居	23.33	0	7.077	7.76
71	美亚光电	22.99	0.1	2.607	12.22
72	皖天然气	21.22	4.92	3.259	6.71
73	丰乐种业	20.71	1.84	4.234	5.66
74	合锻智能	18.85	0.9	2.789	2.66
75	国风塑业	18.03	0.02	3.879	2.35
76	中钢天源	17.66	0.68	1.895	4.06
77	泰尔股份	17.26	3.48	6.220	1.96
78	安科生物	17.23	1	0.878	8.59
79	铜峰电子	16.98	3	2.466	−1.57
80	融捷健康	16.86	1.24	2.116	−5.73
81	安利股份	16.67	3.4	4.700	4.16
82	安德利	15.59	4.48	6.282	2.79
83	德力股份	15.25	0.61	2.553	0.85
84	荃银高科	13.45	0.05	7.130	2
85	开润股份	12.75	0.6	5.553	3.64
86	聚隆科技	11.85	0	1.930	5.87
87	中环环保	10.43	3.81	2.314	2.3
88	九华旅游	10.23	0	0.639	6.54
89	国机通用	9.83	0	2.422	0.81
90	科大国创	9.37	1.94	3.071	2.4
91	文一科技	8.77	0.3	4.216	−0.96
92	欧普康视	8.68	0	0.488	4.6
93	泰禾光电	8.61	0	0.874	4.06
94	众源新材	8.61	1.55	0.445	2.97
95	集友股份	8.47	0.28	3.103	2.81
96	安纳达	8.31	0.53	1.265	1.27
97	华菱精工	7.88	0.49	1.830	2.43
98	黄山胶囊	6.14	0	0.425	3.08
99	山河药辅	5.33	0	0.992	2.85
100	凤形股份	4.53	0.15	1.022	1.88

附件4　2018年安徽上市公司总融资和部分子指标排名及与2017年对比情况

公司名称	总融资排名及变化			银行借款融资排名		商业信用融资排名		自我累计融资排名	
	2018年	2017年	排名变化	2018年	2017年	2018年	2017年	2018年	2017年
海螺水泥	1	1	—	13	8	9	7	1	1
国元证券	2	6	↑4	33	39	99	99	5	5
安徽水利	3	2	↓1	1	2	1	1	17	14
淮北矿业	4	70	↑66	6	64	5	86	4	58
江淮汽车	5	3	↓2	9	9	2	2	7	4
山鹰纸业	6	7	↑1	5	6	20	18	9	17
马钢股份	7	5	↓2	3	4	3	3	2	2
铜陵有色	8	4	↓4	2	1	8	8	12	8
众泰汽车	9	8	↓1	21	17	4	4	25	31
皖能电力	10	10	—	7	5	31	32	11	9
新集能源	11	9	↓2	4	3	16	12	89	96
华安证券	12	15	↑3	84	82	99	99	24	22
华孚时尚	13	11	↓2	8	7	41	30	19	16
中粮生化	14	49	↑35	10	16	39	54	57	95
阳光电源	15	12	↓3	27	34	6	6	18	20
皖江物流	16	13	↓3	11	10	46	42	95	100
中鼎股份	17	16	↓1	12	11	29	24	10	10
长虹美菱	18	14	↓4	20	20	10	5	40	35
精工钢构	19	22	↑3	24	28	11	11	30	27
皖通高速	20	18	↓2	32	25	33	23	3	3
三七互娱	21	19	↓2	44	41	43	45	16	15
科大讯飞	22	21	↓1	39	36	18	21	26	25
华菱星马	23	23	—	16	30	12	9	97	99
皖新传媒	24	20	↓4	84	82	23	19	8	6
江南化工	25	50	↑25	14	47	50	84	48	62
恒源煤电	26	17	↓9	28	13	32	22	14	12
合肥城建	27	25	↓2	31	23	7	10	38	37
鸿路钢构	28	26	↓2	37	22	14	20	33	34
古井贡酒	29	29	—	84	82	27	37	6	7
长信科技	30	31	↑1	19	24	35	36	27	29
合肥百货	31	28	↓3	51	45	13	14	23	18
惠而浦	32	27	↓5	69	82	15	13	29	26

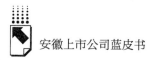

续表

公司名称	总融资排名及变化			银行借款融资排名		商业信用融资排名		自我累计融资排名	
	2018年	2017年	排名变化	2018年	2017年	2018年	2017年	2018年	2017年
国祯环保	33	36	↑3	15	14	22	29	46	47
四创电子	34	32	↓2	34	31	17	17	39	39
辉隆股份	35	30	↓5	18	27	21	16	51	46
皖维高新	36	33	↓3	29	19	26	46	63	64
口子窖	37	37	—	84	82	36	31	13	11
中公教育	38	48	↑10	30	33	25	39	34	69
安徽合力	39	35	↓4	53	80	30	25	15	13
时代出版	40	34	↓6	61	63	37	33	21	19
应流股份	41	38	↓3	17	12	71	74	54	45
富煌钢构	42	41	↓1	26	18	24	34	67	65
中电兴发	43	42	↓1	47	48	48	49	52	49
盛运环保	44	24	↓20	22	15	34	26	100	90
东华科技	45	39	↓6	43	43	19	15	36	33
楚江新材	46	45	↓1	38	38	77	73	44	44
广信股份	47	57	↑10	84	82	44	35	31	32
六国化工	48	43	↓5	25	29	28	27	96	77
凯盛科技	49	46	↓3	36	26	42	50	59	52
精达股份	50	44	↓6	42	35	49	41	41	40
司尔特	51	54	↑3	49	82	67	64	37	36
华茂股份	52	52	—	23	32	87	79	32	28
金禾实业	53	47	↓6	64	52	52	44	22	23
洽洽食品	54	51	↓3	46	40	56	55	42	41
迎驾贡酒	55	53	↓2	84	82	45	43	28	24
黄山旅游	56	55	↓1	82	81	90	88	20	21
梦舟股份	57	40	↓17	60	37	40	38	99	60
海螺型材	58	58	—	41	46	84	85	35	30
神剑股份	59	59	—	40	44	58	53	62	56
全柴动力	60	56	↓4	84	75	38	28	68	66
皖通科技	61	74	↑13	78	77	60	57	65	67
伯特利	62	73	↑11	59	57	47	40	53	55
金种子酒	63	62	↓1	84	82	69	61	45	42
设计总院	64	68	↑4	84	78	53	48	47	54
新力金融	65	60	↓5	35	21	74	67	74	73
常青股份	66	67	↑1	45	53	68	71	58	51
长城军工	67	76	↑9	52	51	62	56	56	50
永新股份	68	64	↓4	74	76	66	62	49	43

公司名称	总融资排名及变化			银行借款融资排名		商业信用融资排名		自我累计融资排名	
	2018年	2017年	排名变化	2018年	2017年	2018年	2017年	2018年	2017年
丰原药业	69	66	↓3	55	49	51	51	73	71
志邦家居	70	65	↓5	84	82	55	47	55	53
美亚光电	71	63	↓8	80	59	76	80	43	38
皖天然气	72	71	↓1	48	42	70	66	60	61
丰乐种业	73	69	↓4	63	58	64	59	66	63
合锻智能	74	72	↓2	68	65	75	69	81	78
国风塑业	75	75	—	83	67	82	81	84	92
中钢天源	76	80	↑4	70	70	86	87	72	72
泰尔股份	77	82	↑5	56	56	59	58	87	87
安科生物	78	81	↑3	67	72	93	93	50	48
铜峰电子	79	77	↓2	58	55	79	68	94	98
融捷健康	80	61	↓19	66	61	83	72	98	81
安利股份	81	78	↓3	57	50	63	65	70	68
安德利	82	83	↑1	50	54	57	52	80	74
德力股份	83	79	↓4	71	74	78	75	91	83
荃银高科	84	85	↑1	81	79	54	60	86	89
开润股份	85	88	↑3	72	82	61	63	75	82
聚隆科技	86	84	↓2	84	82	85	77	64	59
中环环保	87	97	↑10	54	71	81	90	85	88
九华旅游	88	86	↓2	84	82	95	95	61	57
国机通用	89	87	↓2	84	82	80	78	92	94
科大国创	90	91	↑1	62	62	73	76	83	85
文一科技	91	93	↑2	76	73	65	70	93	97
欧普康视	92	94	↑2	84	82	96	97	69	76
泰禾光电	93	92	↓1	84	82	94	92	71	70
众源新材	94	90	↓4	65	60	97	96	77	79
集友股份	95	95	—	77	82	72	82	79	86
安纳达	96	89	↓7	73	69	89	83	90	93
华菱精工	97	100	↑3	75	68	88	91	82	84
黄山胶囊	98	96	↓2	84	82	98	98	76	75
山河药辅	99	98	↓1	84	82	92	89	78	80
凤形股份	100	99	↓1	79	66	91	94	88	91

B.4
安徽上市公司营运能力发展报告

刘天翔　龚磊　倪萍　杨欢*

摘　要： 在中美贸易战和供给侧结构性改革的背景下，企业资产营运能力水平成为一个理论和实践界关注的重要问题。本报告依据财务管理理论，运用熵值赋权法，对2018年安徽上市公司各项资产营运能力水平进行了系统性研究，得出安徽上市公司与2017年相比资产稳步增长，行业区域发展相对稳固，国有企业依然强势，但两极分化仍需缩短，资产经营管理水平仍需提升的结论，并提出了完善资产管理方法、优化内部控制制度、加强闲置资产处置、增强企业忧患意识的对策建议。

关键词： 营运能力　内部控制制度　资产管理　闲置资产处置

企业是经济建设发展的重要参与主体，在供给侧结构性改革和中美贸易摩擦的背景下，如何盘活企业资产、如何提高资产价值、如何加强内部管理，是企业经营面临的重大挑战。近年来，安徽大力推进"三重一创"建设，引领战略性新兴产业集聚发展，不断促进产业转型升级，培育壮大经济发展新动能，为企业发展注入了强劲动力，对安徽即期和长远发展具有重大战略意义。

---

* 刘天翔，中国科学技术大学管理学院博士研究生，工商管理创新研究中心成员；龚磊，中国科学技术大学管理学院硕士研究生，工商管理创新研究中心成员；倪萍，中国科学技术大学管理学院硕士研究生，工商管理创新研究中心成员；杨欢，硕士，安徽省投资集团中安研究院研究员。

营运能力是衡量企业资产经营管理水平的重要指标。上市公司营运能力通常远高于一般企业，能够代表区域或行业内企业资产经营管理的先进水平。在微观角度上，上市公司资产营运能力反映了上市公司资产获利能力，有助于上市公司掌握自身资产的存量规模、配置结构及利用效率，为上市公司提升资产管理水平、引导经营行为、提高经济效益提供决策依据，也是投资者与相关利益人制定投资决策的重要参考。在宏观角度上，上市公司资产营运能力是安徽各级政府了解各行业与区域上市公司间差异，把握安徽行业经济和区域经济发展水平的重要依据，从而抢抓战略机遇，针对性地制定管理办法和调控政策，提高安徽整体经济发展水平。

本报告在描述安徽上市公司近年来各项营运能力总体趋势的基础上，从行业、区域和股权结构角度进行深入分析和评价，并通过熵值赋权法进一步分析安徽上市公司综合营运能力，以比较各上市公司各指标之间的差异性。本报告为上市公司资产营运能力分析提供了系统性评价体系，为上市公司优化营运能力提供了较为全面的对策与建议。

一 概念界定与评价指标

（一）概念界定

广义的营运能力是指企业的经营运行能力，即通过配置、组合包括人力资源、财力资源、物力资源、技术信息资源和管理资源等在内的企业各项资源所生成的推动企业运行的能量。上市公司营运能力主要指狭义上的营运能力，即上市公司资产营运的效率和效益，反映了上市公司的资产管理水平和资金周转情况。上市公司资产营运的效率主要是指资产的周转率或周转天数。上市公司资产营运的效益主要指上市公司的产出额与资产占用额之间的比例。资产运用效率高、循环快，上市公司就能以较少的投入获得较多的收益。

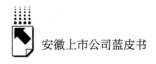

（二）评价指标

营运能力分析主要包括流动资产营运能力分析、固定资产营运能力分析和总资产营运能力分析。常见的计算指标主要包括总资产、流动资产、应收账款、存货及固定资产的周转率和周转天数，分别指在一定时期内（季度或年度）各项资产的周转次数和周转一次所需的时间[①]。为了直观体现上市公司资产营运效率，本报告将采用总资产周转率、流动资产周转率、固定资产周转率、应收账款周转率及存货周转率[②]这 5 个指标，对安徽上市公司各项营运能力进行分析和评价。各指标测算方法如下。

1. 总资产周转率

总资产周转率体现了企业经营期间全部资产从投入到产出的流转速度，反映了企业全部资产的利用效率。计算公式如下：

$$总资产周转率 = \frac{销售收入}{资产平均总值}$$

$$资产平均总值 = \frac{期初资产总额 + 期末资产总额}{2}$$

注：公式中的销售收入一般用销售收入净额，即扣除销售退回、销售折扣和折让后的净额。

总资产周转率的数值越大，说明总资产周转次数越多，则相同数量的总资产取得的收益越多，因而企业总资产的利用效率越高。数值越小，企业总资产的经营效率越差，则企业的获利能力越低。

2. 流动资产周转率

流动资产周转率反映了企业全部流动资产的利用效率。计算公式如下：

$$流动资产周转率 = \frac{销售收入}{流动资产平均余额}$$

$$流动资产平均余额 = \frac{流动资产期初余额 + 流动资产期末余额}{2}$$

① 池国华、王玉红、徐晶：《财务报表分析》，清华大学出版社、北京交通大学出版社，2011，第 206～207 页。
② 荆新、王化成、刘俊彦：《财务管理学》，中国人民大学出版社，2006，第 103～107 页。

　　流动资产周转率反映了一个会计年度内企业流动资金周转的次数，反映了流动资产周转的速度：该指标越高，说明企业流动资产的利用效率越好。

　　3. 固定资产周转率

　　固定资产周转率，也称固定资产利用率，用于分析对厂房、设备等固定资产的利用效率。计算公如下：

$$固定资产周转率 = \frac{销售收入}{固定资产平均净值}$$

$$固定资产平均净值 = \frac{期初固定资产净值 + 期末固定资产净值}{2}$$

　　企业固定资产周转率越高，说明企业对固定资产的利用率越高，管理水平越好。如果固定资产周转率与同行业平均水平相比偏低，则说明企业的生产效率较低，或影响企业的获利能力。

　　4. 应收账款周转率

　　应收账款周转率反映了企业应收账款的周转速度。计算公式如下：

$$应收账款周转率 = \frac{销售收入}{应收账款平均余额}$$

$$应收账款平均余额 = \frac{期初应收账款余额 + 期末应收账款余额}{2}$$

　　企业的应收账款周转率越高，说明企业催收账款的速度越快，可以减少坏账损失，且资产流动性强，短期偿债能力也会增强，一定程度上可弥补流动比率低的影响。如果企业的应收账款周转率过低，则说明企业催收账款的效率太低，或影响企业资金利用率和资金的正常周转。

　　5. 存货周转率

　　存货周转率，也称存货利用率，为一定时期内企业存货周转的次数，反映企业存货的变现速度，衡量企业的销售能力及存货是否过量。计算公式如下：

$$存货周转率 = \frac{销售成本}{平均存货}$$

$$平均存货 = \frac{期初存货余额 + 期末存货余额}{2}$$

存货周转率越高，说明存货周转越快，企业的销售能力越强，被占用在存货上的营运资金也就越少；存货周转率过低，常常是因为库存管理不力，销售状况不良，造成存货积压，表明企业在产品销售方面存在一定的问题。

二　安徽上市公司各项营运能力分析

本节将对各项营运能力做整体趋势分析和各上市公司排名分析。其中，整体趋势分析取 2014～2018 年各年均值作为分析对象；各上市公司排名分析取各上市公司 2018 年各指标结果作为分析对象，从行业、城市与股权结构的维度对上市公司进行排名。＊ST 华信、ST 新光、＊ST 安凯由于经营状况异常不参与各项分析，而个别指标分析中由于个别上市公司不具有相应资产而不参与排名。考虑到金融类行业资产结构的特殊性，金融类上市公司不参与营运能力分析。

（一）总资产营运能力

1. 安徽上市公司整体总资产营运能力

安徽上市公司总资产周转率平均水平在近五年中呈先减后增趋势（见图 1）。在 2015 年宏观调控后，安徽上市公司总资产周转率的下降趋势逐渐得以扭转，自 2017 年起，逐年上升，并已超过宏观调控前水平。虽然总资产周转率增速在 2018 年放缓，但依然保持正向增长。整体上，安徽上市公司 2018 年可利用总资产周转不低于总资产额 80% 的销售收入，总资产营运能力较往年有所提升。

2. 安徽各上市公司总资产营运能力

总资产周转率及排名结果（见附件 1 和附件 2）表明，尽管 2018 年安徽上市公司总资产周转率平均水平较 2017 年有所提升，但两极分化依旧明显。仅 38 家上市公司的总资产周转率高于安徽平均水平，29 家上市公司总资产周

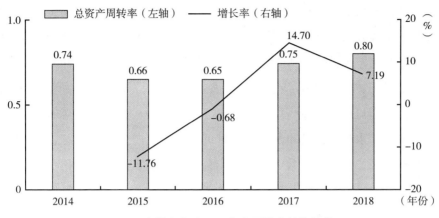

图1 安徽上市公司总资产周转率整体趋势

资料来源：Wind。

转率低于0.5，远低于安徽平均水平，占安徽上市公司的30%。总资产周转率排名前十位上市公司分别为众源新材、楚江新材、辉隆股份、精达股份、铜陵有色、淮北矿业、开润股份、中粮生化、安徽合力和华菱精工，这些公司在相同资产水平和营运周期下可通过周转总资产获得不低于总资产额120%的销售收入。排名后十位上市公司分别为盛运环保、合肥城建、聚隆科技、皖通高速、应流股份、中环环保、新集能源、文一科技、江南化工和黄山旅游，这些公司通过周转总资产所得销售收入不高于总资产额的35%。部分企业总资产营运能力较2017年变化显著：淮北矿业于2018年完成并购重组，2018年销售收入增长50倍有余，使其总资产营运能力较2017年显著提升，排名上升69位；海螺水泥、东华科技销售收入显著增长，排名较2017年分别上升23位和22位；众泰汽车因销售收入大幅下滑，排名从2017年的13名降至73名；安徽水利2018年销售收入较2017年增长了9.51%，而总资产增长了18.96%，导致总资产营运能力较2017年下降30位。其他企业总资产周转率排名较2017年无显著变化。

从行业角度分析，排名结果较为合理地反映了行业资产特征的差异：（1）流动资产占比较高及流动资产变现能力较强的行业企业获取收益能力相对其他行业较高。批发和零售业，教育，部分制造业以及文化、体育和娱乐业的上市公司具有较好的总资产营运能力,其中,总资产周转率高于安徽整体平均水平的上市公司中有70%属于制造业,与2017年相比无显著差异。受二级行业资产结构差异影响,制造业上市公司内部差异明显,有8家位列安徽上市公司总资产周转率前十名,5家位列安徽后十名。(2)固定资产和存货占比较高的行业资产流动性和变现能力相对低于其他行业。采矿业,交通运输、仓储和邮政业,水利、环境和公共设施管理业,房地产业上市公司总资产营运能力较弱。(3)农、林、牧、渔业上市公司受农业生产特殊性和农业周期影响,总资产营运能力有所限制,仅高于安徽半数企业。(4)信息传输、软件和信息技术服务业,科学研究和技术服务业属技术、知识密集型的智力服务行业,尽管企业资产结构以流动资产为主,但或由于企业应收账款占比较大,总资产营运能力低于安徽半数企业。与2017年相比,除教育业、建筑业、科学研究和技术服务业、房地产业外,其他行业上市公司总资产营运能力的平均水平均有提高。采矿业总资产营运能力的平均水平较2017年大幅提高,与行业资产结构特征不符,主要原因是淮北矿业资产重组导致统计结果显著上升。采矿业其他上市公司排名处于80名后,仍符合行业资产特征。此外,部分行业上市公司数量仍然较少,企业的总资产营运能力仍旧难以代表行业整体水平(见图2)。

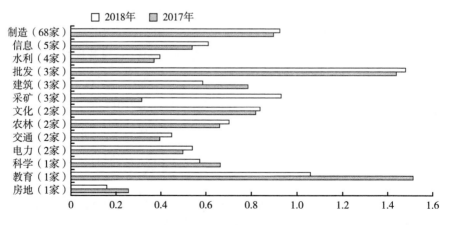

图2　2018年和2017年各行业总资产周转率均值分布

从区域角度分析，铜陵市上市公司总资产营运能力的平均水平最高，但其企业数量有限。合肥市有半数企业的总资产营运能力超过安徽半数企业，但营运能力突出的企业占比较低，在安徽上市公司总资产周转率前十名中仅占据第3和第9名。与2017年相比，淮北市、芜湖市、马鞍山市、亳州市、合肥市、六安市、阜阳市和淮南市的总资产营运能力平均水平有所提高。其中，在淮北矿业和海螺水泥的贡献下，淮北市和芜湖市的总资产营运能力平均水平显著提高。受安徽水利和众泰汽车的影响，蚌埠市和黄山市的总资产营运能力平均水平较2017年明显下降。此外，部分城市的上市公司数量仍然较少，企业的总资产营运能力难以代表城市整体水平（见图3）。

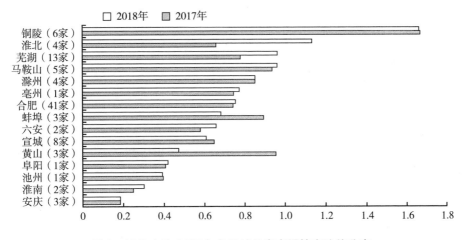

图3　2018年和2017年各区域总资产周转率均值分布

从股权结构角度分析，地方国企总资产营运能力整体优于民营企业，但前十位上市公司中民营企业的排名和占比均优于地方国企。尽管其他类企业总资产营运能力平均水平较高，但企业数量极少，尚不能代表此类股权结构企业的整体水平。与2017年相比，央企、国企、民企依然存在两极分化现象，民营企业受众泰汽车影响总资产营运能力平均水平较2017年下降明显，地方国企受淮北矿业影响总资产营运能力平均水平较2017年明显上升（见图4）。

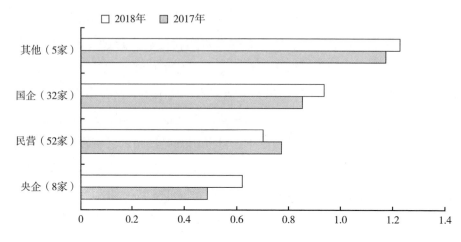

图4　2018年和2017年各股权结构总资产周转率均值分布

（二）流动资产营运能力

1. 安徽上市公司整体流动资产营运能力

安徽上市公司流动资产周转率平均水平在近五年中呈先减后增趋势（见图5），在2015年宏观调控后，下降趋势逐渐得以扭转，自2017年开始持续增长，但目前仍低于宏观调控前水平，尽管2018年增速有所放缓，但仍旧正向增长。整体上，2018年安徽上市公司可利用流动资产周转不低于流动资产额166%的销售收入，与上年相比有所提升（见图5）。

2. 安徽各上市公司流动资产营运能力

流动资产周转率及排名结果（见附件1和附件2）表明，2018年安徽上市公司流动资产营运能力差异明显。仅31家上市公司的流动资产周转率高于安徽平均水平，34家上市公司流动资产周转率低于1，远低于安徽平均水平，占安徽上市公司的35%。流动资产周转率排名前十位上市公司分别为淮北矿业、新集能源、皖天然气、皖能电力、楚江新材、铜陵有色、众源新材、中粮生化、皖江物流和安德利，这些公司在相同资产水平和营运周期下可通过周转流动资产获得不低于流动资产额300%的销售收入。排名后十位上市公司分别为盛运环保、合肥城建、聚隆科技、泰尔股份、泰禾光电、

图5　安徽上市公司流动资产周转率整体趋势

资料来源：Wind。

欧普康视、美亚光电、应流股份、黄山胶囊和设计总院，这些公司通过周转流动资产所得销售收入不高于流动资产额的63%。部分企业流动资产营运能力较2017年变化显著：淮北矿业于2018年完成并购重组，流动资产营运能力显著提升，排名上升56位；鸿路钢构销售收入显著增长，排名较2017年上升25位；众泰汽车因销售收入大幅下滑，排名下降50位；安徽水利排名较2017年下降28位，主要由其流动资产增速高于销售收入增速所致。其他企业流动资产周转率排名较2017年无明显变化。

　　从行业角度分析，排名结果较为合理地反映了行业资产特征的差异：（1）流动资产占比较低的行业在相同销售收入的情况下具有更高的流动资产营运能力。部分制造业，采矿业，电力、热力、燃气及水生产和供应业，批发和零售业，交通运输、仓储和邮政业，教育上市公司流动资产周转率高于安徽平均水平。制造业上市公司中有18家流动资产营运能力高于安徽上市公司平均水平，34家高于安徽半数企业，占制造业企业的50%。受二级行业资产结构差异影响，制造业上市公司内部差异明显，有4家位列安徽上市公司流动资产周转率前十名，8家位列安徽后十名。（2）流动资产占比较高的行业流动资产营运能力相对较低。房地产业，建筑业，科学研究和技术服务业，农、林、牧、渔业，水利、环境和公共设施管理业，文化、体育和娱乐业，信息传输、软件和信息技术服务业的流动资产周转率普遍低于安徽半数企业。与2017年相比，采矿业流动资产周转能力大幅提高，主要受淮北矿业并购重组与销售收入大幅增长影响。此外，部分行业上市公司数量仍然较少，企业的流动资产营运能力仍旧难以代表行业整体水平（见图6）。

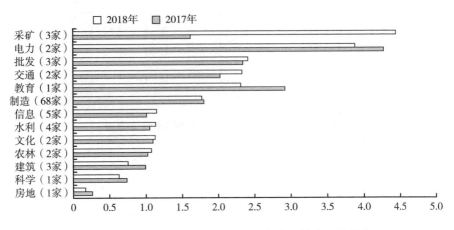

图6 2018年和2017年各行业流动资产周转率均值分布

从区域角度分析，淮南市上市公司流动资产营运能力的平均水平最高，但其上市公司数量有限。合肥市超过半数企业流动资产营运能力高于安徽半数企业，且流动资产营运能力突出的企业较2017年有所增加，在安徽上市公司流动资产周转率前十位中占据第3、第4和第10位。与2017年相比，淮南市、淮北市、芜湖市、合肥市、宣城市、六安市和阜阳市的流动资产营运能力有所提高。其中，在新集能源和淮北矿业的贡献下，淮南市、淮北市流动资产营运能力平均水平显著提高；受众泰汽车和黄山旅游的影响，黄山市流动资产营运能力平均水平明显下降。此外，部分城市的上市公司数量仍然较少，企业的流动资产营运能力难以代表城市整体水平（见图7）。

从股权结构角度分析，地方国企流动资产营运能力整体优于民营企业且优势明显，在前十名中分别占据第1、第3、第4、第6及第9名。与2017年相比，央企、国企、民企依然存在明显的内部差异，中央国有企业在东华

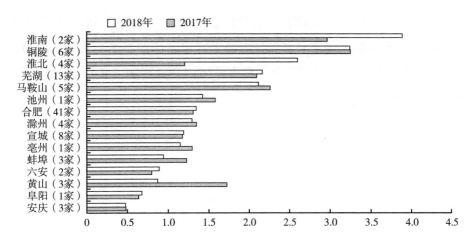

图7　2018 年和2017 年各区域流动资产周转率均值分布

科技的贡献下流动资产营运能力平均水平上升显著。其他类企业数量极少，流动资产营运能力平均水平对此类股权结构企业的参考价值较低（见图8）。

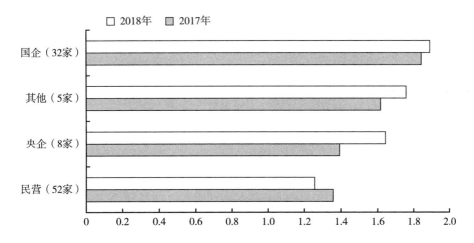

图8　2018 年和2017 年各股权结构流动资产周转率均值分布

（三）固定资产营运能力

1. 安徽上市公司整体固定资产营运能力

安徽上市公司固定资产周转率平均水平在近五年中呈先减后增趋势

（见图9），自2015年宏观调控后逐年增长显著。尽管2018年较2017年增速放缓，但固定资产营运能力仍显著高于宏观调控前水平。整体上，2018年安徽上市公司可利用固定资产周转不低于固定资产额300%的销售收入，较往年显著提升。

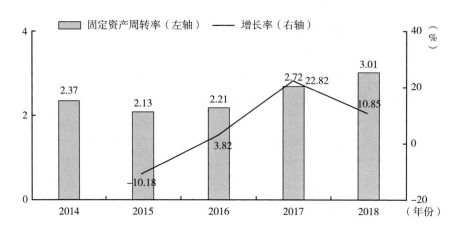

图9　安徽上市公司固定资产周转率整体趋势

资料来源：Wind。

2. 安徽各上市公司固定资产营运能力

固定资产周转率及排名结果（见附件1和附件2）表明，尽管2018年安徽上市公司固定资产周转率平均水平较2017年有所增长，但两极分化问题仍未改善。仅20家上市公司的固定资产周转率高于安徽平均水平，至少半数企业固定资产营运能力远低于安徽平均水平。在相同资产水平和营运周期下，固定资产周转率排名前十位上市公司分别为三七互娱、合肥城建、辉隆股份、众源新材、皖新传媒、开润股份、东华科技、科大国创、楚江新材和国祯环保，这些公司可通过周转固定资产获得不低于固定资产额1700%的销售收入。排名后十位上市公司分别为应流股份、新集能源、九华旅游、盛运环保、皖能电力、江南化工、黄山旅游、铜峰电子、皖江物流和文一科技，这些公司通过周转固定资产所得销售收入不高于固定资产额的120%。部分企业流动资产营运能力较2017年变化显著，国机通用因固定资产较

2016 年显著下降，固定资产营运能力较 2017 年显著提升，上升 22 位；泰尔股份同样上升 22 位；聚隆科技在销售收入大幅下滑的同时固定资产较上年亦有所增长，导致固定资产营运能力从 2017 年的 24 名降至 61 名。

从行业角度分析，排名结果较为合理地反映了行业资产特征的差异：（1）固定资产占比较低的行业在相同销售收入的情况下具有更高的固定资产营运能力。房地产业，文化、体育和娱乐业，科学研究和技术服务业，建筑业，批发和零售业，教育，信息传输、软件和信息技术服务业以及农、林、牧、渔业的固定资产营运能力高于安徽平均水平。其中，房地产业，文化、体育和娱乐业，科学研究和技术服务业，信息传输、软件和信息技术服务业以及批发和零售业等行业的企业流动资产占比极高，导致固定资产周转率较大幅度高于其他行业企业。（2）固定资产占比较高的行业固定资产营运能力相对较低。农、林、牧、渔业，制造业，交通运输、仓储和邮政业，电力、热力、燃气及水生产和供应业以及采矿业企业的固定资产营运能力普遍较低。与 2017 年相比，文化、体育和娱乐业，科学研究和技术服务业在时代出版和设计总院的贡献下固定资产营运能力平均水平显著上升；受合肥城建和安徽水利的影响，房地产业和建筑业固定资产营运能力平均水平下降明显。此外，部分行业上市公司数量仍然较少，企业的固定资产营运能力仍旧难以代表行业整体水平（见图 10）。

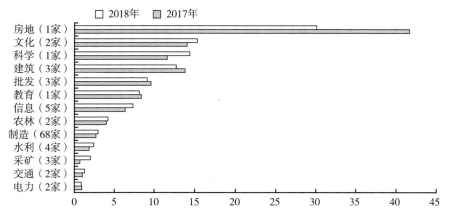

图 10　2018 年和 2017 年各行业固定资产周转率均值分布

从区域角度分析，蚌埠市、六安市和亳州市企业固定资产营运能力平均水平居安徽前三位，但其上市企业数量有限。合肥市有七成企业固定资产营运能力超过安徽半数企业，且在固定资产营运能力突出的企业中具有主导地位，在安徽上市公司固定资产周转率前十位中占据第2、第3、第5、第7、第8和第10位。与2017年相比，黄山市受众泰汽车影响固定资产营运能力平均水平大幅下降。铜陵市与合肥市固定资产营运能力平均水平同样有所下降，但由于丰原药业和凤形股份2018年固定资产增幅过大，在同为高制造业上市公司占比的情况下，合肥市固定资产营运能力平均水平低于铜陵市（见图11）。

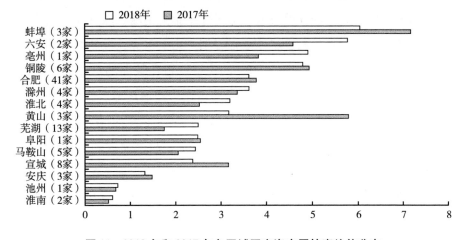

图11　2018年和2017年各区域固定资产周转率均值分布

从股权结构角度分析，民营企业固定资产营运能力整体优于国有企业且优势明显，在前十名中占据6家。其他类企业固定资产营运能力平均水平较为突出，但受企业数量限制，难以客观反映此类股权结构企业的整体水平。与2017年相比，其他类企业、地方国企和中央国有企业固定资产营运能力平均水平均有所上升（见图12）。

（四）应收账款营运能力

1. 安徽上市公司整体应收账款营运能力

安徽上市公司应收账款周转率平均水平近五年来呈递减趋势（见图

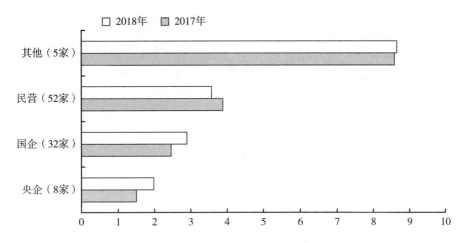

图12 2018年和2017年各股权结构固定资产周转率均值分布

13），但负增长速度自2015年起已逐年放缓，有望实现正向增长。整体上，2018年安徽上市公司可利用应收账款周转不低于应收账款额986%的销售收入，不仅低于2017年平均水平，同时远低于2015年宏观调控前水平。

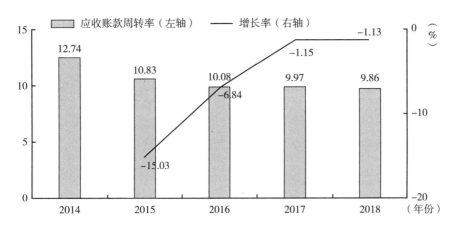

图13 安徽上市公司应收账款周转率整体趋势

资料来源：Wind。

2. 安徽各上市公司应收账款营运能力

应收账款周转率及排名结果（见附件1和附件2）表明，尽管2018年安徽上市公司应收账款周转率平均水平仍有下降，但第一名合肥城建的应收账款周转率依旧高达 3192.66，根本原因是行业资产结构特性使其具有极低的应收账款占比（0.0051%），与 2017 年相比无显著差异。应收账款周转率排名前十位上市公司分别为合肥城建、口子窖、古井贡酒、安德利、九华旅游、中公教育、合肥百货、海螺水泥、淮北矿业和马钢股份。合肥城建极高的应收账款周转率导致仅 12 家上市公司应收账款周转率高于安徽平均水平，半数以上企业应收账款营运能力远低于安徽平均水平。在不考虑极端值的情况下，安徽上市公司在应收账款营运能力上仍存在较大差异。在相同资产水平和营运周期下，仍有 30 多家上市公司可通过周转应收账款获得应收账款额 1000% 至 9000% 区间的销售收入。排名后十位上市公司分别为盛运环保、设计总院、泰尔股份、阳光电源、合锻智能、长城军工、神剑股份、安徽水利、富煌钢构和融捷健康，这些公司通过周转应收账款所得销售收入不高于应收账款额的 230%。部分企业应收账款营运能力较 2017 年变化显著：淮北矿业因并购重组导致排名上升 53 位；凤形股份因应收账款减少与销售收入增长导致排名上升 24 位；鸿路钢构 2018 年销售收入增速远高于应收账款增速，排名上升 21 位；融捷健康由于销售收入和应收账款同时下降，排名下降 21 位；众泰汽车受应收账款增加和营业收入大幅减少影响，排名下降 34 位。

从行业角度分析，排名结果较为合理地反映了行业资产特征的差异。应收账款占比较低的行业在相同销售收入的情况下具有更高的应收账款营运能力，安徽前五位上市公司的应收账款占比普遍低于 0.4%，这是导致应收账款周转率结果存在极端差异的主要原因。部分制造业，采矿业，电力、热力、燃气及水生产和供应业及建筑业的上市公司固定资产占比较大，因此应收账款在总资产中所占比例较小；教育，批发和零售业，农、林、牧、渔业，文化、体育和娱乐业尽管流动资产占比较大，但流动资产中占比较大的通常是货币资金或存货，因此应收账款在总资产中所占比例仍然较小。信息传输、软件和信息技术服务业，建筑业，科学研究和技术服务业企业的应收账款营运能力普遍较低。然而行业特性造成的影响并不能完全解释排名结果，部分企业在应收账款占比较小的同时并未具有较高的应收账款营运能力。如后十名上市公司中，分属专用设备制造业和通用设备制造业的应流股份和盛运环保的平均应收账款占平均总资产比例分别为9.03%、10.19%，但其在应收账款的周转获利能力上仍显不足。与2017年相比，教育和采矿业上市公司应收账款营运能力平均水平由于中公教育和淮北矿业的贡献而显著上升（见图14）。

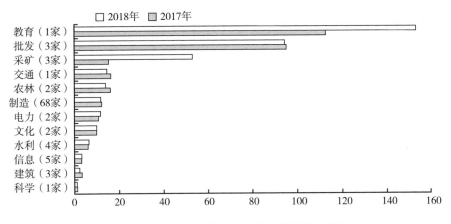

图14　2018年和2017年各行业应收账款周转率均值分布

注：由于房地产业仅合肥城建一家上市公司，且行业均值极端高于教育行业，为直观对比其他行业，故不将房地产业在图14中显示。

从区域分布看，合肥市有近半数企业应收账款营运能力超过安徽半数企业，且在应收账款营运能力突出的企业中具有主导地位，在安徽上市公司应收账款周转率前十位中占据第1、第4和第7位。由于安徽前20位上市公司应收账款周转率远高于其他企业，部分城市企业应收账款营运能力平均水平高于合肥市。其中，淮南市和阜阳市虽并无上市公司处于安徽前20位，但应收账款营运能力整体高于安徽半数企业，因此仍高于合肥市。与2017年相比，安徽各城市应收账款营运能力平均水平无显著变化，部分城市的上市公司数量依然较少，企业应收账款营运能力难以代表城市整体水平（见图15）。

从股权结构角度分析，2018年地方国有企业应收账款营运能力整体优于民营企业且优势明显，在前十名中占据7家。与2017年相比，地方国有企业和民营企业应收账款营运能力平均水平均有所下降，且民营企业下降趋势更为明显（见图16）。

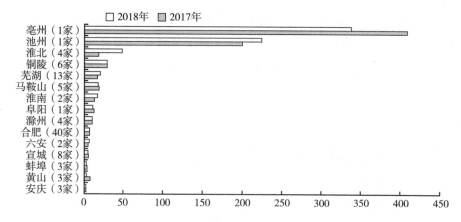

图15 2018年和2017年各区域应收账款周转率均值分布

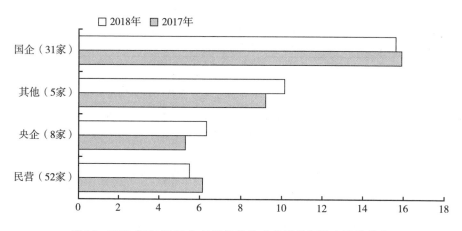

图16 2018年和2017年各股权结构应收账款周转率均值分布

（五）存货营运能力

1. 安徽上市公司整体存货营运能力

安徽上市公司存货周转率平均水平近五年来波动较大（见图17），2018年安徽上市公司存货周转率平均水平较2017年负向增长，达五年新低。整体上，2018年安徽上市公司可利用存货周转不低于存货额506%的销售收入，不仅低于2017年平均水平，同时远低于2015年宏观调控前水平。

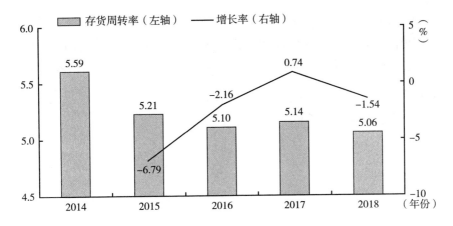

图17 安徽上市公司存货周转率整体趋势

资料来源：Wind。

2. 安徽各上市公司存货营运能力

存货周转率及排名结果（见附件1和附件2）表明，尽管2018年安徽上市公司存货周转率平均水平仍有下降，但第一名设计总院的存货周转率依旧高达2825.60，根本原因是行业资产结构特性使其具有极低的存货占比（0.0146%），与2017年相比无显著差异。存货周转率排名前十位上市公司分别为设计总院、皖通高速、皖天然气、淮北矿业、皖能电力、三七互娱、九华旅游、黄山旅游、江淮汽车和新集能源。设计总院极高的存货周转率导致仅5家上市公司应收账款周转率高于安徽平均水平，至少半数企业存货营运能力远低于安徽平均水平。在不考虑极端值的情况下，安徽上市公司仍有42家在相同资产水平和营运周期下可通过周转存货获得存货额4000%至9000%区间的销售收入。排名后十位上市公司分别为合肥城建、盛运环保、口子窖、迎驾贡酒、古井贡酒、荃银高科、应流股份、泰尔股份、金种子酒和合锻智能，这些公司通过周转存货所得销售收入不高于存货额的130%。部分企业存货营运能力较2017年变化显著：黄山旅游2018年存货较2017年大幅下降，排名上升72位；聚隆科技存货大幅增长，尽管销售成本有所下降，但排名仍下降33位；众泰汽车销售成本自2017年大幅上升后下降缓慢，排名降至47位。

　　从行业角度分析，排名结果较为合理地反映了行业资产特征的差异：
（1）存货占比较低的行业在相同销售收入的情况下具有更高的存货营运能
力。电力、热力、燃气及水生产和供应业，采矿业，交通运输、仓储和邮政
业以及水利、环境和公共设施管理业的固定资产占比较高，存货占比较小；
制造业以及信息传输、软件和信息技术服务业尽管流动资产占比较高，但流
动资产主要为应收账款，存货占比较低。（2）存货占比较高的行业存货营
运能力相对较低，房地产业，建筑业，农、林、牧、渔业，文化、体育和娱
乐业及批发和零售业企业的存货营运能力普遍较低。与2017年相比，采矿
业由于淮北矿业的贡献存货营运能力平均水平显著提升；电力、热力、燃气
及水生产和供应业受皖能电力影响存货营运能力平均水平大幅下滑（见图
18）。

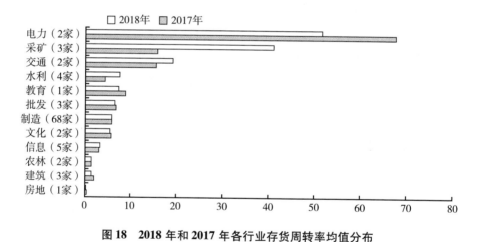

图18　2018年和2017年各行业存货周转率均值分布

　　注：由于科学研究和技术服务业仅设计总院一家上市公司，且行业均值极端高于电力、
热力、燃气及水生产和供应业，为直观对比其他行业，故不将科学研究和技术服务业在图18
中显示。

　　从区域角度分析，合肥市有近四成的企业存货营运能力超过安徽半数企
业，且在存货营运能力突出的企业中具有主导地位，在前十位中占据第1、
第2、第3、第5和第9位。由于安徽前20位上市公司存货周转率远高于其
他企业，部分城市企业存货营运能力平均水平高于合肥市。其中，马鞍山市

和滁州市虽无上市公司处于安徽前 20 位，但多数企业存货营运能力高于安徽半数企业，因此仍高于合肥市。与 2017 年相比，芜湖市由于海螺水泥的贡献存货营运能力平均水平显著提升。部分城市上市公司数量仍然较少，企业的存货营运能力难以代表城市的整体水平（见图 19）。

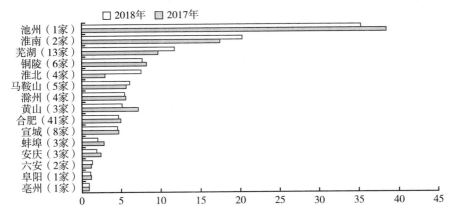

图 19　2018 年和 2017 年各区域存货周转率均值分布

从股权结构角度分析，地方国企存货营运能力整体优于民营企业且优势明显，在前十名中占据 8 家。与 2017 年相比，除中央国企外，各类股权结构企业的存货营运能力平均水平均有所下降，但相对优势保持不变（见图 20）。

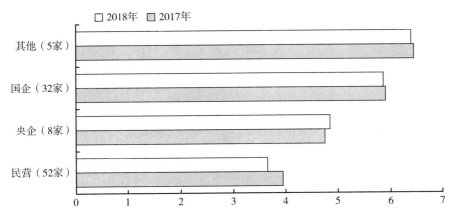

图 20　2018 年和 2017 年各股权结构存货周转率均值分布

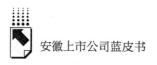

三　安徽上市公司综合营运能力

（一）指标测算

本节沿用之前分报告中的熵值赋权法测算上市公司各项营运能力在综合营运能力中所占权重，结果如表1所示。

表1　各项营运指标熵值赋权结果

指标	总资产周转率	流动资产周转率	固定资产周转率	应收账款周转率	存货周转率
熵值	0.9607	0.9464	0.8590	0.4906	0.3013
权重（%）	2.7232	3.7186	9.7758	35.3271	48.4553

基于表1的结果可得：

某企业综合营运能力 = 2.7232% × 总资产周转率 + 9.7758% × 固定资产周转率 + 3.7186% × 流动资产周转率 + 35.3271% × 应收账款周转率 + 48.4553% × 存货周转率

应收账款周转率和存货周转率在综合营运能力中占较高权重，是由于部分公司的应收账款周转率和存货周转率极端高于其他企业且极端高于其他资产营运能力最大值。熵值赋权法通过赋予较大权重体现了企业间竞争差距。

（二）综合营运能力分布

综合营运能力及各项营运能力排名结果（见附件1和附件2）较为直观地反映了各资产营运能力中企业间存在的显著差异。2018年仅22家上市公司的综合营运能力高于安徽平均水平，38家上市公司综合营运能力不足0.02，远低于安徽平均水平。综合营运能力排名前十位上市公司分别为设计总院、合肥城建、三七互娱、众源新材、辉隆股份、楚江新材、淮北矿业、开润股份、皖新传媒和精达股份；排名后十位上市公司分别为盛运环保、应流股份、聚隆科技、文一科技、黄山胶囊、长城军工、铜峰电子、合锻智能、泰尔股份和江南化工。

综合营运能力排名结果也直观地反映了企业资产营运能力变动对综合营运能力的影响。2018年淮北矿业各项资产营运能力较2017年均有显著提升，综合营运能力排名上升72位；精工钢构各项资产营运能力较2017年有明显提升，综合营运能力排名上升21位；常青股份总资产营运能力和流动资产营运能力较2017年有明显下降，综合营运能力排名下降24位；众泰汽车各项资产营运能力较2017年均有下降，其中总资产营运能力、流动资产营运能力和应收账款营运能力较2017年显著下降，综合营运能力排名下降54位；聚隆科技固定资产营运能力和存货营运能力较2017年显著下降，综合营运能力排名下降18位，跌入安徽上市公司后十位。

综合营运能力的排名结果在一定程度上体现了优质企业的行业资产结构特征，具有较高的合理性。如综合营运能力排名第1位的设计总院和第2位的合肥城建在流动资产营运能力上相较其他上市公司严重不足，但其固定资产营运能力远远高于其他上市公司。前十位中其他上市公司当流动资产营运能力不够突出时固定资产营运能力往往较为突出；当固定资产营运能力不够突出时流动资产营运能力往往较为突出，且总资产营运能力、应收账款营运能力和存货营运能力往往较为良好。后十位上市公司各项资产周转率无论是数值还是排名均远远低于多数公司。与2017年相比，除长城军工、文一科技和聚隆科技外，后十位上市公司在名单上无变化，资产营运能力水平未发生明显改变。

从行业角度分析，2018年仅批发和零售业，文化、体育和娱乐业，信息传输、软件和信息技术服务业，采矿业，建筑业以及水利、环境和公共设施管理业企业综合营运能力平均水平较2017年有所上升，但由于行业内上市公司数量较少，企业的综合营运能力难以代表行业整体水平。其他行业企业综合营运能力平均水平较2017年均有所下降，其中安徽后十位上市公司均为制造业企业，严重拉低了制造业上市公司综合营运能

力的平均水平。信息传输、软件和信息技术服务业以及采矿业企业营运
能力平均水平较 2017 年显著提高（见图 21），主要受淮北矿业、科大讯
飞和中电兴发综合营运能力排名上升的影响，其中采矿业除淮北矿业外
其他企业排名较 2017 年无显著变化。

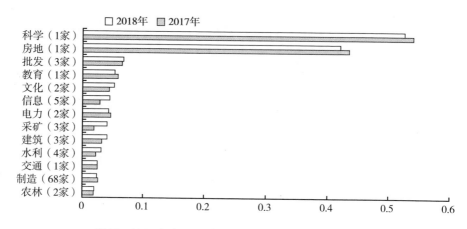

图 21 2018 年和 2017 年各行业综合营运能力均值分布

从区域角度分析，尽管亳州市企业综合营运能力平均水平高于合肥市，
但其上市公司仅古井贡酒一家，难以代表亳州市整体水平。整体来看，合
肥市上市公司综合营运能力的平均水平在 2018 年显著高于其他城市，且
在综合营运能力优秀的上市公司中占主导地位，占据前十位中的第 1、第
2、第 5 和第 9 位，发挥了省会城市的模范带头作用。与 2017 年相比，受
淮北矿业和精工钢构综合营运能力显著提升的影响，淮北市和六安市企业
综合营运能力平均水平显著提高。受众泰汽车综合营运能力大幅下降的影
响，黄山市综合营运能力平均水平大幅下降。蚌埠市和铜陵市上市公司除
铜峰电子外综合营运能力较 2017 年均有下降，这或许是由于两市上市公
司除安徽水利属建筑业外均为制造业企业，销售收入易受贸易摩擦影响。
与 2017 年相比，其他城市上市公司的综合营运能力相对水平无显著波动，
部分城市的上市公司数量仍然较少，其综合营运能力难以代表城市整体水
平（见图 22）。

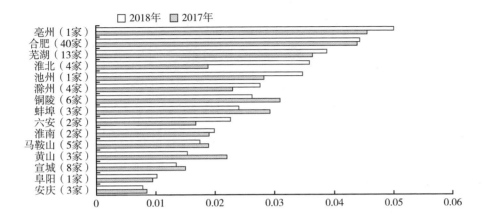

图 22　2018 年和 2017 年各区域综合营运能力均值分布

　　从股权结构角度分析，地方国有企业综合营运能力相对民营企业具有领先优势。在前十位上市公司中地方国有企业占据了第 1、第 2、第 7 和第 9 位；民营企业占据了第 3、第 4、第 6、第 8 和第 10 位。与 2017 年相比，中央企业综合营运能力平均水平有所下降，被民营企业赶超。其他类股权结构上市公司由于数量极少，即使综合营运能力平均水平突出，仍难以客观反映此类企业的整体水平（见图 23）。

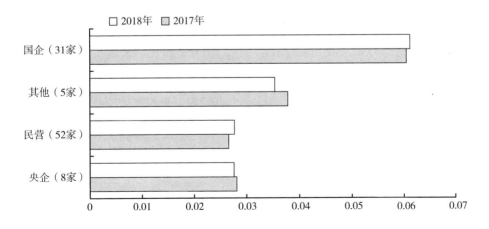

图 23　2018 年和 2017 年各股权结构综合营运能力均值分布

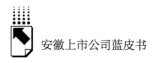
四 结论与对策

（一）结论

各项营运能力结果表明，尽管受中美贸易摩擦的影响，2018年安徽上市公司在资产经营管理上仍旧有所进步，但同样存在明显不足，具体如下。

1. 企业资产稳步增长，资产结构仍需优化

2018年安徽上市公司各项资产额较2017年均有增长，总资产、流动资产和固定资产营运能力的平均水平明显提高，且总资产和固定资产营运能力平均水平已超过宏观调控前安徽的平均水平。整体上，2018年安徽上市公司销售收入增长明显，但应收账款与存货营运能力的平均水平仍在下降，远低于宏观调控前水平。原因可能是，一方面，企业对自身经营能力的把控仍有不足，导致应收账款和存货增速仍高于销售收入增速；另一方面，受中美贸易摩擦影响，客户企业兑付能力下降，导致企业库存积压和应收账款激增。

2. 行业发展相对平稳，整体水平仍待提升

2018年各资产营运能力结果客观反映了行业资产结构特征的差异，安徽上市公司所属行业发展相对稳定。但与2017年相比，安徽上市公司行业资产营运能力整体水平提升有限，主要存在两个原因：一是企业参差不齐，如安徽前十位和后十位均有数家制造业上市公司，导致行业资产营运能力平均水平被末位企业显著拉低；二是部分行业如采矿业上市公司数量极少，行业资产营运能力平均水平受个别企业如淮北矿业的影响易产生明显变化，难以客观反映行业整体水平。

3. 省会城市地位稳固，区域水平差异明显

2018年合肥市多数上市公司在各项资产营运能力上均高于安徽半数企业，作为省会城市发挥了模范带头作用。然而，与2017年相比，安徽各城市上市公司资产营运能力平均水平仍存在较大差异，主要原因有：（1）部

分城市如亳州市、阜阳市和池州市上市公司仅有一家，宿州市则无上市公司，难以客观反映该城市企业资产营运能力的整体水平；（2）部分城市如淮北市和黄山市上市公司数量较少，资产营运能力平均水平受个别企业如淮北矿业和众泰汽车的极端影响变化显著，难以作为城市企业资产营运能力平均水平的参考依据；（3）尽管合肥市具有较多的上市公司，但企业间差异明显，导致各项资产营运能力平均水平被显著拉低，在个别资产营运能力的区域分布中处中下游水平。

4. 国有企业依旧强势，两极分化仍需改善

2018 年国有上市公司资产营运能力较民营企业具有较高的平均水平，且在安徽优质企业中占据较大比例，企业优势较为明显。尽管民营企业在资产营运能力上稍逊于国有企业，但在优质企业中占比可观，对安徽仍具有较大贡献。与 2017 年相比，国有企业和民营企业的两极分化依然严重，在国有企业和民营企业构成了安徽九成以上上市公司的情况下，末位企业将显著拉低国有企业和民营企业的平均水平。此外，集体企业、外资企业、公众企业数量极少，企业营运能力平均水平难以反映该类股权结构企业的整体水平，一定程度上影响了安徽上市公司股权结构的多样性。

5. 内部控制相对稳定，部分企业变化明显

2018 年，安徽上市公司除个别企业外内部管理水平整体上较为稳定，相对排名无明显变化。与 2017 年相比，部分上市公司，如淮北矿业、黄山旅游、凤形股份、海螺水泥、东华科技和鸿路钢构，通过并购或优化资产结构的方式使各项资产或部分资产营运能力显著提高；部分企业，如众泰汽车和聚隆科技，因销售收入下降或收入增速低于资产增速导致部分营运能力大幅下降。营运能力的大幅下降，一方面受政策影响，如新能源汽车补贴对众泰汽车影响较为明显；另一方面则由于企业自身内部管理不足，没有及时规划资产经营。

（二）对策

由于政府无法直接干预企业的生产、销售、投资等商业行为，因此优化资产结构和完善内部控制是上市公司提升资产营运能力的主要手段，具体对

策如下。

1. 加强应收账款管理

2018 年，安徽上市公司在排除行业资产结构特征因素后仍有部分企业应收账款营运能力较弱，如应收账款营运能力排名靠后的上市公司，如盛运环保、泰尔股份、阳光电源、合锻智能和长城军工，虽属于制造业上市公司，但应收账款营运能力同制造业优质企业，如海螺水泥和马钢股份，相比存在较大差异，亟须加强应收账款管理。可以从以下几个方面提升应收账款营运能力：（1）科学拓展赊销业务。企业不应盲目追求销售利润，而应科学制定销售目标，慎重选择合作对象，避免赊销数额过大。（2）建立健全应收账款管理制度。企业要健全应收账款核算以及清理制度，定期检查企业财务人员的台账清理和往来账务核算，及时发现应收账款管理漏洞。（3）提高对赊销客户的信用管理。企业要结合赊销客户的资产状况、信用状况以及财务状况等制定科学的信用评价等级标准，对赊销客户实行一定的信用担保和抵押管理，加强应收账款维权意识，从而有效提升应收账款管理的安全性，减少应收账款的坏账损失。

2. 优化企业存货管理

2018 年安徽上市公司中黄山旅游存货大幅下降，使其当年存货营运能力显著上升。对于如合肥城建、盛运环保、口子窖和迎驾贡酒等存货营运能力相对较弱的上市公司而言，建全存货管理机制、提升存货质量、优化存货管理是必要的，具体应做到以下几个方面：（1）加强事前控制。企业应在与营销系统充分沟通的基础上，本着"快投料、快产出、快销售、快回款"的原则，认真制订生产投料计划，确保资信优良用户的项目快投、快出、快收；对于资信差用户的项目，要严格按合同回款情况组织生产，防止资金占用和呆滞物料的不良资产产生。（2）加强事中控制。企业在合同生产制造过程中，应积极跟踪用户项目的工程进度，一旦发现项目有暂缓迹象，要立即停止生产，减少资金占用。（3）加强事后控制。企业应定时对已形成存货进行深入分析，针对非正常存货如追加成本、漏转成本、呆滞物料等制定整改措施，从而降本增效，提高存货质量，控制存货余额，保障资金有效周转。

3. 合理处置闲置资产

2018 年安徽上市公司综合营运能力排名靠后的企业如盛运环保和应流股份，其各项资产营运能力排名也均靠后，反映了企业存在大量闲置资产。闲置资产往往导致企业管理成本增加，企业对此应做到以下几点：（1）开展租赁业务。企业可通过开展租赁业务进行闲置资产再利用，以解决企业或面临的资金短缺问题，提高公司整体经济效益。（2）加强对外投资。企业可将内部不需用的，但整体完好、无损失的闲置资产进行对外投资，从而获取投资收益。（3）进行资源再配置。企业集团母公司应起到桥梁作用，把各子公司不适用、不需用的闲置资产在企业集团内部进行调剂、调拨，从而优化资源配置，提高企业集团整体生产能力。（4）寻求资产置换。不同企业可将自身闲置资产用于置换对方闲置且符合自身生产所需的资产，一方面提升企业资产利用效率，另一方面节约企业货币资金。（5）及时申请报废。对于不能给企业带来预期经济利益且无变现价值的闲置资产，企业应及时申请报废，从而及时降低闲置资产维护成本，使企业轻装上阵。

4. 完善内部控制制度

加强内部控制制度建设是企业在经济活动中提升管理水平、加强风险防范工作的主要手段。对于安徽上市公司而言，优质企业可通过改进内部控制制度进一步提高资产营运能力，带动安徽经济发展；其他企业尤其是末位企业可通过加强内部控制制度建设提升资产营运能力在安徽企业中的相对水平。对此，应做到以下几点：（1）完善公司治理机制。企业应依据《内部控制基本规范》规定设立公司治理机构，制定治理机构的相应制度，明确治理机构议事规则。各机构严格按照规则执行相关职能，明确董事会在内部控制制度建立中的主体责任，明确公司各部门对内部控制制度的职责。（2）规范业务操作。企业应基于内部控制制度严格规范公司各项业务操作，通过编制公司各业务流程图，制定授权审批制度和授权权限指引，开展内控合规性分析，从而防范业务风险，降低经营风险。（3）加强内控监督机制。企业应对内部控制进行日常监督与专项监督，对企业关键控制活动等发生调

整或变化的情况进行持续性的监督检查，确保事后监督和事前监督的有机结合。（4）加强全员风险管控意识。企业管理层应强化风险意识，在内部控制制度活动中起带头作用。企业要对每一个业务流程中的潜在风险进行辨识、分析、分类、评估和应对，形成与企业业务相适应的一套风险管理机制体系，对风险事件的发生频率和损失进行量化评估，从而使管理层对风险控制有明确的选择策略。此外，企业应对广大员工尤其是关键岗位的业务人员加强内部控制制度规范宣传，提高员工对企业风险管理的认识，以确保企业生产经营的安全性。

5. 增强企业忧患意识

资产营运能力排名反映了安徽上市公司在各行业、区域和各种股权结构类型中的相对水平，末位排名结果不仅反映了该上市公司自身在资产结构和内部控制方面存在明显的不足，同时也反映了该上市公司在安徽同行业、区域和股权结构类型中不具有竞争优势。2018年综合营运能力排名末位的上市公司如盛运环保、黄山旅游、应流股份、众泰汽车、长城军工、聚隆科技等均有部分资产营运能力显著低于其他同类企业，企业竞争能力较弱。对此，末位上市公司应增强忧患意识，优化资产结构，提高资产营运能力，及时处置闲置资产，加强内部控制制度建设，提高竞争意识，从而提升企业生产经营能力，降低经营风险和信用风险，提高所属行业、所在区域和同类股权结构上市公司的整体水平。

附件

附件1 2018年安徽上市公司综合营运能力及分指标值

综合排名	公司名称	综合得分	行业	城市	股权结构	总资产周转率	流动资产周转率	固定资产周转率	应收账款周转率	存货周转率
1	设计总院	0.5218	科学	合肥	国企	0.57	0.63	14.47	1.29	2825.60
2	合肥城建	0.4177	房地	合肥	国企	0.16	0.16	30.08	3192.66	0.12
3	三七互娱	0.1205	信息	芜湖	民营	0.87	1.87	46.42	6.99	35.58
4	众源新材	0.1079	制造	芜湖	民营	2.90	3.49	29.25	15.39	14.63
5	辉隆股份	0.1034	批发	合肥	集体	2.12	2.81	29.59	73.56	7.93
6	楚江新材	0.0805	制造	芜湖	民营	2.31	3.57	18.80	19.96	12.17
7	淮北矿业	0.0793	采矿	淮北	国企	1.78	8.31	3.57	83.92	57.34
8	开润股份	0.0731	制造	滁州	民营	1.71	2.04	22.45	9.14	4.35
9	皖新传媒	0.0706	文化	合肥	国企	0.77	1.01	27.41	10.83	6.60
10	精达股份	0.0611	制造	铜陵	民营	2.09	3.02	12.58	6.37	11.76
11	古井贡酒	0.0578	制造	亳州	国企	0.77	1.15	4.89	332.71	0.86
12	皖天然气	0.0565	电力	合肥	国企	1.04	4.21	1.67	46.53	121.70
13	安德利	0.0564	批发	合肥	民营	1.09	3.08	2.59	252.11	4.10
14	东华科技	0.0541	建筑	合肥	央企	0.67	0.86	20.98	6.20	2.76
15	中公教育	0.0538	教育	芜湖	民营	1.05	2.30	8.20	149.90	7.49
16	科大国创	0.0515	信息	合肥	民营	0.58	0.87	20.21	2.46	4.44
17	口子窖	0.0510	制造	淮北	民营	0.52	0.71	3.37	339.38	0.57
18	铜陵有色	0.0509	制造	铜陵	国企	1.79	3.49	5.14	71.27	7.69
19	国祯环保	0.0484	水利	合肥	民营	0.44	1.40	17.94	4.65	6.55
20	合肥百货	0.0438	批发	合肥	国企	1.04	1.89	5.53	132.02	5.53
21	九华旅游	0.0400	水利	池州	国企	0.39	1.42	0.72	220.78	34.95
22	长虹美菱	0.0398	制造	合肥	国企	1.11	1.38	10.77	10.14	5.59
23	中粮生化	0.0369	制造	蚌埠	央企	1.35	3.13	3.21	35.48	6.60
24	海螺水泥	0.0364	制造	芜湖	国企	0.95	2.18	2.14	112.03	15.14
25	安徽合力	0.0352	制造	合肥	国企	1.33	1.93	6.26	11.46	6.76
26	时代出版	0.0344	文化	合肥	国企	0.95	1.33	9.17	8.69	4.59
27	马钢股份	0.0341	制造	马鞍山	国企	1.10	2.33	2.53	78.49	6.20
28	安徽水利	0.0339	建筑	蚌埠	国企	0.56	0.72	12.60	2.31	1.50
29	精工钢构	0.0335	建筑	六安	民营	0.69	0.93	11.22	5.00	1.53
30	江淮汽车	0.0323	制造	合肥	国企	1.09	2.07	4.12	13.80	24.76
31	长信科技	0.0314	制造	芜湖	民营	1.14	2.67	3.33	6.60	14.87
32	华菱精工	0.0305	制造	宣城	民营	1.26	1.87	4.68	3.39	9.84
33	皖能电力	0.0304	电力	合肥	国企	0.48	3.79	0.85	9.82	45.31

综合排名	公司名称	综合得分	行业	城市	股权结构	总资产周转率	流动资产周转率	固定资产周转率	应收账款周转率	存货周转率
34	安纳达	0.0287	制造	铜陵	国企	1.09	2.93	1.89	17.68	6.36
35	新集能源	0.0275	采矿	淮南	央企	0.29	4.38	0.58	17.26	21.95
36	四创电子	0.0274	制造	合肥	央企	0.76	1.14	7.53	3.33	4.08
37	梦舟股份	0.0264	制造	芜湖	民营	0.97	1.84	4.27	7.19	5.76
38	丰原药业	0.0263	制造	芜湖	民营	1.04	1.95	3.87	4.75	4.26
39	志邦家居	0.0254	制造	合肥	民营	0.90	1.37	3.98	22.06	9.87
40	六国化工	0.0251	制造	铜陵	国企	0.74	2.21	1.64	52.43	4.66
41	皖江物流	0.0249	交通	芜湖	国企	0.65	3.13	1.12	11.34	17.15
42	洽洽食品	0.0238	制造	合肥	民营	0.86	1.32	4.13	22.72	2.54
43	丰乐种业	0.0232	农林	合肥	国企	0.83	1.44	4.13	15.15	2.11
44	全柴动力	0.0230	制造	滁州	国企	0.95	1.40	3.66	8.58	5.35
45	山鹰纸业	0.0226	制造	马鞍山	民营	0.78	2.30	2.07	9.46	7.81
46	永新股份	0.0224	制造	黄山	集体	0.95	1.44	3.42	5.54	5.89
47	国机通用	0.0223	制造	合肥	央企	0.72	0.89	5.84	2.73	4.26
48	中鼎股份	0.0223	制造	宣城	民营	0.79	1.53	4.04	4.47	4.39
49	惠而浦	0.0221	制造	合肥	外资	0.75	1.20	4.68	4.50	6.40
50	伯特利	0.0218	制造	芜湖	外资	0.82	1.09	4.54	3.38	6.27
51	鸿路钢构	0.0214	制造	合肥	民营	0.83	1.22	4.26	4.93	1.96
52	司尔特	0.0213	制造	宣城	民营	0.67	1.46	2.38	42.25	3.69
53	金禾实业	0.0207	制造	滁州	民营	0.73	1.06	3.12	26.03	8.89
54	安科生物	0.0207	制造	合肥	民营	0.61	1.99	3.18	5.04	3.38
55	海螺型材	0.0207	制造	芜湖	国企	0.85	1.54	2.30	16.24	5.69
56	华孚时尚	0.0207	制造	淮北	民营	0.83	1.32	3.02	17.72	2.48
57	安利股份	0.0203	制造	合肥	民营	0.83	1.93	1.61	13.15	4.49
58	中环环保	0.0200	水利	合肥	民营	0.28	1.13	6.09	5.41	4.10
59	皖维高新	0.0192	制造	合肥	国企	0.65	2.15	1.24	13.42	6.81
60	中钢天源	0.0191	制造	马鞍山	央企	0.75	1.13	3.44	4.08	6.46
61	科大讯飞	0.0191	信息	合肥	央企	0.55	1.06	4.71	2.67	4.10
62	迎驾贡酒	0.0189	制造	六安	民营	0.57	0.80	2.60	56.17	0.61
63	山河药辅	0.0186	制造	淮南	民营	0.62	1.14	3.21	11.55	8.06
64	阳光电源	0.0185	制造	合肥	民营	0.60	0.75	4.99	1.83	3.23
65	美亚光电	0.0183	制造	合肥	民营	0.46	0.52	5.72	6.00	4.89
66	常青股份	0.0180	制造	合肥	民营	0.69	1.30	2.64	8.38	5.87
67	神剑股份	0.0179	制造	芜湖	民营	0.59	0.93	4.09	2.29	6.76
68	欧普康视	0.0176	制造	合肥	民营	0.43	0.52	5.55	8.10	2.97
69	皖通科技	0.0174	信息	合肥	民营	0.51	0.74	4.88	3.45	2.25

综合排名	公司名称	综合得分	行业	城市	股权结构	总资产周转率	流动资产周转率	固定资产周转率	应收账款周转率	存货周转率
70	荃银高科	0.0169	农林	合肥	公众	0.52	0.69	4.42	11.62	0.90
71	众泰汽车	0.0159	制造	黄山	民营	0.45	0.83	4.14	2.72	4.71
72	融捷健康	0.0154	制造	合肥	民营	0.43	0.97	3.88	2.37	2.97
73	华菱星马	0.0154	制造	马鞍山	国企	0.63	1.17	2.36	3.39	3.97
74	恒源煤电	0.0149	采矿	淮北	国企	0.41	0.83	1.67	34.01	11.48
75	黄山旅游	0.0149	水利	黄山	国企	0.34	0.73	0.97	27.00	30.95
76	中电兴发	0.0145	信息	芜湖	民营	0.41	0.74	4.14	2.66	1.53
77	国风塑业	0.0145	制造	合肥	国企	0.58	1.35	1.44	6.52	6.64
78	华茂股份	0.0144	制造	安庆	国企	0.36	1.75	1.45	12.48	3.24
79	富煌钢构	0.0140	制造	合肥	民营	0.54	0.78	3.19	2.33	1.82
80	泰禾光电	0.0130	制造	合肥	民营	0.42	0.49	3.75	4.50	2.14
81	凯盛科技	0.0126	制造	蚌埠	央企	0.54	0.87	2.32	2.93	1.90
82	广信股份	0.0126	制造	宣城	民营	0.50	0.74	2.19	11.85	3.30
83	集友股份	0.0122	制造	安庆	民营	0.51	1.04	1.70	4.49	2.90
84	凤形股份	0.0119	制造	宣城	民营	0.52	1.09	1.27	5.80	4.05
85	金种子酒	0.0117	制造	阜阳	国企	0.42	0.68	2.48	11.31	1.02
86	德力股份	0.0112	制造	滁州	民营	0.44	1.12	1.46	4.29	2.51
87	江南化工	0.0104	制造	宣城	民营	0.34	1.02	0.88	3.65	13.42
88	泰尔股份	0.0099	制造	马鞍山	民营	0.35	0.47	2.84	1.58	0.95
89	合锻智能	0.0095	制造	合肥	民营	0.36	0.69	2.13	2.05	1.29
90	铜峰电子	0.0093	制造	铜陵	民营	0.45	0.86	1.06	3.33	2.98
91	长城军工	0.0092	制造	合肥	国企	0.43	0.75	1.45	2.06	2.21
92	黄山胶囊	0.0084	制造	宣城	民营	0.39	0.60	1.38	4.73	3.18
93	文一科技	0.0077	制造	铜陵	民营	0.34	0.73	1.16	3.68	2.33
94	聚隆科技	0.0077	制造	宣城	民营	0.20	0.23	2.74	2.69	3.45
95	应流股份	0.0041	制造	合肥	民营	0.23	0.53	0.54	2.51	0.91
96	盛运环保	0.0005	制造	安庆	民营	0.04	0.09	0.75	0.43	0.56
	皖通高速		交通	合肥	国企	0.21	1.18	3.35		206.08
平均数		0.0386				0.76	1.54	6.06	61.60	39.63
中位数		0.0222				0.65	1.18	3.44	7.65	4.59

注：1. 数据来源：Wind；

2. ＊ST 华信、ST 新光、＊ST 安凯由于经营状况异常不参与各项分析，金融类上市公司不参与营运能力分析；

3. 皖通高速因无应收账款不参与综合营运能力计算。

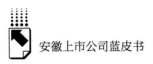

附件2 2018年安徽上市公司综合营运能力及分指标排名表

公司名称	综合排名			总资产周转率		流动资产周转率		固定资产周转率		应收账款周转率		存货周转率	
	2018年	2017年	排名变化	2018年	2017年	2018年	2017年	2018年	2017年	2018年	2017年	2018年	2017年
设计总院	1	1	—	58	46	88	80	11	14	95	94	1	1
合肥城建	2	2	—	96	91	96	96	2	1	1	1	97	97
三七互娱	3	8	↑5	27	37	28	24	1	5	50	48	6	6
众源新材	4	3	↓1	1	1	7	2	4	2	28	26	14	9
辉隆股份	5	4	↓1	3	4	13	13	3	3	11	10	23	28
楚江新材	6	5	↓1	2	2	5	7	9	6	23	21	16	13
淮北矿业	7	79	↑72	6	75	1	57	48	65	9	62	4	22
开润股份	8	16	↑8	7	9	22	38	6	9	44	50	53	56
皖新传媒	9	11	↑2	37	39	63	63	5	4	40	30	32	37
精达股份	10	6	↓4	4	3	11	10	13	12	53	51	14	14
古井贡酒	11	12	↑1	38	41	51	47	27	44	3	2	93	93
皖天然气	12	13	↑1	20	31	3	3	77	80	15	16	3	3
安德利	13	7	↓6	16	15	10	12	64	58	4	3	58	58
东华科技	14	33	↑19	47	69	70	91	7	10	54	68	73	82
中公教育	15	9	↓6	17	6	17	11	17	19	6	7	26	18
科大国创	16	26	↑10	57	62	68	89	8	8	86	93	51	61
口子窖	17	30	↑13	65	58	84	78	51	54	2	4	95	96
铜陵有色	18	10	↓8	5	5	6	6	25	27	12	11	25	26
国祯环保	19	34	↑15	74	82	38	52	10	15	64	74	33	31
合肥百货	20	15	↓5	19	16	27	23	24	23	7	6	44	39
九华旅游	21	31	↑10	84	80	37	34	95	95	5	5	7	5
长虹美菱	22	22	—	12	11	40	40	15	13	41	38	43	44
中粮生化	23	21	↓2	8	14	8	5	54	66	17	20	31	17
海螺水泥	24	37	↑13	24	47	19	20	72	88	8	8	12	15
安徽合力	25	27	↑2	9	10	25	28	19	26	37	43	29	35
时代出版	26	29	↑3	22	27	43	42	16	18	45	49	49	49
马钢股份	27	24	↓3	13	18	15	14	65	70	10	9	38	43
安徽水利	28	20	↓8	60	30	83	55	12	7	89	81	87	75
精工钢构	29	50	↑21	45	52	65	73	14	20	60	71	85	89
江淮汽车	30	32	↑2	14	19	21	29	40	32	30	28	9	7
长信科技	31	14	↓17	11	7	14	4	53	36	51	42	13	12
华菱精工	32	25	↓7	10	8	29	17	31	42	75	73	20	16
皖能电力	33	19	↓14	70	72	4	1	93	93	42	45	5	4
安纳达	34	23	↓11	15	12	12	8	75	73	25	19	36	32

续表

公司名称	综合排名			总资产周转率		流动资产周转率		固定资产周转率		应收账款周转率		存货周转率	
	2018年	2017年	排名变化	2018年	2017年	2018年	2017年	2018年	2017年	2018年	2017年	2018年	2017年
新集能源	35	38	↑3	91	93	2	9	96	96	26	32	10	8
四创电子	36	18	↓18	39	20	52	39	18	11	78	60	59	45
梦舟股份	37	35	↓2	21	22	30	26	34	39	49	52	41	36
丰原药业	38	39	↑1	18	23	24	25	45	52	62	67	55	47
志邦家居	39	36	↓3	26	17	41	32	43	38	22	24	19	19
六国化工	40	28	↓12	42	34	18	15	79	77	14	12	48	50
皖江物流	41	46	↑5	49	60	9	16	89	94	38	36	11	11
洽洽食品	42	55	↑13	28	36	44	46	38	48	21	22	74	78
丰乐种业	43	60	↑17	31	45	35	51	39	47	29	25	81	83
全柴动力	44	52	↑8	23	29	39	44	47	46	46	46	45	46
山鹰纸业	45	47	↑2	36	40	16	19	74	76	43	44	24	34
永新股份	46	57	↑11	25	33	36	43	50	56	57	59	39	48
国机通用	47	64	↑17	44	43	67	62	21	43	80	87	54	55
中鼎股份	48	41	↓7	35	32	33	35	42	30	68	58	52	51
惠而浦	49	54	↑5	41	42	48	58	30	25	66	63	35	42
伯特利	50	43	↓7	34	24	58	45	32	28	76	83	37	29
鸿路钢构	51	68	↑17	32	51	47	72	35	45	61	82	82	85
司尔特	52	62	↑10	48	55	34	54	67	67	16	13	62	52
金禾实业	53	45	↓8	43	28	59	41	58	49	20	17	21	20
安科生物	54	58	↑4	53	64	23	30	57	62	59	61	64	62
海螺型材	55	53	↓2	29	35	32	36	70	69	27	23	42	38
华孚时尚	56	44	↓12	33	26	45	33	59	51	24	27	76	69
安利股份	57	51	↓6	30	38	26	21	80	84	32	35	50	54
中环环保	58	74	↑16	92	92	55	64	20	34	58	65	56	65
皖维高新	59	49	↓10	50	59	20	18	87	89	31	37	27	33
中钢天源	60	40	↓20	40	21	54	37	49	41	70	55	34	25
科大讯飞	61	70	↑9	61	71	60	69	29	40	83	85	57	63
迎驾贡酒	62	72	↑10	59	57	74	79	63	63	13	14	94	94
山河药辅	63	73	↑10	52	54	53	66	55	60	36	40	22	27
阳光电源	64	56	↓8	54	48	77	76	26	22	93	92	67	64
美亚光电	65	78	↑13	71	74	91	93	22	29	55	56	46	57
常青股份	66	42	↓24	46	25	46	27	62	57	47	39	40	40
神剑股份	67	61	↓6	55	49	66	61	41	33	90	84	28	23
欧普康视	68	48	↓20	77	67	92	90	23	17	48	41	71	53
皖通科技	69	59	↓10	68	65	78	82	28	21	73	69	78	79
荃银高科	70	63	↓7	64	50	85	70	33	31	35	31	92	90
众泰汽车	71	17	↓54	73	13	72	22	37	16	81	47	47	24

续表

公司名称	综合排名			总资产周转率		流动资产周转率		固定资产周转率		应收账款周转率		存货周转率	
	2018年	2017年	排名变化	2018年	2017年	2018年	2017年	2018年	2017年	2018年	2017年	2018年	2017年
融捷健康	72	66	↓6	78	76	64	59	44	37	87	66	70	66
华菱星马	73	69	↓4	51	53	50	49	68	72	74	76	61	60
恒源煤电	74	71	↓3	81	70	73	56	78	79	18	18	18	10
黄山旅游	75	82	↑7	88	85	82	68	91	90	19	15	8	80
中电兴发	76	87	↑11	82	86	80	87	36	55	84	89	86	86
国风塑业	77	77	—	56	56	42	50	84	86	52	53	30	41
华茂股份	78	67	↓11	85	90	31	31	83	87	33	33	66	59
富煌钢构	79	75	↓4	62	66	75	83	56	35	88	91	84	84
泰禾光电	80	81	↑1	79	61	93	85	46	50	65	64	80	81
凯盛科技	81	65	↓16	63	44	69	53	69	59	79	79	83	71
广信股份	82	80	↓2	69	63	79	67	71	71	34	29	65	72
集友股份	83	88	↑5	67	73	61	77	76	78	67	54	72	77
凤形股份	84	91	↑7	66	84	57	75	86	92	56	80	60	70
金种子酒	85	86	↑1	80	78	87	86	66	61	39	34	89	91
德力股份	86	84	↓2	75	77	56	60	81	85	69	78	75	73
江南化工	87	89	↑2	89	88	62	74	92	75	72	72	15	21
泰尔股份	88	94	↑6	87	94	94	95	60	82	94	96	90	95
合锻智能	89	90	↑1	86	87	86	84	73	64	92	88	88	88
铜峰电子	90	93	↑3	72	81	71	81	90	91	77	77	69	68
长城军工	91	83	↓8	76	68	76	65	82	81	91	86	79	74
黄山胶囊	92	92	—	83	79	89	88	85	83	63	57	68	67
文一科技	93	85	↓8	90	83	81	71	88	68	71	70	77	76
聚隆科技	94	76	↓18	95	89	95	94	61	24	82	75	63	30
应流股份	95	95	—	93	96	90	92	97	97	85	90	91	92
盛运环保	96	96	—	97	97	97	97	94	74	96	95	96	87
皖通高速				94	95	49	48	52	53			2	2

注：1. 数据来源：Wind；

2. ＊ST 华信、ST 新光、＊ST 安凯由于经营状况异常不参与各项分析，金融类上市公司不参与营运能力分析；

3. 皖通高速因无应收账款不参与综合营运能力排名；

4. "↑"表示 2018 年排名较 2017 年排名上升，"↓"表示排名较 2017 年下降，"—"表示排名较 2017 年无变化；

5. 2017 年排名结果以 2018 年企业名单为准，仅做相对参考，与《安徽上市公司发展报告（2018）》结果不冲突。

B.5
安徽上市公司创新能力发展报告

付丽华　鲁晨　吴婉婷　刘华琳*

摘　要：　在国家创新驱动发展战略深入推进的背景下，安徽积极建设
　　　　　创新型省份，企业创新能力成为一个理论和实践界关注的重
　　　　　要话题。本报告依据技术创新理论，运用熵值赋权法，对安
　　　　　徽上市公司的创新能力进行了总体研究以及分行业、区域和
　　　　　股权结构角度的具体研究，得出安徽上市公司的创新能力近
　　　　　四年有所提升，但创新驱动战略需进一步深化的结论，并从
　　　　　政府层面提出了加快创新创业、培育上市资源基础的政策建
　　　　　议，以及从企业层面提出了加大创新力度、增强创新能力的
　　　　　对策建议。

关键词：　创新能力　研发强度　高学历员工比例　每百人专利申请数

中美贸易战挑动了中国技术创新领域的紧张神经。要使关键技术节点不
被"卡脖子"，只有自主创新一条路。面临当前科技发展新态势，安徽省紧
跟时代步伐，把握时代脉搏，加强自主创新。安徽省上市公司是安徽企业中
的优秀成分，上市公司的创新能力基本能够反映出一个区域内企业的创新能
力。合理地评价安徽上市公司创新能力，对提升企业创新、产业创新和区域

* 付丽华，中国科学技术大学管理学院博士研究生，工商管理创新研究中心成员；鲁晨，中国
科学技术大学管理学院博士研究生，工商管理创新研究中心成员；吴婉婷，中国科学技术大
学管理学院硕士研究生，工商管理创新研究中心成员；刘华琳，硕士，安徽省投资集团中安
研究院研究员。

创新都具有现实指导意义。本报告从创新投入和创新产出两方面对创新能力进行分析，对分指标以及利用熵值赋权法计算而来的综合指标，分行业、城市、股权结构分别进行排名和分析，并对上市公司 2017 年和 2018 年的创新能力进行纵向比较，找出造成企业创新综合能力落后的原因，最后针对本报告结论提出相应的对策和建议。

一 概念界定、评价指标选择与评价方法

（一）创新能力概念界定

创新包含技术创新、制度创新和商业模式创新①。本报告的创新能力主要指的是技术创新能力。技术创新是指由企业或者研发机构发起和完成，将一种新产品或新的生产工艺引入市场。技术创新是一个长期的过程，它始于某个想法，直至产品投放市场才告一段落。创新过程的每一个阶段都需要知识、技能、劳作以及成员的通力合作，每一个阶段都由开发过程的技术要求及其合法性所决定。从技术创新的整体过程来看，技术创新能力一般包括各种资源的投入能力和产出能力等。创新的资源投入为创新行为的启动、维持以及创新产出奠定了基础。创新的资源投入主要是指研发人员的投入、研发资金的投入；产出能力主要是指专利申请量和代表企业创新盈利的能力。

（二）创新能力评价指标选择

1. 创新投入

目前相关文献和报告中衡量创新投入能力采用最多的指标为研发强度和高学历员工比例。研发强度越高，说明该公司对科技投入力度越大；高学历

---

① 传统的熊彼特创新主要指技术创新，新的熊彼特创新包括技术创新和制度创新，现代创新则包括技术创新、制度创新和商业模式创新。

员工人数越多，往往公司整体创新能力也更高①。据此，本报告选用研发强度和高学历员工比例作为创新投入指标。

$$研发强度 =（研发支出/营业收入）\times 100\%$$
$$高学历员工比例 =（本科及以上学历人数/员工总数）\times 100\%$$

2. 创新产出

本报告选用每百人专利申请数和主营业务利润率作为创新产出指标。企业的创新产出一方面以专利等有形的实物形式存在，而且从现有研究来看，学者们都以专利数这个便于量化的指标来表示企业的创新产出。能反映企业专利情况的一般有专利申请数和专利授权数两个指标，本报告研究时采用专利申请数。另一方面，企业创新活动的成功实现最终会转化为实际的产品，从而直接提高企业的盈利能力以及创新绩效，由于企业新产品产值这一数据无法获取，本报告采取主营业务利润率作为替代指标进行衡量，反映企业创新产品市场化的成效②。

$$每百人专利申请数 =专利申请数/（员工总数/100）$$
$$主营业务利润率 =（主营业务利润/主营业务收入）\times 100\%$$

（三）创新能力综合评价方法

目前国内外关于多指标综合评价的方法有很多。根据权重确定方法的不同，这些方法大致可以分为主观赋权法和客观赋权法两类③。熵值法是一种客观赋权法，它能够深刻地反映出指标信息熵值的效用价值，其给出的指标权重值比德尔菲法和层次分析法有更高的可信度。因此，本报告采用熵值赋权法对企业创新能力进行综合评价。

---

① 徐立平、姜向荣、尹翊：《企业创新能力评价指标体系研究》，《科研管理》2015年第s1期，第122~126页。
② 郭嘉琦：《中小板上市公司创新投入、创新产出与企业绩效关系的研究》，山西大学硕士学位论文，2013。
③ 郭显光：《改进的熵值法及其在经济效益评价中的应用》，《系统工程理论与实践》1998年第12期，第98~102页。

二 安徽上市公司创新能力分析

安徽上市公司共计103家，＊ST安凯、＊ST华信和ST新光由于存在重大经营问题，故分析时剔除，此外2018年中弘股份退市、长城军工上市，最终以100家上市公司为研究样本分析安徽上市公司创新能力。专利申请数的数据来源于SIPO专利检索及分析，其他指标的相关数据来源于Wind和公司年报。其中，以Wind数据库里面的本科人数、硕士生人数、博士生人数相加作为高学历员工数，对人数相加为0的公司通过年报确认高学历员工数。特殊数据的处理：（1）缺失值部分采用平均值替代；（2）合肥百货、皖能电力、国元证券、合肥城建、皖通高速、黄山旅游、新力金融、华安证券、新集能源、安德利、九华旅游和皖天然气的研发支出在以上数据来源中未披露，计为0；（3）华茂股份、华孚时尚、安纳达、中电兴发、开润股份、全柴动力、华菱星马、精工钢构和海螺水泥这9家公司因为数据披露形式问题，本科及以上学历员工数用大专及以上学历员工数代替。

（一）安徽上市公司创新投入能力分析

本节将分别针对研发强度和高学历员工比例2个指标从总体、行业、区域、股权结构4个方面对这100家（总数103家）上市公司进行排名和分析。本报告附件2描述了安徽上市公司研发强度和高学历员工比例排名，需要特别说明的一点是，皖江物流等企业的研发强度数值由于保留小数点后两位而计为0.00%。

1. 研发强度

（1）总体分析

从总体来看，研发强度排名前十位的上市公司依次是：科大讯飞、科大国创、应流股份、安科生物、泰禾光电、中公教育、三七互娱、集友股份、国机通用、合锻智能；研发强度排名后十位的上市公司是：皖能电力、皖天然气、合肥百货、安德利、合肥城建、新集能源、九华旅游、黄山旅游、皖通高速、新力金融，其研发强度均为0。

与 2017 年相比，众源新材、华安证券、开润股份、江南化工排名分别下降了 12、12、14、14 名，众泰汽车、中环环保、恒源煤电、淮北矿业排名分别上升了 13、16、21、38 名。

100 家上市公司的研发强度平均数为 3.30%，高于平均数的公司有 44 家，低于平均数的有 56 家，而 100 家上市公司的研发强度中位数为 2.96%，低于研发强度平均数约 0.3 个百分点，这说明高研发支出的上市公司拉高了 100 家上市公司研发强度的平均水平，存在"强者很强，弱者很弱"的悬殊现象。

图 1 展示了 2015~2018 年安徽上市公司研发强度的变化趋势。从图中可以看出，安徽上市公司研发强度在 2016 年明显提升，2017 年有所降低，2018 年虽有所回升，仍不及 2016 年的研发强度。

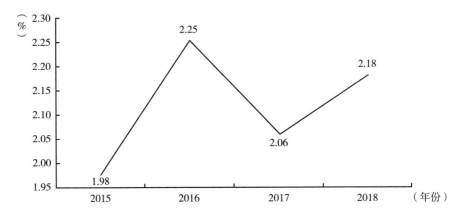

图 1　2015~2018 年安徽上市公司研发强度

注：本报告折线图指标数据采用的是历年年度数据。下同。

（2）行业角度分析

从行业结构来看，根据证监会最新行业分类，参与分析的安徽省 100 家上市公司分属 14 个行业。图 2 展示了安徽各行业上市公司研发强度 2018 年和 2017 年的对比情况。

从图 2 可以看出，制造业的研发强度排名第八位，其中制造业内公司研发强度排名前五位的分别是应流股份、安科生物、泰禾光电、集友股份、国机通用；制造业内公司研发强度排名后五位的分别是：海螺水泥、口子窖、

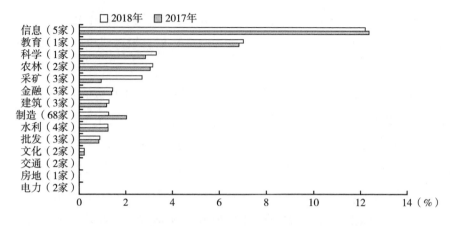

图2 2018年和2017年安徽各行业上市公司研发强度

注：本报告柱形图指标数据采用的是三年平均数据。例如，2018年数据采用的是2016～2018年的数据平均值，2018年研发强度＝所有企业（2016～2018年）研发支出之和/所有企业（2016～2018年）营业收入之和。下同。

迎驾贡酒、洽洽食品、长信科技。2018年各行业上市公司的研发强度基本呈上升趋势，制造业下降趋势明显，信息传输、软件和信息技术服务业略微下降。

图3展示了2015～2018年安徽部分行业上市公司的研发强度变化趋势。从图中可以看出，信息传输、软件和信息技术服务业上市公司研发强度2016年有小幅下降，但2017年有较大上升，超过了2015年的水平，2018年变动幅度不大；农、林、牧、渔业上市公司研发强度的变动不明显，先小幅下降后在2018年又有所上升；科学研究和技术服务业上市公司研发强度在2015～2017年持续下降，2018年有所回升；制造业上市公司研发强度在四年内变化不明显。

（3）区域角度分析

从不同城市来看，参与分析的安徽省100家上市公司分布在15个地级市。图4展示了2018年和2017年安徽各城市上市公司研发强度的对比情况。

从图4可以看出，宣城市、合肥市、黄山市占据了安徽上市公司城市研发强度的前三位，但宣城有8家上市公司，黄山仅有3家上市公司，并不具有代表性，与之相比，拥有44家上市公司的合肥市虽然排名第二，但在所

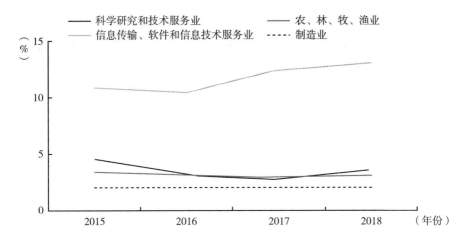

图3　2015～2018年安徽部分行业上市公司研发强度

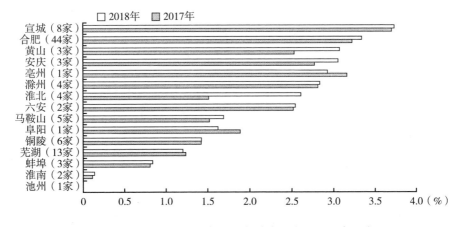

图4　2018年和2017年安徽各城市上市公司研发强度

有城市中更具代表性。合肥市内上市公司中研发强度排名前五位的，同时也是安徽上市公司研发强度排名的前五位。与2017年相比，2018年各个城市上市公司的研发强度基本也呈上升趋势，其中进步比较明显的有黄山市、安庆市、淮北市、合肥市等。但也有少数几个城市研发强度下降了，比如亳州市、阜阳市等。

图5展示了2015～2018年合肥、宣城、芜湖、蚌埠四市上市公司研发强度的变化趋势。从图中可以看出，宣城市上市公司研发强度平均水平比合

肥市上市公司高，但宣城市上市公司的数量远远低于合肥，这对其研发强度
存在重要影响；再如黄山市，其上市公司研发强度排名第二很大原因就在于
其只有三家上市公司。宣城市上市公司的研发强度四年来变化不大，2018
年有小幅度上升；合肥市上市公司研发强度四年来整体在上升，其中2018
年上升较明显；而芜湖市上市公司研发强度自2017年来呈轻微下降趋势；
蚌埠市上市公司研发强度近两年也呈轻微下降趋势。但以上分析中芜湖市海
螺水泥的研发强度因数据库未披露数据计为0而对结果产生一定程度的影响。

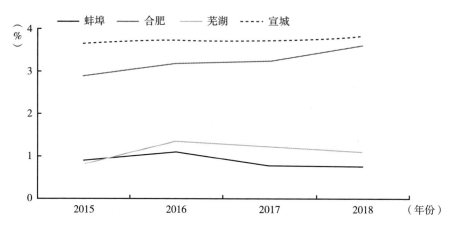

图5　2015～2018年安徽部分城市上市公司研发强度

（4）股权结构角度分析

图6展示了2018年和2017年安徽各股权结构上市公司研发强度的对比
情况。从图中可以看出，中央国有企业的研发强度最高，民营企业的研发强
度排名第二位，地方国有企业排名最低。

中央国有企业研发强度排名前五位的依次是：科大讯飞、国机通用、中
钢天源、凯盛科技、四创电子；民营企业研发强度排名前三位的依次为：科
大国创、应流股份、安科生物；地方国有企业研发强度排名前三位的依次
为：长城军工、长虹美菱、江淮汽车。2018年，只有其他企业研发强度略
有下降，中央国有企业、地方国有企业和民营企业研发强度都有所上升。

图7展示了2015～2018年安徽各股权结构上市公司研发强度的变化趋势。

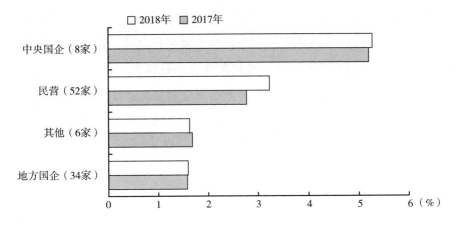

图6　2018年和2017年安徽各股权结构上市公司研发强度

从图中可以看出，中央国有上市公司研发强度平均水平高于地方国有、民营和其他上市公司，2016年有所上升，2018年略有下降。民营上市公司研发强度在2017年和2018年均有所上升；而地方国有上市公司在2017年下降，在2018年略有上升，其他上市公司在2017年和2018年均呈下降趋势。

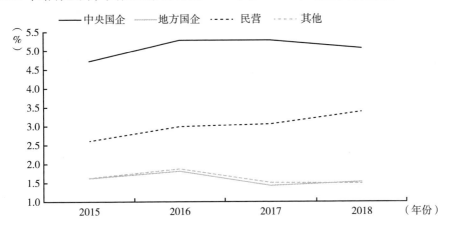

图7　2015～2018年安徽各股权结构上市公司研发强度

2. 高学历员工比例

（1）总体分析

从总体来看，高学历员工比例排名前十位的上市公司依次是：东华科技、国元证券、科大讯飞、科大国创、华安证券、新力金融、中公教育、设计总院、合肥城建、阳光电源；高学历员工比例排名后十位的上市公司是：安德利、凤形股份、众源新材、黄山胶囊、华菱精工、长信科技、聚隆科技、德力股份、精达股份、广信股份。这100家上市公司的高学历员工比例平均数为26.29%，高于平均数的公司有37家，低于平均数的公司有63家；而100家上市公司的高学历员工比例中位数为17.36%，低于高学历员工比例平均数约9个百分点，这说明高学历员工比例高的上市公司拉高了100家上市公司高学历员工比例的平均水平，出现"强者很强"的现象。

与2017年相比，研发强度排名下降较快的众源新材、华安证券、开润股份、江南化工高学历员工排名分别波动为0、0、0、+4名，研发强度排名上升较快的众泰汽车、中环环保、恒源煤电、淮北矿业高学历员工排名波动分别为+4、-3、-2、-13名，其中研发强度变化不大（+4）的新力金融高学历员工排名上升了18名。

图8展示了2015~2018年安徽上市公司高学历员工比例的变化趋势。从图中可以看出，安徽上市公司高学历员工比例4年来持续上升。

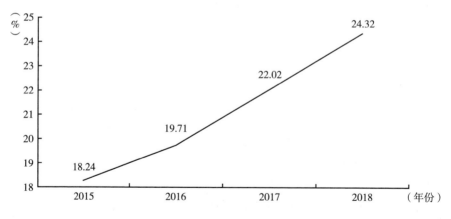

图8 2015~2018年安徽上市公司高学历员工比例

（2）行业角度分析

图9展示了2018年和2017年安徽各行业上市公司高学历员工比例的对

比情况。通过与前面研发强度行业分析的对比，可以发现，信息传输、软件和信息技术服务业，科学研究和技术服务业属于研发强度高、高学历员工比例高的"双高"行业，其创新投入能力也就较强。高学历员工比例排名后三位的是交通运输、仓储和邮政业，批发和零售业及采矿业，其中，交通运输、仓储和邮政业及批发和零售业的研发强度也较低，属于研发强度低、高学历员工比例低的"双低"行业，说明其创新投入能力较弱。2018年各行业上市公司的高学历员工比例基本呈上升趋势，其中教育进步最为明显，但其只有中公教育一家企业，所以不具有代表性。

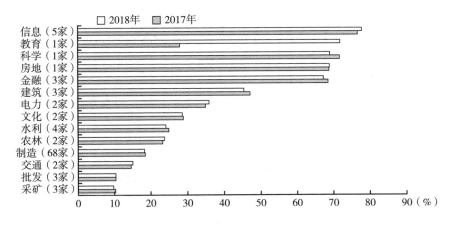

图9　2018年和2017年安徽各行业上市公司高学历员工比例

制造业的高学历员工比例排名倒数第四位。制造业上市公司高学历员工比例排名前五的分别是阳光电源、四创电子、美亚光电、华菱星马、安科生物；制造业上市公司高学历员工比例排名后五位的是：风形股份、众源新材、黄山胶囊、华菱精工、长信科技。

图10展示了2015～2018年安徽金融业，信息传输、软件和信息技术服务业，科学研究和技术服务业以及制造业上市公司的高学历员工比例变化趋势。从图中可以看出，制造业及信息传输、软件和信息技术服务业上市公司高学历员工比例四年来都持续小幅上升；而科学研究和技术服务业与金融业上市公司在2017年小幅上升后，在2018年轻微下降。

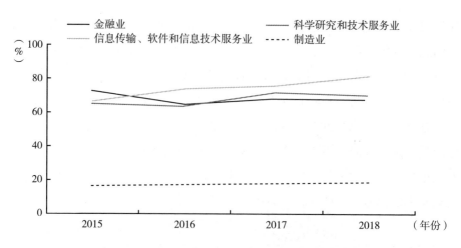

图10 2015～2018年安徽部分行业上市公司高学历员工比例

（3）区域角度分析

图11展示了2018年和2017年安徽各城市上市公司高学历员工比例的对比情况。

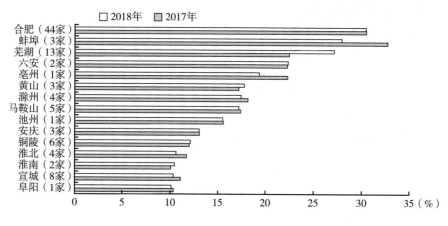

图11 安徽各城市上市公司高学历员工比例

合肥市的上市公司数量遥遥领先于其他城市，有44家上市公司。合肥市上市公司中高学历员工比例排名前三位的，同时也是安徽上市公司高学历员工比例排名的前三位。结合前面对安徽上市公司高学历员工比例的行业分

析，可以看出高学历员工比例排名靠后的上市公司主要来自制造业及批发和
零售业。2018 年，安徽过半数城市上市公司的高学历员工比例略有下降，
其中下降比较明显的有蚌埠市、亳州市、淮北市等；而芜湖市、黄山市等的
高学历员工比例有所上升。

从图 12 可以看出，合肥市上市公司高学历员工比例四年来持续小幅上
升；蚌埠市上市公司高学历员工比例在 2017 年有了大幅上升，但在 2018 年
又呈下降趋势；芜湖市上市公司高学历员工比例自 2016 年持续上升。可以
看出，从 2016 年国务院批准建设合芜蚌国家自主创新示范区以来，三座城
市的上市公司高学历员工比例整体呈上升趋势，但 2018 年蚌埠市上市公司
高学历员工比例略有下降。

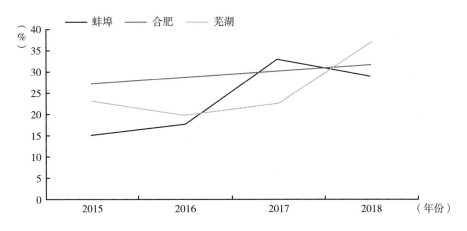

图 12　2015～2018 年安徽部分城市上市公司高学历员工比例

（4）股权结构角度分析

图 13 表明，2018 年高学历员工比例从高到低分别是中央国有企业、地
方国有企业、民营企业以及其他企业。

中央国有企业高学历员工比例排名前五位的依次是：东华科技、科大讯
飞、四创电子、国机通用、中钢天源；地方国有企业高学历员工比例排名前
三位的依次为：国元证券、华安证券、设计总院；民营企业高学历员工比例
排名前三位的依次为：科大国创、中公教育、阳光电源。2018 年，民营企

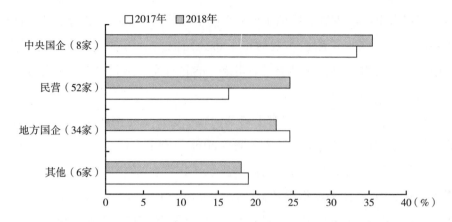

图13 2018年和2017年安徽各股权结构上市公司高学历员工比例

业、中央国有企业高学历员工比例都有所上升，而地方国有企业高学历员工比例有所下降。

图14展示了2015～2018年安徽各股权结构上市公司高学历员工比例变化趋势。从图中可以看出，中央国有企业高学历员工比例整体高于地方国有企业和民营企业，但2018年上升趋势变缓；地方国有企业高学历员工比例整体排在第二位，但2018年略有下降；民营企业高学历员工比例2017年小幅上升，在2018年有明显上升趋势。

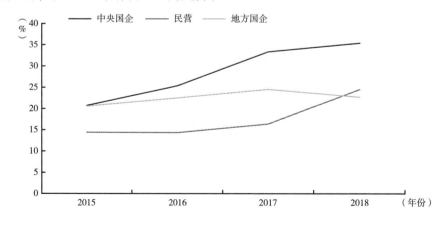

图14 2015～2018年安徽各股权结构上市公司高学历员工比例

（二）安徽上市公司创新产出能力分析

本节将分别针对每百人专利申请数和主营业务利润率 2 个指标从总体、行业、区域和股权结构 4 个方面对这 100 家（总数 103 家）上市公司的创新产出能力进行排名和分析。本报告附件 2 描述了安徽上市公司每百人专利申请数和主营业务利润率排名。需要特别说明的一点是，合肥百货、合肥城建、中公教育、黄山旅游、新力金融、华安证券、安德利和九华旅游由于未查到相关专利数据，所以计为 0。

1. 每百人专利申请数

（1）总体分析

从总体来看，每百人专利申请数排名前十位的上市公司依次是阳光电源、聚隆科技、江淮汽车、美亚光电、安徽合力、四创电子、泰禾光电、广信股份、中环环保和中电兴发，后十位依次是九华旅游、安德利、华安证券、新力金融、黄山旅游、中公教育、合肥城建、合肥百货、淮北矿业、华孚时尚。这 100 家上市公司的每百人专利申请数平均数为 1.30、中位数为 0.64，高于平均数的公司有 31 家，低于平均数的公司有 69 家；中位数约为平均数的一半，说明这 100 家上市公司的每百人专利申请数相差较大，出现"强者很强"的现象。剔除 8 家每百人专利申请数为 0 的上市公司后，和未删除前情况类似。

和 2017 年对比，安徽上市公司在专利申请方面的创新产出整体变化幅度较小，仅个别公司排名波动较大。其中伯特利、科大国创、凤形股份、华菱星马和金种子酒的排名均显著提高，分别上升了 24、21、20、19、16 名，说明这几家公司 2018 年创新产出比较多；而楚江新材、神剑股份、德力股份和江南化工则下降了 26、19、18、16 名，说明这几家公司 2018 年在创新产出方面表现较差。图 15 展示了 2015～2018 年安徽上市公司每百人专利申请数的变化趋势。从图中可以看出，安徽上市公司每百人专利申请数在四年内总体呈下降趋势，其中 2016 年下降幅度比较大，在 2017 年小幅上升后 2018 年继续下降。

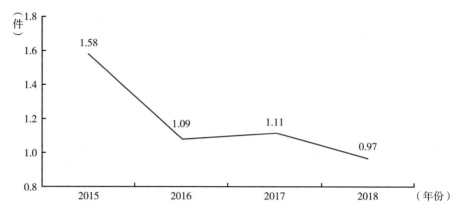

图 15　2015～2018 年安徽上市公司每百人专利申请数

（2）行业角度分析

图 16 展示了 2018 年和 2017 年安徽各行业上市公司的每百人专利申请数情况。可以看出，这些行业在 2018 年和 2017 年排名基本相同，但大多数行业上市公司每百人专利申请数要低于 2017 年。排在前两名的行业都是科学研究和技术服务业，信息传输、软件和信息技术服务业，排在后两名的都是房地产业和教育业。另外，拥有上市公司数量最多的制造业排名第三位，与 2017 年排名（第四名）相比变化不大，这个行业的排名最具代表性，说明制造业的专利产出能力在安徽整体较高，且比较稳定。

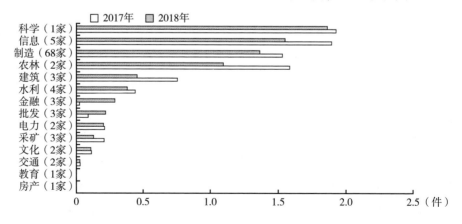

图 16　2018 年和 2017 年安徽各行业上市公司每百人专利申请数

制造业内同时也是安徽省内每百人专利申请数最多的 7 家上市公司中，2 家是电气机械及器材制造业，3 家是汽车制造业。制造业内排名后五位的公司在安徽所有上市公司内排名中下等，其中 2 家属于酒、饮料和精制茶制造业。另外，专用设备制造业和通用设备制造业中过半数企业的每百人专利申请数超过 100 家公司的平均数。可见，安徽不同制造业细分行业内的上市公司之间在创新产出方面差异明显。

图 17 展示了 2015～2018 年安徽部分行业上市公司每百人专利申请数的变化趋势。从图中可以看出，信息传输、软件和信息技术服务业的每百人专利申请数在这四年内呈不断下降的趋势；制造业在 2016 年下降后自 2017 年开始不断回升；科学研究和技术服务业则在这四年内略有波动。农、林、牧、渔业在前三年呈下降趋势，2018 年有所回升。

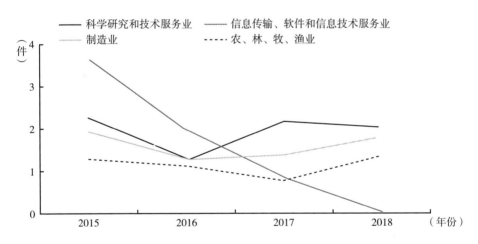

图 17　2015～2018 年安徽部分行业上市公司每百人专利申请数

（3）区域角度分析

从图 18 可以看出，大多数城市上市公司每百人专利申请数要低于 2017 年。与 2017 年一样，合肥市 2018 年排名第一；宣城和马鞍山分别排在第六、第七位，与 2017 年的第五、第七位相差不大；排名末位的依然是池州。排在第二、第三位的分别是亳州和滁州，由于亳州上市公司数量少，公司里的员工数较少，不具有代表性；而芜湖市则排在第十一位。

合肥市上市公司中每百人专利申请数排名前七位的，均列安徽上市公司前十名内；而每百人专利申请数在合肥市上市公司中排最后五名的公司在安徽 100 家上市公司中均排名后二十位（每百人专利申请数为 0 的不予考虑），说明合肥市内上市公司的创新产出能力差异较大。

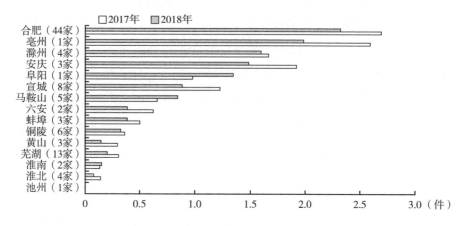

图 18　2018 年和 2017 年安徽各城市上市公司每百人专利申请数

图 19 展示了部分城市上市公司每百人专利申请数的变化趋势。从图中可以看出宣城市在四年内整体呈下降趋势，2018 年小幅度回升；芜湖市虽呈下降的趋势，但幅度不大；马鞍山市的每百人专利申请数在四年内不断上升；合肥市的每百人专利申请数则在 2016 年明显下降后在 2017 年呈现出明显上升的趋势，而在 2018 年有所回落，但仍高于 2016 年。

（4）股权结构角度分析

从公司股权结构来看，根据图 20 可以看出，在所有上市公司中地方国有企业的专利产出能力要比中央国有企业、民营企业和其他企业高。与2017 年相比，各股权结构上市公司的每百人专利申请数均有所下降。

图 21 展示了 2015～2018 年安徽各股权结构上市公司每百人专利申请数变化趋势。从图中可以看出，地方国企每百人申请的专利数总体高于中央国企和民营企业，但是波动较大，在经历了 2016 年的大幅下降后，虽然在 2017 年迅速回升，但是 2018 年创新产出又减少；民营企业每百人专利申请数在这四

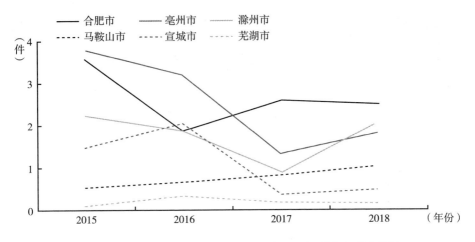

图19 2015～2018 年安徽部分城市上市公司每百人专利申请数

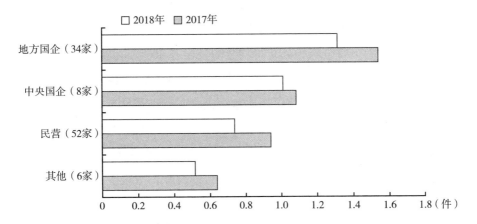

图20 2018 年和 2017 年安徽各股权结构上市公司每百人专利申请数

年内下降趋势明显，但在 2016 年和 2018 年均有小幅增长；中央国企每百人专利申请数在前三年内不断下降，但是在 2018 年有所上升。

2.主营业务利润率

（1）总体分析

从总体来看，主营业务利润率排名前十位的上市公司依次是国元证券、华安证券、新力金融、安科生物、欧普康视、三七互娱、古井贡酒、口子窖、皖通高速和美亚光电，后十位依次是铜陵有色、辉隆股份、皖能电力、

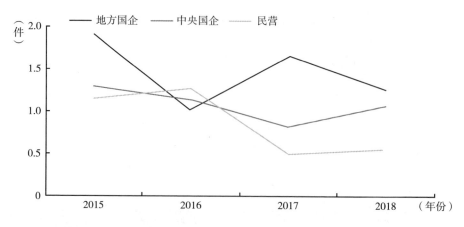

图 21　2015～2018 年安徽各股权结构上市公司每百人专利申请数

楚江新材、众源新材、梦舟股份、江淮汽车、皖天然气、安徽水利和国风塑业。安徽上市公司的主营业务利润率平均数为 27.56%，中位数为 21.75%，低于平均数 5.81 个百分点，高于平均数的公司有 40 家，低于平均数的公司有 60 家，这说明安徽上市公司中半数企业的主营业务利润率比较低，而且与高主营业务利润率的上市公司相比差距较大，特别是排名第一的国元证券的主营业务利润率达到了 98.11%。

和 2017 年对比，安徽上市公司在经营效益方面的表现整体变化幅度较小，个别公司排名波动较大。恒源煤电、新集能源、中粮生化和合肥城建分别上升了 29、28、21、18 名，特别是亚夏汽车变更为中公教育后排名上升了 49 名，说明这几家公司的获利水平在 2018 年显著提高；而淮北矿业和皖能电力分别下跌了 36、17 名，说明这两家公司 2018 年主营业务竞争力显著下降。图 22 展示了 2015～2018 年安徽上市公司主营业务利润率的变化趋势。从图中可以看出，安徽上市公司的主营业务利润率呈现不断上升的趋势，且变化较为明显。

（2）行业角度分析

从图 23 可以看出，一半行业的盈利能力比 2017 年强。与 2017 年相比，2018 年主营业务利润率排名前三位和后三位的行业变化不大。前三位依然分别是金融业，信息传输、软件和信息技术服务业，科学研究和技术服务

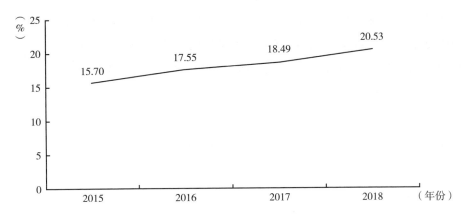

图 22 2015～2018 年安徽上市公司主营业务利润率

业，特别是后两个行业的创新产出无论是专利产出还是经济产出都排名比较靠前；建筑业，电力、热力、燃气及水生产和供应业两年排名都很低，且其与第一名差距非常大，说明不同行业之间盈利能力差距较大。

另外，制造业的主营业务利润率低于行业间的平均水平，在 2018 年排名第十，2017 年排名第九，属于专利产出较高、经济产出较低的行业。制造业内主营业务利润率排名前五位的公司在 100 家上市公司中也名列前茅，而后五位公司的主营业务利润率与前五家公司差距明显，说明制造业内的企业在盈利能力方面参差不齐。

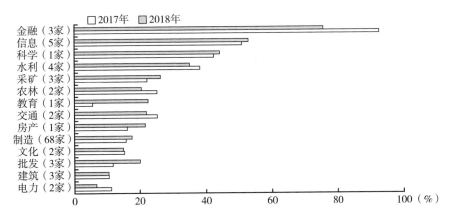

图 23 2018 年和 2017 年安徽各行业上市公司主营业务利润率

从制造业细分行业来看，在行业内排名前五位的 5 家制造业企业有 2 家属于专用设备制造业，2 家属于酒、饮料与精制茶制造业。这两个行业的主营业务利润率基本均超过 100 家公司的平均数。而制造业内排名后六位的公司在 100 家上市公司中排名也非常靠后，以有色金属冶炼及压延加工业居多，其主营业务利润率都低于 100 家公司的平均数，说明制造业内不同细分行业上市公司的主营业务利润率也是差异明显。

图 24 展示了 2015～2018 年安徽部分行业上市公司的主营业务利润率变化趋势。从图中可以看出，金融业的主营业务利润率明显高于其他三个行业，制造业的主营业务利润率最低。其中，金融业的主营业务利润率在四年内呈现下降的趋势，而信息传输、软件和信息技术服务业以及制造业则都呈现上升的趋势。

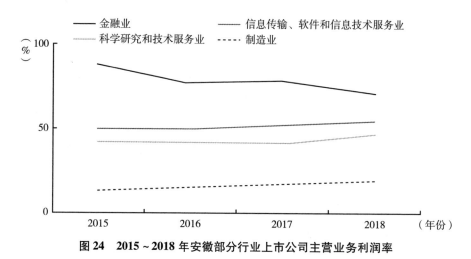

图 24　2015～2018 年安徽部分行业上市公司主营业务利润率

（3）区域角度分析

图 25 展示了安徽不同城市上市公司的主营业务利润率情况。同样，大多数城市上市公司 2018 年的主营业务利润率高于 2017 年。亳州、池州和阜阳的上市公司主营业务利润率在 2018 年和 2017 年均排在前三位，仍然与这三个城市均只有一家上市公司且主营业务利润率都比较高有关，因此不具有代表性。宣城、芜湖和合肥市在 2018 年分别排名第五、第六、第十一位，

与 2017 年排名第四、第五、第十位类似，相对来说更具代表性。铜陵市上市公司主营业务利润率一直最低。

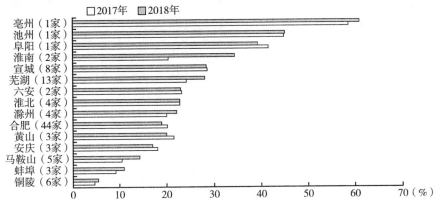

图 25　2018 年和 2017 年安徽各城市上市公司的主营业务利润率

合肥市上市公司主营业务利润率排名前五位的在安徽上市公司中也排在前五位，而排名后五位的在 100 家上市公司中均排在后十位以内，说明合肥市上市公司主营业务利润率差异较大。

图 26 展示了安徽部分城市上市公司主营业务利润率的变化趋势。芜湖市和马鞍山市上市公司的主营业务利润率在四年内均呈现上升的趋势，合肥市和宣城市上市公司的主营业务利润率虽然呈现下降趋势，但是幅度非常小。

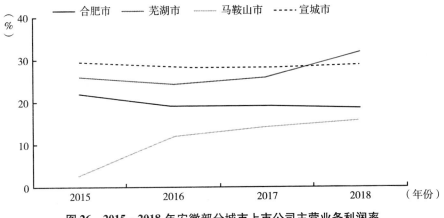

图 26　2015～2018 年安徽部分城市上市公司主营业务利润率

（4）股权结构角度分析

从图 27 可以看出，除其他企业以外，各股权结构上市公司的主营业务利润率都高于 2017 年。不同的是，2017 年民营企业主营业务利润率最高，而 2018 年则是中央国有企业最高，其次是民营企业，再次是地方国企。

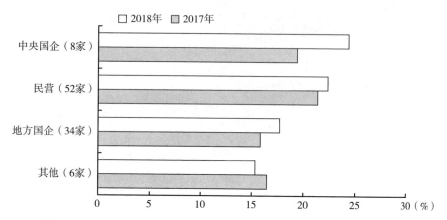

图 27　2018 年和 2017 年安徽各股权结构上市公司的主营业务利润率

图 28 展示了 2015～2018 年安徽各股权结构上市公司主营业务利润率变化趋势。中央国企的主营业务利润率在 2016 年增长得特别快，2017 年、2018 年增速放缓；地方国企四年内持续上升；民营企业则在经历了 2015～2017 年的下降后于 2018 年开始增长。

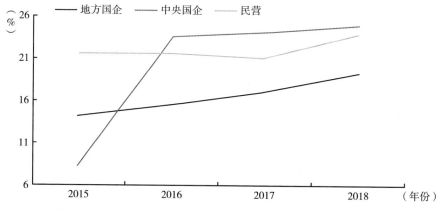

图 28　2015～2018 年安徽各股权结构上市公司主营业务利润率

三 安徽上市公司创新能力综合评价

本部分采用熵值赋权法对安徽上市公司的创新能力进行综合评价，首先对安徽上市公司进行综合排名和分析，然后分行业、城市、企业股权结构进行排名和分析，并将综合得分排名与各分指标得分排名进行对比，找出造成企业创新综合能力落后的原因。

（一）总体分析

根据熵值赋权法原理，得出安徽100家（总数103家）上市公司四个指标的相对权重，如表1所示。

表1 安徽100家上市公司创新水平综合评价体系权重

指标	研发强度（%）	高学历员工比例（%）	每百人专利申请数（%）	主营业务利润率（%）
熵值	90.91	91.61	85.98	93.47
熵权	23.91	22.05	36.87	17.17

从表1中我们可以看出，在评价企业的创新水平时，每百人专利申请数的比重最大，其次是研发强度，再次是高学历员工比例，而主营业务利润率的权重最小，这四个指标权重的相对大小与2017年类似，说明在评价企业的创新能力时应注重企业的技术创新成果，其次是研发费用和人力资本的投入，最后是盈利能力。根据以上计算出来的四个指标的权重，我们进一步计算出安徽100家上市公司的各自综合得分，整理得附件1和附件2。

2018年综合得分排在前十名的分别是科大讯飞、阳光电源、美亚光电、泰禾光电、聚隆科技、科大国创、四创电子、江淮汽车、中电兴发和安徽合力。这10家中有7家是制造业，3家是信息传输、软件和信息技术服务业；8家在合肥，1家在芜湖，1家在宣城；属于地方和中央国企的有4家，民营企业6家。而且这十家公司的创新投入和创新产出整体非常高，特别是有

8家公司的专利产出能力排在安徽前十以内。排在后十名的分别是安德利、长信科技、皖江物流、铜陵有色、合肥百货、华孚时尚、德力股份、楚江新材、中粮生化和梦舟股份。这些公司无论是创新投入还是创新产出在100家公司中排名都普遍靠后，所以它们的创新水平在安徽最弱。其中，7家属于制造业，2家属于批发和零售业，1家属于交通运输、仓储和邮政业；4家在芜湖，2家在合肥，蚌埠、滁州、淮北、铜陵各有1家；6家是民营企业，4家是地方和中央国有企业。

这100家上市公司创新能力综合得分平均数为0.2022，中位数为0.1591，高于平均数的有36家，低于平均数的有64家，说明安徽上市公司的创新能力之间还是有所差异的。通过图29可以发现，安徽上市公司的创新能力综合得分大多聚集于0.0269～0.1769这一区域，且越高于平均数，企业越少，说明安徽虽然拥有创新能力比较强的企业，但是安徽上市公司的创新水平整体还有很大程度的发展空间（图29将企业创新综合得分分为四个区间）。

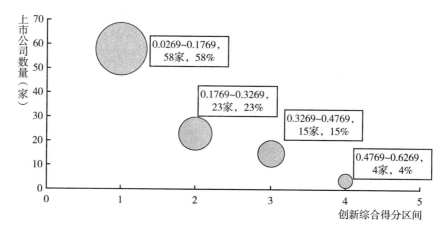

图29 安徽上市公司创新能力综合得分分布

与2017年相比，创新能力得分较高的企业在2018年仍然表现优异，这些公司在研发费用、人才方面的投入均较大，同时在专利创新成果方面具有较大的优势。此外，中公教育、新力金融、恒源煤电、黄山旅游、口子窖分别提高了69、34、26、19、18名，创新能力显著提高。中公教育是因为

2018 年在研发费用和人才方面增加了投入，盈利能力也大大提高；新力金融和黄山旅游是因为高学历员工比例和盈利能力提高；恒源煤电则提高了研发强度和主营业务利润。而德力股份、楚江新材、神剑股份、辉隆股份、鸿路钢构等显著下降了 25、23、19、17、17 名。德力股份、楚江新材和神剑股份是因为专利产出能力显著下降；辉隆股份和鸿路钢构在高学历员工比例和创新产出方面都有所下降。另外，一些公司虽然在某项指标上表现有所提升，但是由于本身或在其他方面表现较差，其创新能力变差或者变化不大，如淮北矿业、中环环保、新集能源、中粮生化、科大国创和伯特利等。

（二）行业角度分析

图 30 表明，2018 年安徽大多数行业上市公司的创新能力综合得分要低于其在 2017 年的相对得分。在 2018 年和 2017 年得分最高的都是信息传输、软件和信息技术服务业，其次是科学研究和技术服务业，无论是创新投入，还是创新产出在所有行业中均排名靠前。特别是信息传输、软件和信息技术服务业的研发强度要远高于其他行业，该行业的创新能力也远高于其他行业。批发和零售业综合得分在两年里一直很低，这也与该行业的特点相符合。而制造业在 2018 年和 2017 年分别排名第六和五位，总体来说创新能力比较高，主要是因为该行业具有较大研发投入和较高的专利产出。

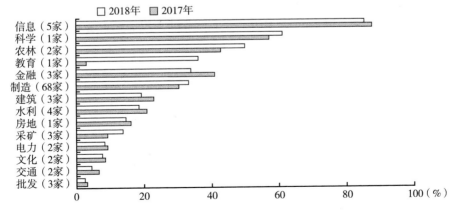

图 30　2018 年和 2017 年安徽各行业上市公司创新能力综合得分

具体到制造业，该行业综合得分最高的前十位在全安徽排名也非常靠前。而制造业中综合得分最低的十位在 2018 年和 2017 年的排名变化不明显，这说明制造业中企业的创新能力悬殊，且依然没有得到改善。

再从制造业细分行业来看，排名前七位的公司中有 3 家属于专用设备制造业，2 家属于电气机械及器材制造业。其中，专用设备制造业企业的创新能力普遍较高，其综合得分均超过 100 家公司的平均数。而有色金属冶炼及压延加工业、纺织业、非金属矿物制品业这三个行业中的企业创新能力综合得分均低于平均值。除这些行业外，其他细分行业的上市公司同样存在创新能力悬殊的问题。

（三）区域角度分析

从图 31 可看出 2018 年安徽半数以上城市上市公司的创新能力综合得分要高于其在 2017 年的得分。合肥市的创新能力在安徽省内两年都是数一数二，这是因为相对于其他城市，其整体研发水平、高学历人才投入以及专利产出均很高，特别是高学历人才投入和专利产出在安徽最高，这可能与合肥聚集了安徽省的一大批高校，且大力扶持双创有关，因此其创新能力要远高于其他城市。与此相反，淮南市和铜陵市在创新投入和产出方面两年均比较低，所以其综合得分两年都最低。芜湖市、宣城市、马鞍山市在 2018 年分别排第 4、第 9、第 10 位，在 2017 年分别排第 9、第 5、第 11 位。芜湖排名上升是因为其投入了更多的高学历人才，盈利能力也有所改善；而宣城则在创新投入和创新产出方面均有所下降，从而 2018 年创新能力下降。

具体到合肥市，合肥的科大讯飞、阳光电源、美亚光电、泰禾光电在 100 家企业中排名前四位，仅合肥百货和安德利在 100 家公司中排名靠后，而且这些公司在 2017 年的排名也基本如此，可见合肥市上市公司的创新能力整体比较高且比较稳定。

（四）股权结构角度分析

图 32 显示除中央国有企业以外，其他股权结构上市公司的 2018 年创

新能力综合得分要低于其在 2017 年的得分。中央国有企业 2018 和 2017 年创新能力都最高，是因为其创新投入和创新产出都比较高，特别是由于受国家支持力度较大，在研发费用和人才投入方面都较高，因此其创新能力远高于其他股权结构的企业。地方国有企业和民营企业相比，两年创新能力都相差不大。总的来说，国有企业在创新方面的表现明显比民营企业好。

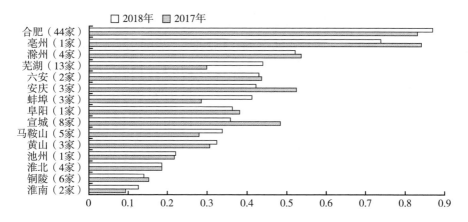

图 31　2018 年和 2017 年安徽各城市上市公司创新能力综合得分

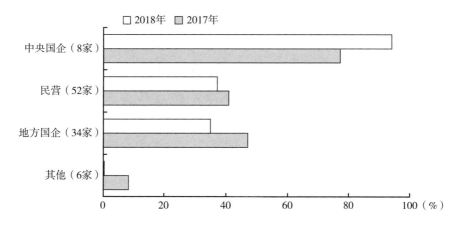

图 32　2018 年和 2017 年安徽各股权结构上市公司创新能力综合得分

四 结论及对策建议

（一）研究结论

基于对安徽省上市公司创新能力综合指标、分指标以及 2017 和 2018 年的纵向比较分析，得出以下结论。

1. 创新能力总体向好，研发强度和专利申请有待改善

从分析结果来看，安徽上市公司在创新能力提升的道路上取得了一定的成绩。近年来，安徽上市公司越来越重视高学历人才的引进和主营业务获利能力的提升。2015～2018 年，安徽上市公司高学历人才比例和主营业务利润率逐年上升。其中，高学历人才比例从 2017 年的 22.02% 上升到 2018 年的 24.32%，提高了 2.3 个百分点，67 家企业高学历员工比例高于上年，占比 67%；主营业务利润率从 2017 年的 18.49% 上升到 2018 年的 20.53%，提高了 2.04 个百分点，其中 50 家企业主营业务利润率高于上年，占比 50%。相比之下，研发强度方面，48 家企业高于上年，占比 48%；每百人专利申请数方面，31 家企业高于上年，占比 31%。

看到成绩的同时，更应该意识到其中存在的问题。从创新能力综合得分来看，安徽上市公司差异比较明显，100 家上市公司创新能力综合得分平均数为 0.2022，高于平均数的有 36 家，低于平均数的有 64 家。而创新能力综合得分的中位数为 0.1591，比平均水平低 0.0431。安徽上市公司的创新能力综合得分大多聚集于 0.0269～0.1769 这一区域，且越高于平均数，企业越少。从研发强度总体来看，2017 年骤降，2018 年有所回升，但仍低于 2016 年水平。研发强度 2017 年平均数为 1.94%，高于平均数的公司有 65 家，2018 年平均数为 3.30%，高于平均数的公司仅为 44 家，研发强度悬殊越发严重。从企业高学历人员比例来看，虽然逐年增加，但 100 家上市公司的高学历员工比例中位数为 17.55%，半数企业本科及以上学历人员不足 18%，平均数为 26.29%，高于平均数的公司有 37 家，低于平均数的公司

有 63 家。只有少数企业拥有较多的高学历人才。从主营业务利润率来看，2015 ~ 2018 年虽然逐年攀升，但差距仍然较大，100 家上市公司的平均数为 27.56%，高于平均数的公司有 40 家，低于平均数的公司有 60 家，而中位数仅为 21.75%，低于平均数约 6 个百分点。从专利产出来看，2015 ~ 2018 年，安徽上市公司每百人专利申请数变化出现了缓慢下降的趋势，专利产出亟待提升。

取得上述成绩，与安徽省政策上对创新的支持以及上市公司对创新的重视是分不开的。在学习过去成功经验的同时，更要找出落后的原因。创新产出的提升与创新投入是密不可分的。但目前仍然有 12 家上市公司的研发强度为 0，尚未意识到研发的重要性。造成高学历员工比例悬殊的原因主要是不同行业的需求不同。主营业务利润率悬殊与行业因素息息相关，近年来信息技术的变革给传统制造业带来了巨大的挑战，主营业务利润率排在后十位的多为传统制造业企业，其应充分利用信息技术，提高产品附加价值。每百人专利产出缓慢下降，一方面是由于员工人数增加迅速，另一方面与专利产出速度较慢有关，专利产出的效率仍然较低。

2. 高新技术产业优势凸显，传统制造业亟须与时俱进

信息传输、软件和信息技术服务业，科学研究和技术服务业无论是创新投入，还是创新产出在所有行业中均排名靠前。两个行业 2018 年创新能力综合得分分别为 0.8445 和 0.6061。创新能力综合得分最低的是批发和零售业，这是由行业特点造成的。制造业的创新水平综合得分排名第六位，2018 年创新能力的排名与 2017 年基本一致。具体到制造业行业内部，该行业综合得分最高的前十名公司在整个安徽省内排名也非常靠前。而制造业中综合得分最低的 10 家公司在 2018 年和 2017 年的排名变化不明显，这说明制造业中企业的创新能力悬殊，传统制造业亟须与时俱进，结合信息技术，提高创新能力。

3. 合芜蚌综合实力突出，淮南铜陵淮北池州仍需努力

从城市分析来看，无论是分指标还是综合指标，省会城市和芜湖的创新能力都远高于经济落后的城市。拥有上市公司数量较多的合肥市和芜湖市，

创新能力综合得分总体来看较高，其中合肥市高达 0.8495。淮南、铜陵、淮北和池州综合得分较低，需要进一步提高和加大对创新的重视与投入。从 2017 和 2018 年的比较来看，合肥市、芜湖市、蚌埠市、马鞍山市和黄山市 2018 年的得分高于 2017 年，其中蚌埠市 2017 年得分为 0.2795，2018 年得分为 0.4044，马鞍山市 2017 年得分为 0.2752，2018 年得分为 0.3319，创新能力综合得分提升较快，对创新的重视程度较高。

4. 央企、国企、民企各有所长，民企创新产出能力有待加强

从股权结构方面来看，与上年相比，民企创新投入有所提高，研发强度从 2017 年的 2.72% 增加至 2018 年的 3.17%，提高了 0.45 个百分点；高学历员工比例从 2017 年的 15.34% 增加至 2018 年的 18.93%，提高了 3.59 个百分点，改善了一度低于地方国企的局面。央企高学历员工比例从 2017 年的 22.79% 增加至 2018 年的 31.15%，提高了 8.36 个百分点，央企高学历员工比例最高，对于安徽省来说，央企对人才仍然更具吸引力；央企、地方国企和民企主营业务利润率均高于上年。综合得分方面，央企远远高于地方国企与民企，地方国企与民企基本持平。出现这样的情况，主要是因为央企的创新投入和创新产出都远高于其他股权结构的上市公司，使其创新能力远高于地方国企和民企。地方国企虽然在研发投入和人才投入方面力度不及民企，却具有较高的创新产出能力。因此，和民营企业相比，地方国企的创新能力不相上下。民企创新产出能力有待提升。

（二）对策

1. 部分行业需加大研发投入，加快转型升级

上市公司作为企业中的优秀成分，要充分认识到研发投入对技术创新活动开展的重要性，加大研发投入的力度，尤其是传统制造业，需要加大研发投入，加快转型升级，制造业中排名后几位的长信科技、洽洽食品、迎驾贡酒、口子窖等企业尤其应重视研发强度的提升。2018 年的研发强度虽然有所提升，但仍低于 2016 年。尤其是皖能电力、皖天然气等 12 家企业，研发强度均为 0，要以持续发展的眼光，根据自身的情况有针对性地增加对人力

资本、技术工艺的研发和研发资金的投入。政府部门应建立健全财政性科技投入，稳定增长机制，优化政府资金支持方式，对有市场潜力的研发活动，采用阶梯贴息、绩效奖励等间接支持方式，鼓励企业开展技术创新，充分调动企业研发投入积极性。

2. 借助上市公司平台加快人才集聚

从 2015 ～ 2018 年安徽上市公司高学历员工比例变化趋势来看，企业高学历员工比例逐年增加。但安徽 100 家上市公司的高学历员工比例中位数为 17.36%，半数企业本科及以上学历人员不足 18%。企业应借助上市公司平台加快人才集聚，继续加强人才引进与培养，同时根据自身需求建立不同的培养体系。人员素质对提升企业创新能力具有不可磨灭的作用，为数不多的高素质人才就足以拉动整个企业的创新能力。因而，针对高学历员工比例排在后十名的安德利、凤形股份、众源新材、黄山胶囊、华菱精工、长信科技、聚隆科技、德力股份、精达股份、广信股份，应该借助上市公司平台加大高素质人才的引进力度，适当增加专业培训。同时，建立完善竞争激励机制，科学合理地使用人才；强化"公开、公平、公正"竞争机制，完善人才激励机制，注重在实践中使用人才。

3. 提高非国有企业专利申请效率

在本报告研究中，我们可以发现专利是影响企业技术创新能力发展的关键性因素。企业应当在技术创新活动开展之前，做好市场调查，把握市场动态，在取得成果的同时对创新成果申请专利，及时将新产品打入市场，占领市场高地，推动企业创新的发展。特别是民营企业，虽然其研发费用和人才投入要高于地方国企，创新产出能力却较低，因而民营企业更应该积极提升技术成果转化效率，增加专利申请。

4. 落后城市积极汲取有效经验，重视创新体系建设

对于落后城市而言，首先，要从领先型地区积极汲取有效经验，重视其创新体系建设。其次，政府要重视教育基础，加强对科研经费和科研人才的投入。再次，加强对地区科技创新项目的支持力度，通过多种途径引进高新技术产业的投资，为区域创新能力提供良好的发展环境。同时，可建立共享

机制和联动机制，推动促成创新发展的共识，改善城市间上市公司创新能力悬殊的局面。综合得分排名下降比较明显的宣城市也应引起重视，宣城市相比上年排名下降了 5 名，更应该加大对创新的重视和投入力度。

5. 进一步建立健全自主创新机制

企业应拟定科学的自主创新规划，设置自主创新短期、中期以及长期的技术和市场发展目标，寻找和解决企业自主创新的结构性和方向性问题。企业技术创新能力的发展不是孤立的，应建立开放性的技术创新体系，解决自主创新的资源不足问题。安徽有自己的科技资源，有很大的科技潜力。安徽拥有中国科学技术大学、合肥工业大学、安徽大学等众多高校科研资源，还有中央驻皖科研机构以及省市的科研单位，同时拥有全国四大科教基地之一的合肥市。以国家公共创新平台为基础，建立包括产学研、价值链、跨职能的技术创新体系，促进多主体之间的资源整合，充分调动多方资源和力量推动创新。

附件

附件 1　安徽上市公司创新能力及分指标值

排名	公司名称	综合得分	行业	城市	股权结构	研发强度（%）	高学历员工比例（%）	每百人专利申请数(件)	主营业务利润率（%）
1	科大讯飞	0.6203	信息	合肥	央企	21.74	87.18	1.76	49.64
2	阳光电源	0.6143	制造	合肥	民企	4.34	65.61	7.68	25.27
3	美亚光电	0.5497	制造	合肥	民企	5.30	45.34	6.13	52.69
4	泰禾光电	0.5028	制造	合肥	民企	7.74	31.77	5.31	52.48
5	聚隆科技	0.4719	制造	宣城	民企	4.52	4.55	7.62	31.78
6	科大国创	0.4623	信息	合肥	民企	15.94	83.07	0.55	35.58
7	四创电子	0.4617	制造	合肥	央企	4.22	57.98	5.38	13.51
8	江淮汽车	0.4595	制造	合肥	国企	4.14	33.54	6.83	8.37
9	中电兴发	0.4143	信息	芜湖	民企	5.13	58.28	3.57	29.25
10	安徽合力	0.3971	制造	合肥	国企	4.03	22.31	5.70	19.85
11	国元证券	0.3926	金融	合肥	国企	0.00	88.73	0.07	98.11

续表

排名	公司名称	综合得分	行业	城市	股权结构	研发强度（%）	高学历员工比例（%）	每百人专利申请数（件）	主营业务利润率（%）
12	安科生物	0.3835	制造	合肥	民企	11.05	41.84	0.62	76.7
13	三七互娱	0.3755	信息	芜湖	民企	6.80	59.40	0.77	69.64
14	华安证券	0.3692	金融	合肥	国企	0.00	80.71	0.00	98.11
15	东华科技	0.3673	建筑	合肥	央企	3.73	89.87	1.85	13.63
16	设计总院	0.3663	科学	合肥	国企	3.29	69.02	1.86	44.08
17	中环环保	0.3600	水利	合肥	民企	3.11	35.88	3.82	35.7
18	广信股份	0.3350	制造	宣城	民企	5.50	6.66	4.37	33.43
19	新力金融	0.3332	金融	合肥	集体	0.00	79.88	0.00	79.56
20	泰尔股份	0.3051	制造	马鞍山	民企	3.77	26.98	3.22	29.69
21	皖通科技	0.2911	信息	合肥	民企	5.57	63.60	0.79	24.7
22	国机通用	0.2892	制造	合肥	央企	5.95	38.91	2.18	18.88
23	志邦家居	0.2886	制造	合肥	民企	3.42	26.60	2.78	34.89
24	中公教育	0.2854	教育	芜湖	民企	7.01	71.74	0.00	22.51
25	古井贡酒	0.2743	制造	亳州	国企	2.93	19.35	1.98	60.92
26	欧普康视	0.2632	制造	合肥	民企	3.09	26.32	0.81	75.1
27	荃银高科	0.2621	农林	合肥	公众	5.30	51.52	0.31	39.59
28	全柴动力	0.2584	制造	滁州	国企	3.63	35.83	2.51	11.54
29	应流股份	0.2574	制造	合肥	民企	15.33	7.98	0.54	30.55
30	安利股份	0.2545	制造	合肥	民企	5.27	19.42	2.67	17.89
31	丰乐种业	0.2497	农林	合肥	国企	2.51	33.68	2.55	15.47
32	国风塑业	0.2491	制造	合肥	国企	3.79	14.59	3.47	9.61
33	集友股份	0.2304	制造	安庆	民企	6.28	12.60	1.11	48.8
34	中钢天源	0.2261	制造	马鞍山	央企	4.67	34.58	1.18	24.19
35	长虹美菱	0.2106	制造	合肥	国企	4.84	20.04	1.83	17.79
36	华菱星马	0.2037	制造	马鞍山	国企	3.86	44.14	0.84	12.67
37	合肥城建	0.1995	房地	合肥	国企	0.00	68.90	0.00	21.65
38	黄山胶囊	0.1943	制造	宣城	民企	3.76	3.89	1.87	36.35
39	合锻智能	0.1894	制造	合肥	民企	5.62	19.63	0.72	30.97
40	国祯环保	0.1873	水利	合肥	民企	2.00	41.42	0.63	24.05
41	融捷健康	0.1771	制造	合肥	民企	5.08	10.59	1.19	27.76
42	安纳达	0.1771	制造	铜陵	国企	3.34	38.01	0.55	17.25
43	精工钢构	0.1768	建筑	六安	民企	3.49	38.67	0.65	12.71
44	开润股份	0.1752	制造	滁州	民企	2.87	21.81	1.10	27.05

排名	公司名称	综合得分	行业	城市	股权结构	研发强度（%）	高学历员工比例（%）	每百人专利申请数(件)	主营业务利润率（%）
45	长城军工	0.1733	制造	合肥	国企	5.56	17.41	0.62	28.27
46	金禾实业	0.1714	制造	滁州	民企	2.57	6.83	1.76	29.85
47	盛运环保	0.1694	制造	安庆	民企	2.82	17.82	1.38	22.14
48	金种子酒	0.1664	制造	阜阳	国企	1.63	10.11	1.34	39.25
49	富煌钢构	0.1616	制造	合肥	民企	3.36	11.15	1.77	13.69
50	永新股份	0.1595	制造	黄山	集体	4.82	11.45	1.06	21.86
51	神剑股份	0.1587	制造	芜湖	民企	3.70	19.12	1.00	19.25
52	皖天然气	0.1502	电力	合肥	国企	0.00	51.79	0.33	9.49
53	文一科技	0.1472	制造	铜陵	民企	3.94	16.04	0.84	19.87
54	常青股份	0.1465	制造	合肥	民企	2.77	7.30	1.55	19.77
55	皖通高速	0.1406	交通	合肥	国企	0.00	19.34	0.04	56.43
56	江南化工	0.1399	制造	宣城	民企	2.07	10.80	0.57	41.46
57	华茂股份	0.1393	制造	安庆	国企	2.77	10.89	1.57	10.6
58	华菱精工	0.1349	制造	宣城	民企	1.41	3.97	1.77	20.65
59	山河药辅	0.1325	制造	淮南	民企	2.92	15.18	0.36	31.81
60	安徽水利	0.1313	建筑	蚌埠	国企	0.47	44.27	0.22	9.55
61	凯盛科技	0.1284	制造	蚌埠	央企	4.34	10.65	0.84	14.71
62	司尔特	0.1282	制造	宣城	民企	2.99	7.79	1.08	20.33
63	恒源煤电	0.1275	采矿	淮北	国企	3.23	9.35	0.28	37.28
64	海螺水泥	0.1264	制造	芜湖	国企	0.07	29.10	0.07	34.15
65	伯特利	0.1258	制造	芜湖	外企	3.54	17.98	0.24	23.7
66	中鼎股份	0.1239	制造	宣城	民企	4.01	12.06	0.25	27.69
67	凤形股份	0.1205	制造	宣城	民企	2.92	2.92	1.28	17.83
68	丰原药业	0.1189	制造	芜湖	民企	2.45	13.43	0.28	31.63
69	口子窖	0.1189	制造	淮北	民企	0.38	8.79	0.03	56.87
70	洽洽食品	0.1127	制造	合肥	民企	0.54	16.74	0.49	29.58
71	黄山旅游	0.1125	水利	黄山	国企	0.00	13.83	0.00	49.66
72	惠而浦	0.1121	制造	合肥	外企	2.47	12.42	0.49	23.72
73	时代出版	0.1105	文化	合肥	国企	0.42	36.21	0.18	10.57
74	九华旅游	0.1082	水利	池州	国企	0.00	15.51	0.00	44.99
75	马钢股份	0.1074	制造	马鞍山	国企	1.24	15.37	0.94	12.56
76	众泰汽车	0.1047	制造	黄山	民企	3.65	17.31	0.19	13.75
77	迎驾贡酒	0.1045	制造	六安	民企	0.45	8.52	0.17	45.42
78	辉隆股份	0.1036	批发	合肥	集体	0.16	32.54	0.51	4.88

排名	公司名称	综合得分	行业	城市	股权结构	研发强度（%）	高学历员工比例（%）	每百人专利申请数（件）	主营业务利润率（%）
79	铜峰电子	0.1016	制造	铜陵	民企	3.06	10.39	0.61	13.99
80	众源新材	0.0998	制造	芜湖	民企	1.95	3.77	1.43	7.37
81	鸿路钢构	0.0972	制造	合肥	民企	2.23	9.14	0.72	15.55
82	皖维高新	0.0932	制造	合肥	国企	3.39	7.51	0.43	16.09
83	皖能电力	0.0872	电力	合肥	国企	0.00	32.28	0.17	6.04
84	淮北矿业	0.0867	采矿	淮北	国企	3.54	9.53	0.01	19.84
85	皖新传媒	0.0863	文化	合肥	国企	0.05	24.67	0.07	18.34
86	海螺型材	0.0852	制造	芜湖	国企	1.60	17.76	0.32	11.19
87	六国化工	0.0846	制造	铜陵	国企	2.54	14.03	0.35	9.69
88	山鹰纸业	0.0844	制造	马鞍山	民企	2.49	7.67	0.28	20.54
89	新集能源	0.0828	采矿	淮南	央企	0.00	10.30	0.14	34.48
90	精达股份	0.0772	制造	铜陵	民企	2.09	5.92	0.70	10.3
91	梦舟股份	0.0707	制造	芜湖	民企	1.70	9.45	0.56	7.97
92	中粮生化	0.0697	制造	蚌埠	央企	0.76	13.03	0.34	13.95
93	楚江新材	0.0696	制造	芜湖	民企	2.64	7.08	0.50	6.39
94	德力股份	0.0681	制造	滁州	民企	1.02	4.59	0.57	16.96
95	华孚时尚	0.0557	制造	淮北	民企	1.51	12.83	0.02	10.38
96	合肥百货	0.0478	批发	合肥	国企	0.00	11.15	0.00	17.96
97	铜陵有色	0.0462	制造	铜陵	国企	1.24	11.56	0.18	4.35
98	皖江物流	0.0433	交通	芜湖	国企	0.00	13.60	0.02	11.54
99	长信科技	0.0295	制造	芜湖	民企	0.75	4.05	0.08	11.11
100	安德利	0.0269	批发	合肥	民企	0.00	2.06	0.00	19.06

注：本表中 2017 年排名是按照表中统计的上市公司在 2017 年的对应规模重新计算的排名。

附件 2　安徽上市公司创新能力综合排名和子指标排名及与 2017 年对比情况

公司名称	综合指标			研发强度		高学历员工比例		每百人专利申请数		主营业务利润率	
	2018年	2017年	排名变化	2018年	2017年	2018年	2017年	2018年	2017年	2018年	2017年
科大讯飞	1	2	↑1	1	1	3	3	25	25	13	12
阳光电源	2	1	↓1	23	29	10	8	1	1	42	43
美亚光电	3	7	↑4	15	10	17	16	4	9	10	11

续表

公司名称	综合指标			研发强度		高学历员工比例		每百人专利申请数		主营业务利润率	
	2018年	2017年	排名变化	2018年	2017年	2018年	2017年	2018年	2017年	2018年	2017年
泰禾光电	4	13	↑9	5	5	33	27	7	11	11	9
聚隆科技	5	8	↑3	22	28	94	94	2	3	30	25
科大国创	6	6	—	2	2	4	4	59	80	24	23
四创电子	7	3	↓4	25	21	14	10	6	4	78	76
江淮汽车	8	4	↓4	26	25	30	30	3	2	94	90
中电兴发	9	5	↓4	17	13	13	14	10	7	37	31
安徽合力	10	9	↓1	27	24	39	39	5	5	56	53
国元证券	11	16	↑5	89	90	2	2	86	87	1	1
安科生物	12	15	↑3	4	4	20	18	53	45	4	4
三七互娱	13	18	↑5	7	6	12	11	46	49	6	5
华安证券	14	17	↑3	90	78	5	5	98	97	2	2
东华科技	15	10	↓5	34	26	1	1	21	16	77	73
设计总院	16	14	↓2	45	46	8	7	20	26	17	18
中环环保	17	11	↓6	47	63	26	23	9	8	23	19
广信股份	18	12	↓6	13	8	91	91	8	6	28	30
新力金融	19	53	↑34	91	95	6	24	97	96	3	13
泰尔股份	20	20	—	32	33	35	36	12	12	35	27
皖通科技	21	19	↓2	11	9	11	9	45	39	43	52
国机通用	22	23	↑1	9	14	22	25	17	27	61	55
志邦家居	23	21	↓2	41	41	36	34	13	13	25	26
中公教育	24	93	↑69	6	92	7	37	95	94	48	97
古井贡酒	25	26	↑1	51	43	44	51	18	15	7	6
欧普康视	26	30	↑4	48	38	37	31	44	50	5	3
荃银高科	27	28	↑1	14	23	16	12	71	70	19	24
全柴动力	28	25	↓3	37	36	27	22	16	19	82	79
应流股份	29	40	↑11	3	3	84	84	60	65	33	35
安利股份	30	24	↓6	16	12	43	45	14	14	64	58
丰乐种业	31	29	↓2	61	51	29	28	15	21	71	65
国风塑业	32	22	↓10	31	27	57	60	11	10	91	88
集友股份	33	27	↓6	8	7	64	58	35	23	14	10
中钢天源	34	33	↓1	21	22	28	35	34	33	44	47
长虹美菱	35	41	↑6	19	16	41	44	22	34	66	63
华菱星马	36	36	—	30	30	19	15	41	60	80	83

续表

公司名称	综合指标			研发强度		高学历员工比例		每百人专利申请数		主营业务利润率	
	2018年	2017年	排名变化	2018年	2017年	2018年	2017年	2018年	2017年	2018年	2017年
合肥城建	37	38	↑1	96	91	9	6	94	93	51	69
黄山胶囊	38	39	↑1	33	35	97	96	19	18	22	22
合锻智能	39	42	↑3	10	18	42	42	47	42	32	37
国祯环保	40	35	↓5	68	58	21	17	51	51	45	41
融捷健康	41	31	↓10	18	19	74	66	33	22	39	28
安纳达	42	46	↑4	44	39	24	20	58	64	67	72
精工钢构	43	34	↓9	40	34	23	21	50	46	79	75
开润股份	44	45	↑1	54	40	40	40	36	38	41	34
长城军工	45	49	↑4	12	11	50	49	52	67	38	38
金禾实业	46	54	↑8	59	62	90	92	26	31	34	44
盛运环保	47	43	↓4	55	61	48	46	30	29	49	40
金种子酒	48	58	↑10	71	70	77	79	31	47	20	20
富煌钢构	49	44	↓5	43	37	70	81	23	17	76	74
永新股份	50	47	↓3	20	17	68	71	38	43	50	49
神剑股份	51	32	↓19	35	32	46	43	39	20	59	51
皖天然气	52	48	↓4	99	100	15	13	69	68	93	89
文一科技	53	37	↓16	29	20	53	52	42	28	55	66
常青股份	54	55	↑1	56	50	88	89	28	32	58	48
皖通高速	55	68	↑13	92	93	45	41	88	88	9	7
江南化工	56	51	↓5	67	53	72	76	56	40	18	17
华茂股份	57	50	↓7	57	52	71	75	27	24	86	92
华菱精工	58	57	↓1	74	71	96	97	24	30	52	45
山河药辅	59	63	↑4	53	54	56	53	66	62	29	29
安徽水利	60	56	↓4	81	84	18	19	77	72	92	91
凯盛科技	61	52	↓9	24	15	73	74	43	48	72	71
司尔特	62	59	↓3	50	42	85	83	37	44	54	61
恒源煤电	63	89	↑26	46	67	80	78	73	74	21	50
海螺水泥	64	66	↑2	86	86	34	33	87	85	27	32
伯特利	65	72	↑7	39	44	47	48	76	100	47	46
中鼎股份	66	62	↓4	28	31	66	67	75	63	40	36
凤形股份	67	79	↑12	52	48	99	99	32	52	65	60
丰原药业	68	73	↑5	64	64	61	64	72	73	31	39
口子窖	69	87	↑18	84	83	82	82	89	91	8	8

续表

公司名称	综合指标			研发强度		高学历员工比例		每百人专利申请数		主营业务利润率	
	2018年	2017年	排名变化	2018年	2017年	2018年	2017年	2018年	2017年	2018年	2017年
洽洽食品	70	78	↑8	80	81	52	50	63	69	36	33
黄山旅游	71	90	↑19	93	94	59	63	96	95	12	14
惠而浦	72	60	↓12	63	55	65	56	64	54	46	42
时代出版	73	65	↓8	83	82	25	26	80	81	87	85
九华旅游	74	86	↑12	94	99	54	54	100	99	16	15
马钢股份	75	82	↑7	76	72	55	57	40	53	81	94
众泰汽车	76	76	—	36	49	51	55	78	78	75	70
迎驾贡酒	77	85	↑8	82	80	83	85	82	75	15	16
辉隆股份	78	61	↓17	85	85	31	29	61	55	99	98
铜峰电子	79	71	↓8	49	47	75	73	54	56	73	80
众源新材	80	67	↓13	69	57	98	98	29	35	96	93
鸿路钢构	81	64	↓17	65	74	81	72	48	41	70	68
皖维高新	82	80	↓2	42	45	87	86	65	66	69	67
皖能电力	83	75	↓8	100	89	32	32	81	79	98	81
淮北矿业	84	81	↓3	38	76	78	65	92	77	57	21
皖新传媒	85	84	↓1	87	96	38	38	85	84	62	57
海螺型材	86	77	↓9	72	66	49	47	70	71	84	78
六国化工	87	74	↓13	60	60	58	59	67	58	90	87
山鹰纸业	88	88	—	62	56	86	87	74	76	53	59
新集能源	89	96	↑7	95	97	76	80	83	83	26	54
精达股份	90	83	↓7	66	59	92	90	49	57	89	84
梦舟股份	91	92	↑1	70	73	79	77	57	61	95	96
中粮生化	92	91	↓1	78	77	62	69	68	59	74	95
楚江新材	93	70	↓23	58	65	89	88	62	36	97	99
德力股份	94	69	↓25	77	68	93	93	55	37	68	62
华孚时尚	95	94	↓1	73	69	63	61	91	90	88	82
合肥百货	96	98	↑2	98	88	69	70	93	92	63	64
铜陵有色	97	95	↓2	75	75	67	68	79	82	100	100
皖江物流	98	97	↓1	88	87	60	62	90	89	83	77
长信科技	99	99	—	79	79	95	95	84	86	85	86
安德利	100	100	—	97	98	100	100	99	98	60	56

注：本表中2017年排名是按照表中统计的上市公司在2017年的对应规模重新计算的排名。

B.6
安徽上市公司社会贡献与
责任发展报告

刘杨 王文琴 杨静 王娜*

摘　要： 在网络信息技术越来越发达、舆论影响力越来越大的背景下，企业的社会责任和社会贡献成为理论和实践界评价企业价值的重要因素。本报告依据会计理论，运用熵值赋权的方法，对安徽上市公司的社会贡献和社会责任情况进行多角度研究，得出上市公司总体表现较好、社会贡献能力增长、社会责任意识有待加强的结论，并针对安徽实际，从企业、政府等角度提出强化企业社会责任意识、加强责任指标披露、政府制定挂钩企业的奖惩机制、厘清行业特点并引导人才流动等相关建议与对策。

关键词： 社会贡献率　社会积累率　社会责任

2019年6月17日四川宜宾突发强震，五粮液集团迅速做出反应，向灾区捐款2000万元，受到社会一致好评。作为社会的独立法人组织，企业在其商业运作里应遵循可持续发展的原则，并且对利益相关者承担起企业社会

---

* 刘杨，中国科学技术大学管理学院博士研究生，工商管理创新研究中心成员；王文琴，中国科学技术大学管理学院硕士研究生，工商管理创新研究中心成员；杨静，中国科学技术大学管理学院硕士研究生，工商管理创新研究中心成员；王娜，研究生，安徽省投资集团中安研究院研究员。

责任。履行社会责任不仅能够帮助企业提升社会形象，更能促进社会发展。作为地区企业的代表和领头羊，上市公司社会责任履行情况一定程度可以反映地区社会责任意识。自从安徽被纳入长江三角洲区域以来，经济得以快速发展。考察安徽上市公司社会贡献与责任履行情况，是从多元视角考察安徽经济发展质量，有利于督促企业注重社会贡献与责任，促进企业全面健康发展。

一　安徽上市公司社会贡献和社会责任情况概述

展开研究前，有必要先明确什么是社会贡献和社会责任。本部分先对社会贡献和社会责任的基本概念和内涵进行界定；然后明确关注企业社会贡献和社会责任的意义所在；最后给出本报告采用的社会贡献和社会责任测量指标和测算方法。我们在文献研究的基础上，选取了能够反映企业社会贡献和社会责任的一系列指标，形成了安徽上市公司社会贡献和社会责任发展指数的评价指标体系。

（一）社会贡献和社会责任的基本含义

企业不仅要创造利润、对股东和员工承担法律责任，还要承担对消费者、社区和环境的责任，这部分责任就是企业社会责任（Corporate Social Responsibility，简称CSR）。企业在其商业运作里应遵循可持续发展的原则，并且对利益相关者承担起应负的责任。企业社会责任的概念由英国学者欧利文·谢尔顿（Oliver Sheldon）在1923年首次提出。在《管理的哲学》一书中，他认为企业的目标不再单纯地只是生产产品，还应该考虑到社会的因素，并认为企业社会责任应包含道德责任[①]。霍瓦德 R. 博文（Bowen H. R.）被称为"企业社会责任之父"。1953年，他在著作《商业的社会责任》中明确提出，"商人根据社会的目标和价值，逐渐向国家有关政策靠

---

① Sheldon O. , *The Philosophy of Management*, Routledge, 2004.

拢，做出自己相应的决策，并采取最佳具体行动的义务"①。这表明了早期企业履行社会责任与政府立法执法的推动密不可分。1979 年，卡罗尔（Carroll A. B. ）提出了企业社会责任表现的三维概念模型，认为"企业社会责任是指某一特定时期社会对企业所寄托的经济、法律、伦理、慈善的期望"②。

企业的社会贡献，主要指企业在一定期间内通过生产经营活动，为社会和国家创造的价值，反映企业对社会或国家的贡献水平。主要包括对员工、政府、投资者等方面做出的贡献，在本报告中，投资者是指包括股东和债权人在内的广义投资者。企业根据自身发展的实际情况，合法合规经营、依法履行纳税义务、积极吸纳社会劳动力并保证员工权益、对资本所有者予以回馈、主动帮助社会困难群体等行为，都是企业对社会所做的贡献。企业对社会做贡献，从表面看是付出了成本，但是从长期来看，实际是改善企业外部环境的一种方式，有利于企业价值的提高。

理论上认为，广义的社会责任包含了社会贡献，狭义的社会责任与社会贡献是有区别的。本报告采用狭义的社会贡献与社会责任界定，认为这是两个不同的概念。社会贡献采用定量指标衡量，数据来源于上市公司的公开数据。社会责任采用定性指标衡量，数据来源于企业年报和社会责任报告等。

（二）安徽上市公司社会贡献和社会责任的研究意义

研究并强调安徽上市公司的社会贡献和社会责任，是促使企业和社会和谐以及可持续发展的必然要求，也是我国证券市场规范化的必经历程。企业作为社会发展的主体和基本单元，既享受着社会提供的生存发展的条件和资源，也应承担一定的社会责任，对社会做出一定的贡献。作为发展中国家的中国，需要企业特别是上市公司承担起相应的社会责任和做出相应的社会贡

---

① Bowen H. R. , Johnson F. E. , *Social Responsibility of the Businessman*, Harper, 1953.
② Carroll A. B. , "A three – dimensional conceptual model of corporate performance", *Academy of Management Review*, 1979, 4（4）.

献，这样才能保障绿色、环保、持续、有序的发展。随着我国证券市场的规范化，披露企业的社会贡献和社会责任相关信息，已经成为上市公司需要承担的义务。

研究安徽上市公司社会贡献和社会责任的履行情况，有助于发现安徽上市公司在履行社会责任中存在的问题，从而得出提高社会贡献和改善社会责任履行的对策建议。对企业社会贡献状况的分析，可以通过客观数据的处理和分析，来产生相对准确的数据结果。这有助于发掘对社会贡献巨大的优秀企业，旨在促进安徽上市公司更加积极地对社会做出贡献、履行社会责任。此外，对安徽上市公司社会贡献和社会责任披露信息的关注，能够督促这些企业在未来更加详细、诚实地披露社会责任相关信息。

对安徽上市公司社会贡献和社会责任能力的研究，是对现有市场上地域性上市公司社会贡献和社会责任报告的补充。社会贡献和社会责任的信息一般会在上市公司发展报告中披露。综观市场上，目前能搜索到的地域性的上市公司发展报告非常少，而且仅有河北省、上海市、贵州省等少数省份的上市公司发展报告中包含企业社会责任信息。安徽上市公司的社会贡献和社会责任发展报告则一直是缺失的状态。本报告是对现有中国企业社会贡献和社会责任研究的补充。

（三）安徽上市公司社会贡献和社会责任指标选取及衡量方法

1. 社会贡献指标选取及衡量方法

衡量社会贡献的主要指标是：社会贡献率、社会积累率和每股社会贡献值。本报告将采用这几个指标展开研究。

（1）社会贡献率

社会贡献率是公司社会贡献总额与公司平均资产总额的比值，是衡量公司运用全部资产为社会创造价值的能力。社会贡献率是衡量公司社会贡献最直接、最主要的指标[①]。社会贡献总额是以货币形式表现的公司为社会创造

[①] 安琪：《上市公司社会贡献计量与披露研究》，中国海洋大学，2014。

的国民收入总额，包括工资、劳保退休统筹及其他社会福利支出、利息支出净额、应交或已交的增值税、消费税、营业税、有关销售税金及附加、所得税及有关费用和净利润等[1]。计算公式为：

社会贡献总额 = 工资、奖金、津贴和补贴 + 税金及附加 + 所得税 + 利息支出 + 净利润
公司平均资产总额 = （期初资产 + 期末资产)/2
社会贡献率 = 公司社会贡献总额／公司平均资产总额 × 100%

（2）社会积累率

社会积累率，又被称为财政贡献率[2]，是公司上缴财政的税费总额与公司社会贡献总额的比值，衡量了公司对社会的贡献总额中，上交国家财政的税费所占的份额。上缴财政的税费总额，包括应交或已交增值税、消费税、营业税、有关销售税金及附加、所得税及有关费用等。计算公式为：

社会积累率 = 公司上缴财政的税费总额／公司社会贡献总额 × 100%

（3）每股社会贡献值

每股社会贡献值是指在公司为股东创造的基本每股收益的基础上，增加公司本会计年度为利益相关者所创造的社会价值并扣除公司造成的社会成本，从而计算公司每股股票为社会创造的附加价值。为股东创造的每股收益可以用净利润与期末总股本的比值表示，其他为利益相关者创造的价值涉及上交的税收、员工工资、利息支出等贡献，也包含在公司社会贡献总额里。由于公司未披露社会成本和社会效益值，因此本处不计入。在本报告中，每股社会贡献值是公司社会贡献总额与上市公司期末总股本的比值。计算公式为：

每股社会贡献值 = 公司社会贡献总额／公司期末总股本

① 黄珺、陈英：《企业社会贡献度对环境信息披露的影响——来自上证治理板块上市公司的经验证据》，《湖南大学学报》（社会科学版）2012 年第 2 期，第 55～58 页。
② 田淑华：《企业的社会贡献率与社会积累率》，《辽宁财税》1998 年第 4 期，第 19～20 页。

2. 社会责任指标选取及衡量方法

（1）社会责任指标选择

在社会责任的测量指标上，我们参考《上海上市公司社会责任研究报告（2016）》① 中的上市公司社会责任评价指标体系，使用定性指标来评价社会责任。定性指标是指用文字进行描述的指标，这部分指标不涉及数字和金额，侧重于社会公益、环境保护、安全生产、员工福利、客户满意等要素。社会责任的测量指标分为 4 个一级指标（责任板块），10 个二级指标（责任议题），79 个三级指标（责任指标）。指标设置的具体情况见表 1。

表 1　安徽上市公司社会责任评价指标体系

责任板块	责任议题	责任指标
责任管理	责任管理	1.企业社会责任理念;2.核心社会责任议题;3.企业社会责任规划或年度计划;4.社会责任领导机构;5.社会责任组织体系;6.社会责任管理制度;7.利益相关方识别;8.利益相关方的期望及企业回应措施;9.利益相关方沟通、参与机制;10.是否发布社会责任报告;11.报告是否有第三方评价;12.官网上是否有 CSR 专栏;13.是否有单项报告;14.高层领导参与的社会责任活动
市场责任	股东权益	1.投资者关系管理制度;2.营业收入;3.净利润;4.资产总额;5.资产负债率
	供应链管理	1.供应商管理理念;2.供应商资质要求;3.责任采购制度及方针;4.推动供应商履行社会责任
	客户满意	1.客户关系管理制度;2.售后服务体系;3.积极应对客户投诉;4.客户信息保护;5.客户满意度调查;6.产品质量管理体系及认证;7.广告宣传合规
	科技创新	1.支持科技研发的制度及创新;2.研发人员数量及比例;3.研发投入;4.新增专利数

---

① 钟宏武等:《上海上市公司社会责任研究报告（2016）》，经济管理出版社，2016。

责任板块	责任议题	责任指标
社会责任	依法经营	1. 守法合规体系；2. 反腐败和商业贿赂；3. 纳税总额；4. 报告期内吸纳就业总人数
	员工关爱	1. 平等雇佣制度；2. 劳动合同签订率/集体合同覆盖率；3. 社会保险覆盖率；4. 参加工会的员工比例；5. 禁止强迫劳动；6. 保护雇员个人信息和隐私；7. 每年人均带薪休假天数；8. 女性管理者比例；9. 残疾人雇佣率或雇佣人数；10. 民主管理与厂务公开；11. 困难员工帮扶投入；12. 为特殊人群提供特殊保护；13. 员工满意度；14. 员工流失率；15. 员工培训制度；16. 员工培训绩效；17. 员工职业发展通道；18. 员工成长激励机制
	社区关系	1. 社区沟通参与机制和渠道；2. 支持员工本地化的政策；3. 支持本地化采购；4. 支持社区成员的教育学习；5. 和当地政府、NGO等建立关系；6. 公益方针、基金会；7. 支持员工志愿者制度/员工志愿活动绩效；8. 捐赠总额
	安全生产	1. 安全生产管理体系；2. 安全应急管理机制；3. 安全教育与培训；4. 安全培训绩效；5. 安全生产投入；6. 员工伤亡人数
环境责任	绿色经营	1. 环境管理体系及认证；2. 环保培训与宣教；3. 环保总投入；4. 能源消耗总量；5. 水资源消耗总量；6. 环保技术设备研发与应用；7. 绿色办公；8. 应对气候变化目标及计划；9. 温室气体排放量及减排量

注：指标体系来源于《上海上市公司社会责任研究报告（2016）》。

（2）社会责任指标赋权与评分

第一步，根据社会责任评价指标体系，对每个企业的责任管理、市场责任、社会责任、环境责任四大指标进行赋值。考虑到数据的标准化问题，将每个指标的初始总分设置为相同的 10 分，按照细分指标对企业的这四个部分进行赋值。例如，责任管理，是根据企业是否有社会责任理念、核心社会责任议题等进行评分的，责任管理包含 14 项细分指标，按照平均权重思想，每项指标为 0.714 分，有则为 0.714 分，无则为 0分；市场责任的细分指标有股东权益、供应链管理、客户满意、科技创新四项，同理每一项为 2.5 分，再根据第三级指标具体打分；社会责任的细分指标有依法经营、员工关爱、社区关系、安全生产四块，每一块为 2.5 分，根据第三级指标具体打分；环境责任三级指标有 9 项，每项指标为 0.78 分，有责任则为 0.78 分，无则为 0 分；若没有任何公布的信息能透露上述三级指标包含的内容，也作 0 分处理。根据三级指标加总分数，得到安徽上市公司责任管理、市场责任、社会责任、环境责任的二级指标分数。

第二步，运用熵值赋权法确定责任管理、市场责任、社会责任、环境责任四大责任板块的权重。

第三步，根据权重和各项责任板块的得分，计算各企业的社会责任综合得分。

3. 研究对象选择和数据来源

本报告中社会贡献数据主要来自 Wind 数据库和每个企业的财务报告等权威报告。以 2018 年度沪深 A 股上市公司为初始样本进行筛选，选择归属地为安徽的上市公司。社会责任的指标数据则通过浏览安徽 100 家上市公司在 2016～2018 年 3 年间的年度报告、社会责任报告、公司官网、新浪财经、巨潮资讯网、证券交易所等其他权威网站中的信息，手工统计得出。

样本选择标准如下：（1）不包括暂停上市公司、中止上市公司；（2）样本上市公司覆盖按照中国证券监督委员会 CSRC 分类标准涉及的 13 个行业类别；（3）样本不包括经营连续三年亏损，被进行退市风险警示的股票（在其股票简称前冠以"＊ST"标记）的境内上市公司；（4）样本不包括严重亏损、市值严重低于净资产的股票。进行上述筛选后，共选择 100 家上市公司用于本报告分析。

在此，为明确研究主体，本部分特做以下说明：

（1）行业、城市和企业股权结构的划分同前面的报告一致；

（2）截至目前，安徽省共有上市公司 103 家，因企业经营问题，本报告剔除了＊ST 安凯、＊ST 华信、ST 新光三家上市企业和已经退市的中弘股份。

（3）各项指标数据源自年度报告、社会责任报告、公司官网、新浪财经、巨潮资讯网、证券交易所等权威网站。

（4）以上第 1 和第 2 点适用于本报告余下各图表。

二 安徽上市公司社会贡献分析

本报告将从社会贡献率、社会积累率和每股社会贡献值三个方面对社会贡献进行研究，并分行业、城市和股权结构对安徽上市公司进行多角度分析。然后采用熵值赋权法，对安徽上市公司的社会贡献进行综合评价。本报告所采用的数据皆为定量数据，以实现安徽上市公司社会贡献评价结果的客观性和科学性。

（一）上市公司社会贡献指标分析

1. 安徽上市公司社会贡献率

基于以上社会责任含义的界定及目前会计报表体系对社会责任会计信息的披露情况，同时借鉴 1995 年财政部公布的评价企业十大经济效益指标中"社会贡献率"指标（即社会贡献率 = 公司社会贡献总额/公司平均资产总额），本报告使用的公司社会贡献总额包括工资、劳保退休统筹及其他社会福利支出、利息净支出额、应交增值税、营业税、消费税、所得税等各种税金及附加费和上缴净利润等。

（1）安徽上市公司社会贡献率总体评价

2018 年安徽上市公司的社会贡献总额共计 2325.38 亿元，相比 2017 年的 1936.87 亿元增加了 20.06%。2018 年社会贡献率平均值为 19.06%，相比于 2017 年的 13.44% 增加了 5.62 个百分点。

2018 年安徽上市公司社会贡献率排名见本报告附件 1，前十名分别是中公教育、古井贡酒、淮北矿业、口子窖、海螺水泥、迎驾贡酒、开润股份、美亚光电、安徽合力和设计总院。第一名中公教育在资产规模比较小的情况下实现了较高的员工支付和较高的税费，所以社会贡献率排名靠前。与 2017 年社会贡献率前十名相似，古井贡酒、口子窖、迎驾贡酒等几家酒企因为税率高，所以社会贡献率排名比较靠前。另外一个依然保持在前十名的是开润股份，该企业 2018 年实现营业总收入 204807.02 万元，其中主营业务收入 190801.34 万元，创造了 8368.46 万元的高额税费，因此拉高了企业的社会贡献总额。

2018 年安徽上市公司中社会贡献率高于平均值 19.06% 的企业有 40 家，其中有 31 家是制造业。这与 2017 年的结果一致，45% 的制造业企业运用资产为社会创造或支付价值的能力处于较高水平。社会贡献率低于平均数的有 60 家企业，贡献率在 19.06% ~30% 的企业有 22 家，高于 30% 的企业有 18 家（见图 1）。总体情况好于 2017 年，说明上市公司 2018 年的整体社会贡献比上年增加了。

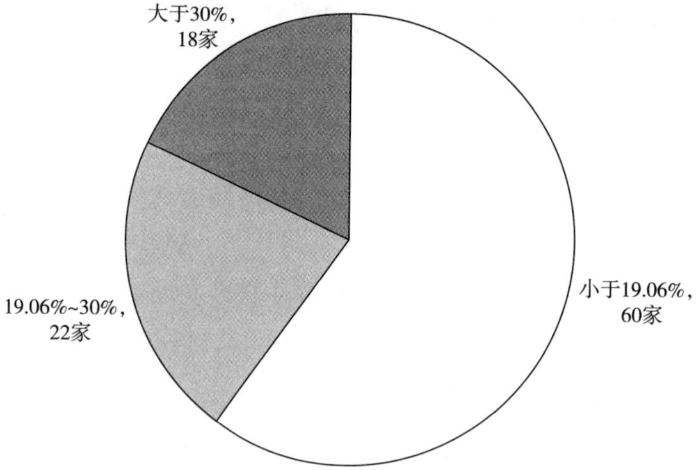

图 1　2018 年安徽上市公司社会贡献率分布

（2）安徽上市公司社会贡献率多角度评价

从行业来看，平均社会贡献率最高的是教育行业，但是仅有一家中公教育，不能代表其行业水平。数量最多的制造业平均社会贡献率为 18.79%，在制造业中，社会贡献率最低的是盛运环保，在 2017 年的社会贡献率分析中，也是这家企业最低。除了教育行业，科学研究和技术服务业以及采矿业依然保持领先，建筑行业的总体排名上升了 8 位，其他行业略有变动（见表 2）。

表2　各行业上市公司社会贡献率平均得分

行业简称	企业数量（家）	2018 年行业社会贡献率（%）	2018 年行业排名	2017 年行业排名
教育	1	76.34	1	—
科学	1	37.71	2	1
采矿	3	34.33	3	2
建筑	3	20.90	4	12
水利	4	18.92	5	5
制造	68	18.79	6	4
电力	2	18.24	7	11
交通	2	16.37	8	8
信息	5	13.82	9	3
金融	3	12.22	10	13
文化	2	11.17	11	6
批发	3	9.40	12	7
房地	1	7.85	13	9
农林	2	6.19	14	10
平均值：21.59			中位数：17.35	

从地域来看，平均社会贡献率最高的城市是亳州市，但这里上市企业仅有一家古井贡酒（税率高），因此不代表整个城市的社会贡献率好。淮北、六安和芜湖的上市公司平均社会贡献率排名靠前。上市公司数量最多的合肥平均社会贡献率为17.13%，与城市平均水准17.15%差不多，说明合肥上市公司2018年社会贡献相对均衡。排名在最后的安庆市表现较差，位于安庆的盛运环保社会贡献各项指标较差，拉低了安庆的平均水准（见图2）。

从企业股权结构来看，民营、地方国企和中央国企差距不大，平均社会贡献率均在20%附近。其他类型的企业总体情况低于三大主要类型的企业，但也在15%附近，说明从企业股权结构角度看，社会贡献的差距不大（见图3）。

2. 安徽上市公司社会积累率

（1）安徽上市公司社会积累率总体评价

2018年安徽上市公司平均社会积累率为19.11%，与2017年的15.53%相比上升了3.58个百分点。2018年安徽上市公司社会积累率排名见附件1。排名前十的是德力股份、古井贡酒、口子窖、众泰汽车、丰原药业、金种子酒、合肥城建、迎驾贡酒、新集能源和楚江新材。排名第一的德力股份社会

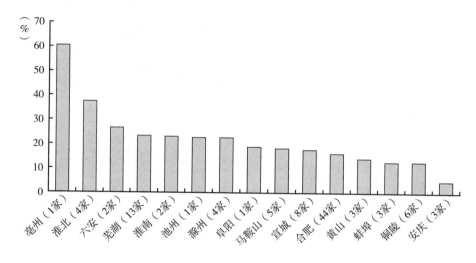

图2　各城市上市公司社会贡献率平均得分

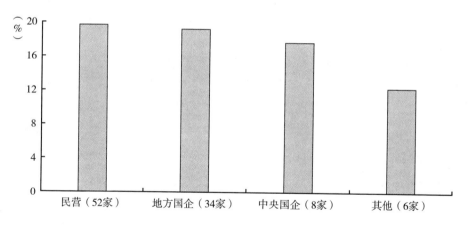

图3　各股权结构上市公司社会贡献率平均得分

积累率高达57.24%，这与该企业2017年的12.27%相比，最大的变化是该企业税费增加、利息支出变少，所以社会积累率大幅增加。金种子酒2018年社会积累率为40.79%，与2017年的61.71%相比下降了许多，原因在于该企业2017年税费高，而2018年税费降低、员工支出增加。排名后五位的是六国化工、梦舟股份、融捷健康、盛运环保和荃银高科，其中除了荃银高科外，其他四家社会积累率均为负值。

2018 年，安徽上市公司社会积累率高于平均水平 19.11% 的有 51 家企业，其中 36 家为制造业。社会积累率在 19.11% ~ 35% 的有 40 家企业，高于 35% 的有 11 家，其中制造业有 9 家（见图 4）。从中可以看出，制造业的社会积累率普遍比较高。

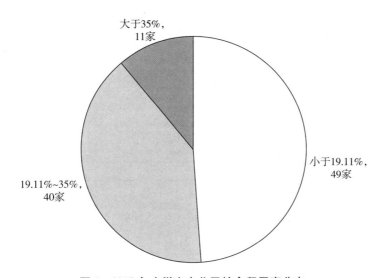

图 4　2018 年安徽上市公司社会积累率分布

（2）安徽上市公司社会积累率多角度评价

分行业来看，平均社会积累率最高的是房地产行业，但是和社会贡献率类似，该行业只有一家上市企业，并不能代表整个行业的特点。其次是采矿业，平均社会积累率为 26.93%。相比 2017 年，交通运输、仓储和邮政业的社会积累率明显提升，农、林、牧、渔业下降比较明显。在排名方面，总体波动正常（见表 3）。

表 3　各行业上市公司社会积累率平均得分

行业简称	企业数量（家）	2018 年行业社会积累率(%)	2018 年行业排名	2017 年行业排名
房地	1	37.06	1	1
采矿	3	26.93	2	4
电力	2	23.59	3	5

续表

行业简称	企业数量（家）	2018 年行业社会积累率(%)	2018 年行业排名	2017 年行业排名
批发	3	22.76	4	3
交通	2	22.39	5	9
建筑	3	21.96	6	2
制造	68	19.00	7	7
水利	4	18.88	8	8
金融	3	17.64	9	6
科学	1	16.07	10	11
信息	5	14.88	11	12
教育	1	8.82	12	—
文化	2	7.97	13	13
农林	2	5.01	14	10
平均值:18.78			中位数:18.94	

　　分地域来看，亳州和阜阳的社会积累率都比较高，这两个城市各有一家酒企（税率高），拉高了社会积累率。社会积累率的城市平均值为 22.14%，高于平均水平的有 8 个城市，这与 2017 年的结果一致。合肥排名比较靠后，这是因为合肥上市公司数量最多，平均以后不敌具有行业特征的其他城市（如亳州）（见图 5）。

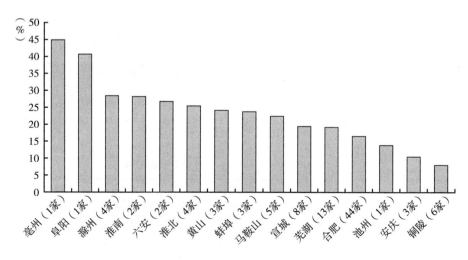

图 5　各城市上市公司社会积累率平均得分

从股权结构来看，中央国企、地方国企和民营企业平均社会积累率很接近，在19%附近波动，没有特别大的差别。其他类型的企业与三大主要类型企业相比表现稍差，但整体差距不是很大（见图6）。

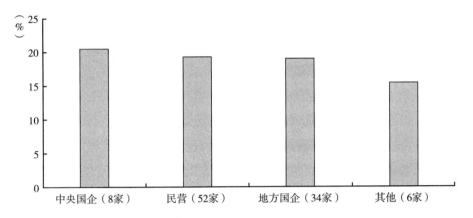

图6　各股权结构上市公司社会积累率平均得分

3. 安徽上市公司每股社会贡献值

（1）安徽上市公司每股社会贡献值总体评价

2018年安徽上市公司每股社会贡献平均值为2.3198，相比于2017年的1.2210上升了89.99%，增幅还是非常大的（见附件1）。2018年安徽上市公司每股社会贡献值排名前十的是中公教育、古井贡酒、海螺水泥、淮北矿业、口子窖、四创电子、志邦家居、恒源煤电、中鼎股份和安徽合力。排名第一的中公教育每股社会贡献值高达43.498，该公司购买亚夏汽车进行上市，公司的实收股本较低，导致每股社会贡献值异常偏高。古井贡酒（税率高）的每股社会贡献值为13.696，其次是海螺水泥，每股社会贡献值为11.438。排名靠后的是盛运环保、融捷健康、梦舟股份、六国化工和德力股份，这五家公司中，除了德力股份外，其他四家的每股社会贡献值均为负值。

2018年安徽上市公司每股社会贡献值低于平均值2.3198的有77家，14家每股社会贡献值在2.3198~4之间，9家在4以上，其中6家是制造业企业（见图7）。

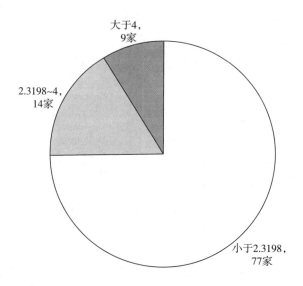

大于4，
9家

2.3198~4，
14家

小于2.3198，
77家

图7　2018年安徽上市公司每股社会贡献值分布

（2）安徽上市公司每股社会贡献值多角度评价

从行业来看，2018年平均每股社会贡献值最高的是教育行业，但因只有一家企业中公教育，所以并不能代表整个行业的水平。其次是采矿业，这与2017年的结果是一致的，采矿业的每股社会贡献值一直在稳步增长。每股社会贡献值最低的是金融业，只有0.635。上市公司数量最多的制造业，每股社会贡献值为1.920，和剔除教育以外的平均水平相近。在排名方面，2018年整体情况与2017年类似，制造业排名稳定在中上游（见表4）。

表4　各行业上市公司每股社会贡献值平均得分

行业简称	企业数量 （家）	2018年行业 每股社会贡献值	2018年 行业排名	2017年 行业排名
教育	1	43.4979	1	—
采矿	3	4.7822	2	1
科学	1	3.3587	3	3
房地	1	2.9895	4	2
制造	68	1.9203	5	5
水利	4	1.8651	6	4

行业简称	企业数量（家）	2018 年行业每股社会贡献值	2018 年行业排名	2017 年行业排名
信息	5	1.8587	7	9
批发	3	1.8500	8	6
交通	2	1.5622	9	10
文化	2	1.3030	10	8
建筑	3	1.2901	11	7
电力	2	1.2012	12	11
农林	2	0.9218	13	12
金融	3	0.6351	14	13
平均值：4.9311			中位数：1.8543	

从地域来看，亳州只有一家上市公司古井贡酒，因为税率比较高，所以每股社会贡献值异常得高。淮北和芜湖两个城市的上市公司每股社会贡献值相对比较高，表现比较良好。排名最后的是安庆市，每股社会贡献值较低，因为盛运环保各项社会贡献指标值较低、净利润为负，社会贡献总额为负值，而安庆市另外两家上市公司的指标表现也没有非常优异，所以总体排名非常靠后（见图8）。

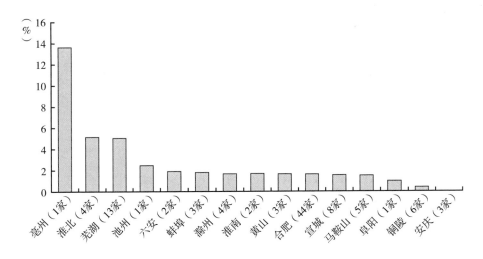

图 8　各城市上市公司每股社会贡献值平均得分

从股权结构来看，地方国企和民营企业的每股社会贡献值排名靠前，均在 2.5 附近。其他类型的企业排名依然靠后，无法匹敌三大主要类型的企业（见图 9）。

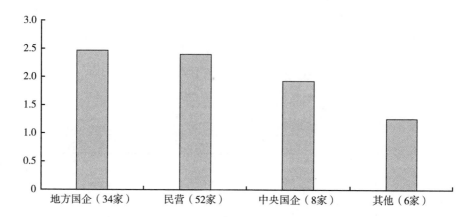

图 9　各股权结构上市公司每股社会贡献值平均得分

（二）上市公司社会贡献综合评定

1. 安徽上市公司社会贡献综合指标总体评价

根据熵值赋权的原理，对安徽上市公司社会贡献各个指标进行合理的赋权，计算得出各个企业的社会贡献综合得分，结果见附件 1。排名第一的是中公教育，这家企业通过购买亚夏汽车股份进而上市，得益于教育行业极低的成本，利用较低的股本可以创造可观的净利润，因此在综合得分中获得了非常好的成绩。

除了中公教育，排名靠前的还有古井贡酒、海螺水泥、淮北矿业、口子窖、志邦家居、迎驾贡酒、恒源煤电、中鼎股份、安徽合力。在这 10 家企业中，古井贡酒、海螺水泥、口子窖、志邦家居、迎驾贡酒、恒源煤电和中鼎股份 7 家企业 2017 年的社会贡献也是位于前十名的。这说明，2018 年社会贡献高的企业总体和 2017 年相当，排名靠前的企业名次变化不大，依然保持着较高的社会贡献。淮北矿业（资产重组更名前为雷鸣科化）在 2017

年的综合排名中，位于 40 名以后，在 2018 年社会贡献排名中，跃居前 5
名。该企业在经历了资产重组后，调整了企业的资产结构，实现了较好的社
会贡献总值，也获得了较好的社会贡献综合排名。安徽合力和设计总院情况
类似，在 2017 年的排名中位于前 20 名，在 2018 年攀升到前 10 名，总体上
该企业的社会贡献在提升，创造了更多的社会价值。

2018 年安徽上市公司社会贡献综合排名后几名是盛运环保、融捷健康、
梦舟股份、六国化工，值得注意的是，这几家公司 2017 年的社会贡献综合
排名也是非常靠后的，尤其是盛运环保。这些企业都存在无法实现收支平
衡、净利润为负值的情况，导致社会贡献的得分偏低。

2018 年安徽上市公司社会贡献综合得分平均水平为 0.1906，中位数为
0.1767。高于平均水平的企业有 31 家，而高于 0.25 的仅有 9 家，这说明综
合得分的总体分布是高位差距明显，低位差距微小。排名靠后的上市公司还
有非常大的上升空间。

2. 安徽上市公司社会贡献综合指标多角度评价

从行业来看，中公教育所在的教育行业排名第一，但因只有这一家企
业，而且行业特殊，因此不具有代表性。采矿业依然保持着较好的贡献水
平，排名靠前；金融业与制造业相比，员工数量偏少，支付给员工的以及为
员工支付的费用比较低，在计算综合排名时受行业特点限制，排名相对靠
后。行业排名情况整体与 2017 年相似，说明 2018 年行业的社会贡献没有太
大波动（见表 5）。

表 5 各行业上市公司社会贡献平均综合得分

行业简称	企业数量（家）	社会贡献综合得分	2018 年行业排名	2017 年行业排名
教育	1	0.9775	1	—
采矿	3	0.2647	2	1
科学	1	0.2427	3	2
房地	1	0.1881	4	3
制造	68	0.1841	5	5

行业简称	企业数量（家）	社会贡献综合得分	2018年行业排名	2017年行业排名
水利	4	0.1827	6	4
信息	5	0.1752	7	6
批发	3	0.1744	8	7
交通	2	0.1720	9	10
文化	2	0.1676	10	8
建筑	3	0.1653	11	9
电力	2	0.1604	12	12
农林	2	0.1428	13	11
金融	3	0.1416	14	13
平均值：0.2385			中位数：0.1748	

从地域来看，安徽上市公司综合得分排名较高的城市有亳州、淮北、芜湖等，亳州只有一家上市企业古井贡酒，得益于税率高，其社会贡献各项指标表现良好，因此排名非常靠前。芜湖从2017年的第9名攀升到第3名，说明芜湖市上市企业社会贡献表现更好。排名靠后的是安庆和铜陵，社会贡献综合情况与2017年类似。安徽各城市上市公司社会贡献整体排名与2017年类似，但也有几个城市排名有所下降，如合肥从2017年的第10名降到2018年的第12名，注意到合肥的得分低于中位数和平均数，说明其他城市的企业社会贡献能力增长比合肥快。除了亳州外，社会贡献在各个城市之间差别不大，呈现均匀梯度变化特征（见表6）。

表6 各城市上市公司社会贡献平均综合得分

城市简称	企业数量（家）	社会贡献综合得分	2018年城市排名	2017年城市排名
亳州	1	0.4721	1	1
淮北	4	0.2789	2	2
芜湖	13	0.2468	3	9
六安	2	0.2050	4	4
池州	1	0.2008	5	3
淮南	2	0.1945	6	8

城市简称	企业数量(家)	社会贡献综合得分	2018年城市排名	2017年城市排名
滁州	4	0.1941	7	5
宣城	8	0.1826	8	13
阜阳	1	0.1809	9	7
马鞍山	5	0.1797	10	12
黄山	3	0.1750	11	6
合肥	44	0.1750	12	10
蚌埠	3	0.1746	13	11
铜陵	6	0.1441	14	14
安庆	3	0.1218	15	15
平均值: 0.2084			中位数: 0.1826	

从股权结构来看，总体情况和2017年一致，地方国企、民营企业和中央国企排名靠前，而且仅存在细微差距，其他类型的企业排名靠后，和地方国企等类型企业存在一定差距，但不是很大（见表7）。

表7　社会贡献股权结构平均综合得分

企业类型	企业数量(家)	社会贡献综合得分	2018年排名	2017年排名
地方国企	34	0.1937	1	2
民营企业	52	0.1935	2	4
中央国企	8	0.1824	3	1
其他	6	0.1586	4	3

三　安徽上市公司社会责任

企业社会责任发展指数是对企业社会责任管理体系建设现状和社会/环境信息披露水平进行评价的综合指数。以下将安徽省上市公司作为研究对象，对企业的社会责任进行分析。本报告主要基于《上海市上市公司社会责任研究报告（2016）》的研究方法和指标体系，从责任管理、市场责任、

社会责任、环境责任四个指标来评价社会责任。通过熵值赋权法，计算社会责任的综合指标并进行排名，并按照不同行业、城市、股权结构进行了分析。

（一）上市公司责任指标

企业社会责任通过四个指标衡量，在这四个指标中，责任管理位于模型的核心，是每个企业社会责任实践的原点。责任管理包括责任战略、责任治理、责任融合、责任绩效、责任沟通和责任能力。市场责任居于模型基部。企业是经济性组织，为市场高效率、低成本地提供有价值的产品或服务，取得较好的财务绩效是企业可持续发展的基础。市场责任包括客户责任、伙伴责任和股东责任等与企业业务活动密切相关的责任。社会责任为模型的左翼，包括政府责任、员工责任和社区责任。环境责任为模型的右翼，包括环境管理、节约资源能源、降污减排等内容。四个指标的原始数据来源于企业年度报告、社会责任报告、公司官网、新浪财经、巨潮资讯网、证券交易所等其他权威信息。

责任管理得分排名前十的企业有皖新传媒、阳光电源、黄山旅游、山河药辅、皖维高新、安徽水利、三七互娱、金种子酒、金禾实业、众源新材。市场责任得分排名前十的企业有皖新传媒、安徽水利、安徽合力、山河药辅、阳光电源、科大讯飞、黄山旅游、中公教育、皖维高新、三七互娱。社会责任得分排名前十的企业有皖新传媒、安徽水利、惠而浦、海螺水泥、安徽合力、山河药辅、金禾实业、中公教育、金种子酒、安科生物。环境责任得分排名前十的企业有黄山旅游、山河药辅、皖新传媒、皖维高新、阳光电源、国祯环保、金种子酒、皖通高速、中公教育、安利股份。

（二）安徽上市公司社会责任综合表现

1. 安徽上市公司社会责任综合表现总体评价

通过熵值赋权法，我们计算出 2018 年安徽上市公司社会责任的综合得分（见附件 2）。综合得分排名前十的企业依次为：皖新传媒、安徽水利、山河药辅、阳光电源、黄山旅游、安徽合力、皖维高新、中公教育、科大讯飞、金种子酒。前八名企业的社会责任综合得分都在 8 分以上，说明它们拥有较好的社会责任理念，能够在公司获得效益的同时，良好地履行对社会发展的责任。与 2017 年排名相比，山河药辅、阳光电源、黄山旅游、中公教育、金种子酒的排名上升明显，说明这些企业在 2018 年社会责任意识有很大提升。排名第一的皖新传媒，是集文化消费、教育服务、现代物流等产业于一体的大型国有控股文化企业，主要业务包括一般图书及教材、教辅的发行，实体办学并为教育提供全渠道和全产品线的服务，物流业务等。2018 年，皖新传媒在其社会责任报告中详细阐述了其社会责任理念和实施方案，对上市公司履责起到了表率作用。

2018 年安徽上市公司社会责任排名后十位的公司分别是：神剑股份、常青股份、志邦家居、华菱星马、合肥城建、江南化工、国风塑业、中电兴发、国机通用、皖天然气。其中，常青股份和志邦家居相对于上年下降较为明显，主要原因在于这两家公司在年报中披露的社会责任相关信息有所减少，侧面反映出公司的社会责任履行质量有所下降。

而国风塑业、中电兴发、国机通用、皖天然气这四家公司四项指标得分均为 0.2 分，原因是这几家企业在年报中披露的社会责任信息过少，从侧面反映出这些企业没有完善的社会责任理念，不能良好地履行社会责任。

根据排名对比发现，2017 年排名第 1 的海螺水泥 2018 年排名第 36，而新集能源从第 3 名降到了第 21 名，2017 年排名前十的公司中下降较为明显的还有梦舟股份和鸿路钢构，分别下降了 45 名和 54 名。

2018 年安徽上市公司社会责任平均数为 3.915，中位数为 3.999，二者相差不大，说明安徽上市公司社会责任整体情况分布较为均匀。但是相对于2017 年来说，上市公司整体社会责任得分平均值有所下降，说明整体履责质量略有降低。

从图 10 可知，2018 年安徽上市公司社会责任低于平均值 3.915 的有 48家企业，占比 48%，42 家企业社会责任得分在 3.915 ~ 7.500 之间，得分为7.500 ~ 10.000 的企业有 10 家，其中有 5 家是制造业企业。

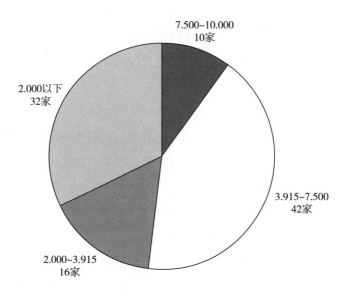

图 10　2018 年安徽上市公司社会责任综合得分分布

2. 安徽上市公司社会责任综合表现多角度评价

2018 年，社会责任综合得分均值排名前三的行业是教育，文化、体育和娱乐业，公管行业（见图 11），这三个行业企业得分虽然远超其他行业企业，但教育行业只有 1 家上市公司，文化、体育和娱乐业及公管行业都只有 2 家上市公司，它们的得分可能不具有代表性。从行业来看，社会责任排名前十的公司多属制造业，但制造业总体排名靠后，一方面是因为制造业公司数量较多，另一方面也说明制造业内存在上市公司参差不齐现象，部分企业社会责任意识要优于其他行业，但整体责任意识仍需加强。

从图 12 可知，位于淮南、阜阳、滁州、池州、黄山这几个城市的企业平均社会责任履行情况较好。但是阜阳、池州分别只有 1 家上市公司，淮南只有 2 家上市公司，因此代表性不强，并不表示一个城市的整体社会责任履行情况都比较好。黄山有 3 家上市公司，滁州有 4 家上市公司，合肥有 44 家上市公司，这些城市企业的社会责任履行情况也不错。

从图 13 可知，地方国企的社会责任得分最高，充分发挥了国有企业的带头作用，在承担社会责任方面一马当先，为民谋利；民营企业紧随其后；

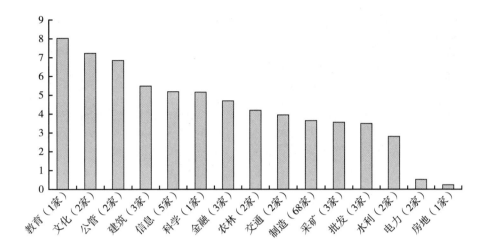

图 11　2018 年安徽上市公司社会责任均值分行业排名

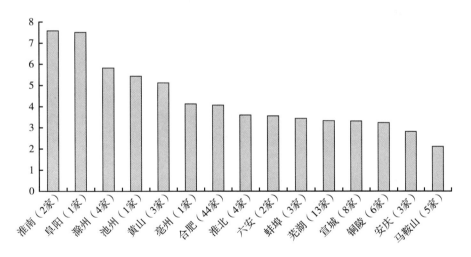

图 12　2018 年安徽上市公司社会责任均值分城市排名

而中央国企和其他类型企业的社会责任得分偏低，其中中央国企有 8 家上市公司，具有一定的代表性，说明中央国企还需积极加强自身社会责任意识，为其他类型企业做好示范作用。

3. 安徽上市公司社会责任综合表现年度对比分析

我们采用了安徽上市公司 2016 年到 2018 年的社会责任均值，对安徽上

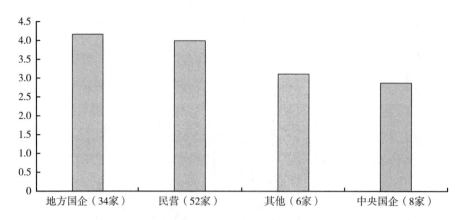

图13 2018 年安徽省上市公司社会责任均值分股权结构排名

市公司三年来的社会责任做了趋势分析。图 14 的结果显示，2017 年社会责任得分均值最高，2018 年略有下降但高于 2016 年，说明安徽上市公司社会责任履行状况呈略微波动趋势，但整体变化较为稳定。

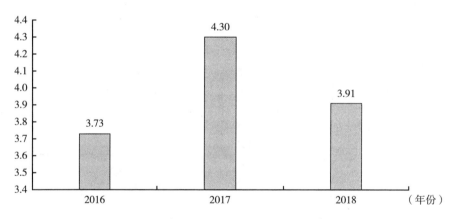

图14   安徽省上市公司 2016～2018 年社会责任评价得分

从安徽上市公司社会责任分行业趋势图来看（见图 15），信息传输、软件和信息技术服务业的社会责任处于较高水平，并且 2016～2018 年总体呈显著上升趋势。批发和零售业及水利、环境和公共设施管理业的社会责任水平相对较低，其中水利、环境和公共设施管理业社会责任水平 2016～2017 年略有下降，但 2017～2018 年呈上升趋势，而批发和零售业处于稳步上升阶段，并且在 2018 年有望超越制造业。相比之下，制造业的社会责任水平虽然在 2016～2017 年呈稳定上升趋势，但在 2017～2018 年间却有明显下降，说明制造业上市公司后续应不断提高自身的社会责任水平，积极履行相应的社会责任。

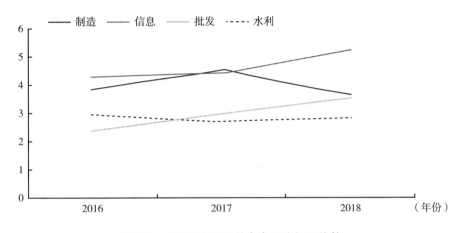

图 15　安徽上市公司社会责任分行业趋势

从分城市趋势图来看（见图 16），2016～2017 年铜陵的社会责任水平最高，但在 2017～2018 年间有明显下降趋势，并在 2018 年低于合肥、芜湖、宣城，说明铜陵市仍需加强社会责任意识，一以贯之。宣城市 2018 年社会责任比 2017 年略有下降，合肥市、芜湖市 2018 年比 2017 年下降较为明显，这可能是因为部分公司 2018 年社会责任意识不强、信息披露不完善。马鞍山整体社会责任水平在这五个城市中是最低的，但马鞍山在 2017～2018 年社会责任水平有较大提升，说明虽然马鞍山上市公司整体社会责任履行情况较差，但随着其社会责任意识的加强，以及相应责任的严格履行，其整体社会责任水平有持续上升趋势。

从股权结构趋势图来看（见图 17），2016～2017 年各类型上市公司的社会责任水平基本呈上升趋势，但 2018 年地方国企、民营企业、中央国企都处于下降趋势，其中中央国企下降趋势最为显著，这与中央国企的示范作用不相符合，中央国企应当注重履行社会责任，发挥领头作用。其次是地方

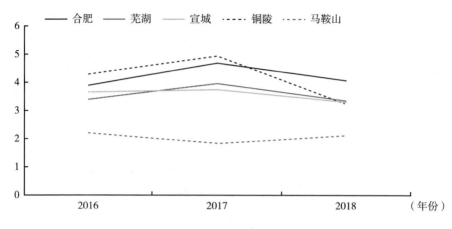

图16 安徽上市公司社会责任分城市趋势

国企和民营企业,两者在 2017～2018 年间有交叉点,到 2018 年,地方国企的社会责任要高于民营企业,而在 2017 年,民营企业的社会责任一度高于地方国企,说明地方国企的社会责任发展趋势较好,呈现后来者居上的整体趋势。其他企业得分在 2016～2018 年呈稳定上升趋势,说明其他股权结构的企业也在积极履行社会责任,反映了社会责任整体意识的加强。

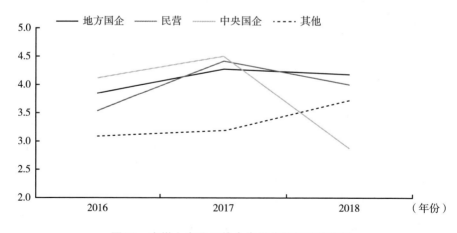

图17 安徽上市公司社会责任分股权结构趋势

此外,需要说明的是,还有部分企业发生了重大负面新闻,对企业造成了不良影响。在综合评分时,我们并未把这种情况考虑进去。

四 研究结论与对策建议

本报告以安徽上市公司为样本，依据 Wind 数据库、RESSET 数据库上市公司公布的财务报告、年度报告和社会责任报告以及新浪财经等网站披露的数据和文字资料，对安徽上市公司的社会贡献和社会责任进行研究。通过熵值赋权法，分别计算上市公司社会贡献和社会责任的综合指标，并分行业、城市和企业股权结构进行分析，得出结论，揭示发现的问题。本部分将综述研究结论，并向企业、政府、投资者提出相关建议。

（一）研究结论

基于对安徽上市公司的社会贡献和社会责任的分析，本报告总结出以下几点结论。

1. 总体表现稳中有升，个别企业成绩突出

2018 年安徽上市公司社会贡献与社会责任与 2017 年相比总体表现一致，并有一定的提高，说明上市公司的社会贡献与社会责任构成总体保持不变。当然也有一些公司，如中公教育、古井贡酒等，在社会贡献方面有特别亮眼的表现，皖新传媒、安徽水利等在履行社会责任方面成绩突出。这些企业有些是因为行业特征，有些是因为企业发展的必要经历，但不管如何，它们为社会做出了重要贡献。

2. 社会贡献能力增强，社会责任有待提高

2018 年安徽上市公司社会贡献综合评价情况好于 2017 年。2018 年上市公司评价的三大指标均值均大于 2017 年，其中每股社会贡献值增长了88.69%。综合评分得分高于平均水准的有 31 家，相比于 2017 年的 41 家企业大幅减少，说明 2018 年社会贡献的高位分布差距更大，社会贡献的突出现象更加明显，即一些排名靠前的企业社会贡献能力进一步加强，与排名靠后的企业拉开了差距。在名次上，除个别企业外，整体变化不大，前十名的企业有七家在 2017 年排名也是位于前十名。

2018 年安徽上市公司社会责任综合评价情况相比于 2017 年有所下降。从社会责任综合评价得分均值可以看出，近三年来，2017 年安徽上市公司社会责任评价最好，2018 年相比 2017 年下降了 9.07%。总体来看，社会责任综合评价下降的主要原因是企业对社会责任披露不够，从侧面反映出，企业对社会责任的重视程度不够。

3. 行业表现整体较好，高低差距突出明显

部分行业自身的一些特点对上市公司的社会贡献和社会责任影响比较明显，如中公教育所在的教育行业，营运成本比较低，容易实现较高的社会贡献总额；再比如古井贡酒所在的酒水制造业，行业税率普遍比较高，上交政府的各项税费总额会高出很多，因此几家酒企社会贡献综合排名均靠前。除了教育行业的特殊性（2017 年没有上市公司），其他行业的整体表现均比 2017 年有所提升。

从高低差距来看，社会贡献综合评价排名第一的采矿业（教育行业除外）和排名最后的金融业差距在 50% 以上；而社会责任综合排名第一的教育业和排名最后的房地产业差距在 95% 以上。造成这种明显高低差距现象的原因，除行业特征因素外，还有社会环境和政策方面的因素。

4. 省会汇聚效应明显，南北地区表现一致

合肥市的上市公司数量最多，社会贡献率综合评分低于平均值，但是社会责任综合得分高于平均值，这与 2017 年的情况一致。合肥市作为省会行政城市，具有很强的吸引力，使得上市公司数量远多于其他城市；相比于其他城市，合肥市社会责任得分较好，社会责任综合得分高于平均水平，企业履行社会责任的意识相比其他城市要好很多。此外，安徽上市公司社会贡献与责任表现，在地域分布上没有明显差别，总体上南北地区的上市公司社会贡献和社会责任表现一致，不会因地域而明显不同。

（二）对策建议

1. 深入了解社会贡献，强化企业责任意识

上市公司应认识到社会贡献和社会责任与企业的利益发展并不冲突，相反是相辅相成的。有研究指出，企业的社会贡献能力和社会责任履行与企

经济利益呈正相关关系。上市公司应注意加强员工社会责任意识，尤其是管理层的企业社会理念，在追求经济利益的同时，还应当遵循绿色发展理念、可持续发展理念。

2. 制定责任发展战略，加强责任指标披露

要让企业更好地履行社会责任，应建立符合自身发展的社会责任战略。在公司战略层面上，要将社会贡献与社会责任提到战略高度，制定并完善相应的战略规划。在管理层面，要层层向下贯彻落实企业社会责任战略，并借助企业文化，营造绿色、可持续的企业发展理念。在对外信息披露方面，积极主动地发布独立的社会责任报告，接受公众监督，强化企业履行社会责任形象。

3. 积极投身公益活动，走可持续发展道路

社会公益投入是社会责任的重要衡量指标，可以体现企业社会责任意识的高低情况，更是企业履行社会责任的直接反映。部分安徽上市公司积极开展可持续性的公益活动，得到社会的认可，如响应国家脱贫攻坚战方针，向当地贫困人口精准帮扶。但仍然有部分企业更关注经济的利益得失，可持续发展理念没有深入企业内部。上市公司应当站在更高层面，积极响应国家政策方针，深入学习领会可持续发展理念的深刻含义，贯彻落实企业层面的相关举措，实现不空喊口号。

4. 政府制定奖惩机制，挂钩责任履行情况

一套合理的激励与约束机制可以激发组织的无限潜力。对于社会贡献能力和社会责任履行情况良好的上市公司，政府应适当加大支持力度，给予相关的政策倾斜；树立行业标杆企业，发挥行业领头人的引导作用；制定合理的奖惩制定，鼓励社会贡献和社会责任履行不良的企业积极学习标杆企业，退惩进奖；严格执行环保总局、央行和银保监会等相关监督机构颁发的监管政策，对于社会贡献和社会责任履行良好的企业，纳入征信。

5. 厘清行业贡献特点，引导人才流入行业

各个行业的特点是不同的，其社会贡献程度也不同。传统制造业与房地产相比，后者对人才的吸引力更大。受行业吸引，传统制造业对人才的吸引力正逐年降低。而制造业对社会宏观层面的贡献是不容小觑的，难以吸引人

才是传统制造业发展的最大限制。

政府应当制定合理的政策，引导和鼓励应届高校毕业生进入制造业等更能创造社会价值的行业。借助人才优势，使这些行业快速发展，提高社会贡献能力。

6. 注重企业责任管理，资本驱动责任发展

投资者要深刻意识到，能够良好地履行社会责任、积极为社会做贡献的上市公司，是更值得投资的。为规避损失，投资者可以将社会责任与贡献纳入考虑，对上市公司进行多方位的考察。同时，这也能够让企业意识到，企业的价值和维度是多方面的，要想获得更多的认可，就必须注重自身的社会贡献和履行社会责任。通过这种路径，可以从资本的角度，驱动企业提高社会贡献能力和社会责任履行水平。

附件

附件 1　安徽上市公司社会贡献指标

公司名称	综合排名	2017年排名	排名变化	综合得分	社会贡献率（%）	社会积累率（%）	每股社会贡献值
中公教育	1	28	↑27	0.9775	76.34	8.82	43.4979
古井贡酒	2	1	↓1	0.4721	60.87	44.88	13.6963
海螺水泥	3	3	—	0.3950	44.62	27.65	11.4385
淮北矿业	4	43	↑39	0.3362	50.56	21.49	7.3449
口子窖	5	2	↓3	0.3263	47.37	42.98	6.5202
志邦家居	6	5	↓1	0.2790	34.13	23.73	5.7650
迎驾贡酒	7	4	↓3	0.2653	44.20	35.79	3.4011
恒源煤电	8	10	↑2	0.2631	33.77	23.62	4.8461
中鼎股份	9	7	↓2	0.2522	34.17	14.34	4.3975
安徽合力	10	17	↑7	0.2489	37.86	15.99	3.7161
设计总院	11	13	↑2	0.2427	37.71	16.07	3.3587
金禾实业	12	8	↓4	0.2383	34.08	17.99	3.4668
四创电子	13	11	↓2	0.2358	13.50	12.99	5.8917
开润股份	14	12	↓2	0.2324	41.34	16.87	2.2791
洽洽食品	15	26	↑11	0.2195	28.82	23.84	2.7861
美亚光电	16	32	↑16	0.2182	40.26	14.27	1.6242
欧普康视	17	23	↑6	0.2158	36.07	22.95	1.7286
马钢股份	18	35	↑17	0.2067	25.55	21.00	2.4731

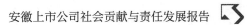

续表

公司名称	综合排名	2017年排名	排名变化	综合得分	社会贡献率（%）	社会积累率（%）	每股社会贡献值
山鹰纸业	19	58	↑39	0.2054	25.21	21.80	2.4187
黄山旅游	20	31	↑11	0.2040	30.04	16.63	1.9057
丰原药业	21	50	↑29	0.2035	22.66	40.98	2.0638
九华旅游	22	15	↓7	0.2008	23.07	14.02	2.6083
鸿路钢构	23	37	↑14	0.1981	16.91	18.09	3.0596
安徽水利	24	49	↑25	0.1975	8.86	32.05	3.5802
新集能源	25	55	↑30	0.1948	18.66	35.69	2.1555
华菱精工	26	20	↓6	0.1947	26.90	21.82	1.5640
常青股份	27	19	↓8	0.1943	18.88	21.18	2.5093
山河药辅	28	45	↑17	0.1943	28.27	21.12	1.3973
集友股份	29	39	↑10	0.1941	28.73	20.58	1.3470
楚江新材	30	41	↑11	0.1931	25.75	35.41	1.2219
三七互娱	31	14	↓17	0.1912	30.58	9.64	1.2632
合肥百货	32	18	↓14	0.1902	17.00	29.56	2.2460
安科生物	33	29	↓4	0.1902	31.83	19.90	0.7629
华孚时尚	34	52	↑18	0.1901	20.20	14.34	2.2935
安德利	35	34	↓1	0.1900	16.49	24.22	2.4464
科大国创	36	21	↓15	0.1887	25.36	7.25	1.7963
中钢天源	37	33	↓4	0.1884	27.27	19.38	1.2120
合肥城建	38	48	↑10	0.1881	7.85	37.06	2.9895
长信科技	39	27	↓12	0.1864	29.77	8.83	1.0886
泰禾光电	40	30	↓10	0.1861	24.27	13.63	1.5906
科大讯飞	41	36	↓5	0.1857	23.03	18.37	1.5760
伯特利	42	22	↓20	0.1851	21.47	20.29	1.6697
安纳达	43	16	↓27	0.1837	22.78	35.18	1.0088
众源新材	44	54	↑10	0.1831	21.80	24.64	1.3866
金种子酒	45	40	↓5	0.1809	19.29	40.79	1.0982
皖通高速	46	57	↑11	0.1791	18.49	21.78	1.6144
长城军工	47	6	↓41	0.1788	29.60	6.03	0.7308
安利股份	48	46	↓2	0.1773	18.85	11.56	1.7541
中粮生化	49	69	↑20	0.1768	19.05	23.85	1.3532
江淮汽车	50	25	↓25	0.1767	9.78	26.43	2.3757
惠而浦	51	60	↑9	0.1766	17.01	14.06	1.8610
海螺型材	52	59	↑7	0.1766	16.20	25.15	1.6438

续表

公司名称	综合排名	2017年排名	排名变化	综合得分	社会贡献率（%）	社会积累率（%）	每股社会贡献值
黄山胶囊	53	42	↓11	0.1763	17.45	23.36	1.5292
众泰汽车	54	24	↓30	0.1760	9.87	41.56	1.8905
国机通用	55	9	↓46	0.1745	19.96	22.76	1.1356
国祯环保	56	56	—	0.1736	12.30	20.84	2.0434
长虹美菱	57	44	↓13	0.1735	13.41	16.79	2.0231
时代出版	58	47	↓11	0.1725	14.76	10.66	1.9737
精达股份	59	65	↑6	0.1720	23.58	18.17	0.6873
凤形股份	60	98	↑38	0.1659	13.55	21.88	1.4000
皖天然气	61	79	↑18	0.1659	13.82	24.70	1.2862
广信股份	62	62	—	0.1651	13.14	14.50	1.6106
皖江物流	63	74	↑11	0.1650	17.99	23.00	0.7881
司尔特	64	67	↑3	0.1644	16.94	14.95	1.1062
全柴动力	65	70	↑5	0.1634	12.99	22.65	1.2929
皖新传媒	66	51	↓15	0.1627	17.98	5.28	1.1507
江南化工	67	78	↑11	0.1597	14.30	20.17	0.9829
阳光电源	68	53	↓15	0.1580	11.56	13.84	1.3835
皖通科技	69	66	↓3	0.1578	14.81	17.73	0.8754
应流股份	70	71	↑1	0.1556	9.11	12.73	1.5591
富煌钢构	71	73	↑2	0.1552	8.19	14.72	1.5868
皖能电力	72	96	↑24	0.1550	8.52	22.47	1.3197
东华科技	73	76	↑3	0.1536	9.58	15.73	1.2992
华菱星马	74	75	↑1	0.1535	6.78	23.36	1.4109
中电兴发	75	80	↑5	0.1526	10.74	21.39	0.9395
中环环保	76	72	↓4	0.1523	10.27	24.04	0.9030
凯盛科技	77	64	↓13	0.1496	11.43	15.47	0.8444
聚隆科技	78	61	↓17	0.1487	9.76	24.51	0.7333
荃银高科	79	63	↓16	0.1477	15.13	4.04	0.6140
合锻智能	80	81	↑1	0.1477	11.96	18.21	0.5874
铜陵有色	81	93	↑12	0.1468	10.71	25.28	0.4820
文一科技	82	83	↑1	0.1467	11.70	14.04	0.6783
永新股份	83	38	↓45	0.1451	4.13	14.53	1.4634
精工钢构	84	90	↑6	0.1447	9.77	18.10	0.6707
泰尔股份	85	97	↑12	0.1446	9.46	27.29	0.4443

续表

公司名称	综合排名	2017年排名	排名变化	综合得分	社会贡献率（%）	社会积累率（%）	每股社会贡献值
华茂股份	86	89	↑3	0.1446	9.73	13.50	0.7968
皖维高新	87	94	↑7	0.1432	9.89	21.74	0.4628
辉隆股份	88	82	↓6	0.1430	7.97	14.49	0.8838
德力股份	89	68	↓21	0.1424	3.55	57.24	0.1653
铜峰电子	90	88	↓2	0.1411	10.92	15.91	0.3791
神剑股份	91	84	↓7	0.1386	9.69	15.59	0.3793
丰乐种业	92	87	↓5	0.1379	9.32	5.97	0.6561
国风塑业	93	91	↓2	0.1349	10.35	7.89	0.2979
六国化工	94	77	↓17	0.0742	−1.10	−59.66	−0.1187
梦舟股份	95	92	↓3	0.0607	−16.78	−9.66	−0.4907
融捷健康	96	85	↓11	0.0485	−21.81	−7.88	−0.6900
盛运环保	97	100	↑3	0.0269	−22.95	−1.97	−2.0295
平均值				0.1906	19.06	19.11	2.3198
中位数				0.1767	16.97	19.64	1.4055

注：1. 中公教育和长城军工使用2017年权重计算得分插入重新排名，会造成名次微小波动，这并不否定2017年的排名结果。2. 因国元证券、华安证券和新力金融的特殊行业性质，本年度未列入排名。3. 因考察范围的不同，本报告与总报告中显示的社会贡献排名及变化略有不同。

附件2 安徽上市公司社会责任指标

公司名称	综合排名	2017年排名	排名变化	社会责任综合得分
皖新传媒	1	9	↑8	9.1875
安徽水利	2	14	↑12	8.4744
山河药辅	3	80	↑77	8.4649
阳光电源	4	78	↑74	8.3174
黄山旅游	5	85	↑80	8.2936
安徽合力	6	2	↓4	8.1896
皖维高新	7	11	↑4	8.0337
中公教育	8	86	↑78	8.0288
科大讯飞	9	17	↑8	7.7802
金种子酒	10	53	↑43	7.5078
皖通高速	11	31	↑20	7.4342

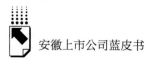
公司名称	综合排名	2017年排名	排名变化	社会责任综合得分
铜峰电子	12	24	↑12	7.3808
华孚时尚	13	10	↓3	7.2698
富煌钢构	14	22	↑8	7.2654
洽洽食品	15	7	↓8	7.1591
三七互娱	16	33	↑17	7.0781
金禾实业	17	4	↓13	7.0765
众源新材	18	6	↓12	6.9662
泰禾光电	19	34	↑15	6.9199
皖通科技	20	40	↑20	6.8177
新集能源	21	3	↓18	6.7298
合肥百货	22	38	↑16	6.6628
精工钢构	23	54	↑31	6.5891
马钢股份	24	61	↑37	6.5702
惠而浦	25	12	↓13	6.5433
广信股份	26	13	↓13	6.4348
国元证券	27	18	↓9	6.3848
美亚光电	28	56	↑28	6.3115
全柴动力	29	26	↓3	6.1729
德力股份	30	90	↑60	6.1377
凤形股份	31	68	↑37	5.8335
华安证券	32	52	↑20	5.6762
黄山胶囊	33	42	↑9	5.6443
荃银高科	34	62	↑28	5.5286
九华旅游	35	77	↑42	5.4451
海螺水泥	36	1	↓35	5.3386
时代出版	37	30	↓7	5.2874
设计总院	38	44	↑6	5.1935
盛运环保	39	20	↓19	4.7645
融捷健康	40	64	↑24	4.5382
铜陵有色	41	47	↑6	4.5375
国祯环保	42	48	↑6	4.3544
长信科技	43	67	↑24	4.2914
四创电子	44	15	↓29	4.1524
古井贡酒	45	36	↓9	4.1472

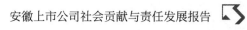

续表

公司名称	综合排名	2017 年排名	排名变化	社会责任综合得分
科大国创	46	71	↑25	4.1353
众泰汽车	47	46	↓1	4.1329
江淮汽车	48	23	↓25	4.0992
安利股份	49	21	↓28	4.0746
梦舟股份	50	5	↓45	4.0192
开润股份	51	75	↑24	3.979
六国化工	52	25	↓27	3.9389
应流股份	53	19	↓34	3.5474
中鼎股份	54	79	↑25	3.3962
口子窖	55	16	↓39	3.2668
华茂股份	56	35	↓21	3.2596
安德利	57	74	↑17	3.0584
安科生物	58	41	↓17	2.9955
永新股份	59	82	↑23	2.938
丰乐种业	60	57	↓3	2.8852
丰原药业	61	43	↓18	2.8349
鸿路钢构	62	8	↓54	2.7801
欧普康视	63	76	↑13	2.7622
楚江新材	64	27	↓37	2.4954
合锻智能	65	29	↓36	2.4536
恒源煤电	66	91	↑25	2.3943
山鹰纸业	67	72	↑5	2.301
新力金融	68	88	↑20	2.0922
聚隆科技	69	55	↓14	1.9578
华菱精工	70	81	↑11	1.8973
精达股份	71	65	↓6	1.7238
淮北矿业	72	51	↓21	1.5775
东华科技	73	58	↓15	1.4674
司尔特	74	37	↓37	1.3508
中环环保	75	66	↓9	1.3103
安纳达	76	39	↓37	1.0396
中粮生化	77	59	↓18	0.9721
凯盛科技	78	60	↓18	0.9136
皖能电力	79	50	↓29	0.8978

续表

公司名称	综合排名	2017 年排名	排名变化	社会责任综合得分
辉隆股份	80	70	↓10	0.8465
中钢天源	81	73	↓8	0.8427
文一科技	82	63	↓19	0.8187
伯特利	83	103	↑20	0.7971
海螺型材	84	87	↑3	0.651
迎驾贡酒	85	45	↓40	0.5923
泰尔股份	86	96	↑10	0.58
长虹美菱	87	92	↑5	0.5322
长城军工	88	102	↑14	0.5015
皖江物流	89	69	↓20	0.4919
集友股份	90	49	↓41	0.4675
神剑股份	91	97	↑6	0.3309
常青股份	92	28	↓64	0.3199
志邦家居	93	32	↓61	0.3199
华菱星马	94	98	↑4	0.2705
合肥城建	95	94	↓1	0.2604
江南化工	96	89	↓7	0.2075
国风塑业	97	93	↓4	0.2
中电兴发	98	95	↓3	0.2
国机通用	99	99	—	0.2
皖天然气	100	100	—	0.2
平均数: 3.915			中位数: 3.999	

注：1. 中公教育和长城军工使用 2017 年权重计算得分插入排名，会带来排名微小波动。

2. 因考察范围不同，本报告与总报告中显示的社会责任排名及变化略有不同。

B.7
安徽上市公司综合发展能力研究报告

吴瑞瑞　盛嘉隆　吴 满*

摘　要：在以企业为主体加快转变经济发展方式和企业价值最大化目
标导向背景下，上市公司综合发展能力成为理论和实践关注
的重要问题。本报告构建了综合发展能力评价指标体系，运
用熵值赋权法对安徽省上市公司综合发展能力水平及其排名
变化情况进行了全面分析，得出安徽省上市公司综合发展能
力稳中有升，高技术行业和中央国有上市公司综合发展仍较
高等结论，提出上市公司要关注短板，注重创新，做好形象
管理，各区域政府要合理运用资源，促进传统产业升级等对
策建议。

关键词：综合发展能力　评价指标体系　综合评价

前面的报告分别从不同侧面（业绩发展、投融资水平、营运能力、创
新能力、社会贡献与责任）分析了上市公司某一方面的能力，但不能反映
安徽省上市公司综合发展能力。为了从整体上考察安徽省上市公司的发展水
平，在上述研究的基础上，本报告重点选取业绩发展、创新能力、营运能
力、社会贡献与责任4个一级指标及15个二级指标，形成总指标，对安徽

---

* 吴瑞瑞，中国科学技术大学管理学院博士研究生，工商管理创新研究中心成员；盛嘉隆，中
国科学技术大学管理学院硕士研究生，工商管理创新研究中心成员；吴满，安徽省投资集团
中安研究院副院长。

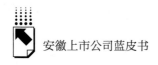
省上市公司的综合发展能力进行评价分析，以更加综合性地反映安徽省上市公司发展现状。本报告拟解决两个问题：一是在对上市公司综合发展能力概述的基础上，构建了安徽省上市公司综合发展能力评价指标体系，运用熵值赋权法综合评价了安徽省上市公司的发展能力，给出了综合性的排行榜，分行业、区域、股权结构三个视角探讨了上市公司发展的差异；二是动态多维度地比较了安徽省上市公司综合发展能力变化情况。本报告最后得出了相应结论和对策建议。

一　上市公司综合发展能力概念界定和指标体系构建

（一）上市公司综合发展能力概念界定

综合发展能力是指企业通过自身的生产经营活动，不断扩大积累而形成的发展潜能。上市公司的综合发展能力不是一蹴而就的，是企业不断积累发展的结果。上市公司的发展具有系统性和整体性，上市公司的业绩发展、创新能力、营运能力、社会贡献与责任等要素发展共同决定了综合发展能力。因此，上市公司的综合发展需要各个层面的协调配合，综合发展能力的提升不仅依靠利润的增加，还需要创新能力的提升、营运能力的改善，以及为国家或社会创造更多的价值。

截至目前，安徽省共有 A 股上市公司 103 家。因指标适用性问题以及企业经营问题，本报告将剔除三家金融业上市公司（新力金融、华安证券、国元证券）以及＊ST 华信、＊ST 安凯和 ST 新光，对余下 97 家上市公司综合发展能力进行分析。

（二）上市公司综合发展能力评价方法及指标体系的构建

1. 上市公司综合发展能力评价方法

考虑到本报告的研究对象是安徽省上市公司，主要分析其综合发展能力，评价目的明确，评价对象差异小，各项指标值波动不大，因此，本研究选择综合指数法。考虑到本研究重点评价上市公司的综合发展能力，在综合分析时主要从原始数据出发，从样本中提取信息，相较于主观赋权法得到的权重偏差更小，更能反映众多评价指标真实的重要程度，因此本研究采用客观赋权法中的熵值法来确定各指标的权重。

（1）熵值赋权法的统计学意义

熵最初是热力学中的一个概念，后来延伸到信息领域。熵是对系统无序度的度量，熵越大表示系统越乱（即携带的信息越少），熵越小表示系统越有序（即携带的信息越多）。信息熵用于描述平均而言事件信息量的大小，所以在数学上，信息熵是随机变量的概率分布对应的信息量的均值。指标的信息熵越小，该指标的变异程度就越高，提供的信息量越大，效应价值越高，在综合评价中所起作用理当越大，权重就应该越高。因此，在本报告综合发展能力的指标体系中，某个指标熵值越小，指标值离散程度越高，权重就会越高；那些数值很稳定基本不怎么变化的指标对最终评价造成的影响也很小。

（2）熵值赋权法的经济学意义

综合发展能力是一个整体性的概念，是业绩发展、创新能力、营运能力和社会贡献与责任四个方面指标综合的结果。本报告评价体系包含上述四个一级指标，每个一级指标下设若干个二级指标，共计 15 项二级指标。利用熵值赋权法计算的指标权重越大，说明在综合评价中所起作用越大。把各项标准化后的指标与其权重相乘就得到每项指标的得分，也即每项指标对综合发展能力的贡献水平。某项得分越高，说明其对综合发展能力的贡献越大，也说明上市公司在这项指标所反映的能力方面较强，这项能力对于这个企业长久发展越重要。需要注意的是，在用熵值赋权法进行评价时，需要用到全部样本，一旦样本发生改变就会引起权重和指标得分的变化，因此，本部分算出的各指标权重只对 2018 年安徽省 97 家上市公司适用。

2. 上市公司综合发展能力评价指标体系构建

评价指标体系是系统全面描述和评价社会经济现象的一种行之有效的方法，如何设计全面、系统和可操作性强的上市公司综合发展能力评价指标，将直接影响到上市公司发展的政策导向、资源分配乃至整个省市上市公司的未来走向。而确定评价指标体系的关键是对构成上市公司综合发展能力各要素的把握和理解。

本报告参考国内外有关上市公司综合发展能力评价的做法，深入研究上市公司综合发展评价的相关研究成果，结合安徽省上市公司实际情况，考虑业绩发展、创新能力、营运能力和社会贡献与责任四个方面的指标，构建了上市公司的综合评价指标体系。整个评价体系共15项评价指标，具体指标体系见表1。

表1　上市公司综合发展能力评价指标体系

一级指标	二级指标	指标说明
业绩发展	股东权益收益率	股东权益收益率以每股税后收益除以每股的股东权益账面价值，或者说公司总的税后收益（EAT）除以公司总的股东权益账面价值（EQ）
	资产收益率	资产收益率，表明企业资产的利用效果，衡量企业在增加收入和节约资金等方面的成效
	收入净利率	指企业净利润与营业收入的比率，它反映企业营业收入创造净利润的能力
	每股收益	指税后利润与股本总数的比率。是测定股票投资价值的重要指标之一，是分析每股价值的一个基础性指标，是综合反映公司获利能力的重要指标
创新能力	研发支出	指在研究与开发过程中所使用资产的折旧、消耗的原材料、直接参与开发人员的工资及福利费、开发过程中发生的租金以及借款费用等
	高学历员工比例	本科及以上学历人数占员工总数的比重，是衡量企业人力资源状况的指标
	每百人专利申请数	是衡量企业创新水平的一个指标，表明该企业的创新能力和创新潜力
	主营业务利润率	指企业在一定时期内主营业务利润同主营收入的比率。它表明企业每单位主营业务收入能带来多少主营业务利润，反映了企业主营业务的获利能力，是评价企业经营效益的主要指标
营运能力	流动资产周转率	是销售收入与流动资产平均余额的比率，它反映的是全部流动资产的利用效率。流动资产周转率是分析流动资产周转情况的一个综合指标，流动资产周转快，可以节约资金，提高资金的利用效率
	总资产周转率	指企业在一定时期内销售（营业）收入同平均资产总额的比值。总资产周转率是综合评价企业全部资产的经营质量和利用效率的重要指标
	固定资产周转率	是企业年产品销售收入净额与固定资产平均净值的比率，它反映企业固定资产周转状况，从而衡量固定资产利用效率。该比率高，表明固定资产利用效率高，利用固定资产效果好

一级指标	二级指标	指标说明
社会贡献与责任	社会责任	基于商业运作必须符合可持续发展的想法,企业除了考虑自身的财政和经营状况外,也要加入其对社会和自然环境所造成影响的考量
	社会贡献率	指社会总贡献与公司平均资产的比值。其中社会总贡献包括工资、奖金、津贴和补贴、税金及附加、所得税、净利润、利息净支出额。用以衡量企业运用全部资产为国家或社会创造或支付价值的能力
	社会积累率	指所得税与社会总贡献的比值。用于衡量企业社会贡献总额中多少用于上交国家财政和支持社会公益事业,从而直接或间接反映企业的社会贡献与责任
	每股社会贡献率	指社会总贡献与股本的比值

（1）业绩发展

业绩是企业经营的最终成果,也是企业持续发展的基础和价值支撑。而安徽省上市公司的业绩状况会直接影响到安徽省经济增长以及经济发展水平。要衡量一个企业的业绩发展,不能仅从上市公司的利润进行评价,还应该考虑其资产质量,考察其债务风险、经营发展情况等。以国务院对中央企业进行财务绩效评价的指标体系为基准,本研究选择衡量业绩发展的指标有:股东权益收益率（ROE）、资产收益率（ROA）、收入净利率、每股收益（EPS）。

（2）创新能力

创新能力是企业发展的关键要素,是企业核心竞争力的重要体现,是全社会创新的基础。企业要按照社会主义市场经济体制要求,增强创新驱动发展的内在动力,加强研发能力,提高持续创新能力和核心竞争力。企业的创新能力包括创新投入和创新产出、创新支撑要素等,具体指标有研发支出、高学历员工比例、每百人专利申请数、主营业务利润率。

（3）营运能力

企业营运能力,主要指企业营运资产的效率与效益。企业营运资产的效率主要指资产的周转率或周转速度。企业营运资产的效益通常是指企业的产出量与资产占用量之间的比率。本报告通过对企业营运能力的评价分析,为企业提高业绩指明方向。本研究选择的营运能力衡量指标为流动资产周转

率、总资产周转率、固定资产周转率。

（4）社会贡献与责任

企业社会责任是企业在创造利润、对股东和员工承担法律责任的同时，还要承担对消费者、社区和环境的责任。履行企业社会贡献与责任可以为企业带来一系列好处，如提高企业利润与投资回报率；加强品牌建设，赢得顾客信任；提升员工使命感、幸福度及满意度。从企业战略发展的角度综合考虑，履行企业社会贡献与责任可以使企业优化与所有利益相关者的关系，更全面综合地规划企业发展，为企业带来发展和前进的动力。考虑到数据的可获得性，本研究选取社会责任、社会贡献率、社会积累率、每股社会贡献率作为衡量指标。

本部分按照综合评价的数据处理步骤统一指标属性，然后运用熵值赋权法确定各指标的权重。上市公司综合发展能力评价指标的权重见表2。最后，计算综合评价值。

表2　2018年安徽省上市公司综合发展能力各评价指标赋权

指标	研发支出	高学历员工比例	每百人申请专利数	主营业务利润率	社会责任	社会贡献率	社会积累率	每股社会贡献率
权重系数	0.109	0.104	0.175	0.073	0.064	0.018	0.005	0.072
指标	流动资产周转率	总资产周转率	固定资产周转率	股东权益收益率	资产收益率	收入净利率	每股收益	
权重系数	0.086	0.065	0.193	0.005	0.009	0.003	0.019	

二　安徽省上市公司发展能力综合评价分析

考虑到各个城市资源禀赋和基础设施等要素之间的差异，企业所处行业的差异性以及上市公司的股权结构等，本报告在分析2018年安徽省97家上市公司综合发展能力的基础上，将从行业、区域及股权结构的角度进一步探讨安徽省上市公司之间的差异性。

（一）综合发展能力整体分析

利用综合评价法，本研究得出 2018 年安徽省上市公司综合发展能力指数值及排名情况，并得到其四个一级指标：业绩发展指数、创新能力指数、营运能力指数和社会贡献与责任指数的具体排名情况。评价结果见本报告附件 1。

就综合评价分析结果而言，97 家上市公司的综合发展能力指数均值为 0.22，中位数为 0.20，综合发展能力平均值大于中位数，说明综合发展能力较强的企业数目偏少，有 39 家企业的综合发展能力指数高于平均值，58 家企业的综合发展能力指数低于平均值。综合发展能力指数排名前 10 位的企业分别是三七互娱、阳光电源、科大讯飞、科大国创、中公教育、美亚光电、四创电子、安徽合力、泰禾光电和众源新材，综合发展能力指数处于 0.36 ~ 0.51 之间，综合发展能力相对较强，其中，三七互娱的综合发展能力指数为 0.51，排名第 1。而综合发展能力指数排名后 10 位的企业分别是皖江物流、海螺型材、盛运环保、江南化工、梦舟股份、凯盛科技、德力股份、皖能电力、九华旅游和神剑股份，其综合发展能力指数处于 0.10 ~ 0.14 之间，综合发展能力较弱。整体而言，安徽省上市公司综合发展能力不容乐观，有待提高。

上市公司的综合发展能力是业绩发展、创新能力、营运能力、社会贡献与责任四个要素的综合作用结果。对综合发展能力指数排名前 10 位的上市公司进行具体分析，可以看出，综合发展能力较强的上市公司，其各个指标的发展能力并不均衡。一般来说，综合发展能力强的公司，其子要素的发展也应较强，但从附件 1 可以看出，实际上各指标发展状况不一。如综合发展能力指数排名第 1 的三七互娱，其营运能力排名第 1，创新能力排名第 11，业绩发展排名第 19，社会贡献与责任排名第 20，整体而言发展较好；综合发展能力指数排名第 2 的阳光电源，创新能力和社会贡献与责任发展突出，创新能力排名第 2，社会贡献与责任排名第 17，但业绩发展和营运能力薄弱，业绩发展排名第 42，营运能力排名第 58，说明阳光电源的业绩发展和营运能力有待增强；综合发展能力指数排名第 3 的科大讯飞，其创新能力居于首位，但社会贡献与责任、业绩发展和营运能力有待提升；综合发展能力指数排名第4的科大国创，创新能力和营运能力发展良好，但社会贡献与责任和业绩发展均低于平均水平；综合发展能力指数排名第10的众源新材，虽然营运能力和社会贡献与责任发展较好，但是其创新能力非常薄弱，远远低于平均水平。整体而言，综合发展能力较强的上市公司，其优势子要素个数较多，且优势子要素表现较为突出。

对综合发展能力指数排名后10位的上市公司进行分析，可以看出，其各子要素发展能力都较为薄弱，进而导致综合发展能力的不足。如综合发展能力指数排名倒数第1和第2位的皖江物流和海螺型材，其业绩发展、创新能力、营运能力、社会贡献与责任的发展都处于较低水平；综合发展能力指数排名倒数第3位的盛运环保，除了创新能力水平相对较好外，其业绩发展、营运能力、社会贡献与责任发展都非常薄弱；其余7家上市公司，除个别公司某个子要素表现良好外，整体而言，各子要素发展都处于较低水平。

对综合发展能力表现一般的上市公司进行分析，可以看出上市公司发展各有所长。从本报告附件1可以看到，海螺水泥的综合发展能力指数排名为29，业绩发展排名第1，社会贡献与责任排名第2，但创新能力排名第58，这可能与海螺水泥所处行业的性质有关，海螺水泥作为水泥行业龙头企业，业绩发展和社会贡献与责任均非常强；口子窖的综合发展能力指数排名为45，业绩发展排名第3、社会贡献与责任排名第4，这是由于安徽省作为白酒生产大省，在全国白酒市场上占据着重要的作用，而口子窖作为安徽省白酒企业中的佼佼者，其业绩发展和社会贡献与责任均较强。排名处于第40位到第50位的上市公司，其综合发展能力指数处于0.20~0.22之间，分布较为集中。其中，就业绩发展而言，综合发展能力指数排名第45位的口子窖和排名第50位的马钢股份的业绩发展表现优异，而综合发展能力指数排名第41位的泰尔股份和排名第42位的长虹美菱的业绩发展表现较差；就创新能力而言，除综合发展能力指数排名在第40位到第43位的国机通用、泰尔股份、长虹美菱、应流股份的创新能力处于中上等水平，其余7家公司的创新能力都处于较低水平；就营运能力而言，综合发展能力指数排名第42位的长虹美菱营运能力排名进入前 15 名，而综合发展能力指数排名第 43 位的应流股份营运能力表现很差，居于倒数第 2 位；就社会贡献与责任而言，综合发展能力指数排名第 45 位的口子窖、排名第 49 位的惠而浦、排名第 46 位的洽洽食品和排名第 48 位的山河药辅的社会贡献与责任表现突出，都处于前 10 名。综合而言，不同上市公司发展同时存在优势子要素和劣势子要素，不能仅仅从综合发展能力分析，有必要针对具体公司的具体要素进行深入分析。

（二）综合发展能力行业角度分析

根据证监会最新行业分类，截至 2018 年底，本分报告研究的 97 家上市公司分属 13 个行业。由图 1 可以看出，教育，信息传输、软件和信息技术服务业，科学研究和技术服务业的综合发展能力指数平均值大于 0.320，说明这三个行业的综合发展能力相对突出。但教育行业只有中公教育 1 家企业，可能并不具有对行业整体发展情况的代表性，仅说明这家企业综合发展能力很强。排在第 4 名的建筑业的综合发展能力指数的平均值为 0.268，显著低于前三名，与第 3 名相差 0.059，接下来是房地产业，文化、体育和娱乐业，农、林、牧、渔业，这三者的综合发展能力指数平均值处于 0.226 ~ 0.262 之间，高于 97 家上市公司综合发展能力指数的平均值 0.220。可以看出，建筑业，房地产业，文化、体育和娱乐业，农、林、牧、渔业的综合发展能力处于上游，综合发展能力普遍较强。制造业，批发和零售业，水利、环境和公共设施管理业，采矿业的综合发展能力指数平均值处于 0.201 ~ 0.210 之间，高于附件 1 中综合指数的中位数 0.200。其他两个行业的综合发展能力指数平均值处于 0.147 ~ 0.160，综合发展能力相对较弱，处于最低水平，综合发展能力有待提高。

从综合发展能力的各项指标来看（见表 3），不同行业的业绩发展、创新能力、营运能力和社会贡献与责任的发展参差不齐。就业绩发展而言，排在前三位的行业分别是科学研究和技术服务业（0.704）、教育（0.685）和采矿业（0.636），这与综合发展能力排名有较大的不同。如综合发展能力指数排名第 2 的信息传输、软件和信息技术服务业的业绩发展排名第 8

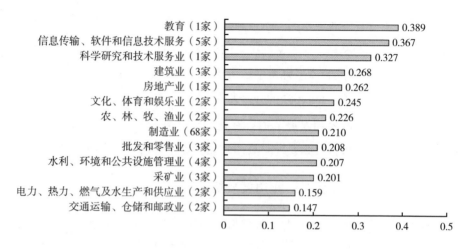

图1　2018年安徽省各行业上市公司综合发展能力指数均值排名

（0.577）。就创新能力而言，信息传输、软件和信息技术服务业，科学研究和技术服务业的创新能力平均值分别为0.453和0.389，创新能力具有明显优势；排在第3位的教育的创新能力平均值为0.296，显著低于前两位，处于最末端的文化、体育和娱乐业及批发和零售业创新能力平均值分别为0.105和0.065，创新能力处于较低水平，亟待加强。就营运能力而言，不少行业排名与综合发展能力排名有很大的差别，如综合发展能力指数排名第1的教育行业的营运能力排名第6（0.228）；排在末位的行业是交通运输、仓储和邮政业（0.109）；超过一半的行业营运能力平均值高于附件1中的平均水平，表明营运能力整体处于较高水平。就社会贡献与责任而言，教育业，文化、体育和娱乐业，建筑业，采矿业，批发和零售业排于前五位，社会贡献与责任平均值高于97家上市企业平均值，其他都低于平均水平。

表3　2018年安徽省各行业上市公司总指标与分指标指数均值

总排名	行业	综合发展能力	业绩发展及排名		创新能力及排名		营运能力及排名		社会贡献与责任及排名	
1	教育（1家）	0.389	0.685	2	0.296	3	0.228	6	0.938	1
2	信息（5家）	0.367	0.577	8	0.453	1	0.255	4	0.358	6
3	科学（1家）	0.327	0.704	1	0.389	2	0.222	7	0.332	9

总排名	行业	综合发展能力	业绩发展及排名		创新能力及排名		营运能力及排名		社会贡献与责任及排名	
4	建筑（3家）	0.268	0.552	12	0.231	5	0.238	5	0.415	3
5	房地（1家）	0.262	0.589	6	0.211	7	0.372	1	0.145	13
6	文化（2家）	0.245	0.602	5	0.105	12	0.304	3	0.484	2
7	农林（2家）	0.226	0.559	11	0.269	4	0.117	12	0.304	10
8	制造（68家）	0.210	0.576	9	0.203	8	0.135	10	0.351	7
9	批发（3家）	0.208	0.544	13	0.065	13	0.314	2	0.367	5
10	水利（4家）	0.207	0.608	4	0.211	6	0.126	11	0.334	8
11	采矿（3家）	0.201	0.636	3	0.113	10	0.203	8	0.403	4
12	电力（2家）	0.159	0.572	10	0.122	9	0.175	9	0.176	12
13	交通（2家）	0.147	0.584	7	0.108	11	0.109	13	0.302	11

（三）综合发展能力区域角度分析

图2为安徽省各地市上市公司的综合发展能力指数均值，将各地市上市公司的综合发展能力指数均值由大到小进行排列。从图2中可以看出，亳州市的综合发展能力指数为0.300，居于榜首，但是，亳州市只有1家上市企业古井贡酒，不能代表亳州市整体的综合发展能力，只能说明该上市企业的综合发展能力较强。

合肥市上市公司的综合发展能力指数为0.250，虽然在97家上市企业中，合肥市的企业就有41家之多，但综合发展能力指数均值依旧排名前列，居于第2，表现出非常明显的优势。从图2中也可以看出，安徽省各区域综合发展能力指数呈现个别突出、整体落后的状态，即合肥市具有明显游离于其他地市之外的突出表现，综合发展能力指数处于0.250的较高水平。其后，滁州市和芜湖市的综合发展能力指数（0.232）大于97家企业的平均值，其中芜湖市的上市企业有13家，综合指数均值仍位居排行榜第四位，说明芜湖市上市公司的综合发展能力仍然相对较强。其他地市综合发展能力指数则集中分布在0.204以下的较低水平，呈现规律性的逐级递减状态，综合发展能力指数最低的四个地市是池州、安庆、黄山、蚌埠（见表4）。

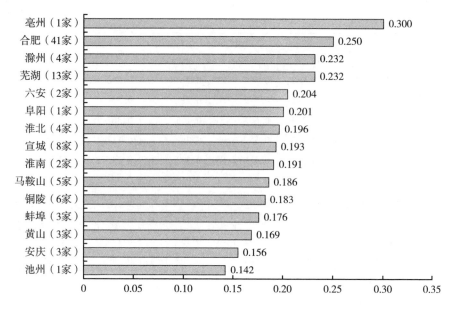

图2 2018年安徽省各区域上市公司综合发展能力指数均值排名

表4 2018年安徽省各区域上市公司总指标与分指标指数均值

总排名	城市	综合发展能力	业绩发展	及排名	创新能力	及排名	营运能力	及排名	社会贡献与责任	及排名
1	亳州(1家)	0.300	0.815	1	0.305	1	0.133	8	0.578	1
2	合肥(41家)	0.250	0.575	11	0.270	2	0.165	5	0.346	10
3	滁州(4家)	0.232	0.598	6	0.178	7	0.187	2	0.451	5
4	芜湖(13家)	0.232	0.597	7	0.164	8	0.250	1	0.348	9
5	六安(2家)	0.204	0.602	5	0.154	9	0.140	7	0.452	4
6	阜阳(1家)	0.201	0.555	12	0.185	6	0.066	13	0.522	2
7	淮北(4家)	0.196	0.686	2	0.111	14	0.167	4	0.445	6
8	宣城(8家)	0.193	0.588	8	0.219	3	0.089	12	0.297	12
9	淮南(2家)	0.191	0.584	10	0.123	12	0.125	9	0.502	3
10	马鞍山(5家)	0.186	0.587	9	0.194	4	0.113	10	0.271	14
11	铜陵(6家)	0.183	0.522	14	0.110	15	0.174	3	0.374	8
12	蚌埠(3家)	0.176	0.552	13	0.115	13	0.163	6	0.340	11
13	黄山(3家)	0.169	0.609	4	0.138	10	0.091	11	0.380	7
14	安庆(3家)	0.156	0.406	15	0.192	5	0.053	15	0.257	15
15	池州(1家)	0.142	0.619	3	0.130	11	0.065	14	0.291	13

从表 4 可以看到，从综合发展能力的各个指标来看，不同城市的业绩发展、创新能力、营运能力和社会贡献与责任依旧参差不齐。综合发展能力排名前列的城市，必有发展较强的子要素。如合肥市的综合发展能力指数排名第 2，创新能力（0.270）排名第 2，营运能力（0.165）排名第 5，社会贡献与责任（0.346）排名第 10，业绩发展（0.575）排名第 11；芜湖市的综合发展能力指数与滁州市并列第三，营运能力（0.250）排名第 1，业绩发展（0.597）、创新能力（0.164）、社会贡献与责任（0.348）分别排名第 7、第 8、第 9。作为自主创新综合试验区，合肥市和芜湖市的上市公司发展领先于其他地市，从数量上看合肥市拥有 41 家上市公司，芜湖市有 13 家上市公司；从发展质量看，合肥市的创新能力（0.270）位居第 2、营运能力（0.165）居于第 5，芜湖市的营运能力（0.250）则居于第 1。

滁州市排名第 3 位，且其营运能力（0.187）和社会贡献与责任（0.451）均具备很强的竞争力，业绩发展（0.598）和创新能力（0.178）也有不错的表现，发展态势较好。其后，六安市和阜阳市的社会贡献与责任排名较好，分别排第 4 位和第 2 位。接下来是淮北市、宣城市、淮南市等地市，相对较为落后，综合发展能力水平普遍偏低。

池州市、安庆市、黄山市的综合发展能力指数处于 0.140～0.170 之间，综合发展能力水平较低。这三个地市共有 7 家上市公司，包括 5 家制造业企业。从子要素看，除黄山市和池州市的业绩发展指数和安庆市的创新能力指数处于中游以上，其余子要素都处于中游或者末尾，说明这三个地市上市公司发展水平亟须提高。

（四）综合发展能力股权结构角度分析

图 3 为安徽省不同股权结构上市公司综合发展能力指数均值，将不同类型股权结构的综合发展能力指数均值由大到小排列。

由图 3 可以看出，从企业股权结构来看，综合发展能力指数平均值由高到低的排序依次为中央国有企业（0.251）、民营企业（0.226）、其他（公众、集体、外资企业）（0.212）、地方国有企业（0.208）。中央国有

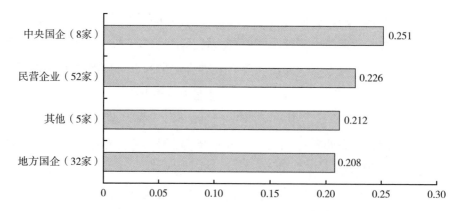

图 3　2018 年安徽省不同股权结构上市公司综合发展能力指数均值排名

企业的综合发展能力具有明显优势，这可能是由于作为国民经济的重要支柱，中央国有企业能够享受经济和政策上的支持，具有稳定的市场，因此发展突出。

综合发展能力是业绩发展、创新能力、营运能力、社会贡献与责任四个要素综合作用的结果。从表 5 可知，就中央国有企业而言，其业绩发展（0.571）排在末位，表现较差，但其创新能力（0.291）排在第 1 位，具有较强的创新性，这可能是因为作为国民经济的重要支柱，中央国企往往肩负着政府重大创新的期望和使命，在创新方面受到政府的优待和大力支持；而其营运能力（0.160）和社会贡献与责任（0.301）则表现较差。

表 5　2018 年安徽省各股权结构上市公司总指标与分指标指数均值

总排名	股权结构	综合发展能力	业绩发展及排名		创新能力及排名		营运能力及排名		社会贡献与责任及排名	
1	中央国企(8 家)	0.251	0.571	4	0.291	1	0.160	3	0.301	4
2	民营企业(52 家)	0.226	0.573	3	0.221	2	0.151	4	0.370	1
3	其他(5 家)	0.212	0.583	2	0.163	4	0.214	1	0.310	3
4	地方国企(32 家)	0.208	0.594	1	0.175	3	0.164	2	0.353	2

民营企业的综合发展能力居于第 2 位，创新能力和社会贡献与责任表现较好，而业绩发展和营运能力表现较差。

其他类型企业（包括集体、公众和外资企业）综合发展能力排在第 3 位。其在营运方面能力突出（0.214）排在第 1 位，其他股权结构企业都不到 0.200，与第 1 名差距较大。但其创新能力表现较差，为 0.163，社会贡献与责任履行也较少。

地方国有企业的综合发展能力居于第 4 位，导致其综合发展能力排名落后的原因是其创新能力不强，这可能是与中国特殊的转型经济背景相关。但其业绩发展能力（0.594）突出，排在首位，其营运能力（0.164）和社会贡献与责任（0.353）也较强，均排在第 2 位。

三　安徽省上市公司发展能力综合对比分析

（一）综合发展能力整体对比分析

本报告计算得出了安徽省上市公司 2018 年综合发展能力指数排名，并将之与 2017 年进行对比，重点考察 2018 年安徽省上市公司综合能力排名变化情况；除此之外，本报告还得到其四个一级指标：业绩发展指数、创新能力指数、营运能力指数和社会贡献与责任指数的具体排名年度对比情况，如本报告附件 2 所示。

从综合发展能力指数排名对比来看，2018 年综合发展能力指数排名上升的有 46 家，2018 年综合发展能力指数排名前 10 的上市公司中，中公教育借壳上市综合表现较强，名次上升较多；泰禾光电在 2017 年排在第 16 名，其他 8 家公司在 2017 年都处于前 10 名范围内，表现出较强的综合发展潜力；2017 年综合发展能力指数排名第 1 位的四创电子，在 2018 年排名下降了 6 位，跌至第 7；2018 年综合指数排名后 12 位除了德力股份之外，其他较之于 2017 年排名都有所后退。

从综合能力排名变化的幅度来看，在 2018 年，名次上升至少 10 位的有 16 家上市公司，其中上升 20～30 位的有丰乐种业、马钢股份、丰原药业、黄山旅游、恒源煤电 5 家，排名上升至少 30 位的有中公教育、淮北矿业、泰尔股份、应流股份、金种子酒和山河药辅6家。其中，排名上升最快的金种子酒上升了43位，这主要是因为其各项分指标能力都有所增强，尤其是在社会贡献与责任方面，较之2017年增加了大量的投入。从各分指标的排名变化来看，其变化趋势并不总是与总指标排名变化方向相同，因为综合发展能力是各个分指标共同作用的结果。2018年综合能力位次上升超过10名的16家上市公司中，丰乐种业、泰尔股份、金种子酒、山河药辅和凤形股份5家上市公司4个分指标排名较之2017年都有所上升或者至少保持不变，其余上市公司的4个分指标都表现出此消彼长的状态，位次有增有减，但最后综合表现位次上升。

在2018年，有19家上市公司综合发展能力位次下降超过10名，其中位次下降20~30名的有华孚时尚、融捷健康、皖能电力和梦舟股份，排名下降至少30名的有众泰汽车、六国化工、文一科技和常青股份4家公司。其中，排名下降最多的常青股份下降了50位，这主要是因为其除创新能力外其余各项分指标能力都有所减弱，尤其是在社会贡献与责任方面，较之2017年有显著的减弱，下降了72位，这主要是因为其未在2018年披露社会责任履行情况。从各分指标的排名变化来看，其变化趋势并不总是与总指标排名变化方向相同，因为综合发展能力是各个分指标共同作用的结果。2018年综合发展能力位次下降超过10名的19家上市公司中，中钢天源、中鼎股份、华孚时尚、融捷健康、六国化工、文一科技、神剑股份和梦舟股份8家上市公司4个分指标排名较之2017年都有所下降或保持不变，其余11家上市公司的4个分指标都表现出此消彼长的状态，位次有增有减，但最后综合表现位次下降。从整体来看，位次下降超过10名的19家公司主要是社会贡献和责任履行不足导致。

（二）综合发展能力行业角度对比分析

行业排名对比情况如表6所示。从行业来看，与2017年相比较，2018年安徽省上市公司行业综合发展能力排名位次上升的有采矿业和教育行业，采矿业上升了1名，由于2017年安徽省没有属于教育行业的上市公司，

2017 年教育行业排名仅供参考，故不参与比较；信息传输、软件和信息技术服务业，科学研究和技术服务业，房地产业，文化、体育和娱乐业，电力、热力、燃气及水生产和供应业五个行业排名都略有下降；建筑业，农、林、牧、渔业，制造业，批发和零售业，水利、环境和公共设施管理业，交通运输、仓储和邮政业六个行业位次保持不变。值得注意的是，房地产业，科学研究和技术服务业，电力、热力、燃气及水生产和供应业，交通运输、仓储和邮政业，文化、体育和娱乐业，农、林、牧、渔业等行业只有一家或者两家上市公司，对行业的综合发展能力水平并不具备代表性。

表 6　2018 年与 2017 年安徽省各行业上市公司总指标与分指标指数均值对比

行业	总排名			业绩发展		创新能力		营运能力		社会贡献与责任	
	2018年	2017年	排名变化	2018年	2017年	2018年	2017年	2018年	2017年	2018年	2017年
教育(1家)	1	6	↑5	2	12	3	12	6	3	1	2
信息(5家)	2	1	↓1	8	4	1	1	4	8	6	7
科学(1家)	3	2	↓1	1	1	2	2	7	7	9	6
建筑(3家)	4	4	—	12	13	5	3	5	6	3	3
房地(1家)	5	3	↓2	6	8	7	6	1	1	13	13
文化(2家)	6	5	↓1	5	3	12	9	3	4	2	1
农林(2家)	7	7	—	11	10	4	4	12	11	10	9
制造(68家)	8	8	—	9	5	8	7	10	9	7	8
批发(3家)	9	9	—	13	9	13	13	2	2	5	5
水利(4家)	10	10	—	4	2	6	5	11	13	8	11
采矿(3家)	11	12	↑1	3	6	10	11	8	12	4	4
电力(2家)	12	11	↓1	10	11	9	8	9	5	12	12
交通(2家)	13	13	—	7	7	11	10	13	10	11	10

从各分指标来看，业绩发展能力下降是信息传输、软件和信息技术服务业总排名下降的主要原因；科学研究和技术服务业排名下降是因为社会贡献与责任表现变差；文化、体育和娱乐业排名降低是由其创新能力下降导致的；制造业业绩发展水平较 2017 年下降幅度较大，但其综合发展能力位次

保持不变，可能是因为其社会贡献与责任增加抵消了其他三个指标的减弱效应。采矿业的综合发展能力上升了1名，其各项分指标能力都有所增强。从整体来看，导致行业综合发展能力排名变化的原因主要是业绩发展能力和营运能力变化。

（三）综合发展能力区域角度对比分析

将2018年安徽省各地市上市公司综合发展能力均值排名与2017年进行对比，由表7结果可以看出，2017年综合发展能力均值排名前两位的亳州、合肥在2018年排名没有变动，说明这两个地市的综合发展能力较强且稳定。2017年综合发展能力排名第4位的铜陵市，在2018年排名为第11，下降了7位。由各分指标来看，该市的各个指标排名均有不同程度的下降，其中，创新能力和社会贡献与责任排名下降明显，分别下降了4位和5位。2017年综合发展能力排名第5位的滁州市2018年排名上升了2位，各分指标结果显示滁州市的营运能力和社会贡献与责任排名分别上升了3位，而业绩发展和创新能力排名有所下降。其他综合能力指数排名上升较为明显的地市有：淮北、淮南、阜阳，排名分别上升了3位、4位和9位。其中，阜阳市综合能力排名上升9位，进步尤为突出，其各分指标均有提升：业绩发展排名上升3位，创新能力排名上升3位，营运能力上升1位，社会贡献与责任上升12位，其中社会贡献与责任上升到了安徽省第2名，步入全省前列。综合发展能力指数排名下降较为明显的地市为蚌埠和安庆，分别下降4位和5位。这两个地市的各项分指标排名均无提升甚至有所下降，安庆社会贡献与责任排名下降最多，下降了5位。

表7　2018年与2017年安徽省各区域上市公司总指标与分指标均值排名对比

城市	总排名			业绩发展		创新能力		营运能力		社会贡献与责任	
	2018年	2017年	排名变化	2018年	2017年	2018年	2017年	2018年	2017年	2018年	2017年
亳州(1家)	1	1	—	1	1	1	1	8	7	1	1

城市	总排名			业绩发展		创新能力		营运能力		社会贡献与责任	
	2018年	2017年	排名变化	2018年	2017年	2018年	2017年	2018年	2017年	2018年	2017年
合肥(41家)	2	2	—	11	8	2	2	5	4	10	7
滁州(4家)	3	5	↑2	6	3	7	6	2	5	5	8
芜湖(13家)	4	3	↓1	7	6	8	8	1	1	9	9
六安(2家)	5	7	↑2	5	7	9	7	7	10	4	4
阜阳(1家)	6	15	↑9	12	15	6	9	13	14	2	14
淮北(4家)	7	10	↑3	2	2	14	15	4	12	6	2
宣城(8家)	8	6	↓2	8	9	3	3	12	11	12	12
淮南(2家)	9	13	↑4	10	11	12	14	9	8	3	5
马鞍山(5家)	10	11	↑1	9	10	4	5	10	9	14	15
铜陵(6家)	11	4	↓7	14	12	15	11	3	2	8	3
蚌埠(3家)	12	8	↓4	13	13	13	12	6	3	11	11
黄山(3家)	13	12	↓1	4	4	10	10	11	6	7	13
安庆(3家)	14	9	↓5	15	14	5	4	15	15	15	10
池州(1家)	15	14	↓1	3	5	11	13	14	13	13	6

（四）综合发展能力股权结构角度对比分析

从股权结构来看（见表8），与2017年相比较，2018年安徽省上市公司股权结构综合发展能力排名位次没有变化，从第1名到第4名依旧依次为中央国有企业、民营企业、其他（集体企业、公众企业、外资企业）和地方国有企业。从各分指标来看，营运能力排名相较于2017年不变。中央国有企业排名变化较大的是业绩发展和社会贡献与责任，民营企业和地方国有企业排名变化较大的是业绩发展能力，前者下降了2名，后者上升了2名；其他（集体企业、公众企业和外资企业）排名变化较大也是业绩发展能力，上升了2名。

表8　2018年与2017年安徽省各股权结构上市公司总指标与分指标均值排名对比

股权结构	总排名			业绩发展		创新能力		营运能力		社会贡献与责任	
	2018年	2017年	排名变化	2018年	2017年	2018年	2017年	2018年	2017年	2018年	2017年
中央国企(8家)	1	1	—	4	2	1	1	3	3	4	2
民营企业(52家)	2	2	—	3	1	2	2	4	4	1	1
其他(5家)	3	3	—	2	4	4	4	1	1	3	4
地方国企(32家)	4	4	—	1	3	3	3	2	2	2	3

四　研究结论与对策

本节基于上述章节的分析，总结出主要结论，并给出相应的对策建议。

（一）研究结论

1. 不少企业有所进步，综合发展能力有待提高

从安徽省上市公司综合发展能力整体来看，本报告所考察的安徽省97家上市公司的综合发展能力指数相比上年提高的有25家。综合发展能力均值为0.22，高于发展能力均值的有39家，占比40%，和上年相比少了1家；综合发展能力指数最高值刚刚达到0.5，说明安徽省上市公司综合发展能力整体不足。

就4个指标而言，业绩发展指数均值为0.580，高于业绩发展能力均值的有44家，占比45%，比上年多了1家，和上年相比，业绩发展指数提高的有88家；创新能力指数均值为0.209，高于平均值的有35家，占比36%，比上年少了2家，和上年相比，创新能力指数提高的有63家；营运能力指数均值为0.159，高于平均值的有32家，占比33%，比上年少了5家，和上年相比，营运能力指数提高的有19家；社会贡献与责任发展水平指数均值为0.356，高于平均值的有49家，占比51%，比上年少了3家，

和上年相比，社会贡献与责任水平指数提高的有41家。

安徽省97家上市公司的综合发展能力指数相比上年下降的有72家。和上年相比，业绩发展指数下降的有9家，创新能力指数下降的有34家，营运能力指数下降的有78家，社会贡献与责任水平指数下降的有56家。

2. 行业发展能力整体稳定，高技术产业优势依旧明显

从行业来看，各行业发展存在差距，高技术产业优势突出，制造业整体表现一般，安徽省各个行业上市公司综合发展能力差距较大。高技术产业因其独特战略地位和政策优惠，具有较强的市场竞争力，综合发展能力相对突出，其中信息传输、软件和信息技术服务业综合发展能力指数最高，综合发展能力较好；相较之下，囿于传统产业固有的发展模式，采矿业，交通运输、仓储和邮政业综合发展能力较差，传统产业亟须进行结构转型升级，提升综合发展水平。从行业排名对比来看，2018年与2017年排名基本一致，变动微小，高技术行业较之传统行业，综合发展能力整体较强。

3. 合芜实力较强，区域发展局面略有变

从区域来看，区域经济与上市公司发展密切相关，两者之间相互促进也相互制约。上市公司主要集中在合肥市、芜湖市等经济发达的城市，而阜阳市、池州市、亳州市上市公司较少。从发展能力来看，合肥市、芜湖市发展能力较强，主要是由于其经济基础、地理位置优势在一定程度上为上市公司发展创造了良好的条件。与2017年不同的是，阜阳、滁州等经济基础较为落后的地区在2018年综合能力明显增强，由此可见，地区综合发展存在潜力与不确定性，即使区域条件并不是较为优越，只要合理运用地区的资源禀赋就能有效地发挥作用，得到更好的发展。

4. 不同股权结构发展维持平稳，各项分指标发展失衡

从企业股权结构看，得益于经济和政策上较多的支持，国有企业的综合发展能力高于其他三种股权结构的上市公司。从年度对比来看，不同股权结构排名与2017年比较无变化，但其有些分指标排名波动较大。

（二）对策

安徽省上市公司要想进一步提高综合发展能力，必须认清现有薄弱的环

节，采取措施克服不足，充分发挥现有的优势。这需要政府、企业和相关利益者共同努力，相互合作和协调，为企业营造更加优越的营商环境。

1. 扬长补短，提高综合实力

安徽省上市公司综合发展能力整体较弱，2018 年排名第 1 的三七互娱综合发展能力指数也仅仅为 0.51。一个具有成长潜力和后劲的企业必定是各个方面都良好的企业，这样的企业才能在市场上长久立于不败之地。因此，对于企业来说，必须合理分配企业的资源，提高自身管理能力和运营水平，在保持自身优势的同时，重点关注短板，保证各方面均衡发展。

2018 年综合发展能力排名后 7 名中，除了倒数第 1 名的皖江物流属于交通运输、仓储和邮政业，其他 6 名都属于制造业，这些企业应该转化传统经营模式，转变经营思维，利用互联网和信息技术手段进行商业模式创新，寻找新的利润增长点。

2. 区域需要合理运用自身资源条件

2018 年综合发展能力排名后 7 名中企业分属于滁州、蚌埠、芜湖、安庆和宣城等城市，大大拉低了这些区域的综合发展能力平均水平。2018 年综合发展能力排在倒数第 1 名和倒数第 2 名的分别为皖江物流和海螺型材，这两个公司都属于芜湖。芜湖在安徽省属于发展走在前列的地区，经济情况和资源禀赋都相对较为优越，为什么排名后 5 名中有 3 家都属于芜湖？安庆和宣城在安徽省也属于经济发展较好的区域，为何其有的企业也排在后 5 名中？由此可以看出，各区域发展潜能存在差距，各区域内公司综合发展也存在差距。对于各地区政府来说，需要认清区域发展的不平衡性，合理配置资源、区别对待、重点突破并出台针对性政策，引导和激励企业发展。需要运用好本地区的比较优势，将其最大限度地发挥出来，借助不断涌现的新经济、新动能、新模式，抓住发展机遇。

3. 加强自身能力建设，发挥创新驱动作用

企业是社会主义市场经济的主体，综合发展能力提升主要在于企业自身能力的提高。基于报告得出的结论，企业应从以下几个方面提高自己的能力。第一，提升自身管理能力与管理水平。管理能力提高是企业高效健康运

转的基础，因此企业应该多总结多吸收外部先进的管理技术，建立一整套科学合理的管理机制，更好地治理企业。第二，重视人才引进与人才激励。人才是企业发展的灵魂元素，尤其对于主要依赖科技创新发展的企业，人才显得尤为重要。企业应该建立完善的人才培养体系，设计合理的人才激励机制，使人才有更大的空间发挥作用。第三，企业要重视创新。创新是企业获得竞争优势的源泉，对企业长久发展具有重要推动作用。企业应该营造良好的创新氛围和创新激励机制促进企业创新，同时还应该据企业情况，适度开放创新，吸收外来的先进技术，消化并为己所用。

4. 深化信息产业与传统产业融合，促进传统产业转型

制造业上市公司占安徽省上市公司的七成以上，综合发展能力排名后7名中有6家属于制造业，这表明传统产业尤其是传统制造业存在综合发展能力较弱的问题。中国传统制造业存在产能过剩、产业发展滞缓等问题，安徽省也不例外。但是当前传统制造业依旧为安徽省经济发展和腾飞奠定了基础，依旧是安徽省建设现代化产业体系的主体框架之一。所以，为了使传统制造业更好地为安徽省经济做支撑，就必须解决传统制造业存在的问题。企业应关注技术改造和创新，加深制造业和信息产业的融合，使新技术、新流程等不断涌现，从而激发传统制造业的活力。具体可以向同在长三角区域的浙江省学习，利用互联网＋传统产业，促进传统制造业的升级。

5. 加强社会责任履行，做好形象管理

2018年安徽省多家上市公司综合发展能力相较于2017年发生改变，很大一部分是由社会贡献与能力部分有较大变动引起的，其中最为明显的有金种子酒和常青股份。金种子酒排名上升最多，上升了43位，其在社会贡献与责任方面，较之2017年增加了大量的投入；下降最多的常青股份下降了50位，其在社会贡献与责任方面，较之2017年有显著的减弱，下降了72位。企业在享用社会提供的资源和福利的同时，也应该承担起对社会的责任。企业应该以有利于社会的方式进行组织和管理。承担社会责任的企业也有利于提升企业的形象，给投资者和合作者留下好的印象，这是企业的一种软实力。因此，企业应该注重社会责任的履行，增强社会责任意识，加强教育，注重引导。

安徽上市公司蓝皮书

附件

附件1　2018年安徽省上市公司总指标及分指标排名

总排名	公司名称	综合能力	行业	城市	股权结构	业绩发展		创新能力		营运能力		社会贡献与责任	
						得分	排名	得分	排名	得分	排名	得分	排名
1	三七互娱	0.51	信息	芜湖	民营	0.64	19	0.41	11	0.67	1	0.48	20
2	阳光电源	0.42	制造	合肥	民营	0.59	42	0.63	2	0.11	58	0.49	17
3	科大讯飞	0.41	信息	合肥	央企	0.57	50	0.64	1	0.11	55	0.41	42
4	科大国创	0.39	信息	合肥	民营	0.56	63	0.48	6	0.30	11	0.33	58
5	中公教育	0.39	教育	芜湖	民营	0.69	9	0.30	23	0.23	15	0.94	1
6	美亚光电	0.38	制造	合肥	民营	0.68	11	0.58	3	0.10	64	0.36	49
7	四创电子	0.37	制造	合肥	央企	0.64	18	0.47	7	0.16	29	0.49	15
8	安徽合力	0.37	制造	合肥	国企	0.63	21	0.41	12	0.21	18	0.56	5
9	泰禾光电	0.36	制造	合肥	民营	0.61	31	0.53	4	0.08	79	0.49	16
10	众源新材	0.36	制造	芜湖	民营	0.61	32	0.10	78	0.64	2	0.46	25
11	江淮汽车	0.34	制造	合肥	国企	0.48	92	0.46	8	0.17	27	0.34	52
12	东华科技	0.34	建筑	合肥	央企	0.56	60	0.37	15	0.32	10	0.24	70
13	安科生物	0.33	制造	合肥	民营	0.61	28	0.42	10	0.13	49	0.52	13
14	设计总院	0.33	科学	合肥	国企	0.70	7	0.39	13	0.22	16	0.33	54
15	开润股份	0.32	制造	滁州	民营	0.68	10	0.19	39	0.44	5	0.43	33
16	古井贡酒	0.30	制造	亳州	国企	0.81	2	0.30	19	0.13	45	0.58	3
17	辉隆股份	0.29	批发	合肥	集体	0.55	71	0.10	76	0.57	3	0.21	81
18	聚隆科技	0.29	制造	宣城	民营	0.54	75	0.49	5	0.04	95	0.19	83
19	皖新传媒	0.28	文化	合肥	国企	0.61	29	0.09	82	0.41	6	0.52	11
20	广信股份	0.27	制造	宣城	民营	0.65	16	0.35	16	0.07	82	0.42	37
21	中环环保	0.26	水利	合肥	民营	0.58	47	0.38	14	0.11	54	0.22	79
22	合肥城建	0.26	房地	合肥	国企	0.59	41	0.21	34	0.37	8	0.14	87
23	中电兴发	0.26	信息	芜湖	民营	0.56	62	0.43	9	0.09	71	0.12	95
24	皖通科技	0.26	信息	合肥	民营	0.57	51	0.30	20	0.10	63	0.45	27
25	安利股份	0.25	制造	合肥	民营	0.53	82	0.26	27	0.12	51	0.49	18
26	楚江新材	0.25	制造	芜湖	民营	0.59	37	0.07	91	0.48	4	0.26	66
27	国祯环保	0.25	水利	合肥	民营	0.58	45	0.20	37	0.28	12	0.33	59
28	淮北矿业	0.25	采矿	淮北	国企	0.72	5	0.09	81	0.40	7	0.31	61
29	海螺水泥	0.25	制造	芜湖	国企	0.98	1	0.14	58	0.14	35	0.65	2
30	欧普康视	0.24	制造	合肥	民营	0.72	6	0.30	21	0.10	66	0.36	48
31	全柴动力	0.24	制造	滁州	国企	0.53	83	0.26	26	0.14	38	0.39	46
32	志邦家居	0.24	制造	合肥	民营	0.69	8	0.31	18	0.14	37	0.19	84
33	精工钢构	0.24	建筑	六安	民营	0.54	78	0.18	43	0.20	22	0.45	29

续表

总排名	公司名称	综合能力	行业	城市	股权结构	业绩发展		创新能力		营运能力		社会贡献与责任	
						得分	排名	得分	排名	得分	排名	得分	排名
34	精达股份	0.23	制造	铜陵	民营	0.60	35	0.08	87	0.37	9	0.35	51
35	安徽水利	0.23	建筑	蚌埠	国企	0.56	58	0.14	64	0.20	21	0.56	6
36	荃银高科	0.23	农林	合肥	公众	0.57	49	0.28	24	0.10	67	0.33	55
37	金禾实业	0.23	制造	滁州	民营	0.73	4	0.18	41	0.11	59	0.55	7
38	丰乐种业	0.22	农林	合肥	国企	0.55	69	0.26	28	0.14	39	0.28	64
39	安纳达	0.22	制造	铜陵	国企	0.56	54	0.18	42	0.17	28	0.42	36
40	国机通用	0.22	制造	合肥	央企	0.58	46	0.30	22	0.13	44	0.13	89
41	泰尔股份	0.22	制造	马鞍山	民营	0.53	84	0.32	17	0.06	87	0.24	75
42	长虹美菱	0.21	制造	合肥	国企	0.52	90	0.22	32	0.23	14	0.13	90
43	应流股份	0.21	制造	合肥	民营	0.54	79	0.27	25	0.03	96	0.42	40
44	时代出版	0.21	文化	合肥	国企	0.59	39	0.11	72	0.20	20	0.44	31
45	口子窖	0.20	制造	淮北	民营	0.79	3	0.15	55	0.08	73	0.57	4
46	洽洽食品	0.20	制造	合肥	民营	0.63	22	0.13	69	0.13	42	0.53	9
47	金种子酒	0.20	制造	阜阳	国企	0.55	65	0.19	40	0.07	84	0.52	12
48	山河药辅	0.20	制造	淮南	民营	0.63	23	0.15	54	0.10	65	0.52	10
49	惠而浦	0.20	制造	合肥	外资	0.56	55	0.12	71	0.13	47	0.53	8
50	马钢股份	0.20	制造	马鞍山	国企	0.64	20	0.11	73	0.16	31	0.46	24
51	集友股份	0.20	制造	安庆	民营	0.65	15	0.25	29	0.07	80	0.24	71
52	铜陵有色	0.19	制造	铜陵	国企	0.54	76	0.05	95	0.27	13	0.42	38
53	黄山胶囊	0.19	制造	宣城	民营	0.58	48	0.21	33	0.05	92	0.42	35
54	中钢天源	0.19	制造	马鞍山	央企	0.59	40	0.24	31	0.11	56	0.19	85
55	皖通高速	0.19	交通	合肥	国企	0.62	27	0.17	46	0.08	77	0.48	23
56	富煌钢构	0.19	制造	合肥	民营	0.55	72	0.17	48	0.09	72	0.42	39
57	中鼎股份	0.19	制造	宣城	民营	0.63	24	0.14	62	0.14	40	0.39	45
58	华菱精工	0.19	制造	宣城	民营	0.60	33	0.14	57	0.18	24	0.26	68
59	新集能源	0.18	采矿	淮南	央企	0.54	77	0.10	80	0.15	33	0.48	22
60	丰原药业	0.18	制造	芜湖	民营	0.55	70	0.13	66	0.16	30	0.33	57
61	国风塑业	0.18	制造	合肥	国企	0.56	61	0.25	30	0.08	74	0.10	97
62	永新股份	0.18	制造	黄山	集体	0.61	30	0.17	45	0.14	41	0.24	74
63	皖天然气	0.18	电力	合肥	国企	0.59	43	0.15	53	0.20	19	0.13	91
64	合锻智能	0.18	制造	合肥	民营	0.54	74	0.20	36	0.06	88	0.32	60
65	迎驾贡酒	0.17	制造	六安	民营	0.67	12	0.13	70	0.08	76	0.46	26
66	黄山旅游	0.17	水利	黄山	国企	0.66	13	0.14	60	0.04	94	0.49	14
67	恒源煤电	0.17	采矿	淮北	国企	0.65	14	0.14	56	0.06	86	0.42	34
68	安德利	0.17	批发	合肥	民营	0.53	88	0.03	96	0.18	25	0.48	21
69	皖维高新	0.17	制造	合肥	国企	0.54	81	0.10	79	0.11	57	0.45	28
70	合肥百货	0.16	批发	合肥	国企	0.56	59	0.06	93	0.18	26	0.41	43
71	长信科技	0.16	制造	芜湖	民营	0.60	34	0.03	97	0.19	23	0.44	32

续表

总排名	公司名称	综合能力	行业	城市	股权结构	业绩发展		创新能力		营运能力		社会贡献与责任	
						得分	排名	得分	排名	得分	排名	得分	排名
72	中粮生化	0.16	制造	蚌埠	央企	0.57	53	0.08	88	0.21	17	0.26	67
73	华菱星马	0.16	制造	马鞍山	国企	0.53	86	0.21	35	0.09	68	0.12	94
74	伯特利	0.16	制造	芜湖	外资	0.62	25	0.14	63	0.13	48	0.24	73
75	山鹰纸业	0.16	制造	马鞍山	民营	0.65	17	0.09	83	0.13	43	0.35	50
76	鸿路钢构	0.16	制造	合肥	民营	0.60	36	0.10	77	0.13	46	0.33	56
77	华孚时尚	0.16	制造	淮北	民营	0.58	44	0.06	92	0.12	52	0.49	19
78	众泰汽车	0.16	制造	黄山	民营	0.56	57	0.11	74	0.09	69	0.41	44
79	融捷健康	0.16	制造	合肥	民营	0.24	96	0.19	38	0.09	70	0.22	80
80	六国化工	0.15	制造	铜陵	国企	0.38	94	0.09	86	0.12	50	0.36	47
81	司尔特	0.15	制造	宣城	民营	0.59	38	0.14	61	0.11	60	0.24	72
82	华茂股份	0.15	制造	安庆	国企	0.54	80	0.14	59	0.08	75	0.27	65
83	凤形股份	0.15	制造	宣城	民营	0.57	52	0.13	68	0.07	81	0.34	53
84	铜峰电子	0.15	制造	铜陵	民营	0.53	89	0.11	75	0.06	90	0.41	41
85	长城军工	0.15	制造	合肥	国企	0.55	68	0.17	49	0.06	89	0.23	76
86	文一科技	0.15	制造	铜陵	民营	0.53	87	0.16	51	0.05	93	0.29	63
87	常青股份	0.14	制造	合肥	民营	0.56	56	0.15	52	0.11	61	0.14	88
88	神剑股份	0.14	制造	芜湖	民营	0.54	73	0.17	47	0.11	62	0.11	96
89	九华旅游	0.14	水利	池州	国企	0.62	26	0.13	67	0.07	85	0.29	62
90	皖能电力	0.14	电力	合肥	国企	0.56	64	0.09	85	0.15	34	0.23	78
91	德力股份	0.13	制造	滁州	民营	0.45	93	0.07	89	0.07	83	0.45	30
92	凯盛科技	0.13	制造	蚌埠	央企	0.53	85	0.13	65	0.08	78	0.20	82
93	梦舟股份	0.13	制造	芜湖	民营	0.31	95	0.07	90	0.16	32	0.23	77
94	江南化工	0.12	制造	宣城	民营	0.55	66	0.16	50	0.05	91	0.12	93
95	盛运环保	0.12	制造	安庆	民营	0.03	97	0.18	44	0.00	97	0.25	69
96	海螺型材	0.12	制造	芜湖	国企	0.52	91	0.09	84	0.12	53	0.15	86
97	皖江物流	0.10	交通	芜湖	国企	0.55	67	0.05	94	0.14	36	0.12	92
	平均值	0.22				0.58		0.21		0.16		0.36	
	中位数	0.20				0.57		0.17		0.13		0.36	

注：1. 行业、区域和企业股权结构的简称同分报告一中的附件 1 一致；

2. 本报告数据来源于万得数据库（Wind 咨询）。截至目前，安徽省共有 A 股上市公司 103 家。因指标适用性问题以及企业经营问题，本报告将剔除三家金融业（新力金融、华安证券、国元证券）以及＊ST 华信、＊ST 安凯、ST 新光；

3. 各项指标数据来自 Wind 和 CSMAR。

附件2　2018年与2017年安徽省上市公司总指标与分指标指数排名对比情况

公司名称	总排名			业绩发展		创新能力		营运能力		社会贡献与责任	
	2018年	2017年	排名变化	2018年	2017年	2018年	2017年	2018年	2017年	2018年	2017年
三七互娱	1	4	↑3	19	6	11	16	1	6	20	10
阳光电源	2	3	↑1	42	28	2	1	58	50	17	51
科大讯飞	3	2	↓1	50	54	1	2	55	67	42	13
科大国创	4	8	↑4	63	74	6	6	11	23	58	56
中公教育	5	35	↑30	9	75	23	90	15	9	1	19
美亚光电	6	9	↑3	11	14	3	7	64	76	49	50
四创电子	7	1	↓6	18	25	7	3	29	13	15	7
安徽合力	8	6	↓2	21	36	12	9	18	24	5	18
泰禾光电	9	16	↑7	31	15	4	12	79	79	16	48
众源新材	10	5	↓5	32	21	78	70	2	1	25	8
江淮汽车	11	7	↓4	92	76	8	4	27	29	52	55
东华科技	12	10	↓2	60	94	15	10	10	27	70	42
安科生物	13	22	↑9	28	18	10	14	49	56	13	66
设计总院	14	11	↓3	7	12	13	15	16	30	54	46
开润股份	15	25	↑10	10	9	39	42	5	11	33	64
古井贡酒	16	17	↑1	2	7	19	20	45	54	3	14
辉隆股份	17	18	↑1	71	65	76	61	3	2	81	63
聚隆科技	18	12	↓6	75	44	5	8	95	74	83	57
皖新传媒	19	21	↑2	29	26	82	83	6	7	11	6
广信股份	20	14	↓6	16	23	16	13	82	81	37	40
中环环保	21	26	↑5	47	39	14	11	54	70	79	91
合肥城建	22	19	↓3	41	59	34	35	8	4	87	82
中电兴发	23	20	↓3	62	60	9	5	71	86	95	93
皖通科技	24	29	↑5	51	55	20	17	63	57	27	60
安利股份	25	28	↑3	82	92	27	23	51	46	18	30
楚江新材	26	13	↓13	37	41	91	72	4	3	66	36
国祯环保	27	43	↑16	45	45	37	32	12	28	59	67
淮北矿业	28	66	↑38	5	46	81	68	7	78	61	12
海螺水泥	29	31	↑2	1	1	58	62	35	51	2	1
欧普康视	30	32	↑2	6	3	21	25	66	44	48	61
全柴动力	31	30	↓1	83	70	26	27	38	48	46	32
志邦家居	32	15	↓17	8	10	18	19	37	33	84	34
精工钢构	33	42	↑9	78	84	43	34	22	43	29	39
精达股份	34	27	↓7	35	43	87	85	9	5	51	44

289

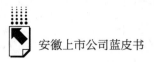
续表

公司名称	总排名			业绩发展		创新能力		营运能力		社会贡献与责任	
	2018年	2017年	排名变化	2018年	2017年	2018年	2017年	2018年	2017年	2018年	2017年
安徽水利	35	23	↓12	58	48	64	58	21	14	6	3
荃银高科	36	33	↓3	49	49	24	26	67	61	55	29
金禾实业	37	34	↓3	4	2	41	51	59	45	7	11
丰乐种业	38	58	↑20	69	85	28	28	39	58	64	76
安纳达	39	24	↓15	54	11	42	44	28	18	36	43
国机通用	40	36	↓4	46	5	22	21	44	60	89	77
泰尔股份	41	75	↑34	84	95	17	18	87	95	75	85
长虹美菱	42	45	↑3	90	89	32	41	14	15	90	86
应流股份	43	73	↑30	79	78	25	36	96	96	40	53
时代出版	44	38	↓6	39	47	72	64	20	25	31	20
口子窖	45	53	↑8	3	4	55	73	73	77	4	4
洽洽食品	46	51	↑5	22	35	69	71	42	53	9	9
金种子酒	47	90	↑43	65	91	40	52	84	87	12	70
山河药辅	48	87	↑39	23	31	54	56	65	73	10	75
惠而浦	49	55	↑6	55	93	71	55	47	49	8	21
马钢股份	50	79	↑29	20	33	73	84	31	26	24	78
集友股份	51	39	↓12	15	8	29	22	80	88	71	59
铜陵有色	52	41	↓11	76	77	95	93	13	8	38	33
黄山胶囊	53	50	↓3	48	40	33	33	92	94	35	28
中钢天源	54	40	↓14	40	22	31	30	56	37	85	65
皖通高速	55	68	↑13	27	24	46	60	77	72	23	35
富煌钢构	56	49	↓7	72	67	48	43	72	69	39	24
中鼎股份	57	46	↓11	24	20	62	57	40	36	45	37
华菱精工	58	57	↓1	33	19	57	54	24	20	68	81
新集能源	59	61	↑2	77	90	80	92	33	35	22	2
丰原药业	60	80	↑20	70	62	66	67	30	34	57	69
国风塑业	61	65	↑4	61	72	30	24	74	75	97	97
永新股份	62	67	↑5	30	29	45	46	41	55	74	68
皖天然气	63	60	↓3	43	53	53	48	19	17	91	95
合锻智能	64	59	↓5	74	73	36	39	88	90	60	31
迎驾贡酒	65	72	↑7	12	16	70	76	76	82	26	25
黄山旅游	66	94	↑28	13	30	60	80	94	91	14	71
恒源煤电	67	93	↑26	14	17	56	86	86	80	34	80
安德利	68	71	↑3	88	56	96	97	25	21	21	38
皖维高新	69	77	↑8	81	82	79	82	57	47	28	47

公司名称	总排名			业绩发展		创新能力		营运能力		社会贡献与责任	
	2018年	2017年	排名变化	2018年	2017年	2018年	2017年	2018年	2017年	2018年	2017年
合肥百货	70	62	↓8	59	61	93	94	26	22	43	27
长信科技	71	54	↓17	34	42	97	96	23	10	32	49
中粮生化	72	84	↑12	53	50	88	88	17	16	67	87
华菱星马	73	81	↑8	86	81	35	37	68	66	94	89
伯特利	74	83	↑9	25	13	63	65	48	39	73	84
山鹰纸业	75	74	↓1	17	27	83	87	43	41	50	54
鸿路钢构	76	63	↓13	36	51	77	63	46	64	56	22
华孚时尚	77	56	↓21	44	38	92	91	52	40	19	5
众泰汽车	78	44	↓34	57	34	74	74	69	12	44	52
融捷健康	79	52	↓27	96	69	38	29	70	63	80	58
六国化工	80	47	↓33	94	79	86	78	50	32	47	15
司尔特	81	88	↑7	38	52	61	59	60	68	72	74
华茂股份	82	76	↓6	80	80	59	49	75	65	65	62
凤形股份	83	97	↑14	52	96	68	81	81	92	53	73
铜峰电子	84	78	↓6	89	86	75	69	90	93	41	17
长城军工	85	89	↑4	68	58	49	47	89	83	76	96
文一科技	86	48	↓38	87	83	51	38	93	85	63	23
常青股份	87	37	↓50	56	37	52	53	61	38	88	16
神剑股份	88	70	↓18	73	57	47	31	62	59	96	94
九华旅游	89	82	↓7	26	32	67	77	85	71	62	45
皖能电力	90	69	↓21	64	87	85	75	34	19	78	72
德力股份	91	95	↑4	93	64	89	66	83	84	30	88
凯盛科技	92	85	↓7	85	71	65	50	78	62	82	79
梦舟股份	93	64	↓29	95	63	90	89	32	31	77	26
江南化工	94	91	↓3	66	68	50	45	91	89	93	92
盛运环保	95	86	↓9	97	97	44	40	97	97	69	41
海螺型材	96	92	↓4	91	88	84	79	53	52	86	83
皖江物流	97	96	↓1	67	66	94	95	36	42	92	90

注：表中 2017 年排名均是使用 2018 年可比公司在 2017 年的综合发展能力进行的重新排名，和上年度报告可能有出入，仅作为 2018 年综合发展能力比较，不否定上年度的报告结论。

借　鉴　篇

Experience and Lessons

B.8
长三角地区头部上市公司研究

李欣　李源　杨欢　刘华琳*

摘　要： 头部上市公司是长三角一体化发展实施重点突破的关键。目前，长三角头部上市公司市值规模位居全国前列，形成了以上海为龙头、制造和金融为优势产业、国企为骨干的发展格局，创新投入、盈利和分红大幅超出整体水平，较好地发挥了龙头带动作用。未来，要以头部上市公司为支点，建立合作机制，整合优势产业，加强协同创新与成果转化，发展一体化多层次资本市场，推进长三角一体化向纵深发展。

关键词： 长三角　一体化　头部上市公司

* 李欣，博士，安徽省投资集团中安研究院副院长；李源，硕士，安徽省投资集团中安研究院研究员；杨欢，硕士，安徽省投资集团中安研究院研究员；刘华琳，硕士，安徽省投资集团中安研究院研究员。

长三角是我国经济发展最活跃、开放程度最高、创新能力最强的区域之一，在国家现代化建设大局和全方位开放格局中具有举足轻重的战略地位。近年来，上海、江苏、浙江、安徽三省一市抢抓机遇，加快建设现代化经济体系，着力打造发展强劲活跃增长极，推动长三角一体化融合发展。2018 年，长三角一体化发展上升为国家战略，2019 年，国务院发布《长三角一体化发展规划纲要》，标志着长三角一体化进入发展新阶段，必将进一步提升一体化成效，加快推动安徽成为具有重要影响力的科技创新策源地、新兴产业聚集地和绿色发展样板区。但是，目前长三角行政分割市场、要素流动受限、共享机制缺乏等深层次问题仍然比较突出，制约一体化向纵深发展。解决这些问题必须充分发挥市场主体作用，突破体制障碍和区划限制，促进区域协调联动。上市公司作为最活跃的市场主体，在引导要素流动、促进技术创新、推动产业升级等方面发挥着不可替代的作用。头部上市公司是上市公司的优秀代表，其发展状况反映了市场的预期，预示了未来发展的方向。深入研究头部上市公司，有利于准确把握长三角一体化发展趋势，揭示区域差距，发现安徽短板，对安徽全面融入长三角一体化发展具有重大意义。

一 长三角地区 TOP30 上市公司研究

长三角地区包括上海、江苏、浙江、安徽三省一市，共 26 个城市，地域面积 35.9 万平方公里，常住人口 2.2 亿，占全国的 1/6。2018 年经济总量约 21 万亿元，占全国的近 1/4，是我国经济增长的重要引擎，在经济社会发展建设中，具有举足轻重的影响和地位。基于雄厚的经济基础，长三角发展出大量的上市公司。截至 2018 年底，长三角上市公司总数达到 1217家，占全国上市公司总数的 34.12%，总市值达 11.70 万亿元，占全国上市公司市值总量的 24.04%，已成为区域经济发展与转型的重要推动力量。

（一）长三角地区 TOP30 上市公司排行榜

头部上市公司是地区经济发展、产业结构、创新能力、开放程度的集中代表。研究头部上市公司的特征，有利于江浙沪皖在推进一体化进程中，明确产业链、创新链、价值链、生态链、需求链中的功能与角色，找准产业链整合与分工的发力点，联手打造具有国际竞争力的世界级产业集群。市值、营业收入、净利润、净资产是反映上市公司发展情况的常用指标，长三角地区各项指标排名前30的上市公司如表1所示。

表1　长三角地区 TOP30 上市公司排行

单位：亿元

排名	市值 TOP 30		营业收入 TOP 30		净利润 TOP 30		净资产 TOP 30	
	证券简称	市值	证券简称	营业收入	证券简称	净利润	证券简称	净资产
1	交通银行	4147	上汽集团	8876	交通银行	742	交通银行	6984
2	上汽集团	3116	中国太保	3544	浦发银行	565	浦发银行	4716
3	浦发银行	2877	绿地控股	3484	上汽集团	484	上汽集团	2344
4	中国太保	2404	宝钢股份	3048	**海螺水泥**	**306**	宝钢股份	1768
5	海康威视	2377	物产中大	3001	宝钢股份	233	上海银行	1613
6	恒瑞医药	1942	苏宁易购	2450	中国太保	184	中国太保	1496
7	**海螺水泥**	**1604**	交通银行	2127	上海银行	181	国泰君安	1235
8	宝钢股份	1447	浦发银行	1715	绿地控股	160	江苏银行	1226
9	洋河股份	1427	上海建工	1705	江苏银行	133	海通证券	1179
10	三六零	1378	上海医药	1591	苏宁易购	126	**海螺水泥**	**1125**
11	国泰君安	1318	华域汽车	1572	新城控股	122	华泰证券	1034
12	华泰证券	1245	**海螺水泥**	**1284**	上港集团	115	苏宁易购	809
13	上海银行	1223	东方航空	1149	海康威视	114	宁波银行	809
14	上港集团	1200	上海石化	1078	宁波银行	112	南京银行	778
15	上海机场	978	上海电气	1012	南京银行	112	上港集团	755
16	海通证券	936	上海钢联	961	华域汽车	104	绿地控股	701
17	苏宁易购	917	荣盛石化	914	洋河股份	81	浙能电力	612
18	药明康德	854	**铜陵有色**	**846**	国泰君安	71	东方航空	580
19	国电南瑞	849	苏美达	820	**马钢股份**	**71**	上海电气	573
20	宁波银行	845	**马钢股份**	**820**	海通证券	58	东方证券	517
21	绿地控股	743	远大控股	660	上海电气	55	光大证券	472
22	江苏银行	689	浙商中拓	633	杭州银行	54	杭州银行	464
23	上海电气	646	中化国际	600	上海石化	53	华域汽车	454
24	东方航空	644	浙能电力	566	华泰证券	52	美凯龙	417

排名	市值 TOP 30		营业收入 TOP 30		净利润 TOP 30		净资产 TOP 30	
	证券简称	市值	证券简称	营业收入	证券简称	净利润	证券简称	净资产
25	浙能电力	643	均胜电子	562	南钢股份	47	上海医药	390
26	荣盛石化	635	**淮北矿业**	**547**	世茂股份	47	宁波港	383
27	东方财富	625	新城控股	541	美凯龙	47	海康威视	376
28	华域汽车	580	中国核建	514	宁沪高速	45	国投资本	364
29	复星医药	579	**江淮汽车**	**501**	上海医药	45	洋河股份	336
30	南京银行	548	海康威视	498	国电南瑞	44	新湖中宝	336

注：加粗字体为安徽上市公司。

分指标来看，安徽入围营业收入 TOP30 的上市公司达到 5 家，分别是海螺水泥、铜陵有色、马钢股份、淮北矿业、江淮汽车，主要是从事原材料加工业的国有企业；入围净利润 TOP30 的上市公司有 2 家，分别是海螺水泥和马钢股份，产业处在价值链中低端的特征明显；入围市值和净资产TOP30 的仅有海螺水泥，反映了安徽上市公司整体实力相对较弱。

各项指标中，市值直接传导市场的真实波动，反映资本市场对上市公司未来发展的预期，是衡量上市公司综合实力的代表性指标。同时，高市值上市公司是反映区域发展现状与趋势的晴雨表和风向标。因此，报告按市值高低排序选取 30 家上市公司进行分析研究，为研判长三角一体化新趋势提供参考。

（二）长三角地区市值 TOP30 上市公司排行榜

截至 2018 年底，长三角市值 TOP30 上市公司市值总量达到 3.94 万亿元，占长三角上市公司市值总量的 33.68%、全国的 8.24%，30 家公司中有 27 家进入全国上市公司市值前 100 位，但没有公司进入前 10 位。从市值分布来看，长三角市值 TOP30 中没有市值 5000 亿元以上的上市公司，全国有 10 家上市公司市值超过 5000 亿元，其中超万亿元的 6 家；市值为 1000亿元至 5000 亿元的上市公司有 14 家，占全国 49 家的 28.6%；市值为 500亿元至 1000 亿元的有 16 家（见表 2）。

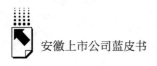

表 2　长三角地区市值 TOP30 上市公司排行

单位：亿元

排名	证券简称	省份	市值	全国排名	门类行业	公司属性
1	交通银行	上海	4147	11	金融业	公众企业
2	上汽集团	上海	3116	14	制造业	地方国企
3	浦发银行	上海	2877	16	金融业	公众企业
4	中国太保	上海	2404	22	金融业	公众企业
5	海康威视	浙江	2377	24	制造业	中央国企
6	恒瑞医药	江苏	1942	29	制造业	民营企业
7	海螺水泥	安徽	1604	37	制造业	地方国企
8	宝钢股份	上海	1447	40	制造业	中央国企
9	洋河股份	江苏	1427	42	制造业	地方国企
10	三六零	江苏	1378	46	信息传输、软件和信息技术服务业	民营企业
11	国泰君安	上海	1318	50	金融业	地方国企
12	华泰证券	江苏	1245	51	金融业	地方国企
13	上海银行	上海	1223	53	金融业	公众企业
14	上港集团	上海	1200	54	交通运输、仓储和邮政业	地方国企
15	上海机场	上海	978	60	交通运输、仓储和邮政业	地方国企
16	海通证券	上海	936	65	金融业	公众企业
17	苏宁易购	江苏	917	67	批发和零售业	民营企业
18	药明康德	江苏	854	72	科学研究和技术服务业	民营企业
19	国电南瑞	江苏	849	73	信息传输、软件和信息技术服务业	中央国企
20	宁波银行	浙江	845	74	金融业	公众企业
21	绿地控股	上海	743	86	房地产业	公众企业
22	江苏银行	江苏	689	89	金融业	公众企业
23	上海电气	上海	646	94	制造业	地方国企
24	东方航空	上海	644	95	交通运输、仓储和邮政业	中央国企
25	浙能电力	浙江	643	96	电力、热力、燃气及水生产和供应业	地方国企
26	荣盛石化	浙江	635	97	制造业	民营企业
27	东方财富	上海	625	99	信息传输、软件和信息技术服务业	民营企业
28	华域汽车	上海	580	107	制造业	地方国企
29	复星医药	上海	579	108	制造业	民营企业
30	南京银行	江苏	548	114	金融业	公众企业

（三）长三角地区市值 TOP30 上市公司地区分布

上海头部上市公司的数量和市值在长三角占主导地位，安徽只有海螺水

泥一家企业进入 TOP30，与江浙沪相比差距明显。从市值分布来看，上海
16 家上市公司总市值 23464 亿元、江苏 9 家总市值 9850 亿元、浙江 4 家总
市值 4500 亿元、安徽 1 家市值 1604 亿元，占比分别为 59.5%、25%、
11.4% 和 4.1%（见图 1）。

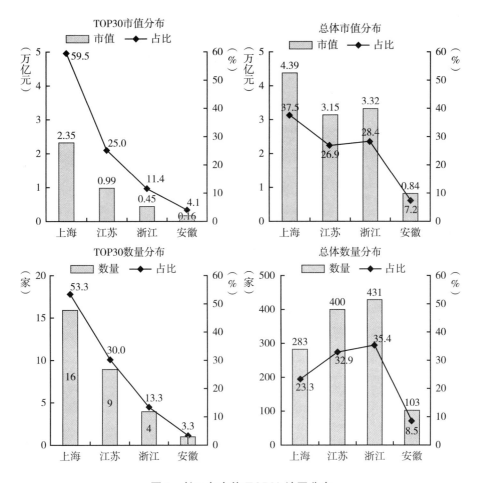

图 1　长三角市值 TOP30 地区分布

从城市分布来看，TOP30 主要集中在长三角中心和副中心城市，其中上
海 16 家、南京 5 家、杭州 3 家。合肥作为长三角三大副中心城市之一，没
有一家上市公司进入 TOP30，合肥市值最高的科大讯飞在长三角所有上市公

司中市值排名第35位。从三大副中心城市的上市公司规模来看，截至2018年底，杭州有上市公司130家，总市值13209亿元；南京有上市公司111家，总市值9021亿元；合肥有上市公司45家，总市值2949亿元。合肥上市公司市值总量分别为杭州、南京的22.3%和32.7%，远低于同期GDP比值（57.9%和61%），反映了合肥上市公司规模与杭州、南京差距较大，且发展速度相对较慢。

从长三角全部上市公司的地区分布情况来看，上海、江苏、浙江、安徽的上市公司数量占比分别为23.3%、32.9%、35.4%和8.5%，市值占比分别为37.5%、26.9、28.4%和7.2%。与长三角全部上市公司的地区分布相比，TOP30中上海上市公司的数量和市值占比分别高出30个百分点和22个百分点，反映出上海作为区域中心城市，集聚了长三角大部分的头部上市公司，龙头带动作用开始显现。

（四）长三角地区市值TOP30上市公司行业分布

长三角市值TOP30主要集中在金融业和制造业，两个行业上市公司数量各占10家，市值各占约40%。从市值来看，金融业10家上市公司市值16231亿元，占比41.2%；制造业10家上市公司市值14354亿元，占比36.4%；其他6个行业市值合计8833亿元，占比22.4%。

表3　长三角市值TOP30行业分布

门类行业	市值 （亿元）	市值占比 （%）	数量 （家）	数量占比 （%）
金融业	16231	41.2	10	33.3
制造业	14354	36.4	10	33.3
信息传输、软件和信息技术服务业	2853	7.2	3	10.0
交通运输、仓储和邮政业	2822	7.2	3	10.0
批发和零售业	917	2.3	1	3.3
科学研究和技术服务业	854	2.2	1	3.3
房地产业	743	1.9	1	3.3
电力、热力、燃气及水生产和供应业	643	1.6	1	3.3
合计	39418	100	30	100

截至 2018 年底，在长三角全部 1217 家上市公司中，制造业公司 836 家，占比 68.7%，市值 59526 亿元，占比 50.9%；金融业公司 33 家，占比 2.7%，市值 20542 亿元，占比 17.6%。与长三角全部上市公司的行业分布相比，TOP30 中制造业呈现出"两低"，即数量占比低 35.4 个百分点，市值占比低 14.5 个百分点，说明长三角制造业上市公司中大体量的龙头公司相对较少；TOP30 中金融业公司呈现出"两高"，即数量占比高 30.6 个百分点，市值占比高 23.6 个百分点，反映了金融业作为垄断行业，上市公司数量少、体量大的特点。

（五）长三角地区市值 TOP30 上市公司企业性质分布

长三角市值 TOP30 中国有企业数量和市值占比近一半。具体来看，14 家国有企业市值 18075 亿元，占比 45.9%；9 家公众企业市值 14412 亿元，占比 36.5%；7 家民营企业市值 6931 亿元，占比 17.6%（见图 2）。

在长三角所有上市公司中，民营企业 853 家，占比 70.1%，市值 55381 亿元，占比 47.3%；国有企业 255 家，占比 21.0%，市值 40749 亿元，占比 34.8%；公众企业 62 家，占比 5.1%，市值 18159 亿元，占比 15.5%。与长三角全部上市公司的企业性质分布相比，TOP30 中民营企业的数量占比低 46.8 个百分点，市值占比低 29.7 个百分点，反映出民营企业虽然数量较多，但缺少龙头上市公司，与国有企业相比仍处于弱势地位。

（六）长三角地区市值 TOP30 上市公司创新情况分析

长三角市值 TOP30 创新投入高于长三角上市公司总体水平，制造业龙头企业在产业创新中起主导作用。从研发支出①来看，TOP30 中有 19 家上市公司公开了 2018 年研发支出金额，共计 506 亿元，平均 26.6 亿元，研发强度均值 5.5%。其中，上汽集团研发支出最多，达到 159.2 亿元，仅次于中国石油的 210.5 亿元，居全国第二位。从专利申请来看，2018 年 TOP30 申请专利共计 1890 件，百人专利申请数平均 0.374 件（见表 4）。

---

① 数据来源于 Wind 和公司年报。

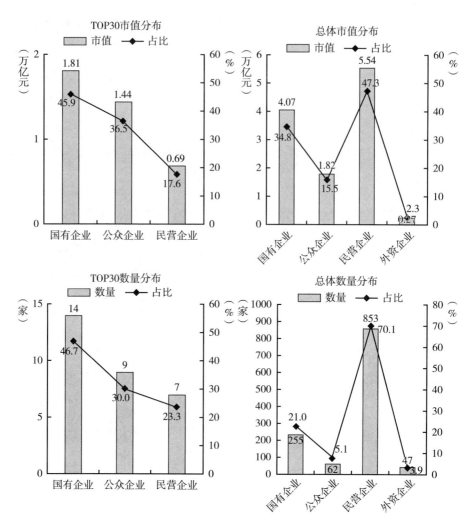

图2 长三角市值 TOP30 企业性质分布

表4 长三角市值 TOP30 创新情况

排名	证券简称	研发支出（亿元）	证券简称	研发强度（%）	证券简称	专利申请数(件)	证券简称	百人专利申请数(件)
1	上汽集团	159.2	三六零	19.39	国电南瑞	549	国电南瑞	7.761
2	宝钢股份	70.3	浙能电力	18.72	海康威视	519	海康威视	1.509
3	华域汽车	51.3	恒瑞医药	15.33	上汽集团	336	上海电气	0.392

续表

排名	证券简称	研发支出（亿元）	证券简称	研发强度（%）	证券简称	专利申请数（件）	证券简称	百人专利申请数（件）
4	海康威视	44.8	复星医药	10.10	上海电气	121	恒瑞医药	0.305
5	上海电气	37.2	海康威视	8.99	宝钢股份	74	洋河股份	0.190
6	苏宁易购	29.0	东方财富	8.01	恒瑞医药	64	华泰证券	0.170
7	恒瑞医药	26.7	国电南瑞	5.40	苏宁易购	61	药明康德	0.158
8	三六零	25.5	药明康德	4.54	洋河股份	29	苏宁易购	0.156
9	复星医药	25.1	上海电气	3.68	药明康德	28	上汽集团	0.154
10	国电南瑞	15.4	华域汽车	3.27	海螺水泥	28	宝钢股份	0.132
11	荣盛石化	9.6	宝钢股份	2.30	交通银行	23	海螺水泥	0.064
12	药明康德	4.4	上汽集团	1.79	华泰证券	16	上港集团	0.055
13	东方财富	2.5	苏宁易购	1.18	华域汽车	11	宁波银行	0.037
14	浙能电力	1.5	荣盛石化	1.05	上港集团	9	华域汽车	0.032
15	东方航空	1.4	上港集团	0.14	浦发银行	6	上海机场	0.028
16	海螺水泥	0.7	洋河股份	0.14	宁波银行	5	交通银行	0.026
17	绿地控股	0.6	东方航空	0.12	中国太保	3	海通证券	0.019
18	上港集团	0.5	海螺水泥	0.06	东方航空	2	浦发银行	0.011
19	洋河股份	0.3	绿地控股	0.02	上海机场	2	江苏银行	0.007
20	交通银行	—	交通银行	—	海通证券	2	国泰君安	0.007
21	浦发银行	—	浦发银行	—	国泰君安	1	中国太保	0.003
22	中国太保	—	中国太保	—	江苏银行	1	东方航空	0.003
23	国泰君安	—	国泰君安	—	三六零	0	三六零	0
24	华泰证券	—	华泰证券	—	浙能电力	0	浙能电力	0
25	上海银行	—	上海银行	—	复星医药	0	复星医药	0
26	上海机场	—	上海机场	—	东方财富	0	东方财富	0
27	海通证券	—	海通证券	—	荣盛石化	0	荣盛石化	0
28	宁波银行	—	宁波银行	—	上海银行	0	上海银行	0
29	江苏银行	—	江苏银行	—	绿地控股	0	绿地控股	0
30	南京银行	—	南京银行	—	南京银行	0	南京银行	0
	均值	26.6	均值	5.5%	均值	63	均值	0.374

从长三角上市公司总体来看，有 1066 家上市公司公布了研发支出金额，2018 年研发支出合计 1860 亿元，平均 1.74 亿元，研发强度均值 4.8%，平均百人专利申请数约 0.13 件。TOP30 平均研发投入金额是总体水平的 15.3 倍，研发强度均值高出总体水平 0.7 个百分点，专利申请数占长三角全部上市公司

的28.2%，平均百人专利申请数是总体水平的近3倍。其中，上汽集团等11家制造业龙头企业研发投入合计370亿元，约占总量1860亿元的1/5；申请专利1731件，约占总量6700件的1/4，在区域产业创新中起重要作用。

（七）长三角地区市值TOP30上市公司盈利和分红情况分析

长三角市值TOP30盈利大幅领先总体水平，上市以来分红总额占长三角全部上市公司的近一半。从盈利水平来看，TOP30平均净资产收益率（ROE）为12.6%，每股收益（EPS）为1.23元，分别比长三角上市公司总体高3.3个百分点和0.68元（见表5）。与长三角上市公司总体水平相比，TOP30不仅体量大，而且盈利水平高，反映了长三角头部上市公司具有较高的发展质量。

表5　长三角市值TOP30盈利情况

排名	证券简称	净资产收益率（ROE）（%）	证券简称	每股收益（EPS）（元）
1	海康威视	33.4	海螺水泥	5.63
2	海螺水泥	29.5	洋河股份	5.39
3	洋河股份	25.7	上汽集团	3.08
4	恒瑞医药	23.2	华域汽车	2.55
5	药明康德	18.8	上海机场	2.20
6	华域汽车	18.5	宁波银行	2.15
7	三六零	17.7	中国太保	1.99
8	国电南瑞	17.6	药明康德	1.94
9	绿地控股	17.2	浦发银行	1.90
10	苏宁易购	16.7	上海银行	1.65
11	宁波银行	16.2	苏宁易购	1.43
12	上海机场	15.9	南京银行	1.31
13	上汽集团	15.7	海康威视	1.23
14	南京银行	15.3	江苏银行	1.13
15	上港集团	14.2	恒瑞医药	1.10
16	宝钢股份	12.6	复星医药	1.06
17	中国太保	12.6	交通银行	0.99
18	浦发银行	12.5	宝钢股份	0.97

排名	证券简称	净资产收益率 （ROE）（%）	证券简称	每股收益 （EPS）（元）
19	上海银行	11.7	绿地控股	0.93
20	江苏银行	11.2	国电南瑞	0.91
21	交通银行	10.8	国泰君安	0.77
22	复星医药	10.2	华泰证券	0.61
23	荣盛石化	9.1	三六零	0.52
24	浙能电力	6.6	海通证券	0.45
25	东方财富	6.3	上港集团	0.44
26	国泰君安	5.4	浙能电力	0.30
27	上海电气	5.3	荣盛石化	0.26
28	华泰证券	5.3	上海电气	0.20
29	东方航空	5.0	东方航空	0.19
30	海通证券	4.4	东方财富	0.19
	均值	12.6	均值	1.23

从分红情况来看，TOP30 三年累计分红占比平均 74.1%，上市以来分红总额 5921.5 亿元。药明康德 2018 年 5 月在 A 股上市，因上市时间较短未分红。从长三角上市公司总体来看，三年累计分红占比平均 7.2%，上市以来分红总额 12120 亿元。TOP30 上市以来分红总额占长三角全部上市公司的 48.9%，三年累计分红占比高出总体水平 66.9 个百分点，反映了 TOP30 分红意愿较强，对投资者利益保护比较重视（见表 6）。

表 6　长三角市值 TOP30 分红情况

排名	证券简称	三年累计分红占比（%）	证券简称	上市以来分红总额（亿元）
1	洋河股份	172.5	上汽集团	1018.0
2	浙能电力	161.6	交通银行	837.9
3	宝钢股份	155.7	宝钢股份	692.4
4	海康威视	148.1	浦发银行	685.8
5	上汽集团	119.1	中国太保	344.8
6	上港集团	116.5	上港集团	332.5
7	海螺水泥	99.4	洋河股份	183.5
8	华域汽车	93.9	海螺水泥	170.4
9	中国太保	91.2	海通证券	167.2

续表

排名	证券简称	三年累计分红占比（%）	证券简称	上市以来分红总额（亿元）
10	华泰证券	88.3	海康威视	153.4
11	国电南瑞	80.6	华域汽车	150.8
12	荣盛石化	75.5	浙能电力	143.3
13	国泰君安	73.3	华泰证券	135.6
14	海通证券	71.0	南京银行	128.7
15	绿地控股	66.1	宁波银行	111.4
16	复星医药	64.2	国泰君安	107.1
17	交通银行	58.8	绿地控股	88.2
18	上海机场	55.0	上海机场	85.5
19	上海电气	52.5	上海银行	69.1
20	东方航空	48.3	上海电气	61.1
21	南京银行	46.6	苏宁易购	52.8
22	恒瑞医药	45.5	复星医药	50.3
23	苏宁易购	44.3	国电南瑞	43.5
24	东方财富	44.2	江苏银行	41.3
25	上海银行	43.5	荣盛石化	21.1
26	宁波银行	35.9	恒瑞医药	18.2
27	江苏银行	34.9	东方航空	16.8
28	浦发银行	32.2	东方财富	6.0
29	三六零	3.0	三六零	4.7
30	药明康德	0	药明康德	0
	均值	74.1	均值	204.2

二 长三角各省市市值 TOP30 上市公司研究

为更好地分析长三角地区头部上市公司发展情况，探究安徽参与长三角一体化发展的比较优势和发展短板，本报告将研究对象由上述江浙沪皖共30家，扩展至江浙沪皖各30家。

（一）江浙沪皖头部上市公司排行榜

在剔除境外上市（含港股）企业后，按照2018年末市值排序，获得三省一市市值前30的上市公司排行榜。

表7 江浙沪皖市值前30名上市公司榜单

单位：亿元

序号	江苏		浙江		上海		安徽	
	企业	市值	企业	市值	企业	市值	企业	市值
1	恒瑞医药	1942.30	海康威视	2376.94	交通银行	4147.01	海螺水泥	1603.82
2	洋河股份	1427.42	宁波银行	844.83	上汽集团	3115.98	科大讯飞	515.60
3	三六零	1377.84	浙能电力	643.31	浦发银行	2876.50	马钢股份	258.87
4	华泰证券	1245.03	荣盛石化	634.77	中国太保	2403.75	古井贡酒	247.90
5	苏宁易购	917.04	正泰电器	521.50	宝钢股份	1447.41	国元证券	234.91
6	药明康德	854.13	韵达股份	518.97	国泰君安	1317.72	口子窖	210.42
7	国电南瑞	849.35	世纪华通	482.13	上海银行	1222.85	铜陵有色	207.37
8	江苏银行	689.20	宁波港	439.97	上港集团	1200.40	三七互娱	200.59
9	南京银行	547.95	苏泊尔	431.15	上海机场	978.12	淮北矿业	196.45
10	新城控股	534.62	华东医药	385.83	海通证券	936.17	华安证券	170.91
11	宁沪高速	490.87	杭州银行	379.63	绿地控股	743.47	美亚光电	143.85
12	美年健康	466.67	完美世界	366.17	上海电气	645.68	山鹰纸业	142.60
13	海澜之家	380.99	大华股份	343.53	东方航空	643.89	中粮生化	137.10
14	亨通光电	324.58	中国巨石	338.67	东方财富	625.36	安科生物	133.25
15	江苏国信	289.02	新和成	322.51	华域汽车	580.10	皖新传媒	132.88
16	ST康得新	270.52	恒生电子	321.14	复星医药	579.22	阳光电源	129.48
17	小天鹅A	256.23	浙江龙盛	313.95	东方证券	519.72	中鼎股份	123.55
18	先导智能	255.15	宋城演艺	310.13	上海石化	470.75	迎驾贡酒	112.88
19	徐工机械	253.03	合盛硅业	293.46	上海医药	455.12	洽洽食品	96.53
20	中天科技	249.88	三花智控	270.38	上海莱士	398.47	长信科技	95.40
21	南京证券	239.16	财通证券	259.13	陆家嘴	397.81	伯特利	93.44
22	东方盛虹	219.99	雅戈尔	257.51	光大证券	385.80	江淮汽车	91.07
23	金螳螂	214.11	申通快递	251.82	国投资本	380.02	皖通高速	90.50
24	中南建设	208.12	华友钴业	249.84	美凯龙	357.20	金禾实业	88.79
25	江苏有线	203.13	新湖中宝	249.38	东方明珠	351.60	众泰汽车	87.80
26	凤凰传媒	202.07	浙商证券	242.00	春秋航空	291.67	长城军工	87.34
27	东吴证券	201.00	森马服饰	240.83	豫园股份	287.20	欧普康视	86.92
28	鱼跃医疗	196.59	均胜电子	221.75	中华企业	283.47	皖能电力	85.76
29	南极电商	184.61	泰格医药	213.83	晨光文具	278.30	皖江物流	82.78
30	科沃斯	184.17	光启技术	213.30	上海建工	269.80	华孚时尚	82.50
市值总计		15674.75		12938.36		28590.58		5971.26

（二）江浙沪皖头部上市公司市值对比分析

比较市值规模及结构，既可反映上市公司实力，也能折射出地区经济发展的特征和趋势。

无论从市值规模还是市值结构看，安徽优质上市公司的实力和未来发展潜力均弱于江浙沪。从规模看，安徽上市公司总体规模最小。安徽 TOP30 总市值约为 6000 亿元，分别是江、浙、沪的 38.1%、46.2% 和 20.9%，位居长三角末位。这是由于安徽省工业化起步较晚，产业层次不高，在长三角一体化分工格局中多处于从属地位，导致资本市场对于安徽上市公司的估值谨慎。但从另一方面看，也说明安徽上市公司提质增效仍有广阔的发展空间。从结构看，一方面，安徽小市值上市公司集中度高。市值在 500 亿元以下的公司，安徽有 28 家，长三角地区有 85 家，安徽占比为 32.9%；100 亿元以下的公司为 12 家，占比达 42.9%，江浙沪市值 TOP30 中则没有低于 100 亿元的公司。另一方面，安徽高市值上市公司独"秀"一枝。江、沪市值超过 1000 亿元的上市公司分别有 4 家和 9 家，其中，上海的交通银行和上汽集团，市值均超过 3000 亿元；浙江和安徽市值超过 1000 亿元的上市公司均仅有 1 家，但浙江海康威视的市值比安徽海螺水泥高 48.2%。在 500 亿~1000 亿元的市值区间内，安徽同样仅有 1 家科大讯飞，分别比江浙沪少 5 家、4 家和 8 家（见图 3）。值得关注的是，安徽中高市值企业虽少，但均是国内乃至国际行业内的龙头企业。其中，海螺水泥成功跻身世界 500 强，为国有企业打造具有全球竞争力的世界一流企业提供了鲜活范本。科大讯飞拥有语音与人工智能全球领先技术，成功填补了国内语音技术研究和应用的空白。安徽上市公司在部分行业中具有独特的引领能力和技术创新能力，为参与长三角产业分工协作奠定了基础。

可以看出，江浙沪地区凭借特殊的区位优势和产业基础，集聚了一批大企业、大集团，对安徽等后发地区具有较强的带动和示范作用。安徽上市公司的综合实力虽逊色于江浙沪地区，仍在对标赶超的途中；但也应看到，安徽原始创新活跃、产业特色鲜明、生态资源良好，可以立足自身禀赋，充分发挥后发优势，深度融入长三角价值链分工，提升企业综合竞争力，为共建世界级产业集群提供支撑。

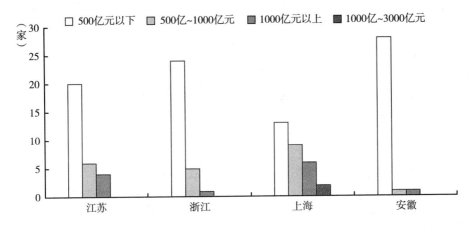

图3　2018 年江浙沪皖头部上市公司市值分布结构

（三）五年变化趋势

为观察上市公司市值发展的动态变化，我们对头部公司五年市值变化趋势进行对比分析。

五年来，受股票市场行情波动影响，头部上市公司市值均呈现出"M 形"的走势。但对比来看，安徽与江浙沪的差距逐步趋稳，但中高市值的企业成长速度缓慢。一方面，安徽头部上市公司总市值与江浙沪的差距先放大后收敛。在 2013～2015 年市值扩张期间，安徽头部上市公司的市值增长速度滞后于江浙沪地区，但在近三年市场震荡期间，头部上市公司之间的差距渐趋稳定甚至有所收敛（见图4）。另一方面，安徽头部上市公司市值分布结构总体比较稳定。2013～2018 年间，无论行情如何变动，安徽 500 亿元以下、500 亿～1000 亿元、1000 亿元以上的上市公司数量分布总体变化不大。但江浙沪500 亿元以下的上市公司数量总体均趋降，而 500 亿元以上的中高市值公司占比不断提高。安徽中高市值上市公司增长缓慢，表明上市公司资本运作能力不强，成长型的高科技企业和行业内的龙头企业储备不足（见图5）。

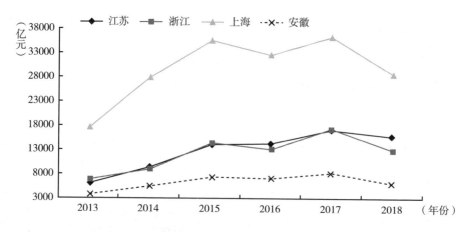

图4　2013～2018年江浙沪皖头部上市公司市值趋势

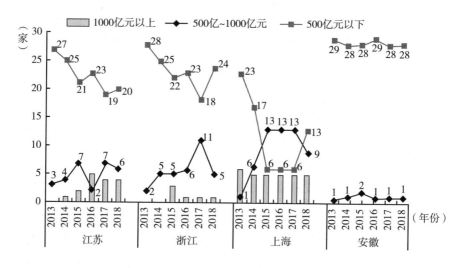

图5　2013～2018年江浙沪皖头部上市公司市值分布变化

三　长三角各省市头部上市公司行业分布

　　探讨头部上市公司行业结构的分布，可以观察地区经济发展的竞争优势和产业结构的演变趋势，从而有利于长三角地区找准产业链重构的定位，为构建一体化现代化产业体系找准发力方向。

（一）三次产业分布情况对比分析

长三角头部上市公司分布在第二产业和服务业。其中，第二产业（以下简称二产）和服务业的总市值分别为 2.7 万亿元和 3.6 万亿元，平均市值为 430.5 亿元和 629.0 亿元。与江浙沪相比，安徽三次产业，尤其是服务业发展短板更为突出。一方面，安徽二产体量小。安徽制造业体量小，导致二产市值小。上海、浙江和江苏二产的企业平均市值分别为 865 亿元、493 亿元、462 亿元，分别是安徽的 4.4 倍、2.5 倍和 2.3 倍（见表 8）。另一方面，安徽服务业短板明显。上海服务业的头部市值分别是江浙皖的 2.3 倍、4.1 倍和 14.6 倍；江苏和浙江服务业总市值相差甚远，江苏高市值服务业企业较多，安徽服务业企业数量少且市值小，与江浙沪差距明显。

研究发现，在服务业经济成色凸显的上海，头部上市公司中服务业企业表现抢眼；江苏和浙江制造业、服务业双轮驱动；安徽制造经济仍占主导地位，服务业发展明显滞后。这是由工业化进程规律所决定的，当前安徽省正处于工业化中期向后期过渡阶段，制造业正处在向智能化、信息化"爬坡"的转型升级阶段，本地服务业对制造业转型升级的支撑作用仍显不足。

表 8　按照三大产业细分的上市公司市值和数量分布

单位：亿元，家

三大产业	江苏		浙江		上海		安徽	
	市值	数量	市值	数量	市值	数量	市值	数量
第一产业	0	0	0	0	0	0	0	0
第二产业	6464	14	7898	16	7786	9	4543	23
第三产业	9211	16	5040	14	20805	21	1428	7

（二）行业门类分布情况对比分析

从企业数量和市值分布看，长三角头部上市公司主要集中在制造业和服务业中的金融业，交通运输、仓储和邮政业，信息传输、软件和信息技术服务业。一方面，从行业市值规模看，上海上市公司所属行业市值大都高于江浙皖地区，而安徽除了独有的采矿业外，上市公司所属行业市值基本均低于江浙沪地区。江苏头部上市公司总市值略胜于浙江，多集中于资金密集型行业及金融、信息技术等行业。浙江作为民营经济的发源地，制造业以及由电子商务带动的交通运输、仓储和邮政业发展领先于江苏。另一方面，从平均值看，江浙沪的制造业、金融业均高于行业总平均值，唯独安徽的金融业低于行业总平均值（见表9）。

可以看出，在当前发展阶段，安徽制造业具有明显的头部效应，集聚了多数的要素和资源。在长三角推动制造业高质量发展的进程中，可着力发挥自身特色优势，深化产业分工协作，建设一批国家级战略性新兴产业基地，培育一批具有国际影响力的龙头企业。此外，安徽金融业发展滞后，在缓解实体经济融资难、融资贵的过程中，可利用长三角金融品牌和服务的溢出效应，着重依靠大型国有金融机构以及全国性股份制商业银行，同时积极培育普惠金融、金融科技等类金融新业态、新模式。

表9 按照行业门类细分的上市公司市值和数量分布

单位：亿元，家

三大产业	行业门类	江苏		浙江		上海		安徽	
		市值	数量	市值	数量	市值	数量	市值	数量
第二产业	采矿业	0	0	0	0	0	0	196	1
	制造业	5961	12	7255	15	7516	8	4261	21
	建筑业	214	1	0	0	270	1	0	0
	电力、热力、燃气及水生产和供应业	289	1	643	1	0	0	86	1
第三产业	交通运输、仓储和邮政业	491	1	1211	3	3114	4	173	2
	金融业	2922	5	1726	4	14190	9	406	2
	科学研究和技术服务业	854	1	0	0	0	0	0	0
	批发和零售业	917	1	386	1	742	2	0	0
	卫生和社会工作	467	1	214	1	0	0	0	0
	文化、体育和娱乐业	202	1	310	1	0	0	133	1
	信息传输、软件和信息技术服务业	2430	3	687	2	977	2	716	2
	房地产业	743	2	507	2	1425	3	0	0
	租赁和商务服务业	185	1	0	0	357	1	0	0
	所有行业的平均市值	1206	—	995	—	2199	—	459	—

注：行业分类采用证监会行业分类标准。

（三）五年变化趋势

从五年市值变化可以看出，其一，头部上市公司中，长三角地区的第二产业和第三产业的市值占比分别呈现 V 形和倒 V 形走势。2013～2018 年间，长三角地区第二产业市值占比先降后升，第三产业市值占比先升后降。市值占比走势与企业数量变化趋势基本同步，表明市值占比受到企业数量变化影响。其二，制造业的支柱作用依然突出。第二产业市值占比明显大于第三产业，且第二产业市值占比变化与制造业市值占比变化趋势保持一致，制造业在长三角地区整个产业结构中占有核心地位（见图 6）。其三，信息传输、软件和信息技术服务业异军突起。随着信息技术的发展，在头部上市公司中，信息技术相关的服务业市值占比由 2013 年的 6.1% 跃升至 2018 年的12.0%。

总体而言，长三角制造网络发达，软件信息技术服务业迅速崛起，为互联网新技术与制造业融合发展，推动制造业转型升级提供了便利。安徽应依托"互联网＋"，在智能语音、平板显示、智能家电、集成电路等领域建设一批国家级产业和技术创新联盟，突破自身发展瓶颈，提升战略性新兴产业对工业增长乃至整个经济增长的贡献度。

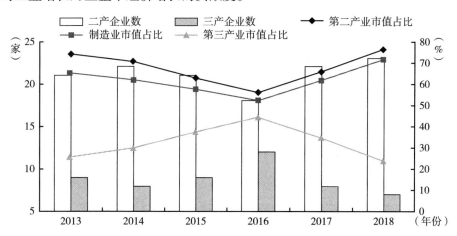

图 6　2013～2018 年长三角部分产业市值占比及数量变化趋势

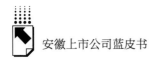

（四）前三名上市公司所属行业

为进一步透视长三角地区行业发展差距，本小书分析前三名企业对应的行业，观察江浙沪皖地区的上市公司行业结构差异。

首先，安徽优势制造业仍处在价值链低端。安徽市值排前三的上市公司中，有2家属于制造业，但都是传统的钢铁、水泥等原材料加工制造业。而江苏、浙江、上海却拥有医药制造业，计算机、通信和其他电子设备制造业，汽车制造业等先进制造业（见表10）。表明安徽制造业仍处在分工体系的低端，产品的附加值处在较低水平，对产业链上下游带动力较弱，发展中容易受到经济形势、大宗商品价格和产业周期的影响。其次，安徽高端服务业后备力量薄弱。除了制造业，作为智能语音的领导品牌，科大讯飞占据安徽头部上市公司的"榜眼"，改变了市值前三名中制造业企业独大的局面，成为安徽产业结构升级和经济高质量发展的典型代表。但也应该认识到，类似科大讯飞的高端服务业上市公司的梯队还未形成，安徽推动高端服务业上市公司做强做优做大任重道远。

不难看出，安徽的新旧动能正在加快转换，但新动能发展势头虽强，却难以与传统动能等量齐观，当前旧动能仍是短期支撑，对全省经济增长的贡献较大。安徽应以长三角科技创新圈建设为引领，深入实施创新驱动发展战略，以大众创业、万众创新为抓手，更大程度地激发市场活力，促进新技术、新业态、新模式蓬勃兴起，促进新动力成长，带动传统产业改造提升，加速新旧动能转换，培育新的经济结构。

表10 江浙沪皖上市公司市值前三名的行业统计

单位：亿元

省市	上市公司	市值	行业门类	行业大类
江苏	恒瑞医药	1942	制造业	医药制造业
	洋河股份	1427	制造业	酒、饮料和精制茶制造业
	三六零	1378	信息传输、软件和信息技术服务业	互联网和相关服务

续表

省市	上市公司	市值	行业门类	行业大类
浙江	海康威视	2377	制造业	计算机、通信和其他电子设备制造业
	宁波银行	845	金融业	货币金融服务
	浙能电力	643	电力、热力、燃气及水生产和供应业	电力、热力生产和供应业
上海	交通银行	4147	金融业	货币金融服务
	上汽集团	3116	制造业	汽车制造业
	浦发银行	2877	金融业	货币金融服务
安徽	海螺水泥	1604	制造业	非金属矿物制品业
	科大讯飞	516	信息传输、软件和信息技术服务业	软件和信息技术服务业
	马钢股份	259	制造业	黑色金属冶炼及压延加工

注：行业分类采用证监会行业分类标准。

综上所述，从长三角市值 TOP30 上市公司的行业结构中可以看出，上海"服务经济"一马当先，江浙制造与服务"双轮驱动"，安徽"制造经济"的成色更重。具体看，上海作为长三角地区的龙头，经济中心的地位凸显，制造业和金融业企业在头部上市公司中均起到了领头雁的作用。江苏和浙江作为制造大省，在长三角产业高质量发展中可以更好地分工协作。安徽无论是制造业还是服务业，尤其是高端服务业，与江浙沪地区的差距依然明显，但这与安徽工业化中期的发展阶段紧密相关。随着自身城镇化、工业化的快速发展，以及长三角一体化中产业链深度融合，安徽头部上市公司的行业结构有望随之升级，形成一批具有国际竞争力的大企业、大集团。此外，虽然安徽在分工体系上可能处于从属地位，但仍可以发挥好内陆腹地广阔、生态资源良好的优势，在承接制造业产业梯度转移的同时，积极发展文化旅游、健康养老等高端服务业，通过九华旅游、黄山旅游等相关产业上市公司，整合产业链上下游资源，打造新兴产业集聚地和绿色发展样板区，为构筑完整的产业体系和"协同嵌入"产业生态圈贡献自己的力量。

四　长三角各省市头部上市公司企业性质分析[①]

一直以来，安徽、上海是国资大省和大市，而江苏、浙江的民营经济则

---

① 根据股权分布中控股方性质不同，将上市公司划分为国有企业、民营企业、外资企业和公众企业。

较为活跃，民营企业实力较强。本节从数量、市值分布以及盈利情况等方面
对比分析，展示江浙沪皖三省一市不同性质头部上市公司的发展特点和差
异，以期为推动民营企业上市、国企改革重组等提供参考。

（一）各省市不同企业性质头部上市公司分布情况

从数量分布看，安徽、上海国有企业数量较多。截至 2018 年底，安徽
与上海均有 16 家国有上市公司，江苏和浙江则分别仅有 9 家和 7 家。安徽、
上海国有企业数量占比较高，与二者是传统的国资大省和国资大市表现一
致。江苏、浙江民营企业数量领先。头部上市公司中，浙江和江苏民营企业
分别达到了 21 家和 18 家，而安徽有 13 家，上海仅 7 家。这说明江苏、浙
江民营经济更活跃，民营企业是两省上市公司的重要力量。此外，上海公众
企业一枝独秀。上海共有 7 家头部上市公司属于公众企业，数量相比其他省
份较多。这主要是由于上海为国际金融中心，公众类的金融业企业占比偏高
（见图 7）。

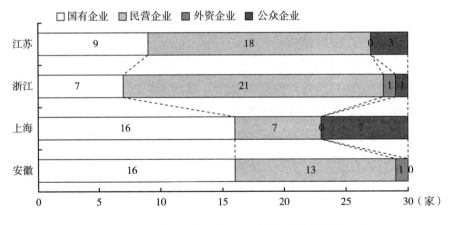

图 7　长三角地区头部上市公司不同企业性质数量分布

从市值分布看，安徽国有企业市值占比较高，但市值总额在长三角地区
最低。安徽 TOP30 上市公司中，国有企业市值 4238.66 亿元，占比高达
71%。虽然安徽国有头部上市公司数量与上海相同，但市值远远小于上海的

12923.68 亿元。此外，安徽国有头部上市公司市值也落后于数量较少的江浙二省。上海头部上市公司市值规模较大，但市值占比与数量表现不一致。上海头部国有上市公司市值虽然达到了 12923.68 亿元，但占比只有45.2%，另外其民营上市公司市值占比也仅为9.9%，这是由于上海公众企业规模较大，拉低了国有企业和民营企业市值占比。江浙民营企业市值大幅超过国有企业。江苏和浙江民营企业市值占比分别达到57.7%和54%，均大幅超过国有企业。同时，江浙民营企业市值也大幅超过安徽、上海（见表11）。

通过对比发现，资本市场的估值逻辑透视出安徽国企发展的短板和症结。作为国资主导的传统产业大省，安徽国有企业上市公司数量虽占有优势，但反映规模实力和未来竞争力的市值表现却不尽如人意。国有经济占比偏高，不仅对民营经济发展形成了"挤出效应"，同时需要通过提升产业层次、转换经营体制等途径增强综合竞争力。

表11　长三角地区不同企业性质头部上市公司市值及占比情况

单位：亿元，%

	江苏		浙江		上海		安徽	
	市值	占比	市值	占比	市值	占比	市值	占比
国有企业	5196.95	33.2	4679.66	36.2	12923.68	45.2	4238.66	71.0
民营企业	9037.52	57.7	6982.72	54.0	2817.41	9.9	1639.16	27.5
外资企业	0	0	431.15	3.3	0	0	93.44	1.6
公众企业	1440.29	9.2	844.83	6.5	12849.49	44.9	0	0
头部合计	15674.75	100	12938.36	100	28590.58	100	5971.26	100

（二）各省市不同企业性质头部上市公司盈利情况

从企业性质之间看，安徽国有企业盈利好于其他性质企业。安徽头部上市公司中，国有企业净资产收益率（ROE）比民营企业高2个百分点，国有企业每股收益（EPS）分别比民营企业、外资企业高0.21元、0.34元。安徽国有头部上市公司效益好于其他性质上市公司。上海国有企业ROE最高，但每股收益低于公众企业。上海国有头部上市公司ROE为11.33%，表现好于其他性质的上市公司。但 EPS 为 0.8 元，与公众企业差距明显，这是由于上海公众企业多为金融类企业，每股收益较高（见表 12）。江苏和浙江民营企业盈利能力高于国有企业。江苏民营头部上市公司 ROE 和 EPS 分别比国有企业高 8.3 个百分点和 0.24，浙江民营企业 ROE 和 EPS 较国有企业分别高 4.86 个百分点和 0.31 元。同样，由于主要集中在金融业以及信息传输、软件和信息技术服务业，江苏、浙江的公众企业 ROE 和 EPS 表现更好，盈利能力相对更高（见图 8、图 9）。

表 12　长三角地区不同企业性质头部上市公司 ROE 和 EPS

	江苏		浙江		上海		安徽	
	ROE	EPS(元)	ROE	EPS(元)	ROE	EPS(元)	ROE	EPS(元)
国有企业	10.58%	0.72	11.80%	0.54	11.33%	0.80	17.50%	0.92
民营企业	18.89%	0.96	16.66%	0.85	9.31%	0.54	15.46%	0.71
外资企业	—	—	30.07%	2.03	—	—	15.79%	0.58
公众企业	11.97%	0.99	16.22%	2.15	11.00%	1.19	—	—
头部合计	14.04%	0.89	14.71%	0.77	11.04%	0.97	17.03%	0.87

分省市对比看，上海国资系上市公司虽然体量庞大，但效益表现一般。上海国有企业虽然 EPS 高于江苏和浙江，但 ROE 低于浙江，仅排在第三位。这可能是因为上海相当数量的国有头部上市公司分布在交通运输、批发零售等盈利水平较低的行业，拉低了上海国有企业盈利水平。江苏民营企业盈利情况表现最好。江苏民营企业 ROE 和 EPS 分别为 18.89% 和 0.96 元，均高于其他省市。上海民营企业盈利能力最差，安徽则排在第三位。两省市在抓好国有企业改革发展的同时，宜加强对民营上市公司的重视和扶持，激发市场发展活力，提高资本市场对安徽经济和上市公司高质量发展的预期。

研究表明，安徽国有头部上市公司盈利水平在长三角地区最高。安徽国有企业 ROE 和 EPS 均高于江浙沪，这是由于海螺水泥、淮北矿业等省属国有企业效益表现抢眼，同时，安徽国有头部上市公司中，酒类企业数量较多，拉高了国有企业整体盈利水平。2018 年，海螺水泥、马钢股份、淮北矿业三家国有企业净利润占安徽 TOP30 净利润的 67%，其中仅海螺水泥一家就实现净利润 306.4 亿元，超过安徽 TOP30 中第 2 至第 18 名上市公司净利润的总和，与江苏、浙江市值前五的上市公司净利润之和大致相当。

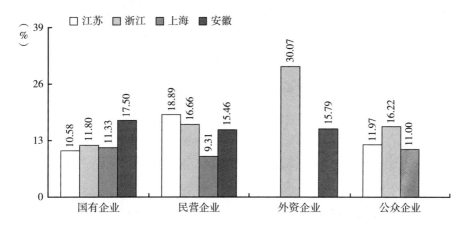

图 8 长三角地区不同企业性质头部上市公司 ROE

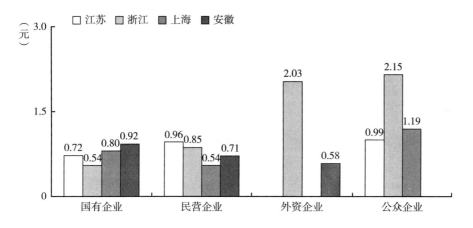

图 9 长三角地区不同企业性质头部上市公司 EPS

通过以上分析不难看出，一方面，安徽和上海国有上市企业数量虽多，但上海国有上市公司效益表现一般，安徽市值影响力和代表性较弱。下一步，沪皖两地政府宜推动企业通过优化治理结构和资本运作增强活力，实现产业集聚壮大，促进区域经济发展；国有企业可通过并购重组，延伸产业链，增强竞争力，实现转型升级。安徽在长三角一体化合作中，宜加强与江浙沪国有企业在技术、管理等方面的交流合作，更重要的是借鉴混合所有制、职业经理人等市场化改革方面的成功经验，提高国资国企改革含金量。另一方面，安徽、上海民营上市公司与江苏、浙江存在差距。各省市尤其是安徽和上海，应进一步加大民营上市公司扶持力度，通过并购重组、资源整合、股权投资等方式，推动优质民营企业发展壮大；在长三角一体化下，三省一市可加强产业合作，通过设立长三角一体化产业投资基金等，推动区域优质企业对接资本市场发展，尤其是推动优质民营企业上市。

五　长三角各省市头部上市公司创新情况分析

创新是引领发展的第一动力。一个地区企业的创新能力对于本地区产业和经济的可持续发展具有决定性的作用。上市公司作为经济持续发展的中流砥柱，更是承载着创新发展的重要力量。在当前我国经济由高速增长转为高质量发展阶段以及长三角一体化战略背景下，研究长三角地区头部上市公司创新情况，对于各省市推动区域创新发展，更好地实现长三角科技创新一体化具有重要意义。本节从创新投入和创新产出两个方面，分析各省市头部上市公司的创新情况。

（一）长三角地区头部上市公司创新投入分析

研发强度①是指企业研发支出与营业收入的比例，是统计研究和科技政策分析中经常采用的一个衡量研发投入的指标。研发强度越高，表明该企业对科技投入力度越大。

研究表明，上海头部上市公司研发支出较高，但研发强度排名靠后。上海研发支出总额达 354.67 亿元，远超其他省份，仅上汽集团研发支出便达到

---

① 研发强度＝（研发支出/营业收入）×100%。其中，研发支出和营业收入数据来源于 Wind 和公司年报。

159.22亿元。但上海研发强度仅1.05%，在长三角地区排名靠后。这是由于上海头部上市公司大都分布在金融等服务行业，营收高、研发少，拉低整体研发强度。浙江头部上市公司研发强度最高。浙江头部上市公司研发强度达3.35%，远高于其他省市，这是由于其民营高技术企业较多。例如，恒生电子2018年研发强度高达43.05%，光启技术为16.87%，民营企业成为浙江科技创新的重要力量。江苏头部上市公司研发强度表现一般。江苏头部上市公司研发强度为1.73%，排在长三角地区第三位，表现一般。安徽研发支出额最低，研发强度表现抢眼。安徽30家头部上市公司研发投入114.53亿元，排在长三角最后一位。近年来，安徽大力推动创新驱动战略，加大创新投入，2018年头部上市公司整体研发强度为1.93%，超过江苏，排在长三角第二位。但总体来看，安徽头部上市公司研发投入与浙江还存在较大差距，创新投入有待进一步提高（见图10）。

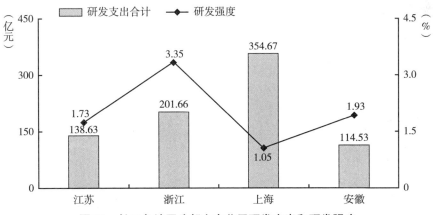

图10 长三角地区头部上市公司研发支出和研发强度

（二）长三角地区头部上市公司创新产出分析

企业创新活动成功实现的一种形式就是转化为专利，考虑数据可获得性，以下使用员工每百人专利申请数①来衡量企业的创新产出。

---

① 百人专利申请数＝专利申请数/（员工总数/100）。其中，员工数来源WIND和公司年报，专利申请数据来自国家产权局专利检索。

研究表明，安徽头部上市公司创新产出表现突出。30 家头部上市公司共申请专利 3700 件，百人专利申请数为 1.06 件，在长三角地区排名远高于其他省市。其中重要原因是，江淮汽车申请的 2149 件专利显著拉高了整体数量，如果剔除江淮汽车影响，安徽专利申请量和百人专利申请数均排在江苏之后。江苏创新投入虽不如浙江，但创新产出却更高，2018 年其百人专利申请量为 0.65 件，比浙江高 0.25 件，这说明江苏上市公司在将技术创新活动转化为成果方面意愿更强烈，效果更明显。浙江、上海头部上市公司创新产出表现一般。浙江头部上市公司 2018 年专利申请量为 1383 件，百人专利申请数为 0.4 件，两项数据皆低于安徽、江苏。浙江虽然在创新投入方面力度较大，但在创新成果转化方面有待进一步加强。上海则由于头部上市公司行业分布、信息披露有限等原因，其专利申请量、百人专利申请数仅为 970 件和 0.1 件，排在最后（见图 11）。

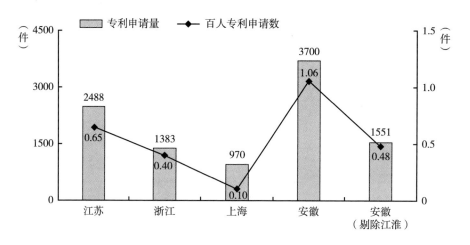

图 11 长三角地区头部上市公司专利申请量和百人专利申请数

综上分析可以看出，安徽、江苏创新投入和创新产出表现较好，上海表现较弱。但值得关注的是，上海头部上市公司多分布于金融等非高科技行业，加上信息披露和研究对象有限，其创新效果不明显并不代表其整体创新能力弱。在长三角一体化战略下，江浙皖应借助上海科技创新优势，主动承接其产业和科技转移转化，促进长三角科技创新与转化资源互联互通，提升区域科技成果转移转化的整体效能。安徽原始创新活跃、源头供给强劲，拥有高等院校 109 所、科研机构 5360 个，合肥是北京之外国家大科学装置最密集的城市，具备全超导托卡马克、稳态强磁场、同步辐射等一批大科学装置和国家重点（工程）实验室，目前正在加快推进"四个一"创新主平台和"一室一中心"建设。依托这些创新平台，可以为长三角建设国际创新高地提供科技基础支撑。安徽宜积极把握长三角科技创新圈建设机遇，通过与长三角其他省市科技创新合作，做强做优创新平台，攻关"卡脖子"核心技术，协同推进成果转移转化，为抢占全球创新制高点贡献安徽智慧。

六　长三角各省市头部上市公司盈利和分红情况分析

作为各省市上市公司的龙头，TOP30 上市公司的盈利能力对区域经济增长和产业发展有着极强的推动作用。通过分析各省市 TOP30 上市公司盈利能力，有助于了解各省市区域经济发展的整体水平，对未来变化趋势做出判断，为提高长三角企业发展质量提供参考。我们选取 ROE、EPS、分红率等指标，对江浙沪皖 TOP30 上市公司的盈利和分红情况进行分析，探讨各省市头部上市公司盈利水平间的差异和影响因素。

（一）各省市头部上市公司 ROE 对比分析

整体看，四省市大部分 TOP30 上市公司 ROE 位于 10% ~ 20% 的区间，整体盈利水平较高。ROE 超过行业平均水平的上市公司，安徽和江苏均有 23 家、上海和浙江均有 21 家，占比均超过 70%，表明长三角区域 TOP30 上市公司集聚发展要素和资源，龙头作用较为显著，有力推动了长三角地区的产业发展（见图 12）。

相比而言，沪苏皖 TOP30 上市公司中营业净利率高的企业数量更多，ROE 超过 20% 的上市公司，浙江有 12 家、江苏和安徽均有 9 家，远超过上海的 3 家。浙江和江苏的 TOP30 上市公司的盈利持续性强于安徽和上海，连续三年 ROE 超过 20% 的上市公司，江苏有 8 家，浙江有 7 家，安徽有 2 家，上海仅有 1 家。

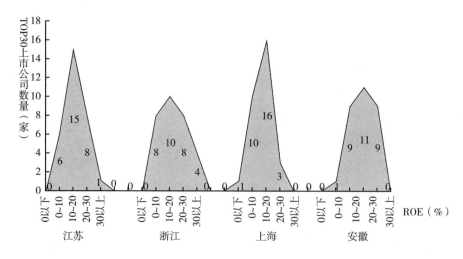

图12　2018年四省市TOP30上市公司ROE分布情况

从近五年TOP30上市公司平均ROE变化趋势来看，浙江保持相对领先，这与其民营企业占比大、生产经营活动比较活跃相关。上海和江苏紧跟其后，但自2015年起开始下降，没有保持住发展优势。安徽2014～2015年与江浙沪差距较大，但自2015年后呈现明显的追赶态势，到2018年一跃成为四省市中领跑者，这可能与"三去一降一补"背景下国有企业盈利水平提高有关（见图13）。

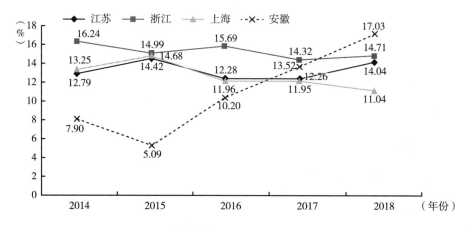

图13　近五年四省市TOP30上市公司平均ROE

（二）各省市头部上市公司 EPS 对比分析

从 EPS 的分布情况来看，2018 年四省市大多数 TOP30 上市公司 EPS 均大于 0.5 元，整体收益较高。EPS 超过 1.5 元的高业绩公司数量，上海和浙江均有 7 家，安徽有 5 家，江苏有 4 家，表明上海和浙江 TOP30 上市公司投资价值更高（见图 14）。

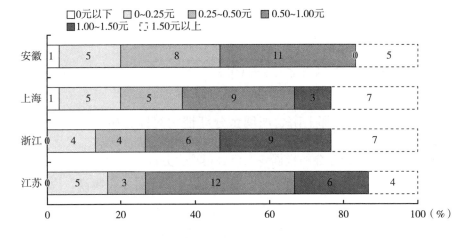

图 14　2018 年四省市 TOP30 上市公司 EPS 分布情况

注：图中数据为相应 EPS 区间的上市公司数量，单位：家。

对比近五年四省市 TOP30 上市公司平均 EPS，可以看出，上海 TOP30 上市公司的平均 EPS 始终处于领先地位，江苏和浙江实力相当，安徽相对落后。这是由于上海 TOP30 上市公司多分布于金融服务业，盈利水平较高。江苏和浙江 TOP30 上市公司中民营企业占比高，市场竞争力较强，投资回报也相对较高。对比而言，安徽 TOP30 上市公司的经营质量和盈利能力有待进一步提高。

从平均 EPS 增长速度上看，上海 TOP30 上市公司平均 EPS 波动较小，说明金融等高市值大企业业绩回报相对稳定。浙苏皖 TOP30 上市公司的平均 EPS 呈现上升趋势，与上海的差距逐渐缩小。其中，江苏和浙江增长相对较缓，安徽则增长较为迅速，说明安徽供给侧结构性改革取得进步，企业经营业绩得以改善（见图 15）。

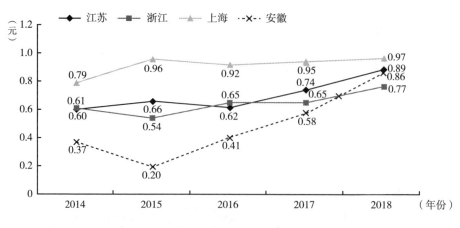

图15 近五年四省市 TOP30 上市公司平均 EPS

（三）各省市头部上市公司现金分红情况对比分析

近年来，中国证监会积极倡导上市公司现金分红，引导上市公司更加注重投资者回报。盈利是上市公司分红的基础保障，分红水平越高，说明企业利润和现金流情况较好，整体经营业绩越高。

整体看，长三角市值 TOP30 上市公司拥有较高的分红水平。2018 年各省市分红上市公司数量占比均达 80% 以上，分红的可预期性较强（见图16）。从分红总额和分红率看，四省市 TOP30 上市公司分红总额均逐年增

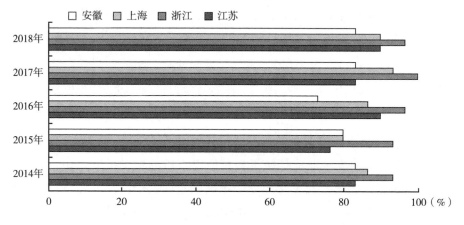

图16 近五年四省市 TOP30 分红上市公司数量占比

长。其中，上海 TOP30 上市公司由于体量较大，分红总额最为显著。浙江和江苏 TOP30 上市公司分红率较高，分红意愿较强。安徽 TOP30 上市公司分红率相比略低（见表 13）。从分红连续性看，连续三年派发现金红利的 TOP30 上市公司，上海有 26 家，浙江有 23 家，江苏有 21 家，安徽有 20 家。说明长三角市值 TOP30 上司公司的投资价值不断凸显，相比之下，安徽 TOP30 上市公司现金分红的稳定性较江浙沪稍有差距。

表 13　近五年四省市 TOP30 分红上市公司现金分红情况

单位：亿元，%

省市	2014 年		2015 年		2016 年		2017 年		2018 年	
	分红总额	分红率	分红总额	分红率	分红总额	分红率	分红总额	分红率	分红总额	分红率
江苏	140.35	40.04	161.81	32.65	212.24	32.35	224.78	28.55	341.05	31.19
浙江	152.53	35.09	181.47	37.00	191.02	29.52	242.25	34.89	255.89	30.12
上海	713.34	32.12	843.49	29.44	869.42	29.53	1014.59	30.39	1013.21	29.66
安徽	56.87	31.50	62.87	50.86	72.44	26.11	151.3	34.64	170.56	27.27

总结而言，四省市头部上市公司整体表现出较强的盈利水平，大多数企业盈利超过行业平均水平，对所在行业的带动作用较为显著。同时，四省市头部上市公司均表现出较强的分红意愿，分红总额逐年增长，分红可预期性较高。分地区来看，民营企业较多的浙江头部上市公司在四省市中的盈利能力最强，高盈利公司数量最多。江苏和上海的头部上市公司盈利情况相对稳健，其中江苏整体表现出平稳上升的趋势，而上海近两年初现盈利下降的趋势。安徽头部上市公司充分发挥了后发优势，自 2015 年后盈利水平稳定上升，逐渐赶超江浙沪，说明其近几年集中优势资源和要素推动产业转型和国企改革，取得了明显的成效。未来在长三角一体化发展进程中，各省市头部上市公司还需找准核心竞争力，不断加强自主创新，提高运营质量，进一步提升盈利的成长性、可持续性和稳定性。

七　对策建议

总体来看，长三角头部上市公司市值规模位居全国前列，地区分布以上海为主，行业分布以制造业和金融业为主，性质分布以国企为主，创新投入、盈利和分红大幅超出长三角上市公司整体水平，较好地发挥了龙头带动作用，同时也存在大型公司数量较少、金融资本与科技创新结合不够紧密、产业整合不足等问题，带动长三角上市公司一体化高质量发展的能力有待进一步提升。安徽头部上市公司整体规模偏小，民营企业偏弱，服务业短板明显，与江浙沪仍存在较大差距。基于本报告的分析，我们提出以下建议。

（一）推动上市公司并购重组，打造世界级企业集团

截至 2018 年底，长三角地区已有市值超千亿元的上市公司 14 家，但与其 21 万亿元的经济总量和"世界级城市群"的定位相比，国际知名的大型龙头上市公司数量仍然偏少，对区域经济转型升级的带动仍显不足。建议抢抓长三角一体化战略机遇，积极推进安徽上市公司与江浙沪企业间的并购重组，快速做大做强。一是推动上市公司实施兼并重组。发挥头部上市公司的龙头作用，通过投资持股、战略合作、收购兼并等形式，整合上下游产业链，形成具有竞争力的大型企业集团，重点推动类似宝武并购马钢的牵引性资产重组。二是支持上市公司开展境外并购。支持符合条件的上市公司"走出去"有序开展海外资产并购，促进上市公司进一步聚焦主业，利用境内外业务协同发展带来的叠加效果，提升企业国际竞争力。三是优化并购重组审核程序。简化跨省、跨境资本运作过程中的审批手续，压缩并购重组审核时间，提高工作时效，为企业能在最短时间、用最低成本实现并购提供条件。

（二）加强现代产业分工协作，打造优势产业集群

长三角地区产业特色明显、互补性强，产业结构快速转型升级，正迈向全国乃至全球产业链中高端。建议充分发挥长三角头部上市公司引领作用，优化资源配置效率，突破体制障碍和区划限制，充分发挥安徽比较优势，加强现代产业分工协作，打造优势产业集群。一是加强汽车制造业分工协作。积极推动江淮汽车、奇瑞汽车与上汽集团等江浙沪汽车制造头部上市公司开

展合作，共同组建大型汽车集团，形成以上海为研发总部、在安徽设制造基地的联动模式，打造在全国具有重要影响力的汽车产业集群。二是加强信息技术产业分工协作。充分发挥安徽智能语音优势，整合江苏物联网优势、浙江电子商务优势和上海人工智能优势，培育具备国际竞争力的信息技术产业集团，加快构建新一代信息技术世界级产业集群。三是加强生物医药产业分工协作。江浙沪皖充分发挥各自在生产、研发领域优势，整合资源、合作发展，建立生物医药产业转移承接机制，共建医药产业园区，形成研发在张江药谷、生产在合作园区的转移转化模式，加快安徽生物医药创新成果产业化。充分利用恒瑞医药、复星医药、药明康德等头部上市公司的带动作用，促进安徽原料药、仿制药、现代中药发展，打造世界级生物医药产业集群。

（三）共建共享多层次融资渠道，引导各类资本接力助推企业成长

长三角要以科技创新驱动区域发展，必须推动知识产权市场化运营，通过一体化多层次资本市场引导各级资本逐级接力，形成以科技创新为中心的资源配置效应。建议通过顶层设计推动形成一体化多层次资本市场，建立适应企业不同成长阶段、不同产业结构、不同风险特性的多层次融资渠道，实现资本与科技创新的无缝对接。一是发展一体化产权交易市场。推动安徽与江浙沪产权交易所深度合作，探索法人主体改造、相互持股，建立一体化知识产权交易和金融资产交易市场。二是发展一体化股权交易市场。统一三省一市股权交易中心系统，建立一体化股权交易市场，为长三角企业提供更广阔的股权流动和融资服务平台。三是统筹发展政府投资基金。三省一市共同出资设立投资引导基金，吸纳民资、外资等各类社会资本，整体规划使用，加强对高端产业、优势产业，以及具备原始创新、具有成长潜力的企业进行资金支持。

（四）加强跨区域创新协同，推动产业层次跃升

长三角头部上市公司创新能力存在区域差距，创新协同有待加强。建议汇集长三角地区创新资源，推动成立跨区域的上市公司创新合作平台，促进

安徽与江浙沪上市公司相互交流研究成果，共享创新资源，助推产业合作。一是推动安徽上市公司与江浙沪高校、院所、企业的合作，联合开展技术攻关，集中突破一批卡脖子核心关键技术，联手营造有利于提升自主创新能力的创新生态，不断提高技术创新能力。二是以头部上市公司为支点，通过专业金融资本和互联网链接长三角高等院校、科研机构、产业园区和企业，形成科技资源自由流动的创新系统。打造长三角科技创新共同体，形成具有全国影响力的科技创新和制造业研发高地。三是促进长三角科技创新与转化服务资源互联互通，推动江浙沪科技成果在皖转移转化，提升区域科技成果转移转化的整体效益。依托上市公司打造长三角技术转移服务平台，实现成果转化项目资金共同投入、技术共同转化、利益共同分享。

（五）积极对接科创板市场，大力培育独角兽企业

科创板为优质的科创型企业创造了良好的融资环境，建议加强与科创板的对接合作，推动一批独角兽企业加快上市。一是加快融入长三角科创市场。对接上海科创板，完善安徽省股权托管交易中心科创板系统，统一报价信息、统一登记和监管、统一投资者保护规则、统一信息披露规则，建立互联互通的风险资本与创新企业对接市场。二是建立后备企业资源库，实施动态跟踪服务。构建科创企业登记备案信息系统，建立企业数据库。对已遴选入库的企业的生产经营、融资估值等信息数据，实行动态更新和跟踪管理，及时准确地掌握企业发展动态，提供精准服务。三是推动独角兽企业上市。抓住科创板支持创新型企业 IPO 的有利机遇，密切与证监会、交易所的沟通协调，努力解决影响独角兽企业上市的困难和问题，加快独角兽企业上市步伐。

（六）搭建上市公司交流平台，健全多层次合作机制

推进长三角一体化必须加强跨区域协调合作，建议由证监部门牵头建立上市公司跨区域多层次一体化合作机制。一是在长三角地区合作与发展联席会议框架下建立长三角上市公司合作中心，推动三省一市各上市公司就一体

化发展过程中遇到的具体问题加强研讨、交流与协调。二是建立信息共享机制，覆盖三省一市政策动态、产业发展动态、企业创新概况等各方面信息，为政府政策制定、企业市场行为提供信息支撑。三是搭建合作交流平台，积极筹划具有国际影响力的峰会和论坛，定期发布长三角上市公司发展报告，利用传统媒体和新兴媒体广泛开展宣传，形成高端峰会知名品牌，提升长三角上市公司整体形象。

专题报告

Special Topic Reports

B.9
安徽省级股权投资基金推动
企业上市及成长研究

联合课题组 *

摘　要：　在经济发展进入新常态的大背景下，安徽省积极推动金融和
　　　　　资本创新体系建设，建立了省级股权投资基金体系。省级股
　　　　　权投资基金通过产业发展赋能、管理模式赋能、管理团队赋
　　　　　能及资本运作赋能等方式为企业发展助力，引领安徽省优质
　　　　　企业依托多层次资本市场集群化加速成长。本报告结合案例，
　　　　　对安徽省级股权投资基金推动企业发展发挥的作用做了研究，
　　　　　对如何引导省级股权投资基金发挥更大作用提出建议。

关键词：　安徽省级股权投资基金　产业发展　上市公司

＊ 联合课题组由安徽省高新技术产业投资有限公司战略研究部与基石资本共同组成。

当前，经济发展进入新常态，加快发展新经济培育新动能，已成为各省份抢抓时代机遇的重大命题。安徽省大力实施创新驱动发展战略，构建创新发展四大支撑体系，推动创新型现代产业体系建设，把创新摆在发展全局核心位置。金融和资本创新体系建设作为其中的重要内容和关键环节，在企业培育、产业发展、技术创新、结构调整中发挥着举足轻重的作用。

股权投资基金因具有资本杠杆放大作用，受到各级政府的重视，并成为各地建设金融体系、推进产业创新升级的重要工具。2017年，安徽省政府出台了《关于加快建设金融和资本创新体系的实施意见》（皖政〔2017〕76号），将大力发展股权投资基金作为优化金融和资本供给，推进资金链与创新链、产业链匹配融合的重点举措，并提出打造省级股权投资基金体系——该体系充分考虑安徽产业基础、产业特色和未来区域发展需求，与政府产业发展的战略意图更匹配，更有利于推动安徽企业高质量发展。通过创新运用"产业＋基金""基地＋基金"等发展模式，安徽省级股权投资基金既让国有资本撬动了数倍于自身的社会资金进入实体经济，又借市场之手更精准地培育产业与企业，为经济新常态下深化投融资体制改革、推动企业对接多层次资本市场发挥了重要作用。

本报告结合行业实践，分析了安徽省级股权投资基金在助推企业上市及成长方面发挥的作用和存在的问题，并提出相关发展建议。

一 安徽省级股权投资基金发展概况

（一）基金整体情况

近年来，政府引导基金作为促进"新经济"快速发展、转变财政投入方式的重要工具，在政府的大力支持与倡导下，经历了高速发展阶段。截至2018年6月，安徽已跻身全国各省政府引导基金数量排名前五位（见图1）。

目前，安徽分别设立了省级种子投资基金、省级风险投资基金、省"三重一创"产业发展基金和省中小企业（专精特新）发展基金，已经构建

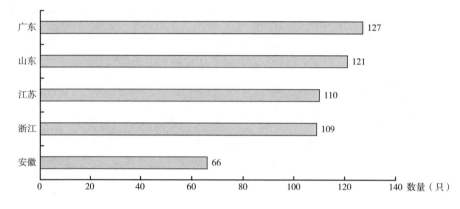

图 1　全国各省政府引导基金数量前五名

数据来源：投中信息。

起覆盖企业生命全周期、服务产业发展全链条、对接企业上市（挂牌）全过程的省级股权投资基金体系。截至 2019 年 6 月，安徽省级股权基金总规模超 1200 亿元，分别由安徽省财政厅、安徽省投资集团、国元集团、华安证券采用母子基金架构发起设立，累计募集到位资金 201.26 亿元，完成投资项目 211 个，投资金额 55.11 亿元。

（二）基金定位

安徽省级股权投资基金在设立定位和方向上有以下特征。

1. 运营机制

安徽省级股权投资基金采用母子架构的形式，子基金管理机构由母基金管理机构委托下属公司、组建专业机构或以市场化竞争性方式对外遴选专业化机构管理。

2. 募资渠道

除政府专项资金支持外，母基金管理机构以自有资金、通过增信筹资、社会化募集等方式出资设立。

3. 项目投资比例

严格控制项目投资、发起设立子基金出资额度、股权占比，如省级种子投资基金母、子基金对单个企业、单个项目累计投资原则上不超过 1000 万元。

4. 项目投资产业领域

各基金在设立之初，便明确投资领域，如省"三重一创"产业发展基金投资战略性新兴产业企业、项目资金的比重原则上不得低于 80%；省中小企业（专精特新）发展基金投资中小企业、专精特新企业项目的比重原则上不得低于 80%。

5. 基金投资和退出方式

以股权投资为主，以投资非上市公司为主，参与上市公司增发要以实施并购重组为背景。通过被投资企业首发上市或并购、"新三板"或省区域性股权市场挂牌、股权回购、股权转让、股权置换等方式，实现基金退出。

6. 对接平台

省级种子投资基金侧重对接科研院所和高等院校，围绕"双创"发展战略，对接全省科技企业孵化器、支持大学生创业、科技成果转化和小微科技型创新型企业发展。省级风险投资基金、省"三重一创"产业发展基金和省中小企业（专精特新）发展基金侧重对接全省战略性新兴产业集聚发展基地和试验基地，重点支持战略性新兴产业链核心环节的重点企业、重大项目，战略性新兴产业重大产业工程、重大产业专项，推动高新技术企业、现代制造业、"专精特新"企业发展，做强做优。

（三）基金支持政策

为充分调动基金投资积极性和有效性，引导基金管理人结合政策导向积极募资、投资，安徽省也出台各类政策鼓励基金集聚发展。

一是建立项目投资激励机制。按照年度项目投资进度、被投资企业形成销售收入和利税、被投资企业上市数量等相关指标，建立政府考核激励机制。

二是设置种子投资和风险投资容错机制。根据种子投资、风险投资高风

险、高失败率的规律，对省级种子投资基金和省级风险投资基金设置投资损失允许率。

三是建立投资引导对接机制。省发改委、科技厅、经信委等相关行业主管部门相继建立项目库，推荐给省级股权投资基金。各地市也积极搜集有股权融资需求的企业，通过"四送一服"平台主动推送给省级股权投资基金。

四是建立国有企业基金管理机构国资运营监管考核机制。积极借鉴深圳市等国有出资股权投资基金创新管理模式，在国有资产增值保值考核、国有产权评估与退出方式、基金职业经理人制度、管理团队参股、项目团队跟投等方面加大探索研究。

（四）基金运行特点

从实际运行情况来看，省级股权投资基金已呈现以下特点。

1. 撬动和放大效应初步显现

截至 2019 年 6 月，通过社会募集等渠道带动社会投资 116.57 亿元，投资省内项目 164 个，投资金额达 47.91 亿元。2018 年，通过基金投资吸引 19 个省外项目落户安徽，带动投资近 20 亿元，对省内中小企业和产业的发展带动作用逐渐凸显。

2. 产业布局逐渐清晰

目前，安徽省级股权投资基金共设立子基金 32 只，实现对全省 22 个战略性新兴产业集聚基地和 2 个实验基地的全覆盖。累计投资战略性新兴产业项目 141 个，投资领域包括新一代信息技术、高端装备制造、节能环保、新材料、生物、新能源、新能源汽车、数字创意等八大战略性新兴产业，全方位服务安徽战略性新兴产业布局和发展。

3. 区域分布差异化明显

截至 2019 年 6 月，安徽省级股权投资基金子基金已对接覆盖安徽 14 个市，具体分布见图 2、图 3。

从数量分布和规模分布来看，合肥市遥遥领先，远超其他城市排在首位。其他地市基金规模分布与数量分布差异较大，如安庆、马鞍山、黄山等

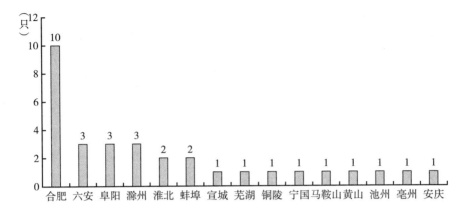

图2 安徽省级股权基金子基金数量区域分布

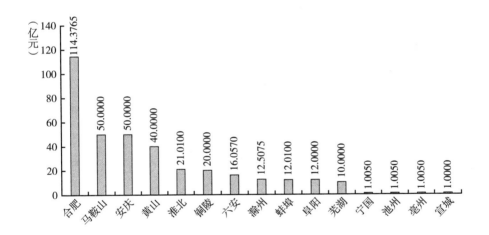

图3 安徽省级股权基金子基金规模区域分布

虽然只有一只基金，但基金规模较大，表明当地政府对其主导产业支持力度大，产业发展潜力较为突出。

4. 逐渐覆盖企业生命全周期

安徽省级股权投资基金子基金共分为三类，分别为种子基金、风险投资基金和产业投资基金，截至2019年6月，各类子基金分布情况如表1所示。

表1　安徽省级股权投资基金种类分布

子基金种类	子基金数量（只）	子基金平均总规模（亿元）
种子基金	4	0.75
风险投资基金	17	1.732
产业投资基金	11	30

从企业生命周期来看，种子基金侧重于投资种子期企业，投资风险较大，符合需求的企业数量较少，投资规模也较小。风险投资基金侧重于投资初创期企业，企业发展意愿较强，融资需求分散但旺盛，投资规模相对提高。产业投资基金侧重于投资成长成熟期企业，企业数量较少但投资规模较大。省级股权投资基金通过合理匹配不同生命周期企业的需求，一方面有利于充分服务省内产业发展全链条，助推产业高效发展，另一方面可以规范投资秩序，有效控制投资风险，提高基金投资效率。

二　安徽省级股权投资基金在推动企业上市发展中的作用

安徽省级股权投资基金针对企业不同阶段的需求，通过有效整合运用其专业优势，从产业发展、管理模式、管理团队及资本运作等方面为企业赋能助力，引领安徽省优质企业依托多层次资本市场集群化加速成长，提升全省经济的资本形成能力，有力推进实体经济高质量、高效率发展。随着基金规模不断扩大、管理水平逐渐提高、管理机制进一步完善，安徽省级股权投资基金推动企业上市发展的作用发挥逐渐凸显。

（一）以产业发展赋能，助力企业业绩提升

1. 探索业务模式

企业在创立初期需要将技术转化为符合客户需求的产品，产品也只有被最终推向市场才能盈利。股权基金经历过大量企业的发展历程，在行业内有较深的经验积累，可以帮助企业挖掘客户真实需求，提高产品认知和商业认

知，帮助企业尽快探索和打通变现渠道，把产品转化为真正的收入和利润。

2. 开展产业整合

在横向整合方面，省级股权基金在行业内有长期的投资经验和众多的被投企业资源，可以资金、资源和经验，支持企业横向搭配业务资源，放大规模经济效应，帮助企业尽快形成市场龙头地位。

在纵向整合方面，省级股权投资基金用资金、行业资源、行业脉络等方式，帮助企业整合上下游的产业链部分关键环节，以达到企业整体降本增效、做强做优的效果。

安徽埃夫特公司成立于2007年8月，是国内目前技术最领先、知名度最高的工业机器人公司。2016年，公司计划切入汽车行业，尽快做大利润实现上市。马鞍山基石智能制造产业基金对该项目进行了投资，基金管理机构充分利用资本市场资源，帮助公司完成海外并购，实现了对业内领先汽车装备和机器人系统集成商意大利WFC集团的并购。并购完成后，基金管理机构继续在业务方面为埃夫特开辟客户资源，最终使埃夫特和标的企业产生了巨大的协同效应。通过产业整合，埃夫特成功进入市场巨大的汽车领域，大大增强了技术、产品和品牌力。

3. 对接运营资源

股权投资基金一方面通过财务、法务、IT等各职能条线对接，帮助被投企业优化运营水平，提升整体实力；另一方面，通过其丰富的业界资源，帮助被投企业在产品、渠道、战略合作等领域，与产业链和生态圈内的其他企业建立商务链接，创造协同效应，提升企业价值，赢得市场认同。

例如，安徽高新投壹号基金投资芜湖伯特利汽车安全系统股份有限公司（伯特利）后，加强了伯特利与其管理的新能源汽车基金的合作，从而将伯特利带入新能源汽车的投资生态圈，为公司建立商务、人才和技术链接，帮助其进一步增强在汽车制动系统行业的领先地位。

4. 突破发展瓶颈

上市公司在行业内的市占率一般较高，但如果所处细分领域市场规模不够大，市占率高意味着很快就会遇到行业天花板，必然导致增长放缓。股权

投资基金在上市公司中积极发挥股东作用，协助企业进行横向产业整合或跨行业并购，从而帮助企业打破现有发展瓶颈，实现新业务、新市场的快速拓展。

例如，安徽高新投壹号基金在安徽中环环保科技股份有限公司完成创业板上市后，协助公司与行业企业进行战略合作，通过投资、增资等模式切入固废处理领域，成功获得德江、承德、西乡等垃圾焚烧发电项目，企业产业布局得到优化，为后续发展提供了新的增长动力。

（二）以管理模式赋能，优化企业管控体系

1. 为企业提供战略支持

通过向企业输出先进的企业管理模式，省级股权投资基金在企业并购、转型等关键时期提供全方位的战略支持。投资后，股权投资基金方通过派遣董事，发挥重要股东作用，与董事会和管理层密切沟通，就被投企业未来战略达成共识，并制定目标清晰、计划详尽的退出策略，确保资源投入与战略方向高度一致。

安徽高新投壹号基金于 2015 年 6 月投资了安徽中环环保科技股份有限公司后，与公司深入沟通研究，系统梳理发展战略，及时调整发展思路，聚力聚焦核心业务，优化项目管理和供应链，实现了业务体量和质量双提升，公司盈利能力得到大幅提升。

2. 规范企业治理结构

现阶段，我国企业家的公司治理理念与现代企业制度要求还有差距，实际管理中一旦企业家的重大决策出现偏差，将给企业带来巨大损失。省级股权投资基金为企业带来现代化的公司治理理念，不仅规定了股东、董事会和管理层的责任和权力分布，而且明确了重大事项决策时所应遵循的规则和程序，让"三会一层"各司其职、有效制衡、协调运作。

（三）以管理团队赋能，提升企业发展动力

企业创立初期，团队配置往往不完备，而在早期项目中，团队的作用至关重要。省级股权投资基金深耕行业多年，不仅熟悉行业优秀人才，还拥有

专业投后管理团队，可以为企业引进合适的人才。股权投资基金在投资后，会选择派遣投后管理团队或高管常驻被投企业，直接参与到企业战略制定和日常运营中，除了提供先进的管理理念和模式外，也为企业遴选优秀管理人，建设好人才梯队，在管理层面为被投企业创造价值。此外，股权投资基金还会通过优化被投企业管理团队，设计高管激励结构，确保核心团队与股东利益保持一致。

例如，安徽云松公司管理的兴皖基金在投资星波通信后，帮助企业引进高级管理人才，提高了团队战略视野和作战能力。安徽中安健康基金投资的企业多为民营企业，其财务管理及内控制度存在诸多问题，中安健康帮助企业培养和选拔财务总监，并对财务人员进行业务培训，使得企业财务管理制度化、规范化，为企业的后续发展壮大奠定了重要的财务管理基础。

（四）以资本运作赋能，拓宽企业增值渠道

根据被投企业的特征和需求，股权投资基金会帮助其对接多层次资本市场，进行再融资、收购、上市和市值管理，满足业务运营和扩张的资金需求，提升企业市场价值。

1.帮助企业再融资

被投企业需要新引入股权或债权资金时，股权投资基金往往会利用在资本市场和借贷市场上的资源关系，为企业引荐其他投资机构、类金融企业及商业银行等资源。

2.协助企业上市

一是规划融资进度。股权基金在企业发展中帮助企业合理安排资金的使用进度，规划下一轮融资的时间节点、融资额度以及估值，并为企业引荐更优质的投资机构。

二是排除IPO障碍。股权基金拥有众多成功投资和退出的案例，对于企业发展及IPO前面临的问题富有经验，能够与企业紧密配合，为企业提供IPO准备和申报过程的支持。此外，基金也会较早地向企业提出法律和财务等方面的合规意见和要求，以避免企业在中介机构进场后匆忙整改，从而为

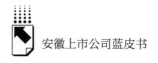
顺利申报节省时间。

安徽丰创生物投资公司于 2016 年 1 月投资福达合金材料股份有限公司后，较早地参与了福达合金的资产证券化工作。基金管理团队主导了 IPO 申报，包括梳理企业业务、解决上市障碍、编写申报材料等，加强与审核部门沟通，及时落实反馈意见，帮助企业顺利通过证监会发行审核及会后事项解决，最终福达合金于 2018 年 5 月 17 日在上交所挂牌交易。

三是配置中介团队。股权基金与券商团队合作紧密，了解哪些券商团队对特定行业更为熟悉、更有深刻的认知和辅导功底，因此能快速帮助企业找到最合适的中介团队。

2015 年 3 月，芜湖瑞建汽车基金参与了蠡湖股份的 B 轮融资，企业计划于 2017 年上半年申报创业板。基金管理人从汽车行业过往的投资及上市经验和专业角度出发，帮助企业选择了有丰富汽车零部件行业经验的券商团队，最终公司上市的过程整体较顺利。

3. 帮助上市企业提升并购效率

上市公司并购有复杂的决策和审批程序，并购过程由基金来操作效率更高。目前，主流的合作模式是由股权投资基金和上市公司共同设立并购基金。通过这种方式，可以较好地实现 GP、LP 和项目公司三者利益的捆绑。上市公司依据其自身运营发展的需求和对标的公司的判断，选择合适的并购对象。专业的股权投资基金可以在并购过程中为企业把控风险，提高资金使用效率，充分发挥资金的杠杆作用。且以基金形式运作，减少了并购后市场上的一些情绪波动对公司股价的影响，降低运作风险。在实际操作中，上市公司和安徽省级股权基金合作设立并购基金主要有三种模式（见表 2）

表 2 上市公司和安徽省级股权基金合作并购基金主要模式

合作模式	合作深度	运营案例	优势
多家上市公司出资作为 LP 参与并购基金	相对松散	基金目标募集规模为 10 亿元,其中,基金 GP 认缴基金规模的 1%,多家上市公司作为有限合伙人认缴剩余部分	适用于多家上市公司所处的行业具有一致性或对未来发展具有较为一致的目标,对资金实力要求相对较低

合作模式	合作深度	运营案例	优势
围绕上市公司产业布局成立专项并购基金	深度合作	中安华米硬客公园是由安徽中安创谷科技园有限公司联合安徽华米信息科技有限公司共同发起建立的智能硬件专业型孵化平台。华米科技围绕硬客公园与高新投公司一起成立了华米智能硬件产业投资基金,孵化智能硬件项目30多个,累计投资超过1.2亿元	较好地节约上市公司资金,有效撬动杠杆,且并购基金未来可通过换股或者定增的方式将所持标的公司份额转换为上市公司股权获得退出通道,实现双赢
上市公司及其控股股东参与发起的并购基金	直接参与并购基金运作	高新投公司与华米科技发起设立安徽华颖智慧生活股权投资基金,总规模10亿元,其中华米科技关联公司西藏华颖投资管理有限公司作为GP和基金管理机构。该基金主要投资以智能可穿戴、智能家居、智能无人系统等为代表的智慧生活领域,围绕华米科技产业链打造物联网及智慧生活产业生态圈	对并购基金的掌握力度较大,可以主导后续的管理及对外投资等一系列重大活动

三 存在的问题

在经历2015年之前的摸索发展、2015～2017年的井喷发展后,省级股权投资基金进入一个新的发展阶段。在前期运作过程中,政府、母基金管理机构、基金管理人相互碰撞与磨合,在基金的市场化运营、专业化管理,以及基金推动地方经济发展的成效方面仍存在一些问题,需要各方积极思考与应对。

(一)市场化运行机制不足,仍是制约省级股权投资基金发展的核心问题

当下,基金投资市场参与主体日渐多元化,除母基金管理机构外,国资背景的基金管理人、一线知名基金、财富管理机构、券商银行子公司、上市公司投资部等都成为基金投资的市场主体。在严峻的资本环境下,国有资

本、产业资本和社会资本实现产业协同和可持续发展，提升市场化程度至关重要。

1. 政府出资人的诉求和市场化基金存在一定冲突

对于省级股权投资基金来说，最大的诉求是发展经济与产业引导，因此对投资的地域、行业、进度等设置约束；而其他社会资本和基金管理人的第一追求是财务回报，希望减少投资约束。两者之间在投融资、管理和退出等环节皆存在冲突。

例如，在融资环节，省级股权投资基金一般要求进行 1：4 的配资，而非政府出资人更关注自身的投资收益如何实现，"约束条件"的设置，导致难以吸引市场化的出资人参与基金的出资。在投资环节，政府对投资进度逐年设定任务目标并严格考核，与根据实际情况动态调整的市场化一般原则不相符。在管理上，部分事项需要政府部门进行审批，而政府决策流程长、决策进度较慢，有可能耽误市场稍纵即逝的并购时机，导致被投企业错失交易机会。在退出方面，与市场化评价基金运营结果不同，国有监管体系通常要看单个项目是否产生亏损，对基金的容错率非常低，这将大幅度缩小政府引导基金的投资标的范围。

2. 国有母基金管理机构还需持续创新，提升市场化管理服务水平

一是市场化管理体系不够完善。国有母基金管理机构往往以自我为中心，强调"对政府引导内容"的管理，而忽视"身为 LP 应为 GP 提供的服务"；具体表现为：办事流程极其复杂，管理手段不够创新，尚未运用信息化、大数据手段开展工作。子基金评价机制比较粗放，未能进行分类管理，缺乏激励手段，工作导向不明确。二是市场化约束和激励机制不匹配。国企体制的约束比较完善，但分配激励机制不足，这不仅会影响基金的运营和投资效率，更不利于留住有经验有水平的基金管理人。

3. 基金管理机构需大幅度提升契约精神，进一步发挥市场化项目筛选功能

一是部分机构优质项目发掘不够，还需进一步发挥社会资本嗅觉灵敏的优势，市场化地筛选项目，引导资本投向当地优质企业。二是部分机构履约精神不足。出现过部分机构在投标时承诺的团队阵容与实际管理的团队人员

出入较大，投标时承诺的募资额在实际到位时大打折扣的现象。三是部分机构团队力量投入不足。有些知名机构在安徽投入力量不足，投入人员数量和质量距离约定有差距，甚至不能保证有人员常驻安徽；对本地团队激励也不足，把政府给本地团队的奖金返回总部。四是部分机构支持地方发展的决心和投入不足。部分机构没有做好扎根安徽的准备，对有潜力的安徽企业、安徽项目关注不多，深耕细作不足，没有做好扎根安徽的准备。五是行业自律不够。存在拿管理费分红、搞变通投资关联企业、为多挣管理费刻意延长存续期已满的基金等现象，还有的基金年报审计未经母基金同意，导致在结果认同上存在分歧。六是对母基金的响应度不够。信息沟通不够主动，重大事项报告制度、风险报告制度执行不到位，对母基金要求报送的数据和信息简单对付。

（二）专业化水平亟须提升，省级股权投资基金管理需跨越"本领恐慌"

麦肯锡研究认为，中国 PE 在过去以资源整合为核心，未来，项目判断、交易艺术和投后管理都将更为重要。在使用省级股权投资基金引领安徽产业发展的实践中，母基金、政府需要跨越"本领恐慌"，基金管理人需要提升专业化水平。

1. 在基金管理机构方面。一是专业人才储备仍有不足。股权投资具有长期性、高风险性、不确定性，基金投资运行需要一批懂法律、懂财务、懂金融、懂经济、更懂投资实操的专业人才梯队，为基金的投资运营提供人才保障。安徽省级股权投资基金体系起步晚，在专业性、投资经验、专业人才培养和储备等方面需要进一步加强。二是部分基金管理人的能力有待提升。通过市场化遴选的基金管理机构业绩表现参差不齐，在一定程度上反映了部分机构投资能力的欠缺。

2. 在母基金层面。一是在政策把握上担当不足。政府规定原本就比较刚性，母基金在执行中又趋于保守，在实施中显得更加刚性。对于特例情况纠结于汇报请示中，影响了决策效率。二是主动服务不够。特别是个性化服务不足，母基金的基金经理对子基金在政策支持、项目对接、资源嫁接等方面做得不够，母基金平台优势发挥不足。

3. 在政府管理层面。一是审批流程较长。省级股权投资基金母基金审批流程长，决策进度较为缓慢。二是资源嫁接作用发挥不够，在推动基金与科研院所、高等院校、科技孵化器、战略性新兴产业基地、产业集群对接方面，搭台不多、办法不多、有效对接不足。三是部分地市政府需进一步转变角色定位。部分地市忽视管理机构对项目的专业化判断，忽视行业规律，存在强制推荐投资本地企业的情况，一味要求提高返投比例。

（三）成效不显著，基金推动安徽产业发展的成果有待检验

1. 安徽经济总体发展水平较低，基金还需进一步推动产业发展

从产业总体发展水平看，安徽在中部六省处于中下游。《2019 年安徽省政府工作报告》表明，"金融和实体经济的良性循环尚未形成，实体经济特别是民营企业和中小微企业融资难融资贵问题未能根本缓解"。这需要进一步提升省级股权基金在安徽产业培育、产业整合、产业引领等方面的作用力和影响力。

2. 头部企业引领作用较弱，基金还需进一步推动产业聚合

安徽上市公司普遍规模较小。据统计，长三角四省市市值 TOP30 上市公司中，安徽仅有海螺水泥 1 家入围。并且市值 TOP30 上市公司主要集中在长三角中心城市，合肥没有一家上市公司进入长三角市值 TOP30，凸显了安徽、合肥的高市值上市公司少，基金在推动产业聚合方面的成效还不显著。

3. 科研成果转化水平较低，基金还需进一步推动科技创新

虽然安徽拥有在原始创新领域较好的基础，但科技创新成果转化能力不足。基金可采用市场化运作方式，引导和带动金融资本、民间资本、地方政府和其他投资者发掘科技成果的市场价值和科技企业成长价值，推动科技创新，促进科技成果的资本化、产业化。

4. 安徽区域发展不平衡，基金还需进一步推动区域协调发展

区域不平衡，是经济发展的典型特征，从上市公司数量看，安徽仅合

肥、芜湖、宣城三个城市就有 66 家上市公司，占全省的 64%；而皖北 6 个地级市蚌埠、淮南、淮北、阜阳、宿州、亳州仅有 11 家上市公司，是前者的 16.7%、全省的 10.7%。安徽各地市发展不平衡较明显。省级股权投资基金应进一步发挥价值挖掘功能，以先进带动后进，实现经济协同发展和区域协调发展。

四 安徽省级股权投资基金发展建议

（一）完善股权投资基金体系，推动创新资本形成

政府应全力推进金融和资本创新服务体系建设，围绕扩大直接融资尤其是股权融资规模，推动创新资本形成，着力补齐资本市场服务科技创新能力短板。一是继续深化国有资本投资运营公司改革试点和推进省级股权投资基金体系建设工作，聚焦金融与创新结合点，突出股权投资基金的作用，推进股权投资基金资金链与创新链、产业链匹配融合，提升金融服务实体经济能力。在宏观和微观两个层面，让股权投资在安徽省金融体系中起到更重要的作用。二是大力发展实体经济，促进制造业高端化、智能化、绿色化和服务化，培育质量、技术、标准、品牌、服务等制造业竞争新优势。支持传统产业结构升级，推进互联网、大数据、人工智能与传统产业深度融合。培育具有全球竞争力的一流企业，打造若干世界级先进制造业集群。三是主动承接江浙沪产业转移。承接江浙沪的辐射带动和技术溢出效应，获取长三角一体化带来的贸易创造效应、专业化分工经济和集聚经济，通过产业链、价值链的分工协作，为长三角世界级产业集群建设贡献更大力量。

（二）发挥平台优势，打造投资生态链促进协同

省级股权投资基金应积极发挥平台优势、专业优势、资金优势，实现资源整合、资源嫁接和资源转化，持续不断地加强基金与政府，基金与上市公司、龙头企业以及基金与基金之间的协同效应。一是加强基金与基金协同，

发挥基金规模投资作用。对于优质项目，可以抱团运作，在资金组织、风险控制、投后管理上形成组合优势，集中力量办大事。二是加强基金与上市公司、龙头企业的协同，发挥好基金支持项目并购的作用。通过龙头企业行业优势和基金专业优势的叠加，促进企业并购甚至海外并购，加速企业做强做优做大。三是加强基金与政府间协同，发挥好基金的招商引资作用。通过投资工具和政策工具的叠加，一方面给基金投资带来更多的议价空间，另一方面给地方政府引入新的产业项目。

（三）坚持市场化运作，完善基金设计及运营管理机制

省级股权投资基金应坚持市场化导向，进一步完善运行机制。一是健全市场化机制。适当放宽对GP注册地、返投比例、投资决策等方面的政策限制，集聚更多优秀GP/LP与创业资源。建立市场化的激励机制，通过绩效评价辨识出基金团队的专业性、匹配度、基金目标设定的合理性，进而采取对应的激励或淘汰手段，确保引导基金稳健运作。二是完善监管机制。优化基金监管流程，建立全过程监管体系。完善符合行业发展规律的投资进度考核体系。三是优化合作交流机制。建设完善信息报告机制、系统化服务机制、合作交流机制，加强政府有关部门、母基金、基金管理机构之间的交流沟通，实现信息交流和反馈的扁平化、即时化。

（四）体现专业价值，进一步发挥赋能作用

省级股权投资基金应充分发挥专业优势，培育安徽发展新动能。一是提高站位，充分领会省委、省政府对于基金设立的新要求，立足于服务安徽产业发展全链条，积极培育孵化产业，培育壮大经济发展新动能；立足于对接多层次资本市场，提升全省经济的资本形成能力。二是体现专业价值。培养一批明星项目和独角兽企业。要高度重视专业团队和资源配置，用团队的专业度保障投资的专业度，真正做到专业投资、价值投资、赋能投资，切实提升对项目和企业的增值服务能力。要不断提高基金投资质量，找到适合安徽省情的基金组合和投资策略。各子基金要坚持既定的投资方向，坚持价值投

资、赋能投资的理念，又要充分发挥安徽科技驱动型企业比较密集的优势，深入科研院所、产业集聚区、战新基地，挖掘一批符合新经济、新模式、新业态特点的优质项目。要注重投后管理和投后服务，为被投项目在资源嫁接、企业治理、资本运作等方面提供增值服务，发现、培育一大批快速成长的瞪羚企业、独角兽企业。三是深耕细做。子基金管理机构要扎根安徽、服务安徽，发挥自身的专业能力和外部的资源链接优势，协同作战、定期对接，多投安徽企业、多为省内企业引入外部的产业资源，扶持一批皖企做强做优做大。

附表

安徽省级股权投资基金情况介绍

序号	基金名称	管理部门	履行出资人职责单位	规模	发展定位	投资方向
1	安徽省农业产业发展基金	省财政厅、省农业农村厅	国元集团	100亿元	1. 从企业生命周期区分：侧重支持成长期、成熟期企业发展； 2. 从企业发展的角度：主要投资规模以上农业企业，重点投向国家和省级农业产业化龙头企业； 3. 从产业社会发展的角度：农业产业化、现代农业发展，侧重专业性的农业投资基金，侧重农业等相关领域，以促进产业提质增效和企业成长等为根本目的，适当照顾社会资本的盈利需求	农业产业发展基金投资于在安徽省内注册或经营的农业企业，包括支持安徽农业企业"走出去"投资，面向国内外农业并购重组投资等。对参与国内外农业产业化项目，有利于提升安徽农业产业竞争力的投资项目不受上述条件限制
2	安徽国元种子投资基金	省地方金融监管局	国元集团	20亿元	1. 从企业生命周期区分：侧重支持种子期、初创期前端企业发展； 2. 从产业与技术创新的角度：侧重对接科研院所和高等院校，支持科研成果转化及在校大学生创业；对接"双创"发展战略，吸引国内外高层次科技人才团队，项目团队内具有自主知识产权，初创期企业成长，有一定科技含量，商业模式较新的各类种子期、初创期企业成长；对接全省集聚发展基地和试验基地内小微科技型、创新型企业发展。	母、子基金原则上只能投资安徽省内，即注册地、生产基地均在安徽省内的企业，母基金直投业务可通过设立特殊目的基金形式完成

续表

序号	基金名称	管理部门	履行出资人职责单位	规模	发展定位	投资方向
3	安徽安华创新风险投资基金	省发展改革委、省地方金融监管局	华安证券	40亿元	1. 从企业生命周期的角度分：侧重支持初创期、成长期前端企业发展； 2. 从产业与技术创新的角度，其他战略性新兴产业集聚基地全覆盖。支持战略性新兴产业发展，推动高新技术企业、现代制造业、"专精特新"企业等，由规下向规上发展转变；推动非股份制企业实施改造，扩大上市挂牌企业，支持在省区域性股权市场挂牌或拟挂牌企业、"新三板"挂牌或拟挂牌企业发展； 3. 本方案所称战略性新兴产业以《安徽省战略性新兴产业"十三五"发展规划》（皖政办〔2016〕53号）相关规定为界定依据；中小企业以工信部等四部门《关于印发中小企业划型标准规定的通知》（工信部联企业〔2011〕300号）为界定依据；"专精特新"企业以省经济和信息化委员会认定的"专精特新"中小企业为界定依据	母基金及母基金出资于子基金部分在安徽省内投资占比不得低于80%，母基金直投业务可通过设立特殊目的基金形式完成。安徽省内投资，包括投资注册地、生产基地均在安徽省内的企业。基金也可投资以设立区域总部、研发基地等投向的对省外企业投资，以及投资放到安徽省为条件的对省产业链等投放，以及投资支持安徽企业"走出去"项目
4	安徽安元创新风险投资基金	省发展改革委、省地方金融监管局	国元证券	60亿元		
5	安徽新兴产业创业投资基金	省发展改革委、省地方金融监管局	安徽省投资集团	50亿元		

续表

序号	基金名称	管理部门	履行出资人职责单位	规模	发展定位	投资方向
6	安徽省"三重一创"产业发展基金	省发展改革委、省地方金融监管局	安徽省投资集团	300亿元	1. 从企业生命周期区分：侧重支持成长期、成熟期企业发展； 2. 从产业与技术创新的角度：安徽省战略性新兴产业集聚发展基地、试验基地，重点支持战略性新兴产业链核心环节的重点企业、重大项目，重点支持战略性新兴产业重大工程、重大产业专项；安徽省中小企业(专精特新)发展基金重点支持成长性优质中小企业，"专精特新"企业做大做强； 3. 战略性新兴产业以《安徽省战略性新兴产业"十三五"发展规划》(皖政办[2016]53号)相关规定为界定依据；中小企业以工信部等四部门印发于《关于印发中小企业划型标准规定的通知》(工信部联企业[2011]300号)为界定依据；"专精特新"企业以省经济和信息化委员会认定的"专精特新"中小企业为界定依据	母基金及母基金出资子子基金部分在安徽省省内投资占比不得低于80%，母基金直投业务可通过设立特殊目的基金形式完成。安徽省内投资，包括投资注册地、生产基地均在安徽省内的企业，也包括安徽企业"走出去"投资，面向国内外并购重组投资；还包括以设立区域总部、研发基地和将生产基地等设立放到安徽对省外企业投资
7	安徽省中小企业(专精特新)发展基金	省经济和信息化厅、省地方金融监管局	安徽省投资集团	200亿元		
8	安徽省科技成果转化引导基金有限责任公司	省科技厅、省财政厅	省财政厅	50亿元	主要投向国内外在孵转化的各类先进科技成果；主要投资科技型中小企业；主要领域为高新技术领域	子基金应将不低于80%的项目和资金投资在省内

续表

序号	基金名称	管理部门	履行出资人职责单位	规模	发展定位	投资方向
9	安徽省供销合作发展基金	省供销社、省财政厅	省财政厅	5亿元	主要投向供销社系统控股或参股的法人企业以及为农服务项目等（包括农业生产资料、农副产品、农村金融等六大传统网络和农村电子商务等体系建设；生产供应一体化、收购加工一体化和贸工农一体化等农村流通服务体系创新；基层社、各类农民专业合作社为农服务项目和农村综合服务体系建设等）。同时注意选择适合基金投资的各类涉农企业及其他特色优势产业，加强投资项目储备	投向供销社投资企业和为农服务项目资金占基金总规模的比例不低于70%
10	安徽省属企业改革发展基金	省国资委	安徽省国有资产运营公司，其他省属企业和建信信托	200亿元	立足服务全省经济发展大局，聚集并引导社会资本进入国资布局调整的重点行业领域，优化全省省属国有资本布局，提升国资运营效率，广泛参与省属企业改革发展，支持企业做强做优做大，实现国有资本保值增值	按照有利于国有资产保值增值，有利于提高国有经济竞争力，有利于放大国有资本功能的要求，基金主要支持省属国有独资（含相对控股）企业的改革发展，重点支持战略性新兴产业、高新技术产业，先进制造业及"三煤一钢"等传统产业转型升级，支持新产业新业态培育，并参与重大资本运作

续表

序号	基金名称	管理部门	履行出资人职责单位	规模	发展定位	投资方向
11	上市公司纾困基金	省地方金融监管局、安徽证监局	安徽省投资集团	100亿元	以市场化、法治化方式,增加产业龙头、就业大户、战略新兴行业等关键民营企业流动性,为有股权质押平仓风险的民营企业纾困,对符合经济结构优化升级方向、有前景的民营企业提供必要的财务救助	重点支持大型民营企业,特别是民营上市公司
12	安徽华安支持优质企业发展基金、证券行业支持民营企业发展资管计划	省地方金融监管局、安徽证监局	华安证券	50亿元		
13	民企发展基金、支持民企发展资管计划	省地方金融监管局、安徽证监局	国元证券	60亿元		

B.10
安徽上市公司指数发展研究

刘 涛　纪虹韵*

摘　要： 价值投资理念近年来逐步深入人心，市场开始重指数轻个股。安徽省区位优势明显，近年来经济持续快速发展，潜力巨大，安徽上市公司整体资质优良、行业分布合理，非常适合区域指数研究与开发。国元证券和长盛基金顺势而为开发了"皖江30"和"安徽发展"指数，有利于树立安徽资本市场品牌形象，也有助于加强对上市公司的管理和服务。我们建议相关部门加大支持力度，推动务实合作，积极开发指数金融产品，如指数基金和指数 ETF 等。

关键词： 股票指数　安徽上市公司　区域指数　指数基金　指数 ETF

　　股票价格指数作为一种表征股票市场的工具可以及时反映市场价格的变化情况，能够帮助投资者了解市场整体的现状和动态；可以作为市场标尺帮助投资者判断和检验投资效果；还具有投资功能，可以为指数基金和股指期货等衍生品的开发提供基础。指数化投资在海外成熟市场中早已成为一种重要的被动投资方法，它根据指数的成份股构成和编制方法，以复制指数为目的构建投资组合，旨在追求组合收益率与指数收益率之间的跟踪误差最小化，以获得相当于市场平均收益的投资业绩，其特点和优势在于分散风险、

---

* 刘涛，博士，高级经济师，国元证券股份有限公司研究中心高级研究员；纪虹韵，硕士，长盛基金管理有限公司研究部研究员。

成本较低、不依赖基金经理、追求长期收益和投资组合透明化。

　　安徽沿江近海、居中靠东，处于"一带一路"和长江经济带重要节点，区位优势明显，近年来经济持续快速发展，潜力巨大；安徽资本市场表现也十分亮眼，上市公司整体资质优良，上市公司行业分布合理，整体市场表现稳定。从指数角度分析和研究安徽上市公司整体，提纲挈领、方便快捷，可以有效地抓住重点，帮助我们更加深刻地认识和理解安徽资本市场，也有助于更加充分有效地利用资本市场服务实体经济。

一　股票指数研究的意义和现状

（一）股票指数的功能

1. 表征股票市场

　　股价指数度量和记录了每个时点股票市场的价位情况，连接起来就是整个市场某一段时间股票价格的运动轨迹。因此，股价指数走势线反映了整个股票市场发展的历史，通过对股价指数的研究我们能够了解整个股票市场的发展历程。例如，最早的股票指数——道琼斯股价平均数创立之初正是为了给《华尔街日报》的读者们提供一个了解整体股票市场现状和动态的窗口。由于股票市场受到社会环境、国家政策、国际局势和动态等多方面因素的影响，在分析历史股价指数波动的同时我们也能获悉历史上重大社会变化发生的节点。

2. 反映经济整体运行情况

　　宽基指数（指成份股覆盖面较广、具有相当代表性的指数）通常可以反映相应市场的经济整体运行情况；行业分布较合理的成份股指数也有这种功能。由于股价指数是高频数据，相对于有滞后性的宏观经济数据来讲能够更快更及时地反映国民经济运行情况。

3. 衡量投资收益和风险

　　代表市场的指数收益可以作为评价投资者投资收益的基准，衡量投资组合的收益与其承担的风险是否匹配，夏普比率、詹森指数和特雷诺指数等都是在这个思想上建立的风险调整指标。投资盈亏并不完全是由投资者的投资水平决定的，很多时候是因为市场因素，所以单纯考虑绝对收益并不能全面反映投资效果，需要与相应指数比较才能客观评价投资者的水平。

4. 作为资产配置的重要参数

不同类型的资产可以有相对应的不同指数，即使只是股票也可以根据不同的特征分为大市值股票、中小市值股票、成长型股票和价值型股票等，因此代表不同资产类型指数的表现可以为管理人员进行资产配置提供参考。

5. 投资功能

股票指数的投资功能主要体现在为指数基金提供跟踪标的、获得市场平均收益率上。此外，股票指数也是股指期货等金融衍生产品的交易标的，后者是人们规避股票市场系统性风险的重要工具，利用股票现货和相关指数衍生产品的组合能够设计各种投资组合，满足不同风险偏好和不同投资目的投资者的需要。

（二）我国股票指数研究发展趋势

在 2014 年 7 月至 2016 年 2 月期间，我国股票市场出现大的波动，各大指数先是快速上涨，2015 年 6 月下旬开始又加速下跌，市场跌宕起伏、险象环生。经历此番洗礼后，市场投资偏好发生明显变化，投资者普遍更加重视业绩较好、具有长期投资价值的白马蓝筹股，"二八"分化行情频现，价值投资理念开始深入人心。除市场和政策引导外，A 股市场投资者结构变化也是促成这一现象的重要因素。海外投资者和机构投资者在 A 股投资者中的比例渐渐增大，影响力也逐渐增强。监管层在 2017 年后积极推进金融市场改革，新股发行制度和退市制度的完善，以及定增和重组新规的出台等，都在推动市场朝着更加健康的方向发展。同时，监管层也通过严厉打击和惩罚违规、操纵市场的行为来加大金融市场监管力度，严监管正在成为 A 股市场的新常态。在监管趋严的背景下，市场变得更加规范化，投资环境得到进一步改善。

党的十九大报告提出"我国经济已由高速增长阶段转向高质量发展阶段",股市也将进入一个新的阶段。投资者结构将进一步改善,金融市场开放速度加快以及 A 股纳入 MSCI 指数意味着我国金融市场将进一步与世界接轨,朝着更加健康、成熟的方向发展,价值投资必将逐步成为市场主流。在价值投资理念的引领下,我国金融市场发展也将更加均衡,除了白马蓝筹股以外,有较好业绩和成长性的中小创也将受到投资者的关注,金融市场将能够更好地服务实体经济。在这样的背景下,股票价格指数将会更加真实地反映市场情况,同时与经济发展情况的关联度也会提高,股票指数本身的研究和开发工作正在进入主流投资研究领域。

(三)我国股票指数开发

我国的股票指数开发由两类金融机构提供。一是官方性质的指数提供商,包括中证指数有限公司和深圳证券信息有限公司,它们是 A 股最重要的、被跟踪指数基金最多的专业指数公司。这两大指数公司已经开发了较完备的指数体系,覆盖了股票、债券、基金等多种资产类型,形成了规模、行业、风格、主题、策略等不同的指数系列,指数的市场范围从内地 A 股市场延伸到香港、台湾乃至全球市场。中证指数有限公司由上海证券交易所和深圳证券交易所共同出资成立,是一家从事指数编制、运营和服务的专业性公司,其编制的指数系列包括跨市场的中证指数系列、单市场的上证和深证指数系列、由中华交易服务委托编制的中华交易服务系列、AMAC 行业指数系列(全称:中基协基金估值行业分类指数)和由"新三板"委托编制的三板系列;深圳证券信息有限公司为深圳证券交易所下属企业,经深交所授权,委托下属指数事业部负责指数的规划设计、日常运维和市场营销等业务,为国内最早开展指数业务的专业化运营机构,旗下管理的有"深证"系列单市场指数、跨深沪两市场的"国证"系列指数。二是证券公司、金融数据服务商等金融机构。券商中的申万宏源、中信证券,都编制发布了自己的指数系列,特别是申万行业指数在行业内部已得到大家的充分肯定和认可,被广泛应用于投资分析。其他金融机构,譬如提供金融数据、信息和软件服务的万得资讯、东方财富等也利用自身的技术和优势发布了相关指数系列。

（四）我国股票指数分类

股票指数可以按所涵盖的股票数量和类别不同分为综合指数、成份指数两类。综合指数是指将在本交易所上市的所有股票价格波动都计算在内的股票指数，而成份指数是指将某些具有代表性的股票挑选出来进行价格加权平均计算得到的指数。目前世界上大多数的指数都是成份指数，其中依据某些特征（如行业、规模、区域）挑选成份股构成指数的又称为分类指数（见图1）。股票指数还可以依据编制加权方法的不同进行分类，主要可以分为价格加权指数、市值加权指数、等权重指数、基本面加权指数、风险加权指数等。

按照选择特征的不同，又可以将分类指数分为7个不同的类别，对应不同的指数系列。

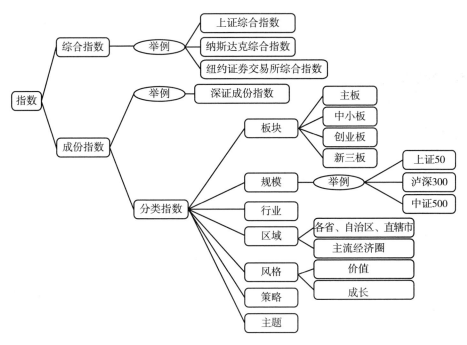

图1　指数的分类

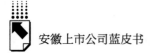

（1）板块指数

中国多层次资本市场包括：沪深交易所——主板、深市中小板、深市创业板，以及即将在上海证券交易所推出的科创板；全国性场外交易市场——新三板；地区性场外交易市场——区域股权交易中心。通常列在沪深市场行情中的上证综指和深证成指是沪深两市的主板指数，创业板指数和中小板指数是深市创业板和中小板的指数，中证发布的三板做市和三板成指则是反映新三板的指数。

（2）规模系列指数

为反映市场上不同规模特征股票的整体表现，国内各大指数开发公司共同构建了包括大盘、中盘、小盘、大中盘、中小盘和大中小盘指数在内的规模指数体系。大家耳熟能详、被广泛接受和使用的上证50、沪深300、中证500指数等都是按照规模分类的指数。此类股票能够反映不同规模股票的市场表现情况。规模类指数名称中通常会包含数字，如50、100、180、300、500、800、1000。这些数字能够代表成份股指数中成份股的数量。规模系列指数可以说是指数体系中最为重要的一个系列指数，它不仅为市场提供丰富的分析工具和业绩基准，也为指数产品和其他指数的研究开发奠定了基础。

（3）行业系列指数

行业系列指数是在规模指数的基础上开发出来的。它们以规模指数的成份股为样本空间，根据一定的行业分类标准进行划分，反映某一行业内所有公司股票的整体表现。证监会对上市公司的行业所属有明确的分类指引，不过不同的指数开发公司在制定行业指数时也遵循了各自不同的行业分类标准：中证指数公司借鉴标准普尔和明晟公司制定的全球行业分类标准（GICS）依据国内上市公司特点，构建了由10个一级行业、26个二级行业以及众多细分行业组成的中证行业分类标准。深证证券信息公司指数事业部也与国际主流标准接轨划分一、二级行业，并在考虑国内上市公司特点的基础上设置细分行业，形成了与中证行业分类略有不同的国证上市公司行业分类标准。除了中证指数公司和深证证券信息公司的行业分类外，国内申万宏源、中信证券、银河证券、万得资讯等金融机构，也依据各自不尽相同的行业分类标准推出了不同的行业分类指数。

（4）区域系列指数

区域指数选取一定区域范围的股票作为指数的成份股，反映 A 股市场中不同区域上市公司的整体表现，刻画特定区域内经济和资本市场的发展特点。这里的"区域"概念不仅包括各省、自治区、直辖市，还包括各种具有影响力、活力和发展潜力的经济圈概念。其中以各省、自治区、直辖市为区域划分编制的区域指数系列有深圳报业系列指数、中证浙江企业系列指数、苏州率先指数、中国区域股票价格指数系列、新华富时银河地区指数。前两个系列都只包含一个地区，后两个系列覆盖范围广，几乎包括了所有 A 股上市企业注册地。以各种主流区域经济圈为划分依据的指数系列有 CBN（第一财经）三大经济圈指数、中证兴证海峡沪深股票指数、中证区域龙头企业指数系列、上证区域龙头企业指数系列。长三角、珠三角、环渤海、海峡西岸、中部崛起、西部大开发、东北振兴等热门经济圈概念均包含其中。这些区域指数为关注中国区域经济发展的各类投资者与研究机构提供投资决策参考，也是潜在的指数产品与指数衍生产品标的。

（5）风格系列指数

目前风格指数主要包含成长和价值两个风格，在编制时通常根据成长因子和价值因子计算风格评分，从样本空间中分别选取成长得分与价值得分最高的一定数量的股票构成成长指数与价值指数。按照不同成长因子和价值因子筛选出的成份股体现了不同的成长和价值特征。通常而言，在市场相对低迷的阶段，价值型股票往往具备更好的防御作用；而在市场景气度高度扩张的阶段，成长类股票可能表现更为出色。投资者可以参考指数的不同风格配置资产。常见的成长因子有主营业务收入增长率、净利润增长率和内部增长率等；常见的价值因子有股息收益率（D/P）、每股净资产与价格比率（B/P）、每股净现金流与价格比率（CF/P）、每股收益与价格比率（E/P）等。

（6）策略系列指数

策略指数通过不同的策略对样本空间筛选出成份股，可以反映特定选股策略的表现情况。成份指数中用来选择成份股的特征都可以看成是一种

选股策略,常用策略有:多因子、红利、等权、分层、基本面、波动率、动量等。

(7)主题系列指数

提供指数服务的公司会不时地根据热点进行相应的主题指数设计,指数用户也可根据自身投资产品特点和要求,向指数公司申请定制相应的主题指数。主题指数能够帮助我们更好地追踪市场趋势,捕捉市场热点。通常指数公司自行发布的主题指数选择的热点主题都是一些大且持续性较强的概念,比如军工、高铁、国企改革、一带一路、新能源汽车、科技创新等。定制的主题指数则涵盖范围更广,可能涉及区域、大数据、Smart Beta、绿色/ECG、杠杆及反向、事件驱动等一个或多个热点。除了两大指数公司的主题指数外,一些行情软件和券商也会推出自定义的主题板块,但由于这些指数权威性不够,在实际中被使用的频率和机会比较少。

二 开发安徽上市公司指数的可行性和必要性简析

(一)安徽经济发展较快且未来极具潜力

1. 安徽经济发展迅速稳定,深度融入国家"三大战略"

安徽沿江近海、居中靠东,处于"一带一路"和长江经济带重要节点,区位优势明显,在国家新一轮开放总体布局中处于重要位置;连续多年 GDP 增速稳定在 8% 以上,2018 年 GDP 增速排名全国第八位。作为承载国家战略的重要区域,安徽省经济发展潜力巨大,面临着前所未有的新机遇。围绕打造内陆开放新高地的战略,从 2017 年开始,安徽将深度融入"一带一路"建设、长江经济带发展、京津冀协同发展三大国家战略,坚持对内、对外双向开放合作,积极融入国际和国内经济大循环,着力提升开放合作水平。"三大战略"强化了东向联系,打通了西向、南向通道,给安徽发展开放型经济带来了重大政策红利,极大拓展了未来持续发展的空间。

2. 安徽已被纳入全国首批全面创新改革试点省份

2015 年 3 月，党中央、国务院下发的《关于深化体制机制改革加快实施创新驱动发展战略的若干意见》提出在有条件的省市区系统推进全面创新改革试验。中央全面深化改革领导小组第十二次会议审议通过了《关于在部分区域系统推进全面创新改革试验的总体方案》，确定在 8 个区域开展系统性、整体性、协同性改革，探索开展先行先试的重大改革举措，率先在试验区域落地，在一些重要领域和关键环节上取得重要改革突破成果，并在全国推广，率先实现创新驱动发展转型，发挥示范带领作用，安徽省名列其中。《安徽省系统推进全面创新改革试验方案》坚持企业主体、问题导向、开发合作、人才为先、产研一体等原则，以推动科技创新为核心，以破除体制机制障碍为主攻方向，以合芜蚌为依托，与建设创新型省份、合芜蚌自主创新综合试验区、皖江城市带承接产业转移示范区统筹结合，推动全省经济保持中高速增长、产业迈向中高端水平、发展动力实现新转换，建设有重要影响力的综合性国家科学中心和产业创新中心，实现创新驱动产业升级。

3. 安徽积极布局战略新兴产业，未来发展潜力巨大

根据《战略性新兴产业"十三五"发展规划》的布局，未来 5 年，安徽省将继续立足市场前景、技术储备和产业基础，加快发展壮大新一代信息技术、高端装备和新材料、生物和大健康、绿色低碳、信息经济五大产业。目标做到：（1）新一代信息技术。面向网络化、智能化、融合化发展趋势，加快突破关键核心技术，着力推动集成电路、新型显示、智能语音、智能终端、软件和信息服务等产业发展壮大，提升电子基础产品支撑能力。到 2020 年，新一代信息技术产业产值超过 5000 亿元。（2）高端装备和新材料。顺应制造业智能化、绿色化、服务化发展趋势，加快突破关键技术与核心部件，推进重大装备与系统的工程应用和产业化，提高新材料支撑能力。到 2020 年，高端装备和新材料产业产值突破 4000 亿元。（3）生物和大健康。把握生命科学纵深发展、生物新技术广泛应用和融合创新的新趋势，着力构建生物医药新体系，推动医疗器械向高端迈进，积极发展移动医疗、远

程医疗等智慧医疗产业，不断提升生物农业和生物制造规模化发展水平。到2020年，生物和大健康产业产值达到2000亿元。（4）绿色低碳。把握能源变革重大趋势和产业结构绿色转型发展要求，以绿色低碳技术创新和应用为重点，大幅提升新能源汽车、新能源的应用比例，全面推进节能环保、资源循环利用等产业快速发展。力争到2020年，绿色低碳产业产值达到4000亿元。（5）信息经济。以"互联网＋"行动为抓手，加强网络基础设施建设，加快发展电子商务、云计算、数字创意等新兴产业。到2020年，信息经济产业产值达到4000亿元。

（二）安徽上市公司整体资质优良

1. 安徽上市公司成长能力全国排名靠前，盈利能力较强

截至2019年5月31日，国内A股市场共3622家上市公司，总市值达58.30万亿元；安徽上市公司102家，总市值1.11万亿元，上市公司家数占比2.82％，总市值占比1.90％，上市公司数量及市值规模分别排名全国第11和第10位（见图2）。2018年度安徽省GDP为30006.80亿元，全国排名第13位，略落后于上市公司数量和市值规模排名。

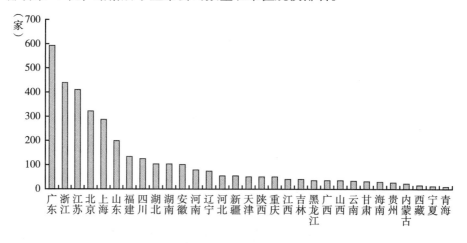

图2　全市场各省份上市公司数量分布情况

数据来源：Wind，国元证券研究中心。

上市公司质量方面，根据 2018 年年报数据，安徽省上市公司成长能力排名靠前，净利润同比增长率为 - 0.23%，全国排名第 7 位；盈利能力较强，平均净资产收益率为 5.55%，全国排名第 9 位；盈利质量较好，净利润/营业总收入平均为 0.86%，全国排名第 13 位（见表1）。

2. 上市公司行业分布合理，以实体经济企业为主

行业分布方面，安徽省上市公司大多为制造业公司，机械设备、化工、建筑装饰、汽车、轻工制造、食品饮料、医药生物、有色金属等行业的企业数量占比位居前列（见图3），分别达到12.75%、11.76%、5.88%、4.90%、4.90%、4.90%、4.90%、4.90%，其中机械设备和化工企业合计占比接近25%。这些企业大多是有较长发展历史的实体经济企业，是国民经济发展的基础，也是当前供给侧结构性改革背景下鼓励社会资金"脱虚入实"的重点发展产业。

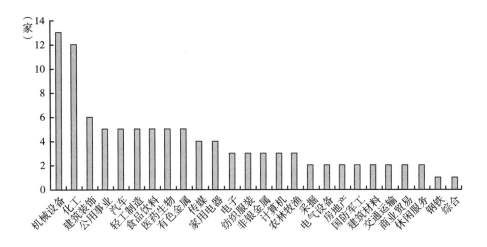

图3 安徽省上市企业各行业分布数量一览（按申万一级行业分类）

数据来源：Wind，国元证券研究中心。

3. 整体市场表现优于大盘，上市公司牛股频现

市场表现来看，截至 2019 年 5 月 31 日，安徽 102 家上市公司 2019 年内的平均收益率为 24.59%，中位数收益率为 17.81%；同期全部 A 股上市

表 1 2018 年度全国各省份上市公司经营质量数据（算数平均值）

单位：%

省份	净资产收益率 排名	净资产收益率 平均值	净利润/营业总收入 排名	净利润/营业总收入 平均值	净利润同比 排名	净利润同比 平均值
山西	1	16.55	12	1.28	3	17.23
重庆	2	9.31	2	8.81	10	-23.27
贵州	3	7.97	1	10.47	8	-1.37
西藏	4	7.29	3	8.51	13	-66.99
山东	5	6.57	17	-4.14	30	-2121.87
河北	6	6.07	4	8.07	11	-40.12
天津	7	5.79	9	3.01	14	-67.28
江西	8	5.61	31	-120.74	2	51.87
安徽	9	5.55	13	0.86	7	-0.23
内蒙古	10	5.45	28	-33.31	12	-58.14
吉林	11	5.38	23	-10.76	9	-17.94
江苏	12	5.14	16	-2.64	18	-89.81
浙江	13	5.09	7	4.21	16	-70.67
上海	14	4.62	15	-2.63	15	-70.57
甘肃	15	4.61	20	-7.79	28	-638.05
云南	16	4.5	14	0.11	5	6.56
河南	17	3.93	5	5.91	21	-177.45
广东	18	3.92	10	2.97	20	-129.97
北京	19	3.7	21	-10.07	17	-86.13
福建	20	3.2	11	1.86	19	-97.89
湖北	21	2.73	25	-17.36	4	11
四川	22	2.14	19	-6.61	6	6.32
陕西	23	1.41	6	4.42	1	63.96
广西	24	-2.46	18	-6.26	23	-332.34
辽宁	25	-2.73	26	-23.99	25	-394.09
海南	26	-4.53	30	-49.26	31	-2418.29
青海	27	-7.48	8	3.18	24	-347.21
新疆	28	-11.57	27	-31.56	29	-656.6
湖南	29	-13.1	24	-12.25	22	-198.83
黑龙江	30	-16.77	29	-38.72	26	-483.8
宁夏	31	-52.88	22	-10.66	27	-549.16

数据来源：Wind，国元证券研究中心。

公司年内平均收益率为 21.24%，中位数收益率为 15.44%。丰乐种业、全柴动力收益率更是高达 260.76% 和 219.11%，其他诸如海螺水泥、科大讯飞、欧普康视、美亚光电、科大国创等上市公司一直受到市场密切关注，市场表现持续提高，长期表现十分稳定。

（三）开发安徽上市公司指数的必要性和意义

1. 有利于树立和强化安徽资本市场品牌形象

开发安徽上市公司指数能够更好地提升资本市场对安徽上市公司的关注度，加深对安徽资本市场的理解和认识，也能实实在在感受到安徽资本市场持续创新发展能力。相关指数产品的后续开发将有助于提升指数样本公司的市值，为其后续发展壮大创造良好的资本市场环境。指数样本公司的定期调出（调入）也会促使上市公司增加做大做强的动力，提高经营业绩和对广大投资者回报的动力。

2. 可以成为证券市场产品和服务创新的重要基础产品

随着资本市场的不断创新发展，指数及指数化投资产品呈现出多元化发展态势，指数类别从传统的规模、行业指数向主题、策略指数方向发展，指数选股方法也不再局限于市值、流动性等指标，指数功能日益丰富，差异化特征更加突出。证券公司和基金公司开发并发布单独省级区域上市公司指数在行业中尚属首创。安徽上市公司指数增加了被动投资产品的标的，有利于推进指数的产品化，利用该指数可以设计开发相应的指数基金、ETF 产品等，这无疑丰富了我国证券市场的产品和服务，为我国证券市场深入发展做出了贡献。

3. 可以作为政府部门的管理工具

指数的基本功能是表征市场状况和反映经济整体运行情况，安徽上市公司指数为地方政府、金融及国资部门了解安徽上市公司发展状况和安徽经济运行情况提供了一个十分便捷的渠道和工具，也提供了一个便于量化考核的参考和依据，是描述安徽经济发展的一张名片。相关政府部门可以安徽上市公司指数的有效管理和利用为抓手，了解和把握安徽资本市场发

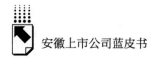

展动向，加强对安徽省上市公司的管理和服务，更好地服务安徽省经济高质量快速发展。

三 "皖江30"指数——首支区域成份股指数

早在 2012 年 12 月 18 日，国元证券股份有限公司就与深圳证券信息有限公司在深圳证券交易所联合发布了"国元皖江 30 指数"，指数全称为"国证国元皖江 30 指数"，行情全称"国元皖江 30"，简称"皖江 30"，深交所挂牌代码为 399350. SZ。"皖江 30"指数是国内首个由券商参与编制的省级区域指数，也是国内首支区域成份股指数，是当时我国资本市场创新发展浪潮中的一个标志事件，受到业内广泛关注和好评。

（一）指数简介

1. 基日、基点和成份股数量

以 2010 年 6 月 30 日为基日，基点为 1000 点，成份股数量为 30 只。中国区域股票价格指数系列、新华富时银河地区指数中已涵盖我国各省（直辖市）的综合指数，当时国内尚无区域成份股指数；指数发布时的 2012 年底，安徽省共 80 多家上市公司，经过多次认真测算，成份股数量取 30 只可以最好地兼顾指数的充分性和代表性。

2. 成份股选样方法

采用"区域细分行业龙头指数"的设计思路选取成份股，即选择安徽省在各细分行业处于全国中上水平的上市公司组成成份股。选样规则为：首先，选择在沪深交易所 A 股上市且注册地在安徽省，上市半年以上的非 ST、*ST 股票为备选标的，依据国证上市公司行业分类标准，将备选标的划分至 28 个二级行业。使用过去两年平均营业收入、平均净利润和过去半年日均成交额和日均流通市值四个指标对所有备选标的在二级行业内分别排名，将四项指标的排名结果加总，以所得加总数据的排名为股票在二级行业的综合排名，选取在二级行业排名位于前 50% 的安徽上市公司股票构成指数备选样本；其次，如果备选样本数量不足 30 只，则将备选样本全部纳入指数成份股；如果备选样本数量超过 30 只，则将每个二级行业排名第一的股票直接选入指数成份股，选取在二级行业排名相对靠前的股票，补足成份股数量至 30 只。通过上述两个步骤，挖掘出安徽省具有优势的细分行业，并使指数成份股代表优势细分行业中最优质的上市企业群体。

3. 计算加权方法

通过自由流通市值加权，采用派氏加权法，依据下列公式逐日连锁实时计算：

$$实时指数 = 上一交易日收市指数 \times \frac{\Sigma（样本股实时成交价 \times 样本股权数 \times 权重调整因子）}{\Sigma（样本股上一交易日收盘价 \times 样本股权数 \times 权重调整因子）}$$

指数计算中设置权重调整因子，使单只成份股在调整初期的权重不超过 10%，以降低成份股的市值集中度，提高指数的可投资性。

4. 定期调整

每年 6 月和 12 月的第二个星期五的下一个交易日对成份股实施定期调整（国证指数系列 2019 年 2 月后更新了编制方案，对指数定期调整时间做了上述变动，之前的调整时间为每年 1 月和 7 月的第一个交易日实施）；权重调整因子也同期调整，以调整实施日前倒数第 5 个交易日的收盘调整市值计算，直至下一个定期调整日前固定不变；每次成份股调整数量不超过总数的 20%，即 6 只。

（二）成份股及行业代表性

1. 成份股构成情况

截至 2019 年 5 月 31 日，成份股构成情况如表 2 所示。

表 2　"皖江 30"指数首期成份股构成情况

证券代码	证券简称	国证二级行业	主营业务	权重
600585.SH	海螺水泥	基础材料	水泥	11.06%
002230.SZ	科大讯飞	软件与互联网	语音软件、人工智能服务	10.17%
603589.SH	口子窖	食品饮料	白酒	8.80%

续表

证券代码	证券简称	国证二级行业	主营业务	权重
000728.SZ	国元证券	综合金融	证券金融	7.31%
000596.SZ	古井贡酒	食品饮料	白酒、酒店	5.17%
600909.SH	华安证券	综合金融	证券金融	5.12%
600567.SH	山鹰纸业	基础材料	造纸	4.46%
300274.SZ	阳光电源	工业品	新能源设备、分布式电源	3.80%
300009.SZ	安科生物	生物科技	生物医药制品	3.77%
300088.SZ	长信科技	技术硬件与设备	电子元器件	3.74%
600808.SH	马钢股份	基础材料	钢板、钢管、型钢类	3.61%
600418.SH	江淮汽车	汽车与汽车零配件	轿车、轻型卡车、商务车	2.89%
002690.SZ	美亚光电	工业品	光电子应用	2.80%
000930.SZ	中粮生化	能源	生物能源和生物化工	2.75%
000887.SZ	中鼎股份	汽车与汽车零配件	密封件和特种橡胶制品	2.68%
002597.SZ	金禾实业	基础化工	精细化工和基础化工产品	2.41%
000543.SZ	皖能电力	公用事业	火电	1.96%
600575.SH	皖江物流	运输	物流、贸易、运输	1.94%
600502.SH	安徽水利	工业服务	建筑、市政供水电	1.92%
600761.SH	安徽合力	工业品	低压电器、电动车、专用车	1.79%
600577.SH	精达股份	工业品	家电零售连锁、输电设备	1.78%
600990.SH	四创电子	通信设备及技术服务	雷达	1.69%
000980.SZ	众泰汽车	汽车与汽车零配件	车用仪表	1.65%
600971.SH	恒源煤电	能源	火电、煤制品、原煤	1.34%
601801.SH	皖新传媒	传媒	出版、影视制作发行	1.21%
300388.SZ	国祯环保	工业服务	市政污水处理	1.00%
002538.SZ	司尔特	基础化工	磷复合肥料	0.96%
600054.SH	黄山旅游	消费者服务	酒店、旅行社、旅游景点	0.85%
300520.SZ	科大国创	软件与互联网	信息技术、软件开发	0.72%
600012.SH	皖通高速	运输	安徽境内高速公路建设服务	0.63%

2. "皖江30"指数对安徽省上市公司的行业代表性简析

截至 2019 年 5 月 31 日，安徽省内共有 102 家 A 股上市公司，以申万一级行业分类为标准，共涉及 26 个行业，除去其中一些数量、市值均相对靠后、影响较小的企业，"皖江30"指数共覆盖了全省上市公司中的20个行业，覆盖面达76.92%。从市值角度看，"皖江30"指数的成份股总市值为6684.54亿元，全省上市公司总市值为11088.37亿元，前者占后者的比重为60.28%；"皖江30"指数成份股的自由流通总市值为3103.30亿元，全省上市公司的自由流通总市值为4886.22亿元，前者占后者的比重为63.51%。图4和图5分别为安徽上市公司整体和"皖江30"指数成份股的自由流通市值权重分布图，从中我们可以直观感受到"皖江30"指数从市值角度对安徽上市公司的行业代表性是比较充分的。这是由于"皖江30"指数在尽量囊括行业整体的基础上，选取的成份股均为各行业龙头企业，规模占比较大，因此能直观地反映安徽上市公司发展的现状。从其他角度也可以得到"皖江30"指数成份股代表性较为充分的类似结论，不再赘述。

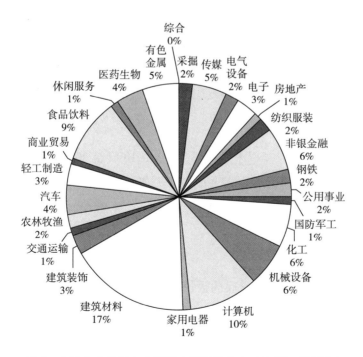

图4 安徽上市公司自由流通市值权重分布（申万一级行业）

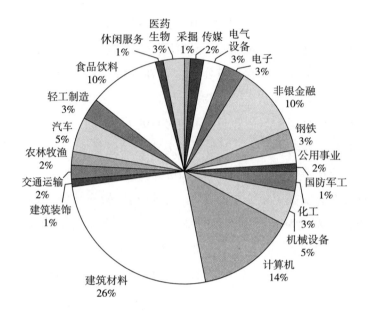

图5 "皖江30"指数成份股自由流通市值权重分布（申万一级行业）

（三）市场表现

1. 与市场的收益比较

"皖江30"指数发布以来（2012年12月18日至2019年5月31日）累积收益45.65%，上证综指、深证成指、沪深300指数同期累积收益分别为34.05%、3.84%、53.28%，显然，"皖江30"指数相对上证综指、深圳成指具有明显的超额收益（见图6）。

2. 风险收益特征

取发布日至2019年5月底的数据，以日为计算周期，市场指数为上证综指，无风险利率取2.52%（加权一年期定存利率），分别计算皖江30、上证综指、深证成指和沪深300指数的收益与风险指标（年化收益率、年化波动率、夏普比率、Beta值）如表3所示。

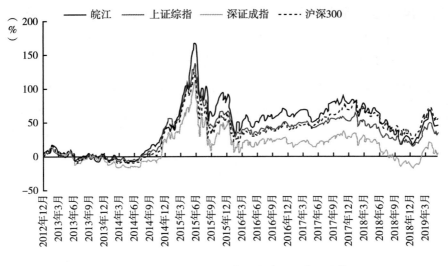

图 6 "皖江 30"指数发布以来的累积收益比较

表 3 "皖江 30"指数发布以来的收益与风险特征

	成分数量(只)	年化收益率(%)	年化波动率(%)	夏普比率	Beta 值
皖江 30	30	10.0062	26.8393	0.2798	1.0243
上证综指	1511	7.5906	22.8165	0.2222	1.0000
深证成指	500	4.3224	26.8901	0.0670	1.0272
沪深 300	300	10.2292	24.0698	0.3203	1.0147

结果显示:"皖江 30"指数具有较高的年化收益率(10.01%)和夏普比率(0.2798%),均优于上证综指和深证成指,略逊于沪深 300 指数;Beta 值(1.02)也较低,略高于上证综指和沪深 300,略低于深证成指。综合来看,"皖江 30"指数不仅拥有相对较高的绝对收益,且单位风险收益较大,风险收益综合来看优于上证综指和深证成指。

四 "安徽发展"指数——首支以省份
命名的区域发展指数

在安徽省上市公司不断扩容发展的背景下,为把握资本市场指数投资发展的新趋势，帮助投资者更好地参与安徽上市公司发展，在安徽省政府、金融办、国资委、税务局和证监局的大力支持下，国元证券、长盛基金与中证指数公司共同开发了"中部六省"首支区域发展指数——中证"安徽发展"指数（CSI Anhui Development Index，简称"安徽发展"指数），涵盖纳入 MSCI 中国 A 股指数的全部安徽上市公司，这也是国内首支以省份命名的区域发展指数。2019 年 3 月 20 日，"安徽发展"指数正式在上海证券交易所发布，指数代码 930987. CSI。"安徽发展"指数优选注册地在安徽或者在安徽有重大投资、对安徽战略新兴产业发展有突出贡献的 50 家优质上市公司构成指数成份股，直观反映了安徽经济发展的新成果，是展示安徽发展的新名片。

（一）开发背景及意义

中证"安徽发展"指数成份股既包含代表安徽传统产业发展新趋势的优质企业，也包含符合安徽"十三五"发展规划的战略新兴产业上市公司，反映了安徽经济结构调整和创新发展趋势，有利于树立安徽资本市场形象。长盛基金拟推出"安徽发展"指数相关工具化产品，旨在打造安徽资本流动平台，一方面为投资者参与安徽上市公司发展提供良好的投资工具；另一方面为上市公司股东提供高效的金融资产管理工具，助力上市公司股东优化资产结构，提高资产质量。"安徽发展"指数的发布及后续相关工具化产品的推出有利于将实体经济与金融发展进行有效结合，对于服务安徽经济发展具有积极意义，同时对安徽经济及资本市场发展、安徽国资监管及国企发展都具有重大意义。

（二）指数简介

1. 样本及数量

"安徽发展"指数定位为表征安徽经济、代表未来产业发展方向的标杆，因此在指数样本中不仅纳入了地方国企和央企，也纳入了符合安徽产业发展方向的民营企业。安徽国企作为承接和执行安徽经济发展战略的主要载体，不仅能够最先分享安徽经济快速发展的红利，而且能够充分反映安徽经济结构调整和战略新兴产业跨越式发展的成果，因此指数成份股以国企为主导。此外，部分注册地在安徽以外的上市公司在安徽省有重大的投资项目，对安徽经济发展做出了显著贡献，将此类上市公司纳入样本，可以更全面地反映安徽经济的发展状况。

参照同类区域指数，样本数量控制在 50 只，即为安徽上市公司数量的一半左右。

2. 样本选择标准

（1）以地方国企和中央国企为主。国有企业界定标准是公司披露的实际控制人，实际控制人大致分为国务院国资委、地方国资委、地方政府、中央国有企业、地方国有企业、大学以及集体企业。

（2）纳入部分民企样本。在安徽民企的行业分类上，采用中证战略新兴产业综合指数成份股作为入选依据。该指数成份股共 1788 只，包括所有在上交所、深交所上市和股转公司创新层挂牌的公司。其定义的战略新兴产业为节能环保产业、新一代信息技术产业、生物产业、高端装备制造产业、新能源产业、新材料产业、新能源汽车产业、数字创意产业、高技术服务业等。

（3）将在安徽有重大投资项目、对安徽经济有突出贡献的非安徽企业纳入样本。要求该省外上市公司为中国战略新兴产业综合指数成份股，并且在安徽有参股或控股公司，且参股或控股公司注册资本超过 100 亿元。按照此规则筛选，符合条件的只有京东方 A 一家公司，京东方 A 于 2015 年在合肥投资建立了合肥京东方显示技术有限公司，该公司注册资本 217 亿元。每次调样由长盛基金负责对外省上市公司投资项目信息的搜集，经复核符合条件的在半年调样时纳入样本。

3. 编制方案

（1）成份股选择。以 2013 年 12 月 31 日为基日，以 1000 点为基点。以中证全指成份股为样本空间，按照如下步骤：在中证全指中，选取注册地在安徽省、实际控制人为央企、地方国企的上市公司；在中国战略新兴产业综合指数成份股中，选取注册地在安徽省，且在上交所、深交所上市的民营企业；在中国战略新兴产业综合指数成份股中，选取在安徽有参股或控股公司，且参股或控股公司注册资本超过 100 亿元的省外上市公司；对待选样本中的股票按照过去一年日均总市值排名，选取排名靠前的 50 只股票构成中证"安徽发展"指数成份股。

（2）指数计算。中证"安徽发展"指数计算公式为：

$$报告期指数 = \frac{报告期样本股的调整市值}{除数} \times 1000;$$

其中，

$$调整市值 = \sum(股价 \times 调整股本数 \times 权重因子);$$

权重因子介于 0 和 1 之间，使得样本股以综合得分进行加权，且单个样本股权重不超过 10%。

4. 指数样本和权重调整

（1）定期调整。"安徽发展"指数的样本股每半年调整一次，样本股调整实施时间分别是每年 6 月和 12 月的第二个星期五的下一个交易日。权重因子随样本股定期调整而调整，调整时间与指数样本定期调整实施时间相同。在下一个定期调整日前，权重因子一般固定不变。为保持样本的稳定性，每期调样数量原则上不超过成份股的 20%。

（2）临时调整。特殊情况下将对指数进行临时调整。当样本股暂停上市或退市时，将其从指数样本中剔除。样本股公司发生收购、合并、分拆等情形时做出相应处理。

（三）成份股及行业权重分布

1. 成份股构成情况

指数成份股既包含代表安徽传统产业发展新趋势的优质企业，也包含符合安徽"十三五"发展规划的战略新兴产业上市公司（权重超过 40%），体现了安徽产业结构调整升级的新趋势，树立了创新发展新安徽的资本市场形象。"安徽发展"指数成份股及权重情况见表 4。

表4 "安徽发展"指数成份股及权重

代码	简称	申万一级行业	企业属性	权重（%）
000725. SZ	京东方A	电子	地方国有企业	10.72
600585. SH	海螺水泥	建筑材料	地方国有企业	10.70
002230. SZ	科大讯飞	计算机	中央国有企业	10.00
000728. SZ	国元证券	非银金融	地方国有企业	5.34
000630. SZ	铜陵有色	有色金属	地方国有企业	4.38
000596. SZ	古井贡酒	食品饮料	地方国有企业	3.53
600909. SH	华安证券	非银金融	地方国有企业	3.21
300274. SZ	阳光电源	电气设备	民营企业	2.94
600808. SH	马钢股份	钢铁	地方国有企业	2.92
300009. SZ	安科生物	医药生物	民营企业	2.77
300088. SZ	长信科技	电子	民营企业	2.62
000930. SZ	中粮生化	农林牧渔	中央国有企业	2.50
002555. SZ	三七互娱	传媒	民营企业	2.30
002690. SZ	美亚光电	机械设备	民营企业	2.26
000887. SZ	中鼎股份	汽车	民营企业	2.02
600418. SH	江淮汽车	汽车	地方国有企业	1.98
300595. SZ	欧普康视	医药生物	民营企业	1.63
600575. SH	皖江物流	交通运输	地方国有企业	1.62
600761. SH	安徽合力	机械设备	地方国有企业	1.47
600502. SH	安徽水利	建筑装饰	地方国有企业	1.46
000543. SZ	皖能电力	公用事业	地方国有企业	1.43
601918. SH	新集能源	采掘	中央国有企业	1.40
600990. SH	四创电子	国防军工	中央国有企业	1.31
600063. SH	皖维高新	化工	地方国有企业	1.09
002298. SZ	中电兴发	电气设备	民营企业	1.05
601801. SH	皖新传媒	传媒	地方国有企业	1.04
600255. SH	梦舟股份	有色金属	民营企业	0.99
600971. SH	恒源煤电	采掘	地方国有企业	0.99
002057. SZ	中钢天源	有色金属	中央国有企业	0.98
603357. SH	设计总院	建筑装饰	地方国有企业	0.84
000417. SZ	合肥百货	商业贸易	地方国有企业	0.83
002331. SZ	皖通科技	计算机	民营企业	0.82
000850. SZ	华茂股份	纺织服装	地方国有企业	0.77
300087. SZ	荃银高科	农林牧渔	公众企业	0.77
600552. SH	凯盛科技	电子	中央国有企业	0.76
600199. SH	金种子酒	食品饮料	地方国有企业	0.74
300388. SZ	国祯环保	公用事业	民营企业	0.73
603308. SH	应流股份	机械设备	民营企业	0.73
002140. SZ	东华科技	建筑装饰	中央国有企业	0.67
600054. SH	黄山旅游	休闲服务	地方国有企业	0.67
000521. SZ	长虹美菱	家用电器	地方国有企业	0.62
600012. SH	皖通高速	交通运输	地方国有企业	0.62
600985. SH	淮北矿业	化工	地方国有企业	0.60

续表

代码	简称	申万一级行业	企业属性	权重(%)
002208. SZ	合肥城建	房地产	地方国有企业	0.59
600551. SH	时代出版	传媒	地方国有企业	0.54
300520. SZ	科大国创	计算机	民营企业	0.49
603689. SH	皖天然气	公用事业	地方国有企业	0.33
600218. SH	全柴动力	机械设备	地方国有企业	—
601606. SH	长城军工	国防军工	地方国有企业	—
000859. SZ	国风塑业	化工	地方国有企业	—

注：按6月17日收盘价，以自由流通市值计算。

2. 指数成份股行业分布

"安徽发展"指数成份股的行业权重显示，电子、计算机、建筑材料是权重最大的行业，占比分别为14%、11%、11%；非银金融、有色金属和机械设备的权重均在5%及以上（见图7）。

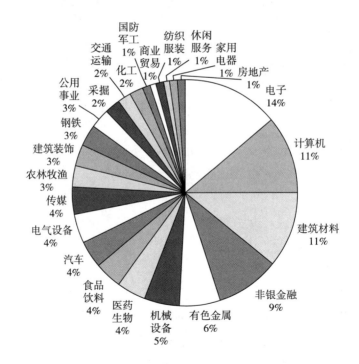

图7 "安徽发展"指数成份股行业分布

3. 与"皖江30"指数及安徽省上市公司的产业权重对比

"安徽发展"指数对安徽省 A 股上市公司所在的 24 个申万一级行业进行了全覆盖，与"皖江30"指数相比，行业覆盖率更高，更好地体现了安徽经济结构的调整升级。此外，"安徽发展"指数显著提高了电子行业的权重，反映出指数对战略新兴产业的重视，具有良好的成长性，能够更好地反映安徽创新发展趋势。

表5　"安徽发展"指数与皖江30指数、安徽省上市公司的行业权重对比

申万一级行业	"安徽发展"指数公司数量（家）	安徽发展指数权重	皖江30指数公司数量（家）	皖江30指数权重	安徽省上市公司数量（家）	安徽省行业权重
电子	3	14.10%	1	3.06%	2	2.60%
计算机	3	11.31%	1	13.90%	3	10.82%
建筑材料	1	10.70%	1	23.08%	3	14.60%
非银金融	2	8.55%	2	4.19%	3	5.78%
有色金属	3	6.35%	1	4.12%	6	5.01%
机械设备	4	4.46%	2	2.84%	14	7.23%
医药生物	2	4.40%	2	6.27%	5	3.36%
食品饮料	2	4.27%	2	8.82%	6	7.24%
汽车	2	4.00%	2	5.59%	7	6.21%
电气设备	2	3.99%	1	2.44%	2	2.94%
传媒	3	3.88%	1	3.75%	3	2.96%
农林牧渔	2	3.27%	0	0.00%	3	2.30%
建筑装饰	3	2.97%	2	2.25%	6	2.83%
钢铁	1	2.92%	1	3.03%	1	1.67%
公用事业	3	2.49%	2	3.49%	5	3.33%
采掘	2	2.39%	0	0.00%	2	1.52%
交通运输	2	2.24%	0	0.00%	2	1.52%
化工	3	1.69%	3	3.95%	12	6.17%
国防军工	2	1.31%	1	1.27%	1	0.80%
商业贸易	1	0.83%	1	0.90%	1	0.67%
纺织服装	1	0.77%	0	0.00%	3	2.39%
休闲服务	1	0.67%	1	0.79%	2	0.79%
家用电器	1	0.62%	1	0.46%	4	1.46%
房地产	1	0.59%	1	2.00%	2	1.78%

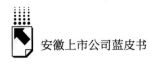

五　安徽上市公司指数应用建议

为充分利用安徽上市公司指数进行研究和实践，使其真正起到宣传安徽资本市场、服务实体经济的作用，我们提出以下建议。

（一）政府相关部门加大支持力度，深入开展相关务实合作

1. 安排省内主要媒体宣传报道

资本市场建设对于区域经济发展具有十分重要的作用，"皖江30"和"安徽发展"指数是安徽省上市公司的靓丽名片，建议省政府相关部门加大宣传力度、积极推广宣传，加深资本市场对其的了解和认识，进而认可并最终形成强大的品牌知名度。例如，可以安排省内主要媒体如安徽电视台、安徽人民广播电台、《安徽日报》、《安徽商报》、《新安晚报》、《市场星报》定期组织专栏进行宣传报道；要求安徽省的主要报刊、电台、电视台等媒体每天播报该指数。

2. 组织建立安徽上市公司定期交流合作机制

建议相关部门组织建立安徽上市公司定期交流机制，可由证监局或金融办牵头各投资机构，通过实地调研、视频会议、座谈等方式，保证安徽上市公司最新动态的信息传导和"皖江30"和"安徽发展"指数及时更新。同时，可以持续深化安徽上市公司专题研究，为省政府及有关部门提供决策参考。

（二）以安徽上市公司指数的深度维护为抓手开展特色研究服务

近年来，传统的卖方研究盈利模式越来越受人质疑，中小券商的研究业务则日益陷入对内与对外服务困惑的两难处境，缺乏特色与核心竞争力，体现不出应有的价值。有鉴于此，安徽本地券商和金融机构可以通过对"皖江30"和"安徽发展"指数的深度维护开展特色研究服务，建立核心竞争优势，创造自身价值。例如，通过对相应指数的成份股公司深入调研，撰写

成份股深度调研系列报告，扩展到相关安徽上市公司和行业研究，在市场上形成安徽上市公司研究口碑和品牌，进而以安徽优势龙头公司和产业为基础，将研究扩展到相关上市公司，以点带面地扩展研究；调研同时重点关注安徽上市公司的投融资需求，介绍现有相关业务，如股权融资、债权融资、项目投资等多种需求，对标的公司开展市值管理等业务，加强对上市公司的投融资服务；不定期组织机构投资者集中推介活动，如业绩说明会、反向路演，宣传安徽上市公司指数，推荐投资安徽优质上市公司。

（三）积极开发以安徽上市公司指数为标的的金融产品

1. 发行安徽上市公司指数基金

以定制指数设计基金产品是市场的通行做法。"皖江30"和"安徽发展"指数具备优异的市场表现和成长性，适合开发指数基金等指数产品，满足市场对区域投资的需求。譬如，略早于"皖江30"指数的央视财经50指数早已有相应的基金产品。东方基金和招商基金已于2012年12月和2013年2月分别成立了东方央视财经50指数基金（400018.OF）和招商央视财经50指数基金（217027.OF）；建信基金则早在2013年3月就发行了央视财经50指数分级基金（建信央视财经50A，150123.OF；建信央视财经50B，150124.OF）。因此，相关金融机构应该积极发行"皖江30"或"安徽发展"指数基金，不仅可以为投资者提供更多的创新金融产品，也可以作为引导投资安徽经济发展的金融工具，起到支持安徽实体经济发展的作用，同时分享安徽经济的成长性，实现产业和资本的良性互动。

2. 开发安徽上市公司指数 ETF 产品

ETF具有一级市场申购赎回、二级市场买卖两种交易方式，灵活的交易方式让ETF拥有良好的流动性。换购类ETF，即上市公司股东以所持股票换购ETF基金份额，是金融创新的新趋势。近期上市公司股东以所持股票积极参与央企结构调整ETF、上海国企ETF、四川国改ETF，探索国资管理由"管资产"向"管资本"模式转换的创新发展思路。

长盛基金正在筹划推出以"安徽发展"指数为标的的换购类ETF产品。

在安徽省"深化国资国企改革"的背景下，这将为安徽国企混改提供新的思路。首先，从股权结构角度看，安徽发展 ETF 基金有利于为安徽上市国企引入社会资本，实现股权结构的多元化，助力安徽国企混改；从公司治理角度看，安徽发展 ETF 基金持有部分安徽上市国企股份，可以代表 ETF 基金份额持有人依法行使股东权利，对国企的运营、监督具有良好的促进作用，形成良好的公司治理机制，有利于提升国企运营效率，促进国有资产保值增值。其次，设立安徽发展 ETF 基金，有助于完善安徽资本市场结构，吸引全球投资者投资安徽，是贯彻《2018 年政府工作报告》中"加快推动全面开放，打造内陆开放新高地"的创新实践。安徽发展 ETF 基金作为投资安徽经济发展的标杆产品，其投资标的包含了纳入 MSCI 指数的全部安徽上市公司。看好安徽发展前景的境内外投资者，可以通过安徽发展 ETF 基金投资安徽资本市场，有利于提升安徽资本市场形象。再次，安徽国企股东以股份认购安徽发展 ETF 基金份额后，既可以通过二级市场卖出 ETF 基金份额，也可以采用赎回 ETF 基金份额的方式，提升国有资产的流动性，使国有资本逐步从不具备竞争优势的行业和领域退出，推动国有资本向安徽省重点行业、关键领域和优势企业集中，增强安徽国有经济控制力、影响力和竞争力。此外，安徽国企股东以所持上市国企股份认购安徽发展 ETF 基金份额，相当于持有了一篮子安徽优质上市公司股票，基金份额的价值与"安徽发展"指数中所有成份股价格挂钩，可以在不增加管理难度的情况下，与其他安徽上市公司共享发展成果，优化资产结构、分散特定行业和企业的风险。综上，设立以"安徽发展"指数为标的的换购类 ETF 产品，一方面为投资者参与安徽上市公司发展提供良好的投资工具；另一方面可以为安徽省上市公司股东提供高效的金融资产管理工具，助力安徽省上市公司股东优化资产结构、提高资产质量；这将有助于打造安徽资本流动平台，促进实体经济与金融发展有效结合，对服务安徽经济发展具有重要的积极意义。

安徽港股上市公司研究

杨 森*

摘　要： 中国内地企业在香港上市有利于内地充分利用境外资本发展
经济。在香港上市的主要优势包括：IPO 时间过程可控性高、
上市后再融资能力强。安徽企业是内地企业赴港上市的先行
者，目前共有 11 家港股公司，总市值 1844 亿港元，首发募
集资金 198 亿港元。与江浙沪对比，募集资金总量偏少。建
议大力推进安徽企业赴港上市工作，主要围绕两类企业开展：
已在 A 股挂牌的企业作为 H 股上市的备选对象和其他省内非
上市企业。行业方面，关注信息技术及互联网、消费、医药
等行业，以及具有安徽地方特色的老字号企业。

关键词： 香港　IPO　再融资

安徽省一直高度重视资本市场建设。主管部门和社会各界致力于推动企
业对接多层次资本市场，鼓励企业上市且不局限于内地市场。

随着 1993 年中国第一家内地企业青岛啤酒赴港成功上市，中国内地企
业开启了赴港上市的篇章。在大环境的推动下，一批优质的安徽企业在香港
金融市场开花结果。截至 2019 年 4 月 30 日，安徽省共有 11 家企业在香港
成功上市，累计融资额达 214.01 亿港元，市值达 1844.16 亿港元，占内地
赴港上市企业总市值的 0.98%，在全国各省份中位列第 10。

---

* 杨森，国元国际控股有限公司研究部研究执行总监。

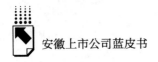

本报告首先整理内地企业香港上市的历程及现状，然后分析安徽省赴港企业上市后的具体表现，并与江浙沪横向对比研究，再对可赴港上市的安徽省优质企业进行挖掘。

一 内地企业香港上市历程

（一）1990～1997年，内地企业试水香港市场

内地企业香港上市的历史可追溯到20世纪90年代。1991年6月4日，香港联合交易所成立"中国研究小组"，甄选出十家左右内地企业作为首批赴港上市的企业。1993年7月15日，青岛啤酒成为首家赴港上市的内地企业。由于在香港上市、融资需要一定的时间去了解，所以在此阶段内地企业在香港上市的进程比较缓慢，仅有40家内地企业在香港上市。

（二）1997～2014年，内地企业赴港上市热潮

1997年香港回归后，内地企业赴港上市的热潮被激发。1997年10月23日，中国移动成为香港回归以后首个重磅IPO，募集金额高达323.63亿港元。之后包括华电国际、首都机场、中石油、中石化、中海油等一批"中字头"企业接连赴港上市。

在1997～2000年间，很多国企进行了股份制改造并谋求上市，但当时以A股市场的容量无法满足一些大型企业的融资需求，因此如中国移动和中国联通等行业巨头都选择了在市场容量更大的香港联交所上市。2000年6月22日，中国联通赴港上市，募集金额达436亿港元，打破了中国移动的纪录。

2001年之后，内地民企开始发力。2001年12月10日，浙江玻璃在香港发行H股1.7亿股，募集资金6亿元人民币，开了内地民企跻身H股的先河。2002年7月31日，比亚迪在香港主板上市，募资规模达到16.5亿港

元，极大地推动了内地企业在香港上市的热情。2007 年 12 月，比亚迪拆分手机业务上市。基于此前比亚迪在香港市场树立的良好形象，香港市场对此次分拆给予了较高的估值。受到"比亚迪现象"的启发，内地企业家们对香港市场有了更深刻的认识，除了 IPO 募集资金，也开始注重后续企业管理的规范化，这在客观上也促进了在港上市企业的长期发展。

为了改革国有商业银行、剥离不良资产、加强内部管理和风险控制，2003 年 10 月，中共十六届三中全会决议，选择有条件的国有商业银行实行股份制改造，加快处置不良资产，充实资本金，创造条件上市。2005~2006 年期间，交通银行、建设银行、中国银行、工商银行和农业银行先后在香港上市，募集金额分别达到 168 亿、715 亿、867 亿、999 亿及 935 亿港元。

大量的国有企业及民营企业在香港上市，不仅大力推动了企业自身的发展，也有力推动了香港金融市场的发展。1993 年，香港证券交易所市场规模仅 2 万亿港元；到 2011 年，香港股市市值已达到 17.5 万亿港元，是 1993 年市值的 9 倍。

（三）2014 年沪港通开通，内地公司开始成为港股主力

为了促进内地及香港两地资本市场的共同发展，也为了满足投资者互通金融市场的愿望，2014 年 11 月 17 日，上海与香港股票市场交易互联互通机制"沪港通"正式启动。仅开通当年的 11 月和 12 月，内地南下进入香港市场的资金额就达到 15 亿美元。2014 年在香港新上市公司近九成来自内地，集资额最高的十大企业仅一家不是来自内地。国内商业地产巨头万达商业在 2014 年 12 月 23 日以 42.7 亿美元的融资规模刷新了全球房地产行业 IPO 纪录。截至 2014 年 8 月底，在香港上市的 1716 家公司中，有 854 家来自内地，占比 50%。中资股集资所占比重由 2010 年的 31.1% 升至 2014 年的 86.5%。中资股成为香港上市主流。

2017 年底，港股上市公司总数达到 2118 家，市值总规模达到 25.54 万亿元。其中，在 2017 年新上市公司数量有 160 家，有 50 家为内地企业，IPO 总额达到 904.78 亿港元。港股市场的飞速发展离不开内地企业的贡献，

而相对包容及更开放的市场条件也让更多内地企业选择在香港上市。截至
2017 年底, 内地企业在香港市场上数量占比接近五成, 市值占比达到
60.69%。随着经济全球化进程的加快, 越来越多的企业从全球市场的视野
出发, 通过投融资提升竞争力, 获取更多的生存发展空间, 而香港市场更有
利于企业开展国际业务, 并且上市时间短, 再融资方便, 上市条件相对宽
松, 这使得内地企业赴港上市的热情持续不减。

2018 年, 香港交易所成为全球证券交易所 IPO 募资总额第一。该年,
在香港交易所新上市企业总数为 218 家, 其中内地企业 111 家, 占比
50.9%; 内地企业募资总额高达 2737.63 亿港元, 占当年香港 IPO 募资总额
的 95.6%, 即意味着 107 家非内地企业仅募资了 127.34 亿港元。这一年,
中国证监会宣布 H 股全流通, "新三板 + H 股"落地, 香港交易所修订《主
板上市规则》, 三项重大措施促成巨大 IPO 数额的募集。

2018 年 4 月 20 日, 首家 H 股全流通试点企业确认及准备工作就绪。在
H 股不能上市流通的内资股可以在港股市场交易, 投资者可以减持卖出。次
日, 全国中小企业股份转让系统有限责任公司与香港交易所签署合作谅解备
忘录, 对赴港上市的挂牌公司取消前置审查程序及特别条件, 允许挂牌公司
在不摘牌的情况下发行 H 股, 前提是符合 H 股的发行标准。

2014 年, 阿里巴巴由于同股不同权, 未能在香港上市而改为赴美上市,
成为香港市场最大的"滑铁卢"。2017 年 6 月 16 日, 香港交易所发布《有
关建议设立创新板的框架咨询文件》及《有关检讨创业板及修行〈创业板
规则〉及〈主板规则〉的咨询文件》, 旨在设立创新板, 拓宽上市制度的拟
定发展方向, 修订创业板和主板的上市规则。2017 年 12 月 15 日, 香港交
易所就《有关建议设立创新板的框架咨询文件》发表总结, 放弃此前拟定
设立的创新板。2018 年 4 月 24 日, 香港交易所发表《新兴及创新产业公司
上市制度》的市场咨询总结, 允许同股不同权、非盈利生物科技公司以及
将香港作为第二上市地的公司赴港上市的制度改革。在错失了阿里巴巴之
后, 港交所迎来了小米集团, 上市当日募集资金高达 278.11 亿港元。此次
改革使得香港金融市场进一步开放, 更多的企业选择赴港上市, 巩固了香港

国际金融中心的地位，有利于推进人民币国际化，提高跨境资本和金融交易可兑换程度。

（四）内地企业香港上市的现状

根据图1及图2，截至2018年底，香港上市公司累计达到2315家，其中主板1926家，创业板389家。在所有上市公司中，来自内地的上市公司达到1146家，其中H股上市公司267家，红筹股上市公司164家，内地民营企业715家。图3为历年来香港上市公司H股IPO募集金额的波动变化。截至2018年底，所有上市公司总市值为299094亿港元，其中内地企业占比67.51%（见图4）。2018年香港所有上市公司平均每日成交金额1074.1亿港元，为五年来最高（见图5）。来自中国内地的企业数量占香港所有上市公司的比例达到56.07%，超过上年占比49.6%。无论是从总市值来看，还是从平均每日成交额来看，来自中国内地企业的占比均在66%~78%。在一定程度上，香港证券市场严重依赖内地企业。2018年全年共有143家企业在香港联交所主板上市，75家企业在创业板上市。其中，在香港联交所

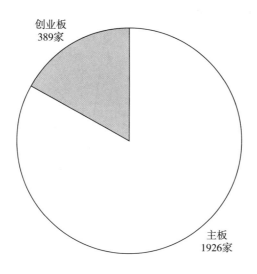

图1　截至2018年底香港联交所上市公司数量及板块分布

主板上市的内地企业共 94 家，在创业板上市的内地企业共 17 家。2018 年内地企业在香港联交所上市占比达到 50.9%。

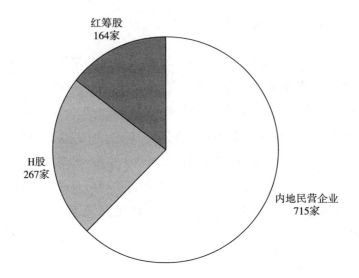

图 2　截至 2018 年底内地赴港上市企业数量及属性分布

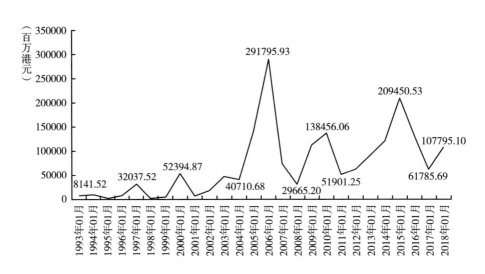

图 3　香港上市公司 H 股 IPO 募集金额

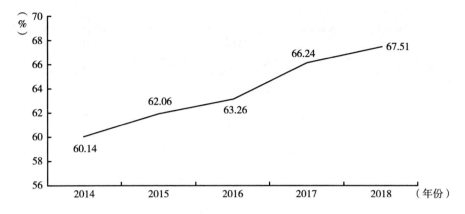

图 4　近年内地企业占香港市场总市值百分比

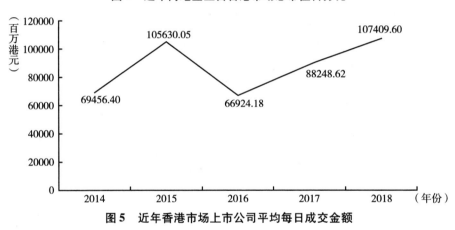

图 5　近年香港市场上市公司平均每日成交金额

二　安徽企业香港上市现状与主要驱动因素

（一）安徽企业赴港上市现状

1993 年，紧随着青岛啤酒在香港成功上市，马鞍山钢铁股份作为安徽省首家赴港企业于 11 月 3 日成功在香港上市。当年，内地仅 9 家企业在香港上市，安徽省属于内地企业赴港上市先行者。安徽企业香港上市历程见图 7。

截至 2019 年 4 月底，内地企业在香港上市总市值达到 234269 亿港元，

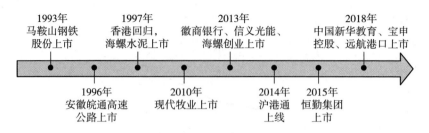

图7 安徽企业香港上市历程

首发募集资金 30463.27 亿港元。安徽地区企业在香港上市共 11 家，总市值达到 1844.16 亿港元，首发募集资金 197.87 亿港元，占内地赴港上市企业总市值的 0.98%，占首发募集资金总额的 0.65%。其中，徽商银行募资额最高，达到 101.49 亿港元，其次是海螺创业 41.32 亿港元、现代牧业 23.12 亿港元、中国新华教育 13.32 亿港元、安徽皖通高速公路 8.73 亿港元、海螺水泥 8.23 亿港元、远航港口 0.76 亿港元、宝申控股 0.50 亿港元、恒勤集团 0.40 亿港元。

安徽省在香港上市的公司再融资金额为 16.14 亿港元，其中现代牧业 11.56 亿港元，徽商银行 4.58 亿港元。包括再融资额，安徽省最终募集资金总额为 197.87 亿港元。

按行业划分，安徽省在香港上市的 11 家企业属于 6 个行业。其中 5 家企业为工业，分别是安徽皖通高速公路、信义光能、海螺创业、宝申控股及远航港口，充分体现了安徽工业强省的战略实施，工业企业总市值达到 871.94 亿港元。2 家企业属于原材料业，分别是马鞍山钢铁股份及恒勤集团，总市值为 80.39 亿港元。1 家金融业企业，为徽商银行，总市值为 117.93 亿港元。1 家属于消费者服务业，为中国新华教育，总市值为 45.68 亿港元。1 家属于消费品制造业，为现代牧业，总市值为 71.74 亿港元。1 家属于地产建筑业，为海螺水泥，总市值为 656.47 亿港元。

城市经济发展依靠企业发展，从各城市上市企业数量来看，芜湖市最多，达到 4 家，其次是合肥市 3 家，马鞍山 2 家，滁州、池州各 1 家（见表 1）。

表 1　安徽省港股上市公司

单位：亿港元

证券代码	证券简称	行业	城市	上市日期	首发募集资金	募资总额	港股总市值
0323	马鞍山钢铁股份	原材料业	马鞍山市	1993/11/3			79.05
0995	安徽皖通高速公路	工业	合肥市	1996/11/13	8.73	8.73	36.81
0914	海螺水泥	地产建筑业	芜湖市	1997/10/21	8.23	8.23	656.47
1117	现代牧业	消费品制造业	马鞍山市	2010/11/26	23.12	34.68	71.74
3698	徽商银行	金融业	合肥市	2013/11/12	101.49	106.07	117.93
0968	信义光能	工业	芜湖市	2013/12/12			331.39
0586	海螺创业	工业	芜湖市	2013/12/19	41.32	41.32	500.82
8331	恒勤集团	原材料业	芜湖市	2015/12/29	0.4	0.4	1.34
2779	中国新华教育	消费者服务业	合肥市	2018/3/26	13.32	13.32	45.68
8151	宝申控股	工业	滁州市	2018/4/23	0.50	0.50	0.77
8502	远航港口	工业	池州市	2018/7/10	0.76	0.76	2.16

从股权分布来看，国有企业有 4 家，分别是安徽皖通高速公路、海螺水泥、马鞍山钢铁股份和徽商银行；民营企业有 7 家。

（二）赴港上市主要驱动因素

自改革开放以后，安徽省经济社会得到不断发展。但"经济总量居中、人均水平靠后、整体发展不足"的基本状况并没有得到根本改变。区域经济要发展需要依靠地方企业的发展，而企业的发展需要依靠资本，因此资本投入成为一个区域或企业发展的关键要素。从现有数据来看，经济越发达的省份，上市公司数量越多。由于内地主板在财务、治理结构、业务等方面要求较高，很多中小企业难以上市；加之审核时间较长，难以确认上市时间，不少企业在内地上市及发展受到限制。

香港是一个全方位、多元的融资市场，是一个开放及国际化的平台，不仅大型企业可以在香港上市，中小型企业也可以。主板及创业板两个不同板块的市场适合不同发展程度的企业在香港上市。香港也是一个国际融资平台，通过在香港上市，内地企业可以进一步国际化。

根据表2，对于首次公开发行上市的公司，赴港上市的优势在于：第一，香港上市的时间可控性较高，可以更好地把握上市时机。得益于香港上市明确、规范的程序以及监管机构独立、透明，公司在香港上市时间可控制在 6~12 个月以内，大大优于内地主板市场上市少则 2 年的等待期。第二，香港市场对内地金融、新能源及消费品行业的接受程度较高，估值基本接近甚至高于内地 A 股估值，也使得这些企业得以在香港市场增发。第三，拥有品牌和国际业务的公司可借助在香港上市的过程在国际资本市场上宣传和推广公司业务。第四，香港监管机构、投资者和媒体公众对上市公司的企业管制和内部控制有较高的要求，从而促使上市公司提高管理水平。

对于已在香港市场上市的公司，其优势在于：第一，香港市场的再融资能力非常强，能够灵活配合企业的需求。并且再融资便利，通常由股东大会授权董事会，而不需要额外的行政审批。第二，香港市场上融资手段包括配售、供股、可转债、认股证、高息债、杠杆融资等。第三，控股股东禁售期为 6 个月，远优于 A 股的 3 年禁售期。第四，香港上市公司兼并收购便利。运用股票作为并购工具，由市场化运作，无须行政审批。第五，国际机构投资者及分析员对香港上市公司有着广泛和深入的研究，使得上市公司与国际投行和国际投资者密切交往，从而能够更进一步深化公司的国际化格局。

表2　A 股与港股企业上市差别

差异性	A 股	港股
上市时间	审核制上市 上市时间较长	注册制和核准制相结合 上市时间较为可控
再融资限制	受政策影响较大 需政府部门和股东大会批准	首次上市六个月后即可进行第二次融资
市场开放性	市场较为封闭,流动性差	由国际专业投资机构主导 资金流动活跃
多方位盈利	由于开放度及定价策略局限了市场交易方式	有多种类对冲套利工具 与全球其他市场相同

（三）全球宏观环境变化对内地企业赴港上市的影响展望

近年来，全球政治和经济格局，尤其是中美关系，发生了重大而复杂的变化。在此背景下，我们认为未来存在如下几种趋势。

（1）国家更加鼓励实体经济发展，资本市场将发挥更大作用

我们国家正在经历经济转型升级的关键时期。传统的出口产业对经济增长的贡献因内外部因素或将持续减弱，国内消费和创新将成为我国经济长期增长的主要推动力。在这一时期，尤其需要金融市场通过多渠道对实体企业予以扶持，香港资本市场的特有优势有助于科创类企业更好地获得发展所需的资本。

（2）在香港上市，有利于我国企业的全球布局

在当前状况下，全球贸易保护主义有所抬头。关税壁垒成为一些国家达到其政治目的的工具。从实体经营的角度看，我国内地企业在香港上市，有助于其在全球适宜的国家和地区拓展业务，合理规避各类不恰当的关税壁垒，增加营业利润。

三　安徽省港股上市公司财务分析及营运分析

（一）营业收入和利润

安徽省赴港上市公司总体营业收入、净利润在 2016～2018 年中呈现不断增长的趋势。根据图 8，总营收增速在 2017、2018 年分别为 44.82% 和 28.26%，净利润增速分别为 74.16% 和 49.95%，主要原因是水泥行业景气度高，海螺水泥利润大增。

根据图 9 显示的 2018 年各地区营业收入对比，上海市赴港上市公司总营业收入明显高于其他三个省份，总营业收入达到 27582.76 亿港元。值得注意的是，上海市赴港上市公司净利润仅 2470.58 亿港元，净利率仅 8.96%。安徽省赴港上市公司总营业收入为 2918.12 亿港元，净利润达到 630.78 亿港元，净利率达 21.62%，高于江苏省的 4.24%、浙江省的 11.83% 及上海市的 8.96%。

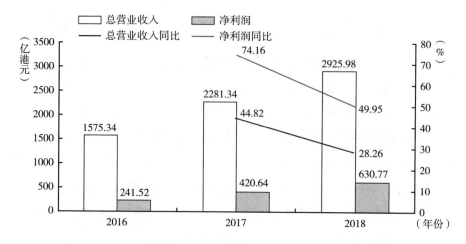

图8　2016～2018年安徽省港股上市公司收入表现及同比变化

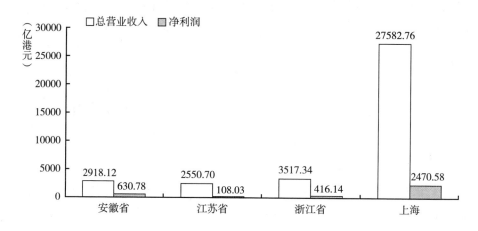

图9　2018年安徽省及江浙沪港股上市公司总营业收入及净利润

根据图10，安徽省赴港上市公司权益净利率及资产收益率水平在2016～2018年间呈现波动趋势，2016年权益净利率及资产收益率水平最高，达到12.67%及8.79%；2017年权益净利率及资产收益率水平最低，仅3.84%及2.51%。2018年两项指标反弹，权益净利率及资产收益率分别恢复到8.29%及6.72%。2017年安徽省赴港上市公司权益净利率及资产收益率的大幅下降主要是由于恒勤集团于该年增发配售

5000 万股（相当于配售事项及认购事项完成前该公司已发行股本的10%）。

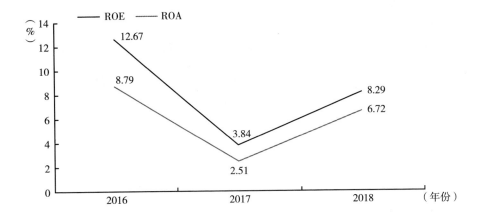

图 10　2016～2018 年安徽省港股上市公司权益净利率及资产收益率水平

截至 2018 年底，安徽省与江浙沪赴港上市公司权益净利率及资产收益率水平比较如图 11 所示。安徽省整体表现优于江浙沪地区，经营业绩总体向好，权益净利率及资产收益率水平远高于江浙沪地区。

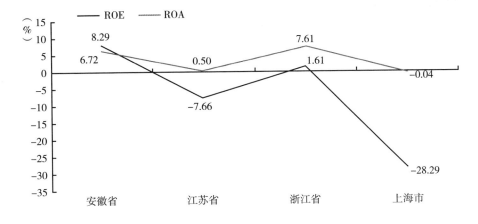

图 11　2018 年安徽省与江浙沪港股上市公司权益净利率及资产收益率水平比较

（二）总资产周转率

考虑到金融类行业资产结构的特殊性，徽商银行不参加运营能力分析。

安徽省香港上市公司平均总资产周转率在2016～2018年中呈现不断上升的趋势。根据图12，2017年增长率为15%，总资产周转率为0.46，2018年增速放缓，增长率为2.17%，总资产周转率为0.47。

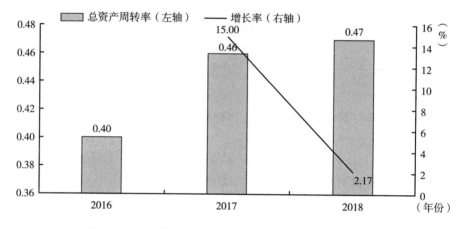

图12　近年安徽省港股上市公司总资产周转率整体趋势

（三）流动资产周转率

安徽省香港上市公司平均流动资产周转率在2016～2018年中呈现先增长再减少的趋势。根据图13，2017年流动资产周转率达到1.43，较2016年增长8.33%，2018年流动资产周转率为1.33，同比增长-6.99%。

（四）固定资产周转率

安徽省港股上市公司平均固定资产周转率在2016～2018年中呈现不断

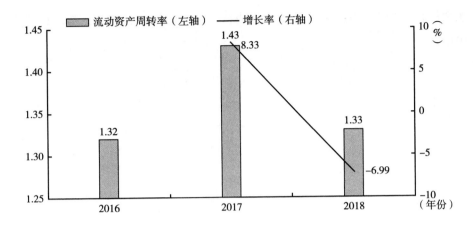

图13 近年安徽省港股上市公司流动资产周转率整体趋势

上升的趋势。根据图 14，2017 年及 2018 年增长率分别为 23.68% 和 12.77%，固定资产周转率分别为 1.88 和 2.12。

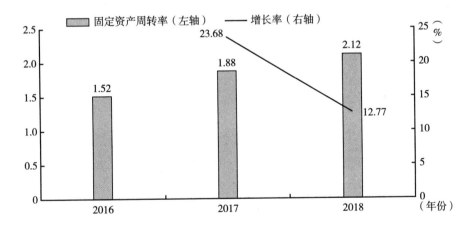

图14 近年安徽省港股上市公司固定资产周转率整体趋势

（五）应收账款周转率

安徽省香港上市公司平均应收账款周转率在 2016～2018 年中呈现不断增加的趋势。根据图 15，2017 年较 2016 年略微增长，增速为 6.78%，应收账款周转率为57.99；2018年增速加快，达到230.07%，应收账款周转率为191.41。

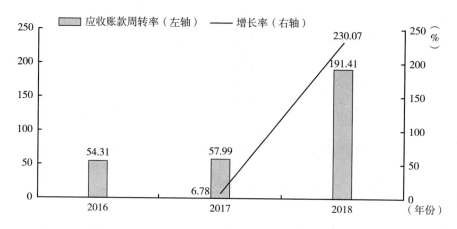

图15 近年安徽省港股上市公司应收账款周转率整体趋势

四 安徽赴港上市公司估值水平与融资能力

（一）估值水平

安徽省赴港上市公司所涵盖行业包括工业、原材料业、金融业、地产建筑业、消费品制造业及消费者服务业。安徽省以工业强省部署战略，赴港上市的11家公司中有5家属于工业。其余行业表现较弱，仅1～2家公司赴港上市。江浙沪地区在消费品制造业、地产建筑业及工业方面均表现强势，其中消费品制造业赴港上市公司在江浙沪占比均高于25%。从图16中可以看出，安徽省未覆盖到的行业包括综合企业、公用事业、能源业及资讯科技业。

企业价值评估选择市盈率（PE）估值法及市净率（PB）估值法。市盈率是证券市场上非常重要的一项指标，直观简洁地反映了公司的股价水平是否被高估或者低估。市净率是股票价格相对于公司净资产的比率，侧重于反

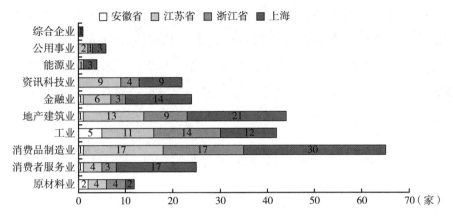

图 16　安徽省与江浙沪赴港上市企业行业分布

映公司的投资风险。由于市盈率（PE）在地区比较中不具备参考性，故只列举安徽省赴港上市公司市盈率（见表 3）。在各地区估值水平对比中，每个地区以行业为单位进行划分，选取各地区各行业截至 2019 年第一季度的整体市净率平均值作为参考值。

表 3　截至 2019 年第一季度安徽省香港上市企业市盈率

单位：元

证券代码	证券简称	所属行业	市盈率（PE）
0323. HK	马鞍山钢铁股份	原材料业（HS）	4.36
0586. HK	海螺创业	工业（HS）	7.47
0914. HK	海螺水泥	地产建筑业（HS）	7.46
0968. HK	信义光能	工业（HS）	16.32
0995. HK	安徽皖通高速公路	工业（HS）	6.74
1117. HK	现代牧业	消费品制造业（HS）	−14.08
2779. HK	中国新华教育	消费者服务业（HS）	14.15
3698. HK	徽商银行	金融业（HS）	4.29
8151. HK	宝申控股	工业（HS）	6.70
8331. HK	恒勤集团	原材料业（HS）	−1.84
8502. HK	远航港口	工业（HS）	10.46

截至 2019 年第一季度，安徽省与江浙沪各行业市净率估值水平如表 4 所示。安徽省地产建筑业（海螺水泥）市场认可度相对最高，市净率达 1.98。江苏省消费品制造业市场认可度最高，市净率达 2.56。浙江省消费者服务业市场认可度最高，市净率达 5.31。上海市消费者服务业市场认可度最高，市净率达 4.09。

表 4　安徽省与江浙沪香港上市企业各行业市净率（PB）

单位：元

行业/地区	安徽省	江苏省	浙江省	上海市
综合企业				0.92
资讯科技业		1.85	0.21	2.66
原材料业	1.19	0.80	1.58	1.45
消费者服务业	1.52	1.43	5.31	4.09
消费品制造业	1.08	2.56	1.83	0.58
能源业		0.88		0.97
金融业	0.58	1.19	0.63	1.10
公用事业		0.89	0.55	0.79
工业	1.39	0.87	2.07	1.08
地产建筑业	1.98	0.82	1.71	1.95

（二）市值规模

上市公司数量代表着一个区域内优质企业数量，以及该区域企业规范经营水平，还体现了该区域能够上市融资的发展能力。上海市共计 113 家企业赴港上市，市值在百亿港元（仅包含公司港股市值，下同）以上的公司占比 36.28%，地区经济发展实力雄厚。浙江省及江苏省市值在百亿港元以上的公司占比分别为 14.5% 和 14.93%。尽管安徽省赴港上市企业仅 11 家，但市值在百亿港元以上的公司占比达 36%，高于浙江省与江苏省,与上海市基本持平,充分体现了安徽省企业的融资发展水平(见图17)。

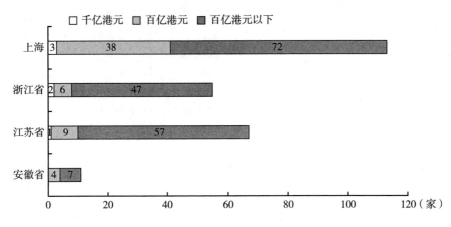

图17 安徽省及江浙沪上市公司市值规模比较

(三)总融资规模与结构

截至2019年第一季度,北京以赴港 IPO 总额 12630.80 亿港元夺得全国第一,并且是唯一破万亿港元的地区。安徽省以赴港 IPO 总额 197.87 亿港元排名第15(见表5)。

表5 全国各地赴港上市信息一览

地区	根据 IPO 排名	香港上市企业数(家)	赴港企业总市值(亿港元)	赴港企业首发募集资金(亿港元)	赴港企业募集资金总额(亿港元)
北京市	1	170	73267.12	12630.80	13223.98
上海市	2	113	16665.60	3474.92	3743.53
广东省	3	187	65450.29	2733.86	2837.80
江苏省	4	67	4324.05	959.84	1016.61
辽宁省	5	16	2302.48	612.09	706.02
福建省	6	54	5039.76	608.70	618.32

地区	根据IPO排名	香港上市企业数(家)	赴港企业总市值(亿港元)	赴港企业首发募集资金(亿港元)	赴港企业募集资金总额(亿港元)
山东省	7	37	4341.04	601.40	647.35
浙江省	8	55	4925.18	528.28	556.76
河南省	9	22	1376.07	372.39	389.36
四川省	10	23	687.30	284.31	302.43
天津市	11	13	2548.61	258.47	261.41
重庆市	12	9	288.54	231.63	245.27
河北省	13	20	1607.77	213.81	221.93
江西省	14	11	625.83	213.17	213.17
安徽省	15	11	1844.16	197.87	214.01
湖南省	16	5	487.64	185.12	189.53
黑龙江省	17	5	247.84	162.31	183.72
新疆维吾尔自治区	18	7	224.04	151.75	151.75
湖北省	19	11	1059.26	128.25	128.25
内蒙古自治区	20	6	195.20	126.97	132.97
云南省	21	5	33.52	70.29	71.50
甘肃省	22	2	61.63	70.29	70.29
广西壮族自治区	23	3	40.64	44.97	44.97
吉林省	24	5	43.45	39.76	43.53
陕西省	25	6	107.80	31.90	32.00
山西省	26	4	65.23	24.08	26.98
海南省	27	3	34.67	16.05	16.19
贵州省	28	2	101.47	4.84	4.84

　　如表6所示，安徽省赴港上市公司总融资规模（包括IPO融资和再融资）为214.01亿港元，落后于江浙沪地区。安徽省赴港上市企业平均市值达到167.65亿港元/家，超过江浙沪地区。

表6　安徽省与江浙沪各指标对比

项目/地区	安徽省	江苏省	浙江省	上海市
赴港上市公司数(家)	11	67	55	113
赴港企业港股总市值(亿港元)	1844.16	4324.05	4925.18	16665.60

项目/地区	安徽省	江苏省	浙江省	上海市
平均港股市值（亿港元）	167.65	64.54	89.55	147.48
赴港首发募集资金（亿港元）	197.87	959.84	528.28	3474.92
赴港募集资金总额（亿港元）	214.01	1016.61	556.76	3743.53
赴港上市公司平均募资总额（亿港元）	19.46	15.17	10.12	33.13
境内上市公司数（家）	103	407	435	286
境内企业总市值（亿元）	11899.68	42877.99	43937.6	55216.82
境内企业平均市值（亿元）	115.53	105.35	101.01	193.07
境内首发募集资金（亿元）	538.38	2588.72	2536.46	2655.27
2018 年 GDP（亿元）	30006.8	92595.4	56197.2	32679.87
每亿元 GDP 港股上市市值（亿港元）	0.06	0.05	0.09	0.51

与江浙沪对比，安徽省企业在香港募集资金总量偏少，仅 214 亿港元。如果按 GDP 体量进行平均，安徽省每亿元 GDP 的港股市值与江苏省大致相当，远低于上海市和浙江省。

五　安徽省扩大赴港上市的潜在标的

为了推进安徽省公司赴港上市，增强安徽省经济实力，根据安徽省经济现状提出两条适合安徽省企业赴港上市的思路：一是挖掘已在 A 股上市的安徽省内公司赴港上市；二是推进具有安徽省本土特色品牌的企业赴港上市。

（一）挖掘已在 A 股上市的安徽省内公司赴港上市

目前内地企业主要以红筹和 H 股两种方式于香港上市。从是否全流通、上市流程是否可把握以及再融资是否需要境内监管审批等因素综合考量，民营企业普遍选择红筹架构上市，而国有企业则选择 H 股架构。一般而言，已经在 A 股上市的公司，若计划在保留 A 股上市资格的前提下赴港上市，通常可以 "A + H" 的形式进行。2017 年 12 月，为促进香港金融市场稳定健康发展，经国务院批准，中国证监会开展深化境外上市制度改革，开展 H

股全流通试点。2018 年 5 月 22 日，中国证券登记结算有限责任公司（中国结算）通过官网公布，为落实 H 股"全流通"试点，明确相关股份登记存管和清算交收的业务安排和申请流程，制定并发布《H 股"全流通"试点业务指南（试行）》。证监会按照积极稳妥、循序渐进的原则有序推进试点。目前，有联想控股（3396. HK）、中航科工（2357. HK）两家 H 股公司获批进行全流通试点。虽然试点数量不多，但从长远来看，如果全面实行全流通，会推动更多内地企业愿意以 H 股形式到香港上市，并将进一步扩大企业的国际影响力。

2018 年以来，金融、科技和医疗仍是香港新股市场的主力推动行业，同时备受市场瞩目的是带有新经济概念的企业。除了传统行业 IPO 仍占较大比重外，近年来内地资讯科技业知名公司如美图公司（1357. HK）、小米集团（01810. HK）、美团点评（03690. HK）及消费行业知名公司如周黑鸭（01458. HK）、海底捞（06862. HK）等相继于港上市，均颇受投资者欢迎。

根据安徽省内上市公司行业特征数据，合肥市拥有全省最多的 A 股上市公司，囊括了全省八成的公用事业上市公司，及省内全部三家金融业上市公司。

马鞍山市和铜陵市得益于丰富的区域资源，拥有多家金属、化石、能源制造类上市公司，其中马钢股份（600808. SH）与铜陵有色（000630. SZ）的市值均位于省内前 10 名，而马钢股份也是省内唯一一家钢铁行业上市公司。

六安市、宣城市、宿州市是省内仅有的三个"全民营阵容"地市，其中宣城市表现最佳，上市公司数量位居省内第 3，总市值位于省内第 6，市内上市公司多集中在机械与基础化工行业。池州市、黄山市则凭借省内丰富的自然资源大力发展旅游业，各拥有 1 家旅游业上市公司。安徽省西北地区的淮北、亳州、阜阳、六安四市各有 1 家白酒上市公司，其中又以亳州古井贡酒（000596. SZ）、淮北口子窖（603589. SH）最为出名。

目前省内 A 股上市公司共有中央国有企业 8 家，地方国有企业 35 家，民营企业 53 家。为了更精准地推动企业赴香港上市，进一步挖掘安徽省内有代表性的优质公司资源，我们整理了安徽省内已上市 A 股公司，并从中挑选有潜力于香港再上市的部分公司，并建议重点关注新兴经济类行业，比如信息技术、消费等行业（见表7）。

表7　安徽省 A 股上市重点企业概览

证券代码	证券简称	总市值 （百万元）	省份	城市	行业
002230. SZ	科大讯飞	59783. 6	安徽省	合肥市	计算机
300009. SZ	安科生物	14024. 48	安徽省	合肥市	医药生物
300595. SZ	欧普康视	7954. 85	安徽省	合肥市	医药生物
000153. SZ	丰原药业	1991. 25	安徽省	芜湖市	医药生物
002817. SZ	黄山胶囊	1601. 66	安徽省	宣城市	医药生物
600054. SH	黄山旅游	7362. 57	安徽省	黄山市	休闲服务
603199. SH	九华旅游	2322. 07	安徽省	池州市	休闲服务
000596. SZ	古井贡酒	37270. 08	安徽省	亳州市	食品饮料
603589. SH	口子窖	30900	安徽省	淮北市	食品饮料
603198. SH	迎驾贡酒	12792	安徽省	六安市	食品饮料
002557. SZ	洽洽食品	8750. 82	安徽省	合肥市	食品饮料
600199. SH	金种子酒	3056. 76	安徽省	阜阳市	食品饮料
600567. SH	山鹰纸业	17139. 96	安徽省	马鞍山市	轻工制造
603801. SH	志邦家居	5014. 4	安徽省	合肥市	轻工制造
000887. SZ	中鼎股份	13738. 72	安徽省	宣城市	汽车
000980. SZ	众泰汽车	10827. 76	安徽省	黄山市	汽车
600418. SH	江淮汽车	9883. 09	安徽省	合肥市	汽车
000868. SZ	安凯客车	3314. 65	安徽省	合肥市	汽车
000713. SZ	丰乐种业	1712. 56	安徽省	合肥市	农林牧渔
002690. SZ	美亚光电	14939. 6	安徽省	合肥市	机械设备
603656. SH	泰禾光电	2411. 88	安徽省	合肥市	机械设备
600218. SH	全柴动力	1965. 46	安徽省	滁州市	机械设备
000850. SZ	华茂股份	3217. 9	安徽省	安庆市	纺织服装
600552. SH	凯盛科技	3183. 26	安徽省	蚌埠市	电子
300274. SZ	阳光电源	10035. 11	安徽省	合肥市	电气设备
601801. SH	皖新传媒	13188. 43	安徽省	合肥市	传媒

（1）人工智能类

若按名单中市值排列，科大讯飞（002230.SZ）较为突出。目前 A 股真正的人工智能公司主要是科大讯飞（002230.SZ）、中科曙光（603019.SH）、浪潮信息（000977.SZ）等为数不多的几家，而 H 股乃至整个港股尚未有此类人工智能系公司。早在上市时，科大讯飞已是中国最大的智能语音技术提供商，在智能语音技术领域已拥有 9 年的研究积累，并在中文语音合成、口语评测等多项技术上拥有国际领先的成果。随着全球范围内人工智能热度的高涨，相信香港市场对于此类概念股票的热度也将会持续上升。

（2）日常消费（食品饮料类）

截至 2018 年 7 月底，上证综指和恒生指数分别下跌 13.03%、4.47%，在此市场事态下，两地多只消费股却连创新高。据统计，港股市场年内涨幅翻倍的股票中，有 14 只为消费股。香港消费类上市公司中，酒类企业只有内地两大啤酒行业龙头企业华润啤酒（00291.HK）和青岛啤酒（00168.HK），尚未有白酒行业公司。安徽是白酒生产大省，拥有 4 家 A 股上市白酒企业古井贡酒（000596.SZ）、迎驾贡酒（603198.SH）、口子窖（603589.SH）、金种子酒（600199.SH）。由此可见，安徽白酒行业实力相对强劲，从营销到渠道建设也相对比较成熟。但省内竞争较为激烈，市场高端和超高端白酒依然被茅台、五粮液和洋河等把控。"一带一路"建设的持续推进为中国白酒"走出去"带来了新的机遇。如若可以挖掘省内白酒企业赴港上市，则其将成为香港市场第一只白酒股，相信对于白酒企业进一步融资打造全新品牌效应及走出省内市场、走向全国及境外市场都将大有裨益。

（3）旅游休闲服务类

近年来，随着我国消费升级的进一步深入，旅游业经济效益得到了大幅提升，已逐渐成为中国经济增长新引擎之一（见图 18）。在此背景下，旅游行业也迎来更新换代，已经远远超出"游山玩水"的狭义旅游概念，迅速发展成为"食、住、行、游、购、娱"六位一体，且能够满足现代人休闲需求、具有较高技术含量的综合型产业体系。

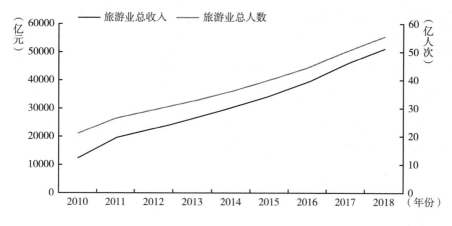

图18 中国旅游总人次与旅游业总收入

省内两家综合型的旅游服务类 A 股上市公司为黄山旅游（600054. SH）和九华旅游（603199. SH），黄山和九华山都属于安徽省的 5A 级景区，并且在境内外均有一定的知名度。此外，两家公司都已实现线上线下平台联动，黄山旅游的电商平台侧重本地吃住行游购娱一体，打通 15 个景区 200 多家酒店和民宿的支付系统；而九华旗下的"九华在线"，已经突破公司自营网络平台，成为九华山对接大型 OTA 的落地服务平台，并成为池州及周边地区旅游企业综合服务电商平台。两处景区已有多条高铁线路（包括合福、武广、京沪、杭黄）开通，此外香港 9 月份接入中国高铁网更有助于打通两地旅游资源。相信伴随着国内大环境的持续向好及整个旅游行业的持续增长，与香港本地的小型旅游公司相比，安徽省内两家旅游类公司更容易在香港市场上受到投资者的追捧。

上述行业均具有新经济概念，符合中国经济增长模式的转型，同时在发行估值角度并不低于 A 股，甚至比 A 股还高，有利于向客户推介赴港上市。

（二）具有安徽本土特色品牌的企业赴港上市

1. 国内老字号特色企业现状及上市情况简介

伴随着消费升级的浪潮，如今消费者的需求愈发多样化。更多非物质文化遗产产品、老字号特色品牌等正在重新焕发生机并重回消费者视野。目前商务部认定共有 1128 家中华老字号，但该类企业发展较慢，其中不少更是出现经营危机。

根据《2018 年中华老字号品牌发展指数》报告，老字号品牌发展指数榜单前 20 名中已有八成为上市企业（见表 8）。可见，老字号企业的发展不仅得益于自身发展，资本市场同样为老字号企业快速发展提供了一个良好的机遇。2017 年商务部、发改委等 16 个部门联合印发《关于促进老字号改革创新发展的指导意见》，其中提出推进老字号核心优质资产证券化，支持符合条件的老字号企业上市或到全国中小企业股份转让系统挂牌，利用多层次资本市场做大做强。由此可见，上市将更好地促进老字号企业适应消费需求新变化和"互联网＋"新趋势，进一步提升品牌价值。

表 8　老字号品牌发展指数及上市情况

排名	老字号品牌	发展指数	上市情况
1	茅台	82.3	A 股
2	恒源祥	81.9	—
3	云南白药	69.9	A 股
4	同仁堂牌	68.7	A＋H（港股两家）
5	美加净	66.2	A 股
6	五芳斋	61.4	—
7	新华书店	60.1	A＋H
8	回力	59.9	母公司 A 股
9	东阿牌	57.6	A 股
10	海天	55.6	A 股
11	红双喜	55.3	最大股东李宁为 H 股
12	光明	54.2	A 股
13	五粮液	53.9	A 股
14	青岛啤酒	50.9	A＋H
15	王老吉	50.2	港股
16	大益牌	49.3	—
17	马利	48.2	—
18	马应龙	48.0	A 股
19	泸州老窖	47.4	A 股
20	古越龙山	47.1	A 股

目前 A 股已有多家老字号特色品牌上市公司，主要集中在消费类及医药生物类。如贵州茅台（600519.SH）、全聚德（002186.SZ）、云南白药

（000538. SZ）、马 应 龙（600993. SH）、九 芝 堂（000989. SZ）、王 府 井（600859. SH）、广州酒家（603043. SH）、泸州老窖（000568. SZ）、青岛啤酒（600600. SH）等。坐拥王老吉、陈李济、潘高寿等 12 个耳熟能详的中华老字号品牌的白云山医药（600332. SH、00874. HK）早已进行 A + H 上市，青岛啤酒（600600. SH、00168. HK）更是第一家于香港发行 H 股的内地公司。

2. 安徽省老字号、特色企业现状及赴港上市可行性分析

若从地理因素分析，安徽很难形成传统意义上的"经济核心"并辐射全省，但形成了各具特色的区域经济。如皖北粮食产区的酿酒、煤炭产业，皖中以合肥为核心的科技、机械制造、金融服务、百货零售、公用产业，皖江经济带的港口贸易、制造、消费产业，皖南山区的旅游业等，均有其区域优势。

2017 年，安徽省常住居民人均可支配收入达人民币 21863 元，比上年增长 9.3%，安徽省居民人均消费支出构成如图 19 所示。食品烟酒类支出在安徽省居民人均消费中占据第一位。安徽省有多家食品饮料行业的特色品牌企业，其主营包括特产、零食、茶叶等。

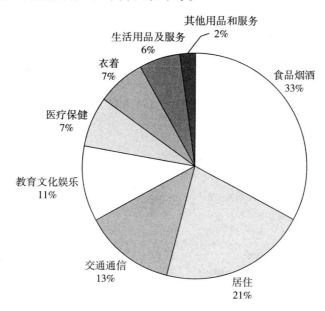

图 19 2017 年安徽省居民人均消费支出构成

安徽上市公司蓝皮书

从品牌效应来看，安徽省悠久的历史造就了一批经过时间沉淀的老字号及特色品牌。根据 2006 年商务部发布的关于认定第一批"中华老字号"的通知，安徽省入选第一批老字号品牌的有红星、口子、胡开文、同庆楼、胡玉美、耿福兴、寿春堂和余良卿号，目前安徽省共有"中华老字号"25 家（见表 9）。

表 9　安徽省中华老字号名录一览（排名不分先后）

序号	企业名称	注册商标	行业
1	安徽安科余良卿药业有限公司	余良卿号	医疗保健
2	安徽寿春堂大药房有限公司	寿春堂	医疗保健
3	安庆市麦陇香食品厂	麦陇香	日常消费
4	安徽口子酒业有限责任公司	口子	日常消费
5	安庆市胡玉美酿造食品有限责任公司	胡玉美	日常消费
6	黄山谢裕大茶叶股份有限公司	谢正安	日常消费
7	安徽柏兆记食品股份有限公司	柏兆记	日常消费
8	黄山市猴坑茶业有限公司	猴坑	日常消费
9	合肥市糖业烟酒有限责任公司张顺兴食品厂	张顺兴号	日常消费
10	安徽迎驾贡酒有限公司	迎驾	日常消费
11	安徽省六安瓜片茶业股份有限公司	徽六	日常消费
12	阜阳宏达食品有限公司	叫花鸡	日常消费
13	合肥公和堂食品厂	公和堂	日常消费
14	马鞍山市采石矶食品有限公司	采石矶	日常消费
15	安徽金种子集团有限公司	颍州	日常消费
16	安徽省休宁县万安吴鲁衡罗经老店有限公司	吴鲁衡	可选消费
17	芜湖市老余昌钟表眼镜有限责任公司	老余昌	可选消费
18	歙县老胡开文墨业有限公司	李廷珪牌	可选消费
19	安徽省黄山市屯溪胡开文墨厂	胡开文	可选消费
20	寿县饮食服务公司聚红盛大酒店	聚红盛	可选消费
21	中国宣纸集团公司	红星	可选消费
22	芜湖市耿福兴酒楼	耿福兴	可选消费
23	安徽同庆楼餐饮发展有限公司	同庆楼	可选消费
24	芜湖市四季春大酒店	四季春	可选消费
25	安徽省绩溪县良才墨业有限公司	艺粟斋	可选消费

408

若安徽省的老字号品牌企业能在香港上市，将大大提高这类企业在国际上的知名度和企业形象，扩大企业品牌在国际上的影响力，有利于企业进一步打开国际市场。

根据以上对两地 IPO 及二级市场日常消费品行业估值的对比，再配合消费升级的大背景，我们强烈建议挖掘以下安徽省行业老字号与特色企业（见表 10）。

表 10　安徽省具有港股上市潜力部分公司

中华老字号类	红星宣纸、徽六、猴坑茶业、谢裕大
消费类	三只松鼠、同福碗粥、燕之坊、老乡鸡、风波庄、海神黄酒、徽香源、八里河、天柱山
医药生物	余良卿号、华佗国药、承庆堂、华人健康
制造类	世林照明、奇瑞新能源、扬子地板

（1）消费类——食品饮料、餐饮

安徽是食品饮料类消费的大省之一，党的十八届五中全会提出推进健康中国建设，实施食品安全战略，将食品安全监管置于新的战略高度。随着居民收入不断提高、城镇化进程加快，食品消费需求仍然会稳定增加。

安徽自古就名茶好茶迭出，在茶叶 35 家中华老字号企业的前五名中就有两家安徽茶叶品牌徽六及谢正安。而 2015 年 1 月，谢裕大（430370. OC）率先在新三板挂牌，成为首家在内地资本市场公开挂牌的茶企。

截至 2017 年 9 月 30 日，新三板茶叶类挂牌公司将近 30 家。相较于众多新三板企业，早已在香港上市的天福茗茶（6868. HK）则以得天独厚的优势分得香港资本市场的一杯羹。

安徽有多家餐饮类的著名品牌，除了老字号的同庆楼、四季春外，新式连锁类包括中式快餐老乡鸡、武侠特色连锁主题餐厅风波庄等。同庆楼已在申请 A 股上市，风波庄已在新三板挂牌；而老乡鸡也在 2018 年获得两亿元融资，更立志要在三年内突破 1600 家直营店并将老乡鸡打造为中式快餐第一品牌。中式快餐企业需加快扩张速度以进一步形成规模效应，占领更多市场份额，而香港市场 IPO 上市速度较为可控的优势尤其有利于此类企业取得资本市场交易资格。

（2）非日常消费——旅游

旅游消费与企业聚集程度、地域经济、地域人口及政策文化呈现出正相关关系。安徽省旅游资源丰富，目前 5A 级景区达 19 个。文旅资源的丰富及人均可支配收入的增加使得旅游行业前景一片光明，除已经在 A 股上市的黄山旅游（600054. SH）、九华旅游（603199. SH）外，像安徽天柱山旅游发展有限公司等旅游公司也是合适的赴港上市企业。目前，香港旅游业上市公司主要集中在酒店、博彩、旅行社，比如香港中旅（00308. HK）、金沙中国（01928. HK）、银河娱乐（00027. HK）等，尚未有综合型旅游公司。港股上市公司复星国际（00656. HK）已于 2018 年 7 月发布公告，建议分拆全资附属公司复星旅文集团于香港联交所主板独立上市。

3. 可以重点挖掘的十大潜力公司

经过以上综合分析，我们归纳以下公司可作为香港上市备选的公司，进行重点关注和深入挖掘（见表11）。

表 11　安徽省赴香港上市备选公司

排序	公司名称	股票代码（如已在 A 股上市）	公司亮点	预测估值（市盈率）	备注
1	九华旅游	603199. SH	佛教旅游香港第一股（若成功上市）	20X ~ 25X	
2	科大讯飞	002230. SZ	人工智能香港第一股（若成功上市）	25X ~ 30X	
3	古井贡酒	000596. SZ	白酒境外上市第一股（若成功上市）	15X ~ 20X	A + B 股增发 H 股，需要与中国证监会沟通
4	口子窖	603589. SH	白酒境外上市第一股（若成功上市）	15X ~ 20X	
5	黄山旅游	600054. SH	中国名胜旅游香港第一股（若成功上市）	20X ~ 25X	A + B 股增发 H 股，需要与中国证监会沟通
6	徽六	—	境内领先的茶叶消费品牌	20X ~ 25X	

排序	公司名称	股票代码（如已在A股上市）	公司亮点	预测估值（市盈率）	备注
7	三只松鼠	—	境内休闲食品互联网第一品牌	20X～25X	A股上市被否，H股上市是否能够全流通需与中国证监会沟通
8	老乡鸡	—	本土领先的连锁快餐品牌	20X～25X	
9	同福碗粥	—	境内领先的休闲食品品牌	15X～20X	
10	奇瑞新能源	—	市场未来持续投资热点	15X～20X	

六 研究结论

（一）安徽省赴港上市公司总体运营情况良好

总体营业收入、净利润在2016～2018年中呈现不断增长的趋势。总营收增速在2017、2018年分别为44.82%和28.26%，净利润增速分别为74.16%和49.95%（主要原因是水泥行业景气度高，海螺水泥利润大增）。总资产周转率、固定资产周转率及应收账款周转率在2016～2018年整体呈现稳步增长的趋势。2018年流动资产周转率较2017年有所下降。

（二）安徽省企业赴港上市仍有进一步提升的空间

与江浙沪对比，安徽省企业在香港募集资金总量偏少，仅214亿港元。如果按GDP体量进行平均，安徽省每亿元GDP的港股市值与江苏省大致相当，远低于上海市和浙江省。

按行业分析，安徽省港股上市公司以工业、建筑材料等传统产业居多，新兴产业偏少。

在全球政治和经济格局尤其是中美关系发生了重大而复杂变化的背景

下，鼓励内地企业到香港上市，有助于其充分利用全球资源，在全球适宜的国家和地区拓展业务，合理规避各类不恰当的关税壁垒，进而增加营业利润。

（三）推动安徽省企业赴港上市的思路建议

为了推进安徽省企业赴港上市，理清安徽省企业赴港上市的思路，在发掘安徽省企业赴港上市资源时，重点围绕以下两类企业：（1）已在 A 股主板、创业板上市或新三板挂牌的企业；（2）其他省内非上市企业。在行业选择上，重点关注信息技术及互联网等高科技行业，以及消费旅游、生物制药、医疗保健等行业，对具有明显安徽地方特色、有一定盈利能力的老字号企业也可重点关注。上述这些行业企业符合国家产业政策，符合中国经济增长模式转型，也比较适合国际投资人特别是机构投资者的投资偏好，有利于招股时的股票销售；同时这类企业上市的估值水平并不会明显低于 A 股市场甚至存在高于 A 股市场估值的可能。

B.12
金融供给侧改革视角下安徽资本市场
高质量发展政策建议

汪双秀 徐程晨*

摘　要： 金融供给侧结构性改革为推动我国金融业高质量发展提供了
方向性指导。本报告立足安徽省及长三角的区域经济及金融
发展现状，通过实证研究发现金融发展对区域经济发展有显
著的促进作用，其中直接融资能更有效地提振区域经济发展。
对比省内资本市场与长三角其他省份的差距，结合金融供给
侧结构性改革，本报告从区域规划、体系构建、服务实体经
济以及完善风险管理体系四个方面，探索有助于安徽省产业
结构升级的区域资本市场高质量发展的有效路径。

关键词： 金融供给侧改革　安徽资本市场　高质量发展

一　引言

中共中央政治局 2019 年 2 月 22 日就完善金融服务、防范金融风险举行
第十三次集体学习。中共中央总书记习近平在主持学习时强调，要深化对国
际、国内金融形势的认识，正确把握金融本质，深化金融供给侧结构性改
革，平衡好稳增长和防风险的关系。习近平强调，“金融要为实体经济服

* 汪双秀，硕士，华安证券研究所非银行业研究员；徐程晨，硕士，华安证券研究所新能源行
业研究员。

413

务，满足经济社会发展和人民群众需要。金融活，经济活；金融稳，经济稳。经济兴，金融兴；经济强，金融强。经济是肌体，金融是血脉，两者共生共荣。"

本次中央政治局会议提出深化金融供给侧结构性改革，表明推动金融业深化改革进入了新阶段。以金融体系结构调整优化为重点，为实体经济发展提供更高质量、更有效率的金融服务是当前首要的政策施力点和落脚点。

以往的金融供给，是满足以往的经济发展模式，以基建和地产为驱动的。如果推进经济转型升级，目前的传统金融供给不匹配，甚至会拖累转型。央行手中的工具更多的是总量政策，对结构的调整有限。金融供给侧改革正是在这种背景下提出的，通过金融供给端的改革，促进未来经济结构的调整。近二十年来的经济刺激政策主要是放货币、刺激房地产和基建。考虑到系统性风险，本次总量政策点是"托而不举"，宽货币的背景不会明显刺激房地产和基建。以往的金融政策可以理解为"强刺激 + 弱改革"，这次政策则相反，调结构成为政策重点。

金融供给侧结构性改革重点是"供给侧"和"结构性"两方面。"供给侧"着眼于金融业如何更高质量、更有效地为高质量经济增长提供信用创造、金融服务等功能。"结构性"则强调带有框架性、行为层面的根本性改革：认识层面上，强调金融本质和市场规律；结构调整方面，以金融体系结构优化调整为重点，明确融资结构、金融机构体系、市场体系和产品体系的结构调整；围绕现代化经济服务方面，提供精准金融服务和对小微企业、"三农"、民营企业的精准支持。

金融供给侧结构性改革执行的核心是深化对金融本质和规律的认识，立足中国实际，走中国特色金融发展之路。具体而言，包括以下三方面。

(1) 如何平衡精准服务、支持和尊重市场规律之间的张力。从根本上说，两者是一致的，只有实现了对高质量区域、领域、群体的金融服务，经济和金融才能真正良性互动。但在短期内，两者仍存在矛盾，特别是在目标、激励约束和考核机制甚至是文化上存在较大差异时，融合并产生新的机制需要长期反复的过程。

（2）如何平衡监管理念、监管能力和监管激励约束机制。监管的立足点是更有效地发挥金融功能，重点在于直面风险并设计出分工合理、尽可能保持市场活力又有效管理风险的监控体系。因此什么才是合适的监管理念，应培育哪方面的能力，如何平衡监管体系内部的激励约束机制极其重要。

（3）过渡性制度和政策体系的设计和执行。现实不是非黑即白，因此理论和原则的方向，在现实执行过程中不得不接受考验，这既是科学，也是艺术，需要兼具刚毅和包容，但同时又需立足中国实际。

目前长江三角洲城市群已跻身国际六大世界级城市群，是"一带一路"和长江经济带重要交汇地带，在国家区域经济建设过程中居于异常重要的战略地位。以上海为龙头的长三角经济带，是中国经济发展速度最快、最具有发展潜力的经济板块，快速积聚的国际资本和民间资本，不但规模越来越大，而且以其独有的活力强有力地推动着这一地区的经济快速发展。

安徽省与长三角的绝对差距依然较大，经济发展水平差距也较大，但这一差距正在逐步缩小中。安徽省金融业发展至今，取得了长足的进步，但在支持省内经济发展方面仍有短板。在金融供给侧结构性改革的大背景下，如何快速发展安徽省金融业有待探究。

二 金融供给侧改革的意义及对金融机构的影响

（一）金融供给侧改革的背景和意义

2019 年 2 月 22 日，中共中央政治局举行第十三次集体学习，议题是完善金融服务、防范金融风险。本次会议是政治局首次提及"金融供给侧结构性改革"。此次集体学习凸显了金融业的国家战略地位，为推动我国金融业高质量发展提供了方向性指导，对今后一段时间内做好金融工作具有十分重要的指导意义。

1. 金融供给侧结构性改革的背景

2015 年 11 月 10 日，习近平总书记主持召开中央财经领导小组第十一次会议时，首次提出"供给侧结构性改革"概念。十九大报告中指出，深化供给侧结构性改革，加快建设制造强国，加快发展先进制造业。2018年中央经济工作会议指出中国经济运行主要矛盾仍然是供给侧结构性的。

金融供给侧结构性改革是供给侧结构性改革的核心内容和重要支撑。改革开放以来，我国金融业取得了巨大成就，金融机构从单一到多元、金融服务方式和产品种类日益多样化、经营理念不断更新。2018年，我国的金融业资产为6.9万亿元，占当年GDP的7.68%；股票市值居全球第三，新股发行常态化，A股上市公司家数较快增长，有效地缓解了股市堰塞湖问题。2018年底，A股上市公司共3567家，少于美国的4397家，与日本的3652家较为接近。

同时也应看到，金融业发展不平衡、不充分，资本市场对实体经济支持不足，矛盾和问题仍然存在。

（1）金融资源配置不合理

从地区分布来看，金融资源主要集中于东部经济发达地区、城市地区，而中西部经济欠发达地区和农村地区金融资源分布不足。发达地区经济发展水平高，市场化更为充分，金融市场主体多元，金融供给相对充足；欠发达地区经济发展足，金融市场主体发展不充分导致金融供给明显不足，制约了经济发展。2018年前五个月，北京、广东、江苏三地的融资规模占全国融资规模的54%（见表1）。

表1　2018年前五个月融资总规模

单位：亿元

省份	总额	首发	增发	配股	优先股	可转债发行	可交换债
北京	4462.39	171.95	2626.23	16.42	600.00	544.84	502.94
广东	2991.01	528.06	1474.01	29.61	275.00	447.24	237.08
江苏	2143.86	241.30	1375.95			496.32	30.30
浙江	1408.51	124.67	679.79	4.53	200.00	303.43	96.08
上海	1072.07	106.97	599.92		200.00	113.62	51.55
山东	1052.82	87.33	810.33	58.85		80.11	16.20
安徽	643.77	14.50	553.25			55.30	20.72

续表

省份	总额	首发	增发	配股	优先股	可转债发行	可交换债
福建	545.09	71.49	108.53	24.11	300.00	40.95	
河南	409.58	27.54	268.39		24.76	31.39	57.50
四川	405.68	117.22	191.65	16.34		80.48	
湖南	346.23	45.80	213.46			70.28	16.69
辽宁	305.32	10.64	246.63			42.15	5.90
新疆	297.26	14.73	163.12	76.93		18.76	23.72
湖北	254.52	66.58	85.07	2.94		97.52	2.40
天津	208.93	4.55	139.68			64.70	
广西	143.04	13.22	120.70	4.82		4.30	
陕西	140.83	23.73	47.63	61.47		8.00	
河北	134.22	46.13	65.37	22.73			
云南	132.82	13.56	103.02	10.22		6.03	
江西	100.55	10.13	31.94			13.48	45.00
山西	94.80		94.80				
贵州	93.89	11.83	16.06		50.00	16.00	
内蒙古	85.91		67.16			18.75	
宁夏	81.55	81.55					
海南	78.90		67.70			3.20	8.00
吉林	77.63		29.59	8.30		39.73	
西藏	54.34	36.86	17.49				
甘肃	49.63		40.43			9.20	
重庆	42.23	6.26	34.84			1.14	
黑龙江	15.46		13.46			2.00	
合计	17872.85	1876.58	10286.22	337.28	1649.76	2608.93	1114.09

资料来源：Wind，华安证券研究所。

（2）直接融资与间接融资发展不平衡

中国融资结构不平衡的问题长期存在。银行信贷在社会融资中仍占据主导地位，间接融资占比较高。2018年人民币贷款在社会融资总量中的占比达到81.4%，而企业债券融资、非金融企业境内股票融资占比仅为12.9%、1.9%（见表2）。从证券化率（股票市值与GDP之比）来看，2017年末证券化率仅为69.14%，显著低于世界银行公布的世界平均水平111.98%，更显著

低于美、日、加三国的 164.85%、127.72% 和 143.71%，资本市场的发展相
对滞后。

表2　各类别社会融资规模占比

单位：%

年份	新增人民币贷款	新增外币贷款	新增委托贷款	新增信托贷款	新增未贴现银行承兑汇票	企业债券融资	非金融企业境内股票融资
2002	91.90	3.60	1.00		-3.30	1.80	3.10
2003	81.10	6.80	2.00		6.20	1.50	1.60
2004	79.20	5.10	10.90		-1.00	1.60	2.40
2005	78.50	4.70	6.50		0.20	6.70	1.10
2006	73.80	3.40	6.30	1.90	3.50	5.40	3.60
2007	60.90	6.50	5.70	2.90	11.20	3.80	7.30
2008	70.30	2.80	6.10	4.50	1.50	7.90	4.80
2009	69.00	6.70	4.90	3.10	3.30	8.90	2.40
2010	56.70	3.50	6.20	2.80	16.70	7.90	4.10
2011	58.20	4.50	10.10	1.60	8.00	10.60	3.40
2012	52.10	5.80	8.10	8.10	6.70	14.30	1.60
2013	51.35	3.38	14.71	10.63	4.48	10.46	1.28
2014	59.44	2.16	15.23	3.14	-0.78	14.74	2.64
2015	73.10	-4.20	10.30	0.30	-6.90	19.10	4.90
2016	69.86	-3.17	12.28	4.83	-10.97	16.85	6.97
2017	71.20	0.01	4.00	11.60	2.80	2.30	4.50
2018	81.40	-2.20	-8.30	-3.60	-3.30	12.90	1.90

资料来源：Wind、华安证券研究所。

（3）金融机构发展不平衡

一是银行业发展不足，多层次、广覆盖、有差异的银行体系尚未建立。
二是非银行金融机构发展不足。部分资管公司发展迅速，但治理不完善、发
展不规范等问题突出，给金融市场的稳定带来风险。证券行业同质化严重，
难以摆脱"靠天吃饭"的局面，资产总额较小，边缘化问题突出。

2. 金融供给侧结构性改革的意义

金融是现代经济的核心。只有血脉畅通，经济才能健康稳定地发展。深化金融供给侧结构性改革，推动我国资本市场健康发展，对于促进经济高质量发展，具有十分重要的意义。

（1）提升金融服务实体经济水平

国内直接融资占比较小，企业融资难、融资贵的问题仍然存在。金融供给侧结构性改革中缓解中小企业融资问题是重中之重。以金融促经济，畅通供给渠道，将稳健的货币政策落到实处，切实降低实体经济融资成本，促进金融与实体经济的良性循环。

（2）促进资本市场发展

深化资本市场改革是金融供给侧结构性改革的一项重要内容。资本市场是服务实体经济和资源优化配置的关键，在金融运行中具有牵一发而动全身的作用。科创板是金融供给侧改革的重要一环，在发行、定价、交易等方面进行改革试点，进一步完善资本市场基础性制度，以市场化手段解决资本市场发展中的不平衡问题。

（3）提升金融市场双向开放水平

中国金融业对外开放步伐不断加快，金融机构外资持股比例上限、QFII和 RQFII 准入条件均被放宽。未来金融市场双向开放水平将进一步提高，给金融机构和金融监管带来新挑战和新要求。外资进入有利于国内资本市场由短线投资向长期投资转变，境外机构优秀的风控能力为国内机构提供借鉴。同时，双向开放将加速风险的跨境传播，给金融监管带来压力。

（二）金融供给侧改革对资本市场的影响

1. 发展多层次资本市场

在金融供给侧结构性改革的指导下，缓解中小企业融资问题是重中之重。监管层陆续出台积极政策，激活资本市场，支持民营经济和中小企业发展。新股发行持续常态化，设立科创板并试点注册制，新三板有望实行增量改革，资本市场支持实体经济的渠道更加多元化。积极稳妥地推动主板、中小板、创业板、新三板、四板及新开板的科创板发展，逐步增强资本市场服务实体经济的能力，为经济高质量发展保驾护航。

2. 设立科创板并试点注册制

设立科创板并试点注册制是金融供给侧结构性改革的重要一环。首先，科创板进一步完善资本市场基础性制度，以市场化手段解决资本市场的发展不平衡问题。科创板是金融供给侧改革的重要一环，在发行、定价、交易等方面进行改革试点，进一步完善资本市场基础性制度，作为增量市场有望反哺存量市场，引领中国资本市场的整体发展。

其次，科创板打通资本市场与科技创新的脉络，缓解科创企业的资金压力。科创板姓"科"，主要服务于符合国家战略、突破关键核心技术的科技创新企业。高新技术产业是经济发展的制高点，设立科创板并成功运作，打通资本市场与科技创新的脉络，将资本引导至科技创新企业，提升企业的科技含量，有助于中国经济打破桎梏、阔步前行。

3. 促进金融机构双向开放

加快金融机构的国际化，"引进来"与"走出去"并重，加强双向交流。"引进来"：（1）金融机构的进入将推动政策环境的变化；（2）国际金融机构和国内金融机构的资源禀赋、竞争优势不同，国内金融机构的优势是本土化，国际金融机构的优势在于国际客户；（3）促使境内外金融机构合作，优势互补。"走出去"：国际业务是国内金融机构的重要发展方向，近期"光大事件"可能导致券商国际业务监管趋严，但不可因噎废食，国际化发展趋势不会改变。

4. 加强风险管控

金融供给侧结构性改革客观要求平衡好稳增长和防风险的关系。尤其是加强对外开放后，境内外资本市场的联动和风险传导会增加，从而加大了风险管控的压力。金融科技是金融机构防风险的手段之一，通过金融科技开发的监控系统，可实现对各业务条线及子分公司经营情况的实时穿透式监控，提高防风险效率，降低市场风险。

三 安徽省区域经济与金融发展相关性分析

（一）安徽省区域经济发展现状分析

1. 经济增速回落企稳

安徽省 2000 年 GDP 不足 3000 亿元，2018 年安徽省 GDP 已达 30000 亿元，18 年间增长了十倍（见图 1）。2018 年安徽省 GDP 增速为 8.0%，在全国各省份中排名第 7，增速较为靠前，高于浙江、江苏和上海。就 GDP 来看，安徽省 2018 年 GDP 为 30000 亿元，在全国各省份中排名第 13，落后于长三角经济带的江苏、浙江和上海（见图 2）。安徽省 2018 年人均 GDP 显著落后于上海、江苏和浙江，不及全国平均水平，在全国各省份中排名较为靠后（见图 3）。安徽省仍需要积极利用新的发展机遇，开拓创新经济发展动力，使经济发展迈向更高的台阶。

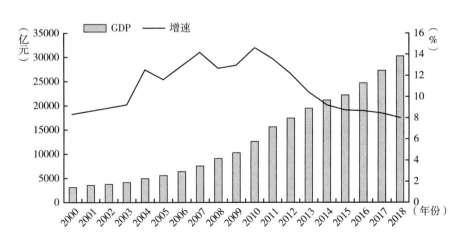

图 1　安徽省 GDP 及增速

资料来源：Wind，华安证券研究所。

2. 第二产业仍占据主导

2000~2018 年，安徽省第一产业增加值从 742 亿元增长到 2638 亿元，

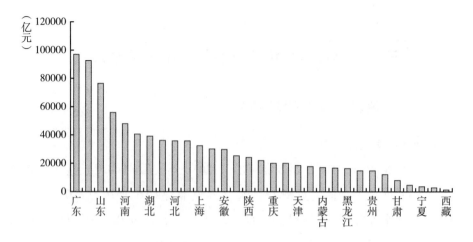

图 2　2018 年部分省份 GDP

资料来源：中国 Wind、华安证券研究所。

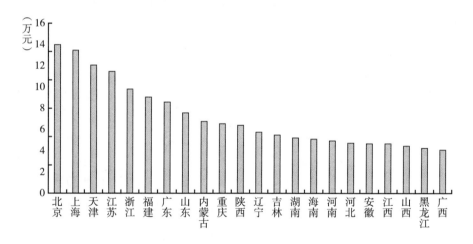

图 3　2018 年各省份人均 GDP

资料来源：Wind、华安证券研究所。

增长了 2.56 倍；第二产业增加值从 1057 亿元增长到 13842 亿元，增长了 12.10 倍；第三产业增加值从 1104 亿元增长到 13527 亿元，增长了 11.25 倍（见图 4）。具体来看，2012 年之前以第二产业为驱动力带领经济快速发展，2012 年后，发展重心开始往第三产业转移，第三产业增加值增速及占比均稳步提升。2018 年，第一产业增加值占比为 8.79%，第二和第三产业分别为 46.13% 和 45.08%，第二产业贡献度略高于第三产业（见图 5）。

从全国范围来看，安徽省第三产业的发展较其他省份差距较大。安徽省第三产业增加值占比全国排名倒数第三，显著低于上海、浙江、江苏（见图 6）。安徽省产业结构仍有优化空间，重点是提高第三产业的占比。

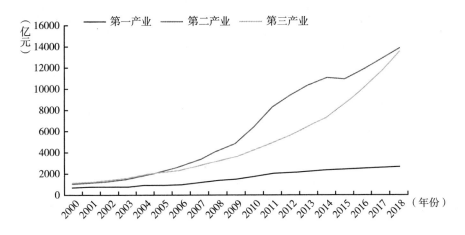

图 4　安徽省各产业增加值

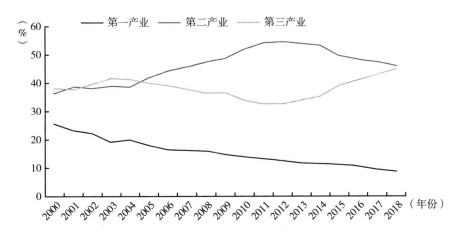

图 5　安徽省各产业增加值占比走势

资料来源：Wind，华安证券研究所。

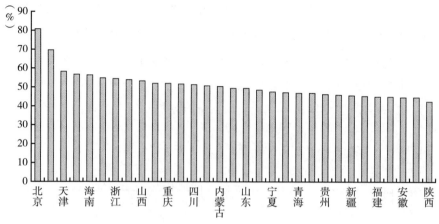

图6 全国部分省份第三产业增加值占比

资料来源：Wind，华安证券研究所。

（二）安徽省区域经济与金融发展相关性实证研究

1.指标选取

经济发展的概念较为宏观，其涵盖的内容也十分广泛，本报告参考已有文献，同时考虑建模时对数据频率的要求，选取 GDP 累计同比增速作为经济发展指标的代理变量。

关于金融发展，考虑到数据的可获得性与代表性，我们选取社会融资规模与 GDP 累计值的比重作为金融发展指标的代理变量，而社会融资规模可以衡量金融发展的逻辑在于，社会融资规模是指实体经济从金融体系获得的资金，可以较完整地反映实体经济从金融体系获得的资金总额、不同金融工具融资结构及不同地区的融资变化，其涉及的金融工具包括间接融资、直接融资和表外融资，可以较好地衡量区域的金融发展水平。

为了进一步衡量直接融资、间接融资、表外融资对经济发展的影响，本报告在金融发展指标的大框架下，设计了直接融资、间接融资、表外融资等分项指标，以考察不同类型的融资方式对经济发展的影响。

具体的指标构建如下。

经济发展（gdptb）：采用 GDP 累计同比增速作为该指标的代理变量。

金融发展（jrfz）：采用社会融资规模与 GDP 累计值的比重作为该指标的代理变量。

直接融资（zjrz）：采用企业债券融资与非金融企业境内股票融资之和与社会融资规模的比重作为该指标的代理变量。

间接融资（jjrz）：采用人民币贷款与外币贷款之和与社会融资规模的比重作为该指标的代理变量。

表外融资（bwrz）：采用委托贷款、信托贷款与未贴现银行承兑汇票之和与社会融资规模的比重作为该指标的代理变量。

2. 数据采集

GDP 累计同比、社会融资规模及其分项指标均为季度数据，数据采集的时间段为 2012 年四季度至 2018 年四季度。由于单一省份的数据量仅有 21 条，不足以支撑经济建模对数据量的要求，因此我们采用长三角的省域数据（上海、江苏、浙江、安徽），形成面板数据以考察金融发展对省域经济发展的影响。本报告的数据全部来源于 Wind 金融终端。

3. 模型建立

本报告的研究目的是考察金融发展对经济发展的影响，以及不同融资方式对经济发展的影响。基于研究目的，同时考虑到模型变量间可能出现的逆向因果关系，本报告通过在模型中加入被解释变量的滞后项作为工具变量，以规避模型可能出现的逆向因果关系，即建立动态面板数据模型如下。

考察金融发展对经济发展影响的模型如下：

$$gdptb_{i,t} = \alpha_{i,t} + \beta_1 \times gdptb_{i,t-1} + \beta_2 \times jrfz_{i,t} + \varepsilon_{i,t}$$

考察直接融资对经济发展影响的模型如下：

$$gdptb_{i,t} = \alpha_{i,t} + \beta_1 \times gdptb_{i,t-1} + \beta_2 \times zjrz_{i,t} + \varepsilon_{i,t}$$

考察间接融资对经济发展影响的模型如下：

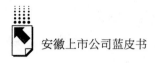
$$gdptb_{i,t} = \alpha_{i,t} + \beta_1 \times gdptb_{i,t-1} + \beta_2 \times jjrz_{i,t} + \varepsilon_{i,t}$$

考察表外融资对经济发展影响的模型如下：

$$gdptb_{i,t} = \alpha_{i,t} + \beta_1 \times gdptb_{i,t-1} + \beta_2 \times bwrz_{i,t} + \varepsilon_{i,t}$$

4. 描述性统计分析

表3列示了变量的描述性统计结果。从统计结果看，经济发展指标（$gdptb$）的均值为7.8125，标准差为0.8538，最小值为6.6000，最大值为10.4000。金融发展指标（$jrfz$）的均值为0.3017，标准差为0.1170，最小值为0.1467，最大值为0.7693。直接融资指标（$zjrz$）的均值为0.1542，标准差为0.0893，最小值为 -0.0521，最大值为0.4012。间接融资指标（$jjrz$）的均值为0.7006，标准差为0.1632，最小值为0.3741，最大值为1.3468。表外融资指标（$bwrz$）的均值为0.0983，标准差为0.2146，最小值为 -0.6352，最大值为0.4637。

5. 实证结果与分析

表4列示了金融发展对经济发展影响的实证结果。从实证结果看，经济发展指标的一阶滞后项（$gdptb.L1$）的系数为0.7423，P值为0.000，即工具变量在1%的显著性水平上为正，表明了选择经济发展滞后项作为工具变量的有效性，也从侧面印证了本报告模型建立的合理性。

表3　变量描述性统计

变量	观察值	均值	标准差	最小值	最大值
$gdptb$	84	7.8125	0.8538	6.6000	10.4000
$jrfz$	84	0.3017	0.1170	0.1467	0.7693
$zjrz$	84	0.1542	0.0893	-0.0521	0.4012
$jjrz$	84	0.7006	0.1632	0.3741	1.3468
$bwrz$	84	0.0983	0.2146	-0.6352	0.4637

资料来源：华安证券研究所。

关于金融发展对经济发展的影响。从实证结果看，金融发展（*jrfz*）的系数为 0.5299，P 值为 0.051，即金融发展对经济发展的影响在 10% 的显著性水平上为正，表明金融发展能有效促进经济发展。

表 4 金融发展对经济发展影响的实证结果

gdptb	Coef.	Std. Err.	z	P > |z|
gdptb. L1	0.7423	0.0546	13.59	0.000
jrfz	0.5299	0.2710	1.95	0.051
cons	2.0890	0.4179	5.00	0.000

资料来源：华安证券研究所。

表 5 列示了直接融资对经济发展影响的实证结果。从实证结果看，经济发展指标的一阶滞后项（*gdptb. L1*）的系数为 0.7345，P 值为 0.000，即工具变量在 1% 的显著性水平上为正，表明了选择经济发展滞后项作为工具变量的有效性，也从侧面印证了本报告模型建立的合理性。

关于直接融资对经济发展的影响。从实证结果看，直接融资（*zjrz*）的系数为 0.6413，P 值为 0.056，即直接融资对经济发展的影响在 10% 的显著性水平上为正，表明直接融资对经济发展有显著的正向影响。

表 6 列示了间接融资对经济发展影响的实证结果。从实证结果看，经济发展指标的一阶滞后项（*gdptb. L1*）的系数为 0.7059，P 值为 0.000，即工具变量在 1% 的显著性水平上为正，表明了选择经济发展滞后项作为工具变量的有效性，也从侧面印证了本报告模型建立的合理性。

表 5 直接融资对经济发展影响的实证结果

gdptb	Coef.	Std. Err.	z	P > |z|
gdptb. L1	0.7345	0.0539	13.62	0.000
zjrz	0.6413	0.3360	1.91	0.056
cons	1.8888	0.4311	4.38	0.000

资料来源：华安证券研究所。

关于间接融资对经济发展的影响，从实证结果看，间接融资（*jjrz*）的系数为 -0.2080，P 值为 0.280，表明间接融资对经济发展的影响并不显著。

表 6　间接融资对经济发展影响的实证结果

gdptb	Coef.	Std. Err.	z	P > |z|
*gdptb. L*1	0.7059	0.0573	12.31	0.000
jjrz	-0.2080	0.1923	-1.08	0.280
cons	2.3610	0.5053	4.67	0.000

资料来源：华安证券研究所。

表 7 列示了表外融资对经济发展影响的实证结果。从实证结果看，经济发展指标的一阶滞后项（*gdptb. L*1）的系数为 0.7072，P 值为 0.000，即工具变量在 1% 的显著性水平上为正，表明了选择经济发展滞后项作为工具变量的有效性，也从侧面印证了本报告模型建立的合理性。

关于表外融资对经济发展的影响。从实证结果看，表外融资（*bwrz*）的系数为 0.1046，P 值为 0.480，表明表外融资对经济发展的影响并不显著。

表 7　表外融资对经济发展影响的实证结果

gdptb	Coef.	Std. Err.	z	P > |z|
*gdptb. L*1	0.7072	0.0587	12.04	0.000
bwrz	0.1046	0.1481	0.71	0.480
cons	2.1945	0.4578	4.79	0.000

资料来源：华安证券研究所。

6. 结论

本报告选取 2012 年四季度~2018 年四季度长三角地区四省市的省际面板数据作为研究基础，通过建立动态面板数据模型，重点考察了金融对经济发展的影响和不同融资方式对经济发展的影响。

实证结果表明：（1）金融发展对经济发展存在显著的正向作用，即金融发展能有效促进经济发展。（2）直接融资对经济发展存在显著的正向作用，即直接融资能有效提振经济增长。（3）与直接融资不同，间接融资和表外融资对经济发展均不存在显著影响。

四 安徽省资本市场发展状况分析

（一）安徽省资本市场发展现状

"十三五"以来，全省聚焦供给侧结构性改革，着力推进去杠杆防风险，持续加大企业上市（挂牌）推进力度。2017年全省实现资本市场直接融资463.41亿元，包括A股融资39.23亿元，可转债融资11.97亿元、公司债券融资59.06亿元，相较2007年增长了219%，直接融资发展迅速。

截至2017年底，安徽境内上市公司101家，位居全国第九、中部第一（见表8）；新三板挂牌企业345家，占全国的3.11%；安徽股权托管交易中心挂牌企业2208家，进入全国区域性股权市场第一方阵。2017年，安徽直接融资额、股票融资额、境内累计首发上市企业数、新增新三板挂牌企业数等多项指标均居中部地区首位；全部上市公司市值达到11839.9亿元，占全国的1.9%，位列第九。

表8 安徽省上市公司家数

单位：家

年份	全省合计	上交所	深交所	仅发A股公司	发A、H股公司	发A、B股公司	仅发H股公司
2005	45	27	18	39	3	3	
2007	53	28	24	46	3	3	1
2008	56	28	27	49	3	3	1
2009	58	28	29	51	3	3	1
2010	65	29	36	59	3	3	
2011	77	29	48	71	3	3	
2012	78	29	49	72	3	3	
2013	78	29	49	72	3	3	
2014	80	31	49	74	3	3	
2015	88	35	53	82	3	3	
2016	93	37	56	87	3	3	
2017	101	43	58	95	3	3	

资料来源：安徽统计年鉴、华安证券研究所。

安徽省区域性股权市场自 2013 年 8 月开通以来，已建立皖北融资中心，设立成长板、优先板两个层级和科技、农业、文旅、中医药等特色板块，通过对接银行、股权投资等机构为企业融资提供综合服务。截至 2018 年末，省区域股权市场挂牌企业已达 3407 家，综合实力进入全国前十。

目前来看，包括主板、新三板等在内的多层次资本市场"正金字塔"格局基本形成。

小型农村金融机构作为安徽省金融发展的必要补充，近年来呈现良好的发展势头。2008 年，小型农村金融机构资产总额仅为 63 亿元；经过近 10 年的发展，截至 2017 年，小型农村金融机构资产总额达到了 637 亿元，是 2008 年资产总额的 10 倍多（见图 7）。

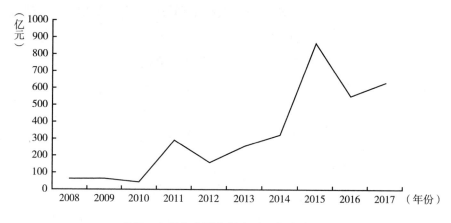

图 7　安徽省小型农村金融机构资产规模

资料来源：Wind、华安证券研究所。

（二）对标长三角

目前长江三角洲城市群已跻身国际六大世界级城市群，是"一带一路"和长江经济带重要交汇地带，在国家区域经济建设过程中具有异常重要的战略地位。安徽省资本市场与长三角的绝对差距依然较大。安徽省资本市场发展至今，取得了长足的进步，但在支持省内经济发展方面仍有短板。

1. 金融业总量不足，增速较快

安徽省金融业增加值明显低于长三角其他省市，但增长较快（见图8）。浙江省金融业增加值增速在2012年经历了较大的滑坡，安徽省增速在2012年到2014年经历了一次过山车，目前增速在20%左右，较为稳定（见图9）。

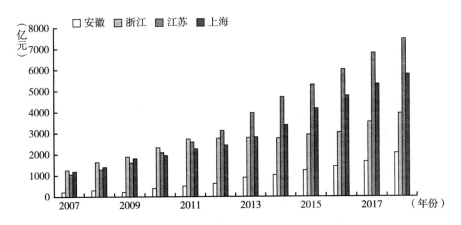

图8 长三角各省市金融业增加值

资料来源：Wind、华安证券研究所。

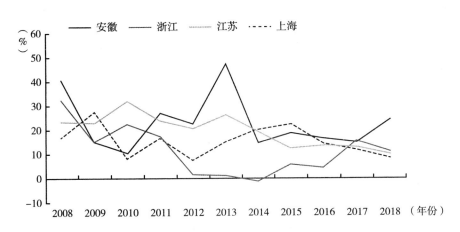

图9 长三角各省市金融业增加值增长情况

资料来源：Wind、华安证券研究所。

安徽省金融业增加值占第三产业增加值的比例从 2007 年的 8% 稳步上升到 2018 年的 15%，金融业在安徽省 GDP 中的贡献率在不断提高。对比长三角其他省市，上海金融业增加值占第三产业增加值比重从 2007 年的 18% 上升至 2018 年的 25%，处于领先地位（见图 10、图 11）。

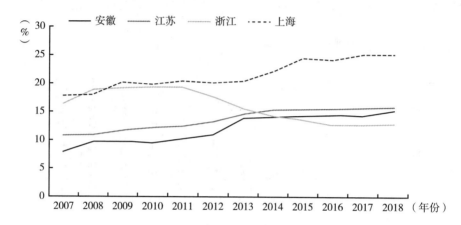

图 10　长三角各省市金融业增加值占第三产业增加值比重

资料来源：Wind，华安证券研究所。

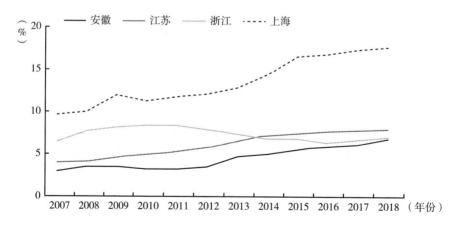

图 11　长三角各省市金融业增加值占 GDP 比重

资料来源：Wind，华安证券研究所。

2.资本市场发展不充分，差距明显

为了更好地对标长三角区域资本市场，我们选取以下四个维度作为考察的重点：省内上市公司数量、直接融资规模、省内金融机构实力、省内金融机构对内服务能力。

（1）上市公司数量基数小、增加慢

安徽省上市公司2018年为103家，较上年增加0.98%。横向比较来看，2018年浙江省上市公司432家，江苏省401家，上海市287家。回溯2007年，浙江、江苏、上海、安徽的上市公司分别为122、109、156、52家。安徽省上市公司数量基数小、增加慢（见图12、图13）。

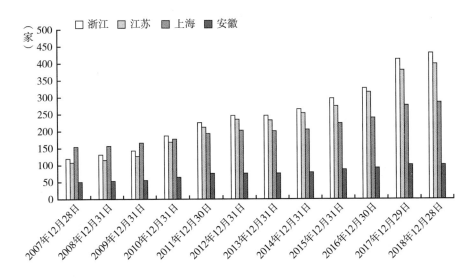

图12 长三角各省市上市公司家数

资料来源：Wind，华安证券研究所。

安徽省直接融资规模显著小于上海、浙江、江苏等经济发达地区。以江苏为例，2017年安徽、江苏的直接融资规模分别为463亿元、2116亿元，江苏是安徽的4.57倍（见图14）。

（2）省内金融机构体量偏小

安徽省本土券商（华安证券、国元证券）处于行业中游位置，体量偏

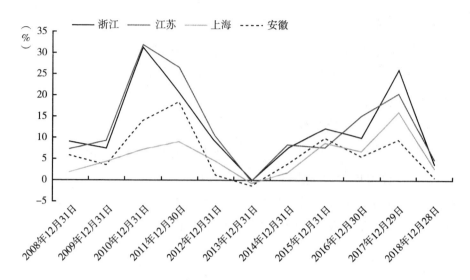

图13　长三角各省市上市公司家数增速

资料来源：Wind，华安证券研究所。

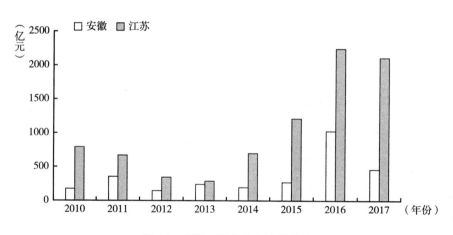

图14　安徽、江苏直接融资情况

资料来源：Wind，华安证券研究所。

小，综合竞争实力不强。国泰君安和海通证券占据长三角区域的前两席，净资本分别为865.76亿元、713.77亿元，而国元证券、华安证券分别为184.84亿元、105.7亿元。

（3）对内服务融资承销表现突出

安徽省 106 家上市公司中有 52 家首发主承销商为省内券商，占比达到 49.1%，相比长三角区域其他省市这一比例优势明显（浙江、上海、江苏这一比例分别为 2.45%、17.69%、20.43%）（见图 15）。增发方面，安徽省内上市公司由省内券商主承销的增发次数占比每年基本维持在 30% 附近，与长三角区域其他省市相比也不落下风（见图 16）。

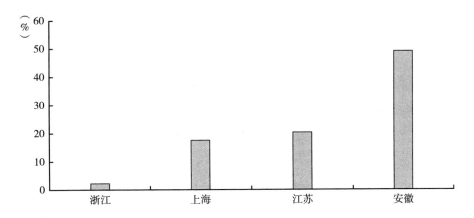

图 15　长三角本土券商首发主承占比

资料来源：Wind，华安证券研究所。

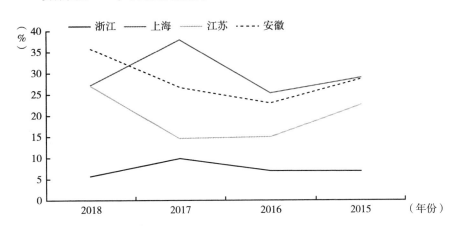

图 16　长三角本土券商增发主承占比

资料来源：Wind，华安证券研究所。

（三）现阶段安徽资本市场支持区域经济发展中存在的问题

1. 金融业对省内经济贡献度仍有上升空间

近些年安徽省金融业规模整体保持稳步增长，金融业增加值也持续扩张。从前面分析可知，安徽省金融业增加值占第三产业增加值及 GDP 比重，近 10 年来稳步上升。但与长三角其他省市相比，绝对数值依然偏低，说明金融业对省内经济的贡献度仍有较大的上升空间。怎样提高安徽金融业在 GDP 中的贡献率，如何加快安徽金融业的发展使之发挥在现代经济中的核心作用，是我们必须要思考的问题。

2. 资本市场仍需发展，股权交易市场仍待规范

在肯定安徽省多层次资本市场发展改革成绩的同时，也不能忽视当前全省资本市场发展中存在的问题。一是直接融资规模不够大，股票融资规模偏小；二是省会城市一枝独大，区域资本市场发展不平衡；三是企业对接多层次资本市场意识不够强，全省证券化率仍低于全国平均水平；四是潜在金融风险不可忽视，企业生产经营压力较大；五是证券公司经营实力有待增强，对全省资本市场引领作用还不够；六是基金管理有待进一步规范，对省内企业并购重组、转型升级的推动作用不够显著；七是安徽省股权托管交易中心融资能力尚显不足，影响了企业进场挂牌的积极性，相关能力有待提高。

五　金融供给侧改革视角下安徽区域资本市场高质量发展政策建议

在长三角区域内，安徽经济发展水平相比江浙沪差距较大，但安徽正在逐步追赶中。省内经济正面临产业结构调整，肩负着承接长三角产业转移和自身产业升级的重任。而省内资本市场对省内经济贡献度与长三角其他省市相比仍有上升空间。在金融供给侧改革和省内产业结构调整的背景下，省内资本市场发展需要探索新的发展路径。

（一）合理制定并落实区域资本市场规划

前面的实证研究证实了金融发展对经济发展存在显著的促进作用，而安徽省省内资本市场总体规模仍不足，需要大力发展。要以金融体系结构调整优化为重点，优化融资结构和金融机构体系、市场体系、产品体系，以适应实体经济需求并促进经济结构调整。

在优化融资结构方面，要提高直接融资比重，转换促进经济发展的金融动能因素。安徽省直接融资占比在长三角区域内处于低位，甚至在 2017 年出现了下滑，风险更集中在银行业，增加了企业杠杆率，也难以满足经济发展的融资需求。尤其是在促进高新技术产业发展和传统产业升级方面，直接融资的推动作用会高于间接融资，但省内直接融资的缺失，抑制了高端产业的发展壮大。

在基础设施建设上，优化金融发展环境，进行适度监管，既要防范风险，又要有利于金融创新；建设跨部门的区域信息共享平台，稳步推进省内信用体系建设，尤其是中小微企业信用体系建设，建立统一的信用信息共享平台，实现行业和部门间信用信息的互通共享，改善信息不对称的情况。

（二）积极打造区域资本要素市场

1. 形成区域性股权市场、新三板、主板多层次资本市场

深化多层次资本市场建设，打造企业融资平台。壮大区域性股权市场、新三板市场、创业板市场、中小板市场、主板市场，甚至海外资本市场队伍，完善各层次市场间的互通机制，扩大多层次资本市场区域覆盖广度和深度，尤其注重创新载体和创新孵化体系的建设。

省内创业板、中小板和主板上市企业在长三角区域中数量基数小、增加慢，直接融资规模在 2018 年还出现了下滑。这一方面说明省内上市公司的后备力量不足，需要通过区域性股权市场、新三板市场为省内的上市队伍提供优质的后备力量；另一方面说明已上市公司发展后续力量不足，因为目前省内上市公司多布局传统产业，缺乏成长能力，省内金融机构应该充分挖掘

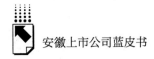

和配合这些传统企业转型升级或资源整合的需求，促进企业新动能的培育。

在培育省内上市队伍后备力量方面，充分发挥省内区域性股权市场也就是四板市场的作用，尤其是安徽省股权托管交易中心科技创新专板实现安徽科创企业对接上交所科创板上市的"孵化器"作用，提高广大新兴产业企业对接区域性股权交易市场的便利度。

抓住科创板注册制机遇，根据省内各地市的资本市场发展程度进行分层培育，其中合芜蚌地区作为创新基地培育创新产业力量，是提高区域性股权市场内企业质量和市场活跃度的关键，为推进新兴产业类公司上市提供后备力量；其他地区增加多层次资本市场覆盖的深度，为壮大和升级自有产业和承接外部产业服务。

2. 扩大债券融资规模

支持企业利用交易所市场、银行间市场、省区域性股权交易市场、境外债券市场，灵活运用企业债、公司债、可转债、中小企业私募债、短期融资券等多元化融资工具实施债券融资，拓展融资渠道。鼓励省内国有融资担保机构发挥政策性担保作用，为中小企业和重点项目债券融资提供担保增信。在地方政府专项债发行及项目配套融资方面，发挥地方专项债的逆周期功能，完善专项债券管理及配套措施，把专项债纳入项目资本金和金融机构配套融资支持，加快和优化地方债的市场化进程和流动性改善。

3. 培育多元化市场参与主体，完善小企业金融服务机构体系

培育多元化市场参与主体，一方面提高省内券商的金融服务能力，另一方面鼓励股权投资基金、信托、保险等的参与。

省内券商较长三角区域体量偏小，培养和挖掘新兴产业和民营企业新上市主体能力不足，在服务已上市公司时缺乏对新兴产业的资本运作能力，而且在支持省内中小微企业服务机构方面有所欠缺，应加强对本地商业银行、中小非银机构的服务与支持，维护同业业务的稳定，安抚市场情绪，打消部分金融机构的顾虑。

当前省内形成了以安徽省投资集团、国元集团、华安证券为主导的产业发展基金，覆盖了科技企业从初创期到成长期、成熟期的股权投资基金体

系。整体来看，省属企业发挥了充分的带头作用，但更需要市场资金的推动，应该鼓励境内外各类私募股权投资管理机构、信托机构落户安徽，促进省内私募股权基金、产业并购基金和信托业务的发展。鼓励保险公司中长期资金入市，充分发挥保险资金长期投资优势。全国性大型银行可以通过设立金融控股平台或理财子公司拓展直接融资功能。

4. 运用金融科技武装金融机构

金融科技的发展可以使金融机构从普惠群体中找到合理的盈利模式，大数据可以帮助金融机构精准获客、精准营销，物联网技术可以帮助中小微企业进行动产融资，人工智能可以帮助商业银行等金融机构建立批量化、流程化、工厂化的信贷模式。当前市场有很多可以帮助金融机构优化流程、降低金融服务成本、提高金融效率的金融科技企业，金融机构应该积极与金融科技企业融合，加快金融科技发展的步伐。

（三）加大资本市场与产业结合力度

安徽省第二产业占比大，且在长三角区域内最高，达到46%，其中制造业占工业比重最大，加大省内资本市场与产业结合力度，关键就是与制造业的结合力度，打造先进制造业，推动省内制造业高质量发展。

1. 加速传统产业升级

安徽省传统工业如采掘业、石油加工、水泥、钢铁、有色、电力等在工业经济中占比60%，其中国企占比高，所以在加速传统产业升级中，首先，资本市场要积极配合供给侧改革，对传统产业去产能，加速化解过剩产能，推动行业内资源整合，为行业内兼并重组提供条件，促进资金从产能过剩和僵尸企业中退出；其次，推动传统产业综合运用新技术、新材料、新工艺、新装备和新商业模式实现改造升级，配合企业在加大智能化和绿色化改造中的资金需求，促进其向价值链高端发展，提升产业整体素质和核心竞争力；最后，配合省内国企改革，提升资产证券化率，协助引入社会资本和社会监督，帮助引入战略投资者，为国企打开外部发展空间和建立专业运作团队。

2. 推动新兴产业发展

安徽在融入长三角经济一体化发展后，主动跟上江浙沪制造业分工、升级步伐，实现安徽制造业高质量发展。一方面，为构建长三角地区科技创新共同体，在量子通信、新能源汽车、5G等领域实现等高对接，在新型显示、人工智能等领域实现错位发展，实现自身产业的升级；另一方面，积极承接产业转移，从产业结构梯度来看，江浙沪"三二一"的产业结构与安徽的"二三一"正好形成产业互补，也为产业协作对接带来可能，目前在生物医药、集成电路、机器人、智能家电等领域充分发挥皖江城市带等地域承接产业转移优势，实现产业互补。无论是产业结构升级还是承接区域产业转移都迫切需要金融支持，需构建风险投资、银行信贷、债券市场、股票市场等全方位、多层次金融支持服务体系。当前，应一方面扩大安徽省科创专板规模，聚焦新一代信息技术、高端装备制造和新材料、新能源及节能环保、生物医药、技术服务五大产业领域，通过挂牌培育、孵化，为科创板输送上市资源；另一方面，强化已有新兴产业内上市公司实力，推广"上市公司＋产业基金＋孵化器"模式，形成更多如华米科技、科大讯飞建立的产业基金，形成以上市公司为核心的相关产业集群。

（四）完善区域金融风险管理体系

1. 坚持金融服务实体经济

为实体经济服务是金融的天职，也是防范金融风险的根本举措。所以，金融业要回归金融本源，加大对实体经济的支持力度。要加大对具有竞争力的先进制造业和从中低端向中高端攀升的制造业的支持力度，加强对小微企业、三农和偏远地区的金融服务，加大普惠金融的推进力度。

2. 强化全面风险管理

全面风险包括信用风险、流动性风险、房地产领域风险等传统领域风险，以及债券波动、交叉金融产品风险、互联网金融风险等非传统领域风险。要充分认识金融风险的严峻性和复杂性，主动开展风险排查，提高风险防范的前瞻性、敏感性和针对性。要结合实际，合理确定风险偏好，科学测算风险承受水平，完善风险内控体系，促进风险管理能力提升。

推动不良贷款的处置，在充分运用好诉讼清收、重组转化、以资抵债等传统手段清收的同时，积极而又慎重地做好不良资产打包转让和不良资产证券化工作。

推进合规文化建设。金融机构要把合规文化的理念融入经营管理活动的全过程，破除违规违纪、违法案件产生，旨在建立内控有制度、部门有制约、岗位有职责、操作有程序、过程有监督、风险有监测、责任有追究的良好局面。

3. 金融创新的风险把控

金融创新是提升金融业服务水平和竞争力的关键，必须鼓励金融创新。但金融创新必须有体制机制改革配套，注重金融创新和制度监管的同步，避免出现金融创新由于制度监管"缺位"而导致的"野蛮生长"问题。在创新的过程中要严格监控杠杆率，防范高杠杆带来巨大的风险并最终可能引发金融危机。因此，要搞好实际调研与风险分析，重视创新过程中的风险控制，合理分散金融风险。

六　结论

2019年2月22日，中共中央政治局就完善金融服务、防范金融风险举行第十三次集体学习，会议首次提及"金融供给侧结构性改革"。金融供给侧改革是针对当前金融市场存在金融资源配置不合理、直接融资与间接融资发展不平衡、金融机构发展不平衡等深层次、结构性矛盾等问题，提出要提升金融服务实体经济水平，坚定推进资本市场改革，优化大中小金融机构布局，提升金融市场双向开放水平，从而为我国经济高质量发展提供重要支撑。

在这个背景下，本报告立足安徽省乃至长三角区域的金融发展现状，着重研究分析了省内资本市场的发展情况，发现金融发展对区域经济发展有显著的促进作用，其中直接融资能更有效地提振区域经济发展，安徽省金融业经过近年来的快速发展已逐步建立了多层次资本市场体系，形成了银行业、证券业、保险业等多种金融机构共同发展的布局，金融体系不断完善，但仍出现了不少问题。首先，整体金融业对省内经济贡献度仍有上升空间，与长三角其他省市相比，绝对数值依然偏低；其次，省内券商体量偏小，证券市场的制度建设仍需完善，股权交易市场仍待规范，一些历史遗留问题仍然影响企业融资；最后，省内间接融资仍然占据主导地位，融资结构有待改善。

具体到省内资本市场，对比长三角区域内其他省份，各层次资本市场规模虽然扩充迅速，但仍表现出市场上企业规模和质量不佳的问题，尤其是底层的四板和新三板市场，没有为主板或海外资本市场提供优质的后备力量，在满足新兴产业和民营企业的资金需求上仍有所欠缺。市场投资主体单一，中小微金融机构规模较小，还是不能实现金融广度和深度覆盖。

对比省内经济和资本市场与长三角其他省份的差距，结合金融供给侧改革，本报告从区域规划、体系构建、服务实体以及完善风险管理体系四个方面，探索省内资本市场发展推动经济发展的有效路径，助力省内经济产业结构调整，实现承接长三角产业转移和自身产业升级的重任。

首先，合理制定区域规划，在扩大金融业规模、继续推动经济发展的同时，依托省内实体经济发展和产业结构调整的资金需求，以金融体系结构调整优化为重点，优化融资结构和金融机构体系、市场体系、产品体系，优化金融发展环境，加强金融基础设施建设，改善信息不对称情况。

其次，省内金融体系需要建立多层次资本市场，改善区域内融资环境。扩大直接融资比重，改善区域性股权市场融资环境。扩大债券融资规模，鼓励为中小微企业债券融资提供担保增信，支持利用多元化融资工具实施债券融资，拓展融资渠道，同时发挥地方专项债的逆周期功能。提高市场投资主体多元性，培养股权投资基金、信托、保险，为新兴产业优质企业、高新技术企业提供全生命周期的金融服务。以金融科技武装金融机构，通过大数据、人工智能提高金融效率，降低金融服务成本。

再次，加大资本市场与产业结合力度，特别是与制造业的结合力度，打造先进制造业，推动省内制造业高质量发展。从加速化解过剩产能推动行业内资源整合，运用新技术进行智能化、绿色化改造，配合省内国企改革三个角度加速传统产业升级，同时助力省内新兴产业发展。

最后，完善区域风险管理体系，坚持服务实体经济，还原金融的本质属性，在现有金融体系下强化全面风险管理，针对金融创新要严把风险控制。

B.13
安徽信用债指数基金在构建企业融资
长效机制中的作用

郜　哲*

摘　要： 指数投资具有分散化、透明化、规则化的优点，可以有效解决当前去杠杆的宏观环境下投资信用债的各类风险；同时，安徽信用债指数基金提供的收益具有吸引力，可通过市场化手段达到资金的有效配置，助力企业融资。

关键词： 指数投资　去杠杆　企业融资　长效机制

企业作为市场经济中的主体，顺畅的融资通路是其发展的重要前提，当前筹集资金的方式一般有六种：吸收直接投资、发行股票、银行借款、商业信用、发行债券和融资租赁。对应融资渠道来看，如表1所示。

表1　筹资方式与筹资渠道的对应关系

	吸收直接投资	发行股票	银行借款	发行债券	商业信用	融资租赁
国家财政资金	√	√				
银行信贷资金			√			
非银行金融机构资金	√	√	√	√		√
其他企业资金	√	√		√	√	√

---

* 郜哲，理学博士，毕业于北京大学信息科学与技术学院，现任华富基金创新业务部基金经理。

续表

	吸收直接投资	发行股票	银行借款	发行债券	商业信用	融资租赁
居民个人资金	√	√		√		
企业自留资金	√	√				
外商资金	√	√				√

但是，在目前产业结构转型、经济增速换挡的宏观背景下，对于企业，特别是中小企业而言，无论采取哪种融资方式，融资成功的难度都很大，融资方式也受到很大的约束，达不到融资的目的。因此如何充分发挥市场化资金配置的作用，建立解决中小企业融资难问题的长效机制成为当前关注的热点。

报告分为以下五个部分：第一部分介绍安徽省企业融资概况以及当前环境下企业融资所面临的主要问题；第二部分介绍安徽信用债指数基金如何通过被动投资的方式提升企业融资的效能；第三部分介绍安徽信用债指数基金特征及对投资者的吸引力；第四部分介绍安徽信用债指数基金如何增强机构投资者债券投资意愿进而助力企业长期融资；第五部分总结全文。

一 安徽企业融资概况及当前环境下所面临的主要问题

（一）融资概况

从安徽上市公司总融资规模及增长率变化来看，近五年安徽上市公司总融资规模显著扩大，且历年增长率也在稳步上升（见图1）。

从融资构成来看，银行贷款仍是最主要的方式，但对于中小企业来讲，很难从银行获得成本较低的贷款。随着2017年以来监管对股市再融资的收紧，以及2018年股市的持续低迷，股票融资的增长率也连续两年

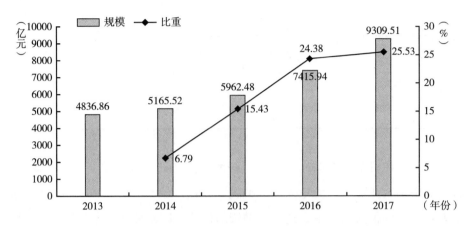

图1　2013～2017年安徽上市公司总融资规模及增长率

下降。因此，在各类融资手段中，发展融资成本较低的债券融资，具有重要的意义。

（二）债券融资概况

截至2019年1月16日，安徽省信用债总计540只，债券余额5070亿元，其中，国企483只，4480亿元；民企57只，590亿元。发行主体166个，其中国企148个，民企18个。

发行人公开评级AAA、AA＋、AA、AA（不含）以下占比分别为27%、25%、39%和9%。

安徽省上市公司信用债行业分布情况见图2。

（三）当前宏观环境下企业融资面对的主要困难和问题

2018年以来，经济呈现"三降两稳"特征，增长减速，贸易顺差大幅收窄，经济效益增势减弱，城镇居民人均可支配收入、规模以上工业企业利润增幅均有所放缓。随着中美贸易摩擦不断、金融去杠杆深入、证券市场波动加剧等多种因素交织叠加，经济不确定性及变数增加，下行压力持续加大。部分民营企业和小微企业融资难、融资贵，民企违约率上升，导致金

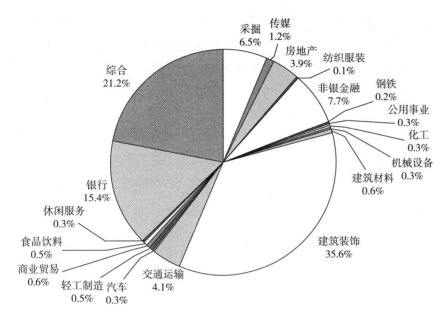

图 2　安徽省上市公司信用债行业分布

融机构风险偏好下降，从而形成负循环，加大了实体企业融资难度，进一步推高了企业的信用风险。2018 年以来有 53 个发行主体，161 只债券发生违约，违约债券金额约 1450 亿元，是债券市场成立以来违约债券金额最多的一年（见图 3）。

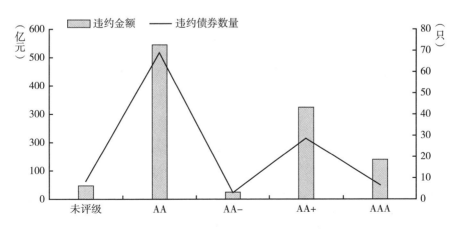

图 3　2018 年信用债违约情况统计

市场投资者或选择投资高评级国企的债券规避风险，或放弃投资信用债而转投政府债券。自 2017 年 11 月，社会融资余额增速同比持续下滑（见图4）。2018 年 11 月新发债券中，AAA 评级占比 66%，而民企发债占比仅为 7.5%（见图5）。

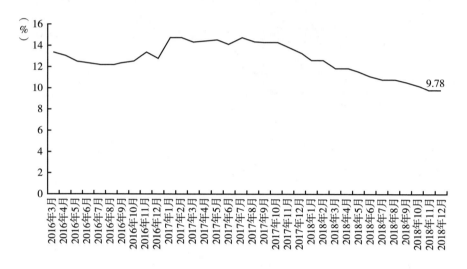

图 4　近年社会融资规模走势

虽然央行 2018 年 4 次降准，但是货币政策传导不畅，实体企业始终处于融资难的境地。2018 年末，中央政治局召开经济工作会议，要求坚持稳中求进的工作总基调，保持经济持续健康发展和社会大局稳定。监管部门也密集出台关于解决民营、小微企业融资难融资贵问题的系列政策，推动金融支持实体经济。

在实际推动中，若想达到上述目标，关键在于解决以银行为首的机构投资者风险偏好较低、没有适当投资工具作为抓手的痛点。因此，创新信用债融资工具，引导金融直接支持实体经济，顺应了当前经济下行逆周期调控、宽信用的经济大环境，并且可为企业融资长效机制提供重要助力。

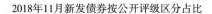

2018年11月新发债券按公开评级区分占比

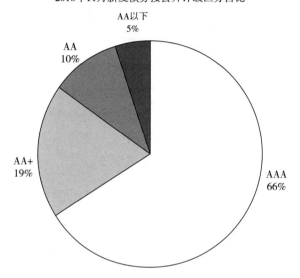

2018年11月新发债券按主体性质区分占比

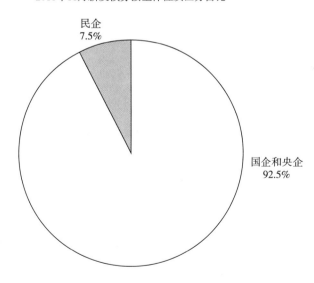

图5 近年社会融资分项走势

二 债券指数基金对改善安徽企业融资效能的意义分析

（一）被动投资概述

1. 被动投资与主动投资的区别

被动投资策略是指以长期收益和有限管理为出发点来购买投资品种，一般选取特定的指数成份股作为投资对象，不主动寻求超越市场的表现，而是试图复制指数的表现。被动投资持仓透明，分散化投资，波动小，长期收益好于主动投资基金。被动投资与主动投资对比见表2。

表2　被动投资与主动投资对比

	被动投资基金	主动投资基金
投资者基金选取考量	大类资产与风格的择时判断	基金管理人的挑选
投资收益来源	基金跟踪标的指数业绩	基金经理选股能力

2. 被动投资长期收益优势及其成因

从海外成熟市场来看，战胜指数尤为困难，从1963年至2008年的46年中，超过一半时间，普通股票型基金未能跑赢市场指数（见图6）。

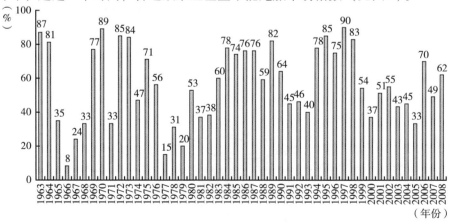

图6　海外主动管理式基金长期表现

被动式基金长期收益的优势主要来自市场结构中机构投资者的占比。机构投资者相对散户信息优势明显，因此机构投资者占比较高的市场中，指数反映了较完整的公开市场信息，主动选股难度较大，主动基金难以产生超额收益。从国内市场的投资结构来看，随着散户比例减少，专业机构比例持续提升（见图7），市场对证券定价更为有效，未来主动式基金可能难以持续跑赢指数。

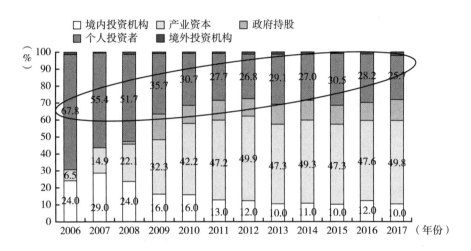

图7　国内股票市场投资者结构变化

3. 被动投资的实现形式

被动投资在产品实现上大体分为 ETF 基金与指数基金，两者都以跟踪指数为目标。ETF 基金相比指数基金，由于其上市交易及实物申赎的特点，具有跟踪偏离更小、完全复制、无现金拖累等优势。被动投资实现形式见图8。

4. 国内指数基金产品发展情况

2004 年国内开始发行指数产品，截止到 2018 年 12 月 31 日，市场上 ETF 共 157 只（不含货币），规模 3200 亿元，指数基金 513 只，规模 4500 亿元（见图9）；相比 2017 年底规模分别增加 880 亿元、1230 亿元，上涨幅度均为 38%。

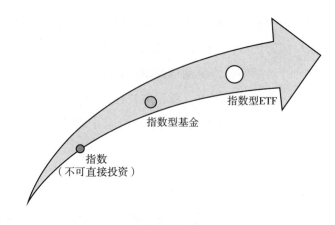

图8 被动投资实现形式

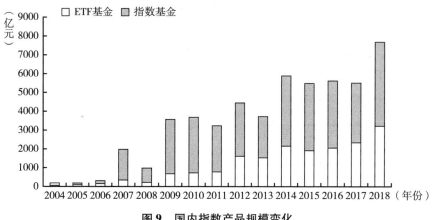

图9 国内指数产品规模变化

（二）债券指数基金发展概述

国内债券指数基金占债券市场比重低于股票指数比重，远低于海外债券指数基金市场占比（见图10）。

经统计2011年至2018年12月31日，市场上共有46只债券指数基金（合并A\C份额）成立，还有2只正在发行。图11显示的是历年成立的债券指数基金数量，相较于2011年至2015年，2016年开始债券指数基金的数量明显攀升。

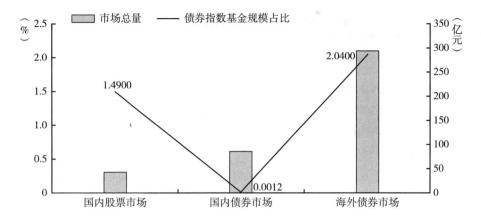

图 10　国内债券指数基金规模占比

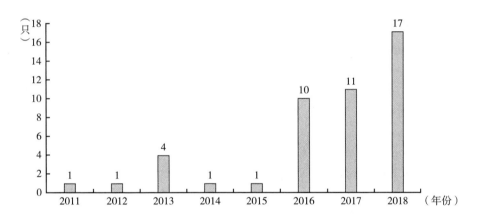

图 11　历年成立的债券指数基金数量情况

2018 年所有债券指数类产品（除指数分级产品）均获得正收益（见表 3），2018 年平均回报为 5.23%，有 40 只产品（A/C 份额分开计算）收益超过 5%，而货币基金的平均回报为 3.43%，混合型基金的平均回报为 -13.04%，股票型基金的平均回报为 -22.10%，债券指数基金收益优势明显。

表 3   2018 年信用债指数基金及 ETF 表现

证券简称	基金成立日	单位净值（元）	2018 年以来回报(%)	成立以来回报(%)
华夏 3～5 年中高级可质押信用债 ETF 联接 A	2018 – 05 – 03	1.0603	6.03	6.03
华夏 3～5 年中高级可质押信用债 ETF 联接 C	2018 – 05 – 03	1.0586	5.86	5.86
中银中债 7～10 年国开债	2018 – 03 – 30	1.0785	7.85	7.85
富国中证 10 年期国债 ETF	2018 – 03 – 19	106.4015	6.40	6.40
广发中证 10 年期国开债 A	2017 – 11 – 15	1.1044	9.84	10.44
广发中证 10 年期国开债 C	2017 – 11 – 15	1.0828	9.76	10.33
建信中证政策性金融债 1～3 年	2017 – 08 – 09	1.0775	6.49	7.75
建信中证政策性金融债 8～10 年	2017 – 08 – 09	1.1322	12.37	13.22
国泰上证 10 年期国债 ETF	2017 – 08 – 04	105.9350	7.60	5.94
银华中债 AAA 信用债 A	2017 – 06 – 21	1.0809	7.58	8.09
银华中债 AAA 信用债 C	2017 – 06 – 21	1.3146	8.31	16.55
银华 10 年期地方债 A	2017 – 06 – 16	1.0886	8.79	8.86
银华 10 年期地方债 C	2017 – 06 – 16	1.1050	10.56	10.50
银华 5 年期地方债 A	2017 – 06 – 01	1.0742	6.73	7.42
银华 5 年期地方债 C	2017 – 06 – 01	1.0751	6.92	7.51
银华 10 年期金融债 A	2017 – 04 – 17	1.0879	11.23	8.79
银华 10 年期金融债 C	2017 – 04 – 17	1.0805	10.73	8.05
银华 5 年期金融债 A	2017 – 04 – 17	1.0861	8.64	8.61
银华 5 年期金融债 C	2017 – 04 – 17	1.1088	11.11	10.88
工银国债(7～10 年)指数 A	2017 – 01 – 04	1.0468	7.07	4.68
工银国债(7～10 年)指数 C	2017 – 01 – 04	1.0465	7.10	4.65
银华上证 10 年期国债 A	2016 – 12 – 05	1.0562	7.32	5.62
银华上证 10 年期国债 C	2016 – 12 – 05	1.0519	7.69	5.19
银华上证 5 年期国债 A	2016 – 12 – 05	1.0588	7.26	5.88
银华上证 5 年期国债 C	2016 – 12 – 05	1.1527	7.32	5.52
兴业中高等级信用债	2016 – 11 – 04	1.0130	7.54	10.35
易方达 7～10 年国开行	2016 – 09 – 27	1.0334	12.08	3.34
广发 7～10 年国开行 A	2016 – 09 – 26	1.0449	12.46	4.49
广发 7～10 年国开行 C	2016 – 09 – 26	1.0331	12.48	3.31

证券简称	基金成立日	单位净值（元）	2018 年以来回报(%)	成立以来回报(%)
南方中债 10 年期国债 A	2016 - 08 - 17	1.2511	7.13	3.24
南方中债 10 年期国债 C	2016 - 08 - 17	1.2149	6.76	2.43
易方达 3 ~ 5 年期国债	2015 - 07 - 08	1.1390	6.55	13.90
海富通上证可质押城投债 ETF	2014 - 11 - 13	96.3890	6.88	21.10
国泰上证 5 年期国债 ETF	2013 - 03 - 05	116.2770	5.74	17.68
嘉实中证中期企业债 A	2013 - 02 - 05	1.1198	6.12	23.08
嘉实中证中期企业债 C	2013 - 02 - 05	1.1240	5.80	23.00
易方达中债新综合 A	2012 - 11 - 08	1.3416	8.25	34.16
易方达中债新综合 C	2012 - 11 - 08	1.3204	7.96	32.04
华夏亚债中国 A	2011 - 05 - 25	1.2190	9.03	34.47
华夏亚债中国 C	2011 - 05 - 25	1.1850	8.62	30.87

通过上述数据可以看到，作为一类重要的资产债券投资工具，目前国内债券指数产品尚有很大的市场空间，区域性债券指数产品更是一片空白。布局安徽省信用债指数基金具有重要意义。

（三）安徽信用债指数基金的意义

1. 以指数的形式展现安徽经济建设的成果

安徽省不仅是承接沿海发达地区经济辐射和产业转移的前沿地带，也是我国实施西部大开发、中部崛起发展战略的重要区域。安徽省 GDP 增速一直位居全国前列，自 2008 年开始安徽省 GDP 增速持续高于全国平均水平。中债 - 安徽省公司信用类债券指数由为安徽省经济发展做出突出贡献的国有企业和民营企业所发行的债券组合而成，可以清晰刻画安徽经济快速发展的显著成果，是安徽省经济建设发展成果的外在表现。

2. 展现安徽企业发展状况，推进经济结构改革

近年来，安徽省致力于供给侧结构性改革，产业结构和发展质量不断优化与提高，为未来经济持续增长提供了充足动力。中债 - 安徽省公司信用类

债券指数通过样本债券在行业和地区分布、发行利率、剩余期限等方面的展示，吸引全国金融机构对安徽发行债券的企业进行持续研究和跟踪，可以助力企业经营管理改革，推进安徽省经济结构持续优化。

3. 助力构建安徽企业融资长效机制

通过中债－安徽省公司信用类债券指数基金的持续投资，可以使安徽利用市场化手段提高安徽企业债券成交活跃度、吸引市场关注、建立安徽企业融资的长效机制，从而有利于安徽企业借助债券市场进行直接融资。这对推动安徽企业融资成本降低、改善融资环境及提升融资效率具有重要意义。

4. 提升安徽省的知名度

编制中债－安徽省公司信用类债券指数并设立指数基金（简称安徽信用债指数基金），将成为继城镇化基金、债转股项目等安徽省创新项目后的又一重要举措。借助公募基金的普惠效应，在全国范围内发布中债－安徽省公司信用类债券指数并发售挂钩该指数的基金产品，有利于吸引社会各界对安徽省参与资本市场的关注，提升安徽省在资本市场的影响力和知名度。

三 安徽信用债指数基金设计及投资价值

（一）安徽信用债指数基金的编制方法

中债－安徽省公司信用类债券选取注册地在安徽省的企业发行的企业债、公司债、中期票据、短期融资券、超级短期融资券，剩余期限不限。对于成分券的评级要求同时满足：

（1）发行人公开评级 AA 及以上，或者发行人为 AA －，但债项增信至 AAA。

（2）中债隐性评级 AA － 及以上。

成分券按照市值加权，其目的是让"风险收益比"高的债券标的权重更大。具体来看，在不同评级个券之间，评级高的券市值大（如 AAA 的市值大于 AA +）；在同评级个券之间，收益率高的券市值大。所以用市值来加权，可自然达到上述目标。

（二）中债－安徽省公司信用类债券指数的统计特征

截至 2019 年 2 月 28 日，中债－安徽省公司信用类债券指数（CBA07901）成分债券基本统计特征如表 4 所示。成分券涵盖安徽省大部分优质企业，既有国有大中型骨干企业，也有省内较大规模的民营企业，其分布特征见图 12。

表 4　中债－安徽省公司信用类债券指数基本统计特征

债券数量	总市值	加权剩余期限	加权票面利率
429 只	3766 亿元	4.72 年	5.43%

（三）安徽信用债指数基金投资价值分析

1. 安徽信用债指数基金收益具有较高吸引力

从数据回溯来看，安徽信用债指数历年涨幅均为正，综合过去三年的年化涨幅也超过了 5%，一年年化涨幅更是接近 8%。从波动率来看，无论是一年，还是三年，在债券类指数基金中，波动率均较低（见图 13）。

如果将安徽信用债指数基金扣费后收益与其他可比的投资品进行比较，可以看到，在 2015 年到 2018 年这个长周期内，该产品依然是收益占优的（见图 14）。

从指数的统计特征和收益特征可以看到，安徽省信用债指数一方面具有较高覆盖度和代表性，可以起到表征地方经济发展的作用；另一方面收益具有较高的吸引力，可引入更多投资者，助力企业，特别是中小企业融资，为政府宽信用政策落地提供合适的市场化工具。

2. 分散化投资

随着信用债市场的不断发展与成熟，信用风险问题成为专业投资人在投资信用债时必须考量的因素，与投资若干个券相比，指数基金可以通过一篮子组合充分分散、减少个券的信用风险。安徽信用债指数中含有 429 只成分

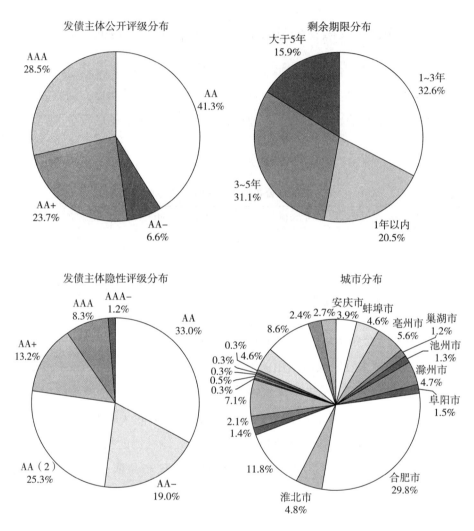

图12 中债－安徽省公司信用类债券指数成分券分布特征

券，涉及发债主体 133 家，单券在整个指数组合中的权重为 1.3%。单券发生违约，对基金净值的影响要远远小于主动型债券基金。

3. 税收优化安排

根据相关法规规定，投资人购买基金后，基金分红部分免收所得税。所以一般机构客户直接买入信用债，利息收入需要缴纳所得税，但如果是购买信用债基金，当基金通过分红来实现成分券的派息时，客户就可以免税。因

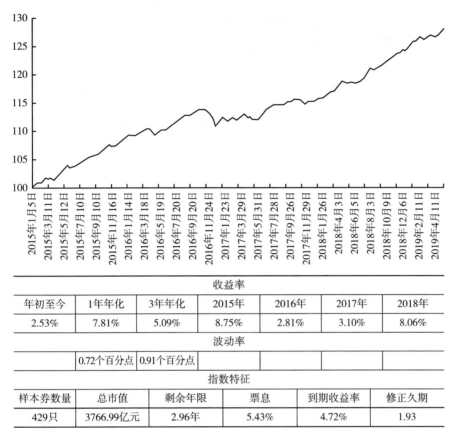

收益率						
年初至今	1年年化	3年年化	2015年	2016年	2017年	2018年
2.53%	7.81%	5.09%	8.75%	2.81%	3.10%	8.06%
波动率						
	0.72个百分点	0.91个百分点				
指数特征						
样本券数量	总市值	剩余年限	票息	到期收益率	修正久期	
429只	3766.99亿元	2.96年	5.43%	4.72%	1.93	

图 13 安徽信用债指数变动趋势及收益表现

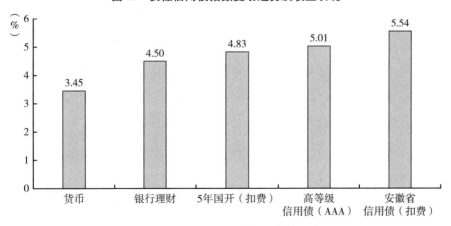

图 14 安徽信用债指数基金长期收益表现

459

此相比于直接持有信用债，基金分红能够帮助投资者获得债券派息以及资本利得带来的税收减免，提高投资收益率。

基于以上三点，信用债指数基金将对银行等机构投资者形成较大的吸引力，投资安徽信用债指数基金，就相当于投资了一篮子的安徽省内信用债，这样，省内大中小企业的融资问题均能得到一定程度的解决。市场化的行为提高了债券市场的流动性，从而为企业的长期融资提供了极大的助力。

四　安徽信用债指数基金在助力企业融资中的作用

2018 年以来国内经济下行，企业融资困难，信用风险频发。政府及监管机构多次出台支持企业融资政策，希望为企业发展营造良好的融资环境。然而以银行为代表的机构投资者在信用债的主动投资中，面临一些道德风险及操作风险的难题，从而降低了债券投资的意愿。而这通过中债－安徽省公司信用类债券指数基金的指数化被动投资方式，均能得到很好的解决。

在提升投资者债券投资意愿后，可盘活区域信用债市场，从而为企业构建市场化的融资机制，这样才能形成不受制度影响的长效机制。

（一）解决信用债投资中面临的道德风险

当前监管层窗口引导银行支持实体经济，特别是解决小微企业的融资问题，但银行在落实时，在投资标的的选择上面临较大的道德风险，由于各银行当前的主动投资规则难以做到完全透明和规则化，难以解释是否有利益输送之嫌。

通过投资中债－安徽省公司信用类债券指数基金，投资者对信用债的投资可以变得透明而规则化，从而为银行等机构投资者贯彻政府金融服务实体经济的政策提供了强有力的抓手。

该基金所跟踪的指数由中债金融估值中心有限公司编制，编制方式公开透明，任何人均可通过公开途径查询得到，按照编制规则筛选，均可得到相同的指数成份股。

该基金为指数化被动投资方式，在日常操作中，以跟踪指数，并使得跟踪误差在合同约定的范围内为目标。为达到目标，本基金在流动性允许的情况下，力争采取完全复制的方式对指数进行跟踪，不进行主动的选券和择时。在流动性不允许的情况下，也将采取相对透明的可规则化的抽样复制方式对指数进行跟踪。

因此，采用指数化被动投资，不存在对个券的主动筛选，均是基于公开的数据与规则进行分散化投资，可以规避银行等机构投资者主动选券的道德风险。

（二）解决信用债主动投资中面临的操作风险

当前以银行为首的机构投资者在进行信用债主动投资时，主要面临以下两个操作层面的难题。

1. 个券投资风险集中

2018 年以来有 53 个发行主体、161 只债券发生违约，违约债券金额约 1450 亿元，是债券市场成立以来违约债券金额最多的一年。其主要原因是民营企业和小微企业融资难、融资贵，民企违约率上升，导致金融机构风险偏好下降，从而形成负循环，加大了实体企业融资难度，又进一步推高了企业的信用风险。

在此情形下，投资者在投资信用债时，如进行若干个券的主动投资，"踩雷"后对整体投资收益影响较大，潜在风险较高。

2. 信评覆盖度低，信用评级下沉困难

当前银行体系中，信用债投资配置主要由金融市场部进行，而该部门同时身兼大类资产配置研究，包括利率债、信用债、权益、基金在内的各子类资产配置研究等繁重任务，人员配置有限，信用评级研究一般难以覆盖市场多达数千家的发债主体。因此只能选取高信用评级的债券，难以真正做到信用评级的下沉。

而中债－安徽省公司信用类债券指数基金，在指数编制层面就充分考虑了如何分散个券的信用风险，通过选券和加权方式，合理进行评级下沉。

中债－安徽省公司信用类债券指数选取注册地在安徽省的发行人、在境内公开发行且上市流通的公司信用类债券，包括短期融资券、超级短期融资券、中期票据、企业债和公司债，涵盖公开评级及中债隐性评级均在 AA－及以上的国企、民企、外资企业等发行主体。指数采用市值加权，每季度调仓。

在以上编制方法下，指数做到了投资信用债时最重要的信用分散问题，解决了机构投资者在进行信用债投资时的实操难题。

3. 个券分散化的非系统性风险规避

投资者可以将原先有限的资金投资方向由单个或若干个券，转为投资中债－安徽省公司信用类债券指数中所有的债券。由于该指数囊括了安徽省内大部分信用债，指数中共包括 432 只债券，单只债券权重最大为 1.33%，有 90% 的成分券权重小于 0.5%，大大分散和降低了个券的信用风险。即使有单只券发生违约，对基金产品净值影响也较小，投资者的投资风险可控。

4. 市值加权对风险合理分散的作用

指数采用的是市值加权方式。在市场认为信用风险差异大时，个券发行量/市值差异更多体现的是对风险的区分，自然进行了信用风险分散（评级低的债券权重低，反之亦然）。

因此，在信用风险频现的环境下，指数化投资可以在最大限度上使投资分散化，减少单券违约风险。

5. 风险最低门槛的设立

如前所述，鉴于目前经济下行，企业运营压力加大，为了避免投资的债券发生违约，指数在编制过程中采取了公开评级和中债隐含评级双评级的筛选机制，旨在筛选出市场认为目前有较大违约风险的债券。特别是中债隐含评级，完全基于市场公开信息和交易数据，可以比较客观地刻画企业信用违约风险。历史上发生违约的问题券，在其实质违约之前，往往已经降至 A 级以下。因此，通过设立风险最低门槛，可以在保证收益率的前提下，最大限度减少投资者在进行指数投资时的违约风险。

五　总结

本报告针对当前宏观经济环境下，中小企业融资难、融资贵的问题，研究了采取被动投资的债券指数基金在提高企业融资效能方面的作用。

首先，当前经济增速持续下行的环境下，信用环境短期难以得到改善，银行风险偏好较低，信贷难以发放到更广泛的企业当中。同时，股市低迷及对再融资政策的收紧，使得股权融资成本也较高。债券融资因此成为未来企业融资的重要手段。

其次，当前以银行为主体的投资者在主动的信用债投资方面存在较大的操作风险。指数基金作为被动投资的实现工具，具有分散化、透明化、规则化的优点，可以有效解决投资者的操作风险；同时，回测结果表明，安徽省信用债指数基金具有合理长期收益，可在当前银行整体风险偏好较低情况下吸引银行加大信用债，特别是非城投信用债的配置，从而盘活信用债市场，助力地方企业融资。

最后，区域性指数基金通过分散化投资的理念，在具有较高收益率吸引力的情况下，可以吸引外地投资者，投资经济发达区域的信用债指数基金，达到资金更有效配置、发展各地代表性产业经济的作用。这是过往信用债个券投资和债券主动基金所无法达到的效果。

中债 - 安徽省公司信用类债券指数基金，作为市场首只地域性信用债指数基金，在金融服务实体经济、助力企业融资方面，起到了示范性的作用。未来各区域可通过类似的方式，实现市场化资金配置，拓展金融与实体之间的传导路径，从而为实体企业特别是中小实体企业真正打通长效可靠的融资渠道。

B.14
安徽资本市场并购重组发展研究

胡 伟 孔晶晶 袁大钧 蒋贻宏*

摘 要： 随着我国改革开放四十多年来经济持续快速发展，以及全球经济一体化进程不断推进，并购重组浪潮已然在我国乃至全球范围内掀起，在企业发展壮大和产业整合过程中发挥着愈发重要的作用。安徽省深入贯彻"调结构、转方式、促升级"的经济发展理念，全省资本市场服务实体经济扎实推进，经济结构优化和产业转型升级取得了重大进展。本报告从多个维度对安徽省资本市场并购重组发展情况进行深入分析和研究，重点解析了安徽省近年来多个上市公司并购重组经典案例，指出了当前安徽省上市公司并购重组仍然存在的一些问题，并提出了相应的建议。

关键词： 重大资产重组 发行股份购买资产 借壳上市 资产证券化率

在"创新驱动发展、供给侧改革和经济高质量发展"等国家重大发展战略的指引下，"十三五"期间我国并购重组市场正迎来重大历史性机遇，并购重组成为推动我国经济结构调整和产业转型升级的重要手段。监管部门简化行政许可与促进并购重组市场化政策"双管齐下"，在此作用下，我国并购重组市场近年来获得健康、快速发展，"忽悠式"重组得到有效遏制，产业并购

---

* 胡伟，硕士，国元证券投资银行总部副总经理兼并购业务部经理；孔晶晶，硕士，国元证券投资银行并购业务部副经理；袁大钧，硕士，国元证券投资银行并购业务部员工；蒋贻宏，硕士，国元证券投资银行并购业务部员工。

成为市场主流，并购重组市场日渐成熟。此外，中国企业与全球企业之间的跨境并购也呈现快速发展态势，对全球经济复苏产生了不可忽视的影响。

近年来，安徽省抓住我国并购重组市场快速发展机遇，持续推进资本市场与实体经济深度融合，并购重组已成为安徽省加快资源合理配置、加速产业升级和激发市场活力的重要工具。2016 年、2017 年和 2018 年，安徽省上市公司作为交易买方的交易规模分别达到 200 多亿元、120 多亿元和 360 多亿元，民营企业借壳上市、国有企业整体上市、上市公司发行股份购买资产及海外并购等多个交易类型并举，为全国并购重组提供了有益的参考。并购重组的积极开展，不仅促使民营经济通过上下游和同行业产业并购实现外延式跨越发展，而且促使国有企业利用上市公司平台实现整体上市，有效提高了国有资产证券化率。

随着安徽省并购重组市场的快速发展和日益成熟，并购重组在安徽企业的发展壮大与产业转型升级中发挥着愈加重要的影响，通过并购重组优化资源配置、提升行业集中度、迅速实现技术进步和产业升级换代等，全省产业结构得到优化，企业市场竞争力显著提高。与此同时，安徽省并购重组市场仍存在诸如"并购重组活跃度不够、有待进一步推动产业结构优化升级、并购重市值管理轻产业整合、并购标的资源相对较少、重组产生高商誉问题、重组后整合效果存在差异"等需要直面的不足和问题，亟待进一步规范和优化。为解决上述问题，更好地促进安徽省并购重组市场持续、健康和快速发展，本研究报告从成立并购专业组织推动并购发展、制定省内上市公司并购规划、加快"走出去"步伐拓展并购市场、充分利用安徽省区域股权市场资源、重视跨境收购优质资产、建言并购重组市场化改革等多个维度提出了一些解决思路和建议。

一 安徽省资本市场并购重组现状分析

（一）全国资本市场并购概况

并购重组作为经济发展中的一种机制，已成为市场配置资源的有效手段。我国资本市场的并购重组在经历了 2014～2015 年的一轮高潮，以及 2016～2017 年的低谷之后，于 2018 年三季度再次迎来了一轮高潮。2019 年春节伊始，资本市场并购重组延续 2018 年下半年回暖行情，保持了较高的活跃度。

2017 年至今，我国资本市场并购重组持续发展。2017 年，沪深两市上市公司共发生并购重组 2756 次，同比增长 11.22%；交易金额 1.87 万亿元，同比下降 21.76%；2018 年，沪深两市上市公司共发生并购重组交易 4153 次，同比增长 50.69%；交易金额 2.56 万亿元，同比增长 36.90%；2019 年 1～5 月，沪深两市上市公司共发生并购重组 1095 次，同比下降 32.37%；交易金额 8158.06 亿元，同比下降 16.07%。

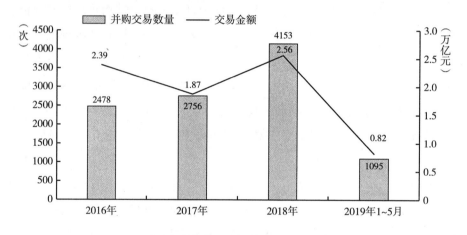

图 1　我国资本市场并购交易规模

数据来源：中国证监会网站等。

2018 年中国资本市场的并购重组呈现如下特点。

1. 产业链整合成为并购重组主要目的

上市公司进行并购重组的目的主要包括多元化、横向重组和纵向重组三大类。2018 年，资本市场上横向或纵向收购项目增多，并购重组已成为产业升级和产业链延伸的重要手段，上市公司不再贪大求全、盲目追求多元化发展。根据沪深两个交易所公布的数据，以"同行业、上下游"整合为目标的产业并购数量已占两市全部交易的七成以上，并购重组支持和服务实体经济的作用进一步发挥。其中，42.87%的上市公司进行并购重组的目的为横向整合，从而减少同业竞争，增强协同效应，稳固市场份额；34.03%的上市公司进行并购重组的目的是增加新产品、布局新行业、开拓新市场，以减少单一经营的风险。

2. 获取技术成为重组并购的新动力

2018年，并购重组主要集中在高端制造、信息科技、生物医药等新兴产业领域。沪市的数据显示，并购重组标的资产属于生物医药、高端设备制造、电子信息技术等战略新兴产业的方案数量和交易金额占比均超过七成。深市2018年43单已完成的重大资产重组主要分布在高端制造、节能环保、新能源、生物医药、医疗健康、互联网等领域。从并购重组的交易地点来看，主要发生在经济和科技比较发达的地区。从2018年已完成重组的地域分布看，一线城市北京、上海、广东三地进行并购重组数量合计占比超过38%；江苏进行并购重组的次数占比超过10%；浙江和山东进行并购重组交易次数占比均超过6%。

2018年上市公司并购重组涉及行业情况见图2。

3. 海外并购正从粗放走向集约

随着国家"一带一路"倡议的深入推进，自2017年以来，越来越多的创业公司将目光瞄准海外，"一带一路"沿线国家的并购重组项目逐渐增多。2018年，沪市上市公司进行海外并购共63家次，交易总金额约1500亿元。其中9家沪市公司在2018年实施重大海外并购，交易金额约1000亿元。中国企业的海外并购也逐步实现从粗放型扩张向集约型发展转变。

4. 国企资本运作水平进一步提升

随着国资国企深化改革的推进，央企集团积极利用资本市场探索国有资本运营模式，构建集团总部"管资本"、专业化平台公司"管资产"的格局，将同类资产整合至同一平台，实现管理一体化。2018年，沪市国有企业共进行并购536家次，交易总金额6757亿元，增长25%；重大资产重组方面，共披露37单方案，占比约32%，涉及交易金额2029亿元，占比约

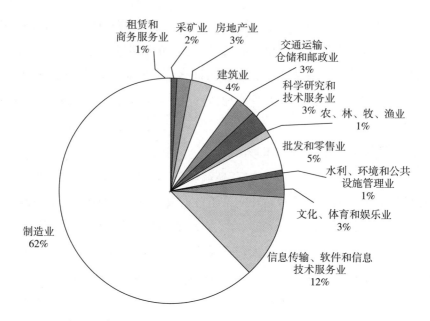

图2　2018年上市公司并购重组涉及行业情况

数据来源：中国证监会公开信息，国元证券整理。

53%。沪市国有企业通过并购重组化解过剩产能，整合优势产能，机制创新与技术升级同向发力，实现改革乘数效应最大化。沪市的淮北矿业、招商局集团等多家集团通过资本运作将"管资本"落到了实处。

5. 民营资本成并购重组的主力军

在国家一系列支持民营企业发展的政策刺激下，民营上市公司并购重组开始活跃，已经成为并购重组的主力军。2018年，沪市民营企业共进行并购重组690家次，交易总金额5328亿元，增长40%；重大资产重组方面，共披露80单方案，占比约68%，涉及交易金额1804亿元，占比约47%。2018年，深市披露重大资产重组方案的公司中，民营企业占比超过七成。

（二）安徽省上市公司最近五年并购重组情况

安徽省是"国资大省"，省属国企利润总额居中部省份第一位，目前拥有上市平台的"三煤一钢"都正在或已完成整体上市。并购重组是安徽省企业进行资本运作和经营扩张的重要手段之一，2016 年、2017 年和 2018 年，安徽省上市公司作为交易买方的交易规模分别达到 200 多亿元、120 多亿元和 360 多亿元。

1. 安徽省重大资产重组的分类情况

近五年来，安徽省上市公司共计完成了 25 次经证监会核准的重大资产重组，并购标的资产总价值超过 1000 亿元，按照重组项目类型统计如表 1 所示。

表 1　近五年来安徽上市公司重组项目类型

重组类型	项目数量（次）
整体上市	3
借壳上市	3
发行股份购买资产	19

数据来源：Wind 资讯，国元证券整理。

近五年来，安徽省上市公司重大资产重组具体情况如表 2 所示。

表 2　近五年来安徽上市公司重大资产重组情况

单位：亿元

重组类型	完成时间	上市公司名称	并购标的名称	标的价值
整体上市	2015/4/29	江淮汽车	安徽江淮汽车集团有限公司全部资产、负债、业务	64.12
	2017/6/30	安徽水利	安徽建工集团有限公司 100% 股权	30.32
	2019/3/11	淮北矿业	淮北矿业股份有限公司 100% 股权	209.16
借壳上市	2016/4/15	ST 新光	浙江万厦房地产开发有限公司 100% 股权，浙江新光建材装饰城开发有限公司 100% 股权	111.87
	2018/11/2	亚夏汽车	中公教育 100% 股权	185.00
	2017/8/22	鼎泰新材	顺丰控股 100% 股权	425.04
发行股份购买资产	2014/5/30	长信科技	赣州市德普特科技有限公司 100% 股权	4.01
	2014/9/17	融捷健康	深圳市卓先实业有限公司 100% 股权	0.36
	2015/3/16	融捷健康	安徽久工健业股份有限公司 100% 股权	8.10
	2015/8/27	中电兴发	北京中电兴发科技有限公司 100% 股权	17.25
	2016/2/5	合锻智能	安徽中科光电色选机械有限公司 100% 股权	6.60
	2016/3/7	融捷健康	深圳市福瑞斯保健器材有限公司 100% 股权，上海瑞宇健身休闲用品有限公司 100% 股权	4.48
	2016/4/12	永新股份	黄山新力油墨科技有限公司 100% 股权	1.43

续表

重组类型	完成时间	上市公司名称	并购标的名称	标的价值
发行股份购买资产	2016/12/7	科大讯飞	北京乐知行软件有限公司100%股权	4.98
	2017/5/27	四创电子	安徽博微长安电子有限公司100%股权	11.22
	2017/7/10	中钢天源	中钢集团郑州金属制品研究院有限公司100%股权,中唯炼焦技术国家工程研究中心有限责任公司100%股权,湖南特种金属材料有限责任公司100%股权	4.43
	2017/8/26	凯盛科技	深圳市国显科技股份有限公司75.58%股权	5.29
	2017/8/29	皖江物流	淮矿电力燃料有限责任公司100%股权	40.39
	2018/3/7	江南化工	浙江盾安新能源股份有限公司100%股权(剥离子公司久和装备100%股权)	24.99
	2018/12/18	科大国创	安徽贵博新能科技有限公司100%股权	6.91
	2018/12/18	中粮生化	桦力投资有限公司100%股权,COFCO Biofuel Holdings Limited 100%股权,COFCO Biochemical Holdings Limited 100%股权	82.85
	2018/12/18	丰乐种业	四川同路农业科技有限责任公司100%股权	2.9
	2019/4/20	安科生物	上海苏豪逸明制药有限公司100%股权	4.05
	2019/4/26	三七互娱	上海三七玩网络科技有限公司60%股权	19.26
	2019/6/5	新力金融	深圳手付通科技股份有限公司99.85%股权	16.83

注:2016年6月,国轩高科借壳东源电器,国轩高科99.26%股权作为标的资产估值33.26亿元。因东源电器所属地为江苏省,未统计在表2中。

根据交易标的金额,重组标的价格区间广泛,其中价格在10亿元以下的交易较为常见;由于安徽省企业不断做强,标的资产为10亿～50亿元的交易达到7次(见图3);随着国有资产深化改革的推进,资产量较大的省属国企,如江淮汽车、安徽水利、淮北矿业等大型国有企业也陆续通过并购重组实现整体上市。

由重组方向和上市公司的板块分类可以看出,安徽省民营企业占实施重组主体的大部分,同时实施重组的企业大多数为主板(包括中小板)上市公司(见图4)。

根据重组目的划分,近五年来,安徽省并购重组以企业横向重组类型为主,即通过并购扩大业务规模,实现规模效应,确立市场优势地位,该类型

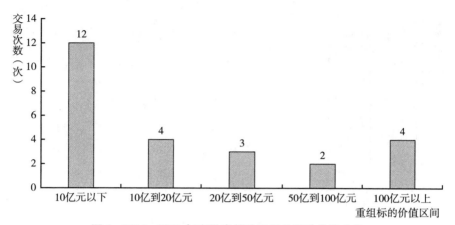

图3　2014~2019年安徽省并购重组按标的价格分类

数据来源：Wind资讯，国元证券整理。

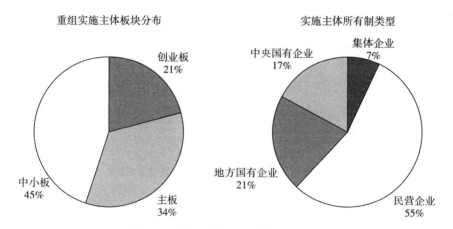

图4　安徽省实施重组主体类型分布

数据来源：Wind资讯，国元证券整理。

并购项目占比约为50%，其次为多元化并购重组，通过并购提升业务丰富度，推动企业多元化发展；以产业链向上下游延伸为目的的纵向重组占比相对较小（具体如图5所示）。

2.安徽省重要并购重组对于企业的影响

安徽省上市公司并购重组对于企业的后续发展大都起到了良好的作用，具体见表3。

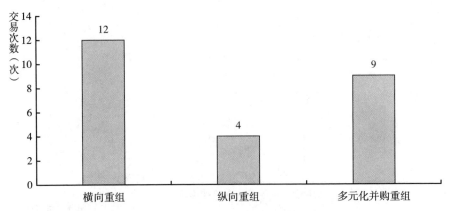

图 5　安徽省上市公司重组目的分布

数据来源：Wind 资讯，国元证券整理。

表 3　安徽上市公司并购重组案例

上市公司	重组并购方式	完成时间	标的金额（亿元）	重组对于企业的意义
江淮汽车	吸收合并江汽集团实现整体上市	2014 年 12 月	64.02	安徽省国企混改的典范之一，打响安徽国资改革首枪，整合新能源汽车业务，使企业能更好地运营发展。整体上市完成后，继续非公开发行募集资金 45 亿元，为持续发展奠定良好基础； 2018 年，在新能源汽车补贴标准退坡的行业环境下，江淮汽车实现新能源乘用车销量 6 万余辆，同比增长 80%
安徽水利	吸收合并安徽建工集团实现整体上市	2017 年 6 月	30.32	公司完成吸收合并安徽建工集团后，业务规模和实力大幅扩张，企业资质迅速升级，全面提升了公司的资质和技术水平，综合实力和竞争力大大增强
淮北矿业	雷鸣科化发行股份购买资产	2018 年 8 月	209.16	2018 年，淮北矿业重组更名上市完成后，总股本由 3 亿股增加至 21 亿多股，资产总额由 24 亿元增加到 600 亿元，营业收入由 9.6 亿元增加到 500 亿元； 淮北矿业煤电主业资产整体上市后，省属国企控股上市公司增至 20 家，资产证券化率由 40% 提升至 45%

（三）安徽省上市公司并购重组呈现的特点与亮点

1. 民营企业产业并购促进质量提升

安徽省民营企业积极通过并购重组实现产业升级，培育发展新动能。2018 年安徽省民营上市公司共完成各类并购重组交易 34 次，交易总额约 156 亿元。通过产业并购，民营企业增强了竞争力，规模得以扩大，资源得以进一步集中，形成有效的规模效应，积极带动省内相关产业发展，促进企业质量提升。

2. 国有资产证券化率提高

2018 年安徽组建了省港航集团，规范推进无偿划转和合资合作，实现省属企业间、省属企业与地市企业间港口资源有效整合，加快推进全省港口一体化、港航协同化发展。并且，推动了海螺集团重组安徽省国贸集团，促进资源优化高效配置，提高国有资本运行效率。安徽省投资集团也加快了国有资本投资公司试点，参与组建了长三角协同优势产业基金，收购长信科技股份实现控股。

省属国企控股上市公司由 18 家增至 20 家，资产证券化率由 40% 提升至 45%。2018 年，安徽省 A 股市场的上市公司数量居于中部省份前列，国有资本控股的上市公司超过 40%，占据重要地位。

3. 安徽省中介机构服务省内实体经济与区域经济发展

安徽省利用省内券商的资源，更加方便、有效地为省内实体经济提供服务，充分发挥资本市场服务实体经济的主渠道作用，从混合所有制改革、优质中小微企业资源整合、科技企业的创新推动等多方面，推进安徽省内传统企业转型升级、创新企业加快发展，加大区域经济发展。

国元证券、华安证券作为安徽省本土券商，充分发挥地域优势地位，支持省内经济发展，促进地方产业结构优化和转型升级，坚持为企业提供"统筹性、可持续性和伴随企业成长"并购重组类财务顾问业务，为安徽省各类客户企业的收购兼并提供包括路径规划、方案设计、目标客户选择、项目申报和业务咨询等在内的一系列服务。

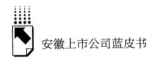

二 安徽省经典并购重组案例

在安徽省上市公司并购重组市场比较具有代表性的重组模式有民营企业借壳上市、国有企业整体上市、上市公司发行股份购买资产及海外并购几种，具体情况如下。

（一）民营企业借壳上市

近年来，安徽省民营企业借壳上市具有代表性的案例有国轩高科借壳东源电器项目。国元证券担任国轩高科借壳东源电器项目的独立财务顾问，该项目于2015年4月2日获得中国证监会重组委审核无条件通过。国轩高科是国内最早从事新能源汽车用锂离子动力电池（组）自主研发、生产和销售的企业之一。国轩高科产品包括锂离子动力电池组产品、锂离子单体电池（电芯）、磷酸铁锂正极材料等。国轩高科产品已经广泛应用于纯电动汽车和混合动力汽车等领域。本次借壳上市包含发行股份购买资产和向特定对象发行股份募集配套资金两部分。本次借壳前，孙益源为东源电器的控股股东和实际控制人；本次借壳完成后，珠海国轩成为上市公司控股股东，李缜成为上市公司实际控制人。

1. 国轩高科借壳上市路径图

国轩高科借壳上市路径如图6所示。

2. 上市前后经营数据对比

2015年，国轩高科借壳上市完成后，总股本由2.53亿股增加至8.62亿股，资产总额由12.7亿元增加到67.1亿元，营业收入由8.9亿元增加到27.4亿元。

3. 项目亮点及经验分享

（1）项目推进速度快，国轩高科实现弯道超越

2012年下半年至2013年年底，国内IPO业务暂停，在会企业数量庞大，IPO遭遇"堰塞湖"。独立财务顾问在深入分析当时资本市场形势和国轩高科迫切需要借助资本市场做大做强的背景下，建议国轩高科转变上市策

474

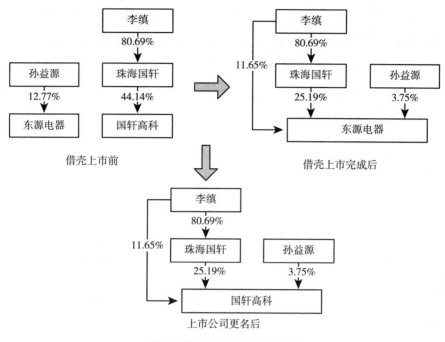

图6　国轩高科借壳上市路径

略，通过借壳上市的方式登陆资本市场，东源电器股票自2014年4月1日开始停牌，并于2015年4月2日过会，正好历时一年。国轩高科最终通过借壳上市的方式登陆资本市场，实现弯道超越。

（2）动力锂电池行业龙头上市，成为资本市场新宠儿

动力电池是新能源汽车的核心部件，而国轩高科是国内新能源汽车用动力电池行业的龙头企业。根据中国化学与物理电源行业协会的统计数据，2011~2013年度，国轩高科生产的新能源汽车用锂离子动力电池销售收入在国内同行业公司中均排名第一。本次重大资产重组获得投资者的高度认可，东源电器重组前股价仅为7元多，重组后股价快速上涨至40元左右。

（3）中介机构专业、高效、高质量地工作，使项目获得并购重组委审核无条件通过

国轩高科借壳上市项目情况复杂，时间跨度长，操作难度大。此次借壳项目启动后，独立财务顾问高度重视，精心设计重组方案。自东源电器股票

2014 年 4 月 1 日停牌至 2015 年 4 月 2 日过会的整整一年中，中介机构专业、高效、高质量地工作，并保持与监管部门的有效沟通，不断完善重组方案与申报材料。最终，重组方案得到监管部门和投资者的高度认可，获得中国证监会上市公司并购重组审核委员会（简称并购重组委）无条件通过，成为资本市场上又一经典案例。

（二）国有企业整体上市

党的十八大以来，安徽省在推进国企兼并重组方面，积累了丰富经验，取得了积极成效。国有企业通过兼并重组，调整了经济布局与产业结构，同时也提升了国有企业的规模实力和国有资产证券化率。安徽省国有企业兼并重组比较具有代表性的案例有江汽集团整体上市项目、淮北矿业整体上市项目和建工集团整体上市项目等三个案例并分别于 2014 年 12 月 24 日、2018年 7 月 12 日和 2016 年 12 月 1 获得证监会重组委审核通过。下面重点介绍最近的淮北矿业整体上市案例。

1. 淮北矿业整体上市前基本情况

淮北矿业（集团）有限责任公司（以下简称"淮矿集团"）为安徽省属大型国有企业，其核心资产淮北矿业股份有限公司（以下简称"淮矿股份"）为煤炭生产企业，主要从事煤炭采掘、洗选加工、销售，煤化工产品的生产、销售等业务，为华东地区主要煤炭生产基地之一，同时自有内部铁路专用线连接国家铁路网，运输便利，区域竞争优势较强。

整体上市前，上市公司安徽雷鸣科化股份有限公司（以下简称"雷鸣科化"）控股股东为淮矿集团，实际控制人为安徽省国资委。雷鸣科化因受其行业限制，发展存在一定瓶颈，因此管理层决定通过资产重组的方式，将淮矿集团核心资产淮矿股份注入上市公司，从而实现集团核心资产整体上市。

2. 重组上市方案主要内容

本次重组上市的主要内容为上市公司雷鸣科化将以发行股份及支付现金的方式购买淮矿股份 100% 的股份，同时雷鸣科化将向不超过 10 名特定投资者发行股份募集配套资金。

整体上市路径如下。

第一步：雷鸣科化向淮矿股份的股东发行股份及支付现金，购买其持有淮矿股份100%股权（淮矿股份装入雷鸣科化），同时募集配套资金。

第二步：资产重组后，对重组后上市公司进行业务资产架构调整，理顺层级及股权关系（见图7）。

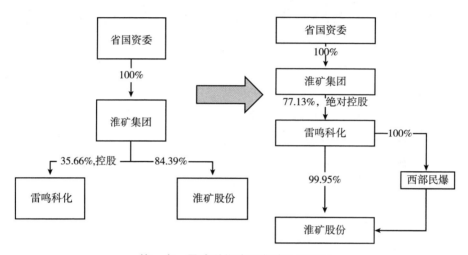

第一步：雷鸣科化购买淮矿股份股权

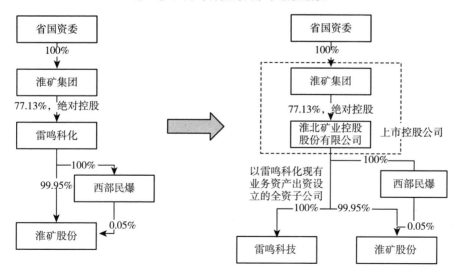

第二步：业务资产架构调整

图7　雷鸣科化整体上市路径

3. 上市前后经营数据对比

2018 年，淮北矿业重组上市完成后，上市公司总股本由 3 亿股增加至 21 亿股，资产总额由 24 亿元增加到 600 亿元，营业收入由 9.6 亿元增加到 500 亿元。淮北矿业集团持股比例由 35.66% 提升至 77.13%。

4. 项目亮点及经验分享

淮矿股份所处的煤炭行业是国民经济的基础性行业，具有较强的周期性，受下游钢铁、电力、建材等行业周期性波动影响较大。2016 年以前，煤炭行业盈利能力较差，2017 年初开始，煤炭行业已经处于上升通道中，因此选择以并购重组的方式，实现淮矿股份重组上市，重组方式具有周期短、成本低、易操作等优点，确保了国有资产保值增值。且仅用 6 个月左右的时间就完成了重组方案制定、历史遗留问题解决、重大问题整改、履行决策程序等大量工作，有效规避了周期性行业因外界因素而面临的不确定性。

（三）上市公司发行股份购买资产

在经济新常态的背景下，兼并重组成为企业发展过程中规模扩张和获得外部资源的重要途径，上市公司通过兼并重组实现产业整合，可以达到提升业务规模、获得核心技术、延伸产业链、减少同质化竞争等目的。上市公司通常通过发行股份及支付现金的方式购买优质企业股权，从而将优质公司整合进上市公司体内。

安徽省内上市公司发行股份购买资产的代表案例有：合锻智能收购中科光电、科大讯飞收购乐知行、安科生物收购苏豪逸明、丰乐种业收购四川同路等。合锻智能收购中科光电（以下简称"合锻智能重组"）项目于 2015 年 11 月 13 日获得并购重组委审核通过，案例具体情况如下。

1. 合锻智能重组基本情况

2015 年，合锻智能以 22.88 元/股向段启掌、张存爱等 11 位交易对方发行股份 1875 万股及支付现金 2.31 亿元，购买中科光电 100% 股权，本次交易价格初步定为 6.6 亿元；同时，公司以 24.63 元/股的底价募集配套资金 6.6 亿元，用于支付本次交易的现金对价、合锻股份技术中心建设项目、补充合锻股份流动资金、支付中介机构费用等。

本次收购也是实现合锻智能外延式并购战略的重要一步。本次交易完成后，公司将持有中科光电 100% 的股权，公司的资产规模将扩大，并将增加智能检测分选装备的研发、生产和销售业务。

在收购完成后，中科光电注入上市公司，从而进入了发展的快车道，如国内首台黄曲霉素激光色选机面世，矿物分选机处于市场绝对领先地位，开发 X 光散料异物检测机、红外色选机、RC 系列云互联色选机、电脑茶叶色选机等多款产品。同时，上市公司借助本次收购也进入了智能色选行业，拓展了公司在智能装备领域相关产品的种类，提升了公司整体规模、实力，符合公司的长期发展战略。

2. 项目亮点及经验分享

上市公司应根据自身业务战略定位，制定清晰的并购发展规划，明确并购标的公司类型。通过并购重组收购既定类型的优质标的企业，能够快速介入新的业务领域，完善和丰富产品结构，达成企业发展战略目标。同时，独立财务顾问应主动挖掘上市公司和标的公司的协同效应和规模效应，以便交易双方达成交易和开展并购后的整合。

（四）上市公司海外并购

随着全球经济一体化的发展和"走出去"步伐的加快，在转型升级的驱动下，企业境外直接投资快速增长。境外并购是境外直接投资的一个重要方式。得益于多元化融资渠道的便利，上市公司一直是跨境并购市场上的主力军。

安徽省上市公司海外并购比较具有代表性的案例是中鼎股份的海外并购。中鼎集团已发展为资产超百亿元，以机械基础件和汽车零部件为主导的大型现代化企业。目前中鼎集团的核心业务是旗下上市公司安徽中鼎密封件股份有限公司（以下简称"中鼎股份"）。中鼎集团通过一系列的并购，整合境内外资源，逐步实现了全球"开发、生产、配套一体化"的战略定位，提升了公司在各跨国车企配套平台中同步研发的比重，成功为奔驰、宝马、大众等高端汽车品牌提供了配套产品。迄今为止，中鼎股份已经实施了多次海外并购，下面仅以中鼎股份两次海外并购为例做简单介绍。

1. 中鼎股份收购德国 WEGU 公司

2015 年，中鼎股份非公开发行 A 股股票不超过 12129.82 万股，扣除发行费用后的募集资金净额不超过 191678 万元，其中 62778 万元用于收购 WEGU Holding 100% 的股权。

WEGU 系一家主要为德系高端汽车提供工业橡胶/硅胶减震降噪方案（AVS）及汽车轻量化产品的汽车零部件供应商，是欧洲抗震降噪技术方面的领跑者之一，处于行业领先地位。其客户均为大型整车厂和一级供应商，覆盖大众、宝马、奔驰、奥迪等整车制造商的中高端车型。中鼎股份通过对 WEGU 的收购和整合，丰富了其产品系列，并与现有产品形成协同效应，提高了产品核心竞争力。WEGU 也将成为中鼎股份在欧洲市场上的高端减震降噪橡胶制品研发、生产和销售平台，推进中鼎股份"高端化"和"全球化"的整体战略。

2. 中鼎股份收购 Tristone 公司

2017 年，中鼎股份通过全资境外子公司中鼎欧洲公司支付现金 1.7 亿欧元的方式向 Bavaria France Holding S. A. S 公司收购其全资子公司 Tristone Flowtech Holding S. A. S（简称 Tristone）100% 的股权。

Tristone 公司是一家专注于设计、研发、生产制造流体技术系统的创新型企业，能够为汽车制造商在材料、工艺和产品技术方面提供完整的解决方案。Tristone 公司产品主要有发动机冷却系统产品、新能源汽车电池冷却系列产品、空气充气管件系列产品、进气管件系列产品及其他产品。

通过本次收购，中鼎股份可以获得欧洲领先发动机系统冷却、新能源电池冷却的相关技术和知识产权，丰富了产品及技术储备，为中鼎股份未来在新能源汽车市场的产业布局打下坚实的基础。

3.项目亮点及经验分享

中鼎股份收购 WEGU 公司与 Tristone 公司项目亮点如下。

（1）运用股权增发的形式募集资金用于海外并购，既解决了资金筹措的难题，又满足了海外并购时间短的客观要求。

（2）在当时外汇管制较强的背景下，独立财务顾问设计了"内保外贷"的资金出海方式，有效为企业解决了并购资金出境的难题。另外，从停牌至交割完成，仅历时 4 个月左右就完成了尽调、申报、交割等所有工作，并及时向交易所提交了相关材料，保质保量履行了财务顾问的职责。

（3）Tristone 公司涉及的子公司遍布欧洲多个国家，资产体量大，历史沿革复杂，且涉及多国法律、语言的差异，给尽职调查工作带来了较大的困难。独立财务顾问在时间紧、任务重的背景下，确定了最佳收购方案。之后，充分利用境外律师事务所、会计师事务所等境外中介机构的资源优势，积极与标的公司管理层沟通，协调境内外审批程序，最终圆满完成本次并购。

三 安徽省上市公司并购重组存在的问题

（一）并购重组活跃度不够

"十三五"期间，在创新驱动发展、供给侧结构性改革和经济高质量发展等国家重大发展战略的指导下，我国并购重组迎来重大政策机遇和良好并购环境。安徽省上市公司并购重组近年来获得快速发展，但与广东、北京、浙江和江苏等省市相比仍有较大的差距，并购重组数量仍处于较低水平，整体活跃度不高。Wind 资讯的数据显示，2016 年、2017 年和 2018年，中国证监会并购重组委审核的全国上市公司并购重组数量分别为 275、172 和 140 起，其中，经并购重组委审核的安徽省上市公司并购重组数量远低于广东、北京、浙江和江苏等地区（见图8），安徽省的并购重组活跃度亟待提升。

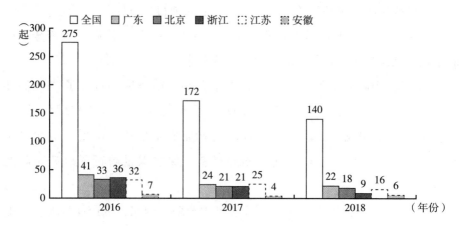

图8 2016～2018年并购重组委审核数量分地区统计

数据来源：Wind 资讯，国元证券整理。

（二）有待进一步推动产业结构优化升级

近年来，安徽省深入贯彻"转变经济发展方式、调整经济增长结构和促进产业转型升级"的经济发展理念，全省经济结构优化和产业转型升级取得了重大进展。安徽省资本服务实体经济取得扎实推进，资本市场与实体经济逐步深度融合，通过并购重组实现了资源合理配置、加速产业升级和激发市场活力，尤其在国企混改、整体上市等领域为全国提供了宝贵经验探索。但是与发达省份相比，安徽省上市公司整体规模不大、盈利能力尚待提高，部分上市公司仍然面临低端落后产能过剩、产业结构层次低和技术水平较低的情形；同时，具有国内外先进技术水平的战略支撑产业集中度有待进一步提高，已上市公司所处行业主要集中在传统制造业、采掘业以及批发和零售业等，战略新兴产业主要集中于合肥市高新区，全省范围内新兴产业产值占比总体不高，产业结构仍需进一步优化。

（三）并购标的资源相对较少

上市公司并购重组由于并购目标不同，对标的企业的行业、业务规模和盈利能力都有不同的要求，且并购业务由于所涉及的买卖双方背景、资金实力、交易模式都十分复杂，交易双方能否达成最终交易不确定性较大，因此并购交易需要大量的并购标的资源储备。

目前，从上市公司并购标的企业主要来源看，新三板挂牌企业通常信息披露较为完善，但由于增发融资情况不理想、规范成本高等原因，企业目前对新三板挂牌积极性不高；各地产权交易市场和股权交易中心信息披露往往不能满足并购交易的需求，利用其寻找并购标的企业效率不高；其余大量非上市公司公开信息较少，且由于非上市公司规模一般不大，互联网上可查找到的企业信息不全，因而对非上市公司目标企业资料的收集比较困难，信息收集成本较高。因此，并购标的资源的缺乏已经成为制约上市公司并购重组的一个重要因素，构建丰富完善的并购标的企业资源库将能极大地降低上市公司收集信息成本，提高上市公司并购效率。

（四）重组所产生高商誉问题

随着监管放松，并购重组在2014～2016年出现了爆发式增长，并且呈现"高估值、高溢价、高业绩承诺"的特点。2014～2016年，中国A股上市公司并购重组高峰带来的后遗症便是上市公司累积的巨额商誉以及随之而来的商誉减值压力。2018年商誉减值再创历史新高，达到1667.94亿元，占全部上市公司2018年度净利润的4.48%，成为拖累上市公司业绩的首要原因，并且呈现大额商誉减值频发、海外并购计提商誉减值增多等特点。

2013～2018年安徽上市公司商誉及其减值情况如图9所示。

不论商誉是采用减值测试法还是直线摊销法，并购高商誉已经成为上市公司业绩的隐患，如若并购标的业绩未达预期，则会拖累上市公司业绩，对上市公司的投资价值产生不利影响。

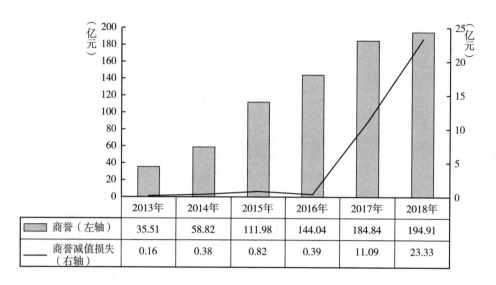

	2013年	2014年	2015年	2016年	2017年	2018年
商誉（左轴）	35.51	58.82	111.98	144.04	184.84	194.91
商誉减值损失（右轴）	0.16	0.38	0.82	0.39	11.09	23.33

图9　2013～2018年安徽上市公司商誉及其减值情况

数据来源：Wind资讯，国元证券整理。

（五）重组后整合效果存在差异

能否对收购完成后的目标企业进行有效整合是并购是否成功的重要标志。在2014～2016年A股并购重组热潮期间，部分上市公司单纯追求股价或题材概念的并购重组，并购注重短期行为，存在"重并购重组、轻整合"的情形，此类并购中上市公司对并购标的整合效果不佳，并购标的未完成预期经营及财务指标，甚至出现上市公司与并购标的发生"冲突"的情形。而基于同行业、上下游重组逻辑的并购，往往后续业绩承诺的实现情况较好，部分上市公司通过产业并购以及并购后的整合取得了良好的市场竞争地位，盈利能力稳步增长，与并购标的实现了良好的协同效应。

因此，从提升并购效率出发，上市公司应注重通过并购整合上下游企业，形成完整的产业链以提高抵御经营风险能力，或通过并购公司的方式掌握对方核心技术，增强技术开发能力，尽量回避跟风式重组或跨界重组等虚假并购，并加强并购后整合，如此方能切实提高上市公司盈利能力，增强上市公司竞争力。

（六）标的资产盈利未达预期

标的资产盈利能力是衡量上市公司并购是否成功的重要方面。对2015～2018年我国上市公司并购重组完成而且有实际净利润公开披露的对赌协议进行统计发现，2015～2018年业绩承诺完成率逐年下降，尤其是2017年和2018年出现较大幅度下降，可见2014～2016年并购热潮后遗症逐渐显现，也给上市公司带来巨大商誉减值压力。各年度业绩承诺完成情况如表4所示。

表4 2015～2018年业绩承诺完成情况

年份	完成业绩承诺数	披露实际净利润数	业绩承诺完成率（%）
2015年	605	491	81.16
2016年	956	750	78.45
2017年	1039	698	67.18
2018年	810	480	59.26

数据来源：Wind资讯，国元证券整理。

同期安徽上市公司业绩承诺完成率从2016年的88.89%大幅下降至2017年的48%，2018年小幅回升至57.14%，基本上与全国上市公司整体趋势一致。

2017年以来，监管层审核重点方向是加强对高溢价、高商誉、高承诺业绩的"三高"并购的监管，鼓励产业链并购整合，但目前业绩对赌完成率逐年下降，上市公司依然面临商誉减值风险。

（七）股份补偿义务难以实际履行

并购交易后出现业绩承诺不达标的情形会触发业绩补偿条款，但是业绩补偿存在实际执行中的困难，一部分可能是业绩承诺方以能力不足等原因逃避现金补偿义务，而更多的股份补偿存在履行程序较为复杂、业绩承诺方利用股权质押逃避补偿义务等情形：股份补偿需要上市公司召开股东大会对交易对方补偿股份进行回购，并且需要在回购后履行减资程序对回购股份进行注销，程序较为复杂，时间周期长；在股份补偿中若业绩承诺方将拟用于业绩补偿的股份对外质押，则会导致上市公司无法回购股份进行补偿，甚至有部分业绩承诺方故意质押对价股份以逃避补偿义务，又或者业绩承诺方所持有的上市公司股份被查封、冻结，也会导致无法以股份补偿的方式履行业绩补偿义务。

（八）并购重组的支付工具不够丰富

并购交易对方具有不同的风险偏好，在成熟的资本市场上往往能够选择现金、股票、债券等与之风险偏好相适应的支付工具。现阶段我国并购重组直接支付工具不够丰富，相对滞后于市场化并购重组的需求，并购重组作为资源配置重要手段的作用没有得到充分发挥。2018 年 11 月，中国证监会发文试点定向可转债并购，此类新型并购融资工具在我国刚刚起步，发展不完善，大部分还是服务于大企业，中小企业并购融资渠道有限，目前经济增长承压，市场资金成本高企，在这种情况下企业通过过度举债进行并购存在风险，而股市低迷，也限制了企业通过股权融资进行并购重组。

（九）对并购重组的意义认识不足

并购重组的核心在于服务企业外延式发展战略，是快速扩大企业规模与提升盈利能力，促进产业整合与集中度提升，优化技术、人才与资金的配置，快速切入新领域与实现跨越式发展等的有效途径和重要工具。一方面，通过一系列并购重组，使企业在内生发展的基础上，能够在短期内通过外生动力积累人才、技术、产品、渠道等优势，提升市场竞争力、实现规模效应和协同效应，进一步推动企业转型和升级发展；另一方面，企业通过并购拥有高端技术的标的从而进入新兴行业，获得高端技术和品牌，竞争能力将大大增强，从而实现业务转型与产业升级。当前，安徽省企业处在转型升级和结构优化的深化阶段，但是部分企业家对并购重组在企业发展过程中的重要性和诸多积极作用认识不够，面对外延式发展战略态度过度谨慎，单纯依靠企业自身内在发展，往往错失企业发展壮大与转型升级的机遇。

四 建议与对策

（一）成立并购专业组织推动并购发展

邀请安徽省内上市公司高管、中介机构负责人等并购市场交易方及参与方成立并购专业组织，为安徽省内企业界和政府部门提供战略顾问、并购操作、管理咨询、资产评估、融资安排、法律及财务等服务，广泛联络各界精英，致力于推动中国并购市场的规范与成熟，促进产业资本与金融资本的深度结合，促进供给侧结构性改革和产业技术换代升级，促进安徽企业实现跨越式发展。

（二）制定省内上市公司并购规划

安徽上市公司在行业分布上涵盖 12 个行业门类，近七成集中于制造业，战略性新兴产业、高新技术产业上市公司占比偏低。各上市公司所处的发展阶段也有所差别，需要引导上市公司根据自身发展阶段需求，制定一企一策的并购发展规划，分类施策，助力省内上市公司更好、更快地发展。

（三）加快"走出去"步伐，拓展并购市场

加快"走出去"并购，充分挖掘外部资源为我所用，积极向经济互补、标的资源丰富地区拓展并购市场，拓宽上市公司可并购标的视野，收购经济互补型的标的能够快速补齐上市公司的业务短板，增强上市公司的抗风险能力。此外，借助上市公司平台广泛摸底标的资源丰富区域，收购市场领先或具有核心竞争力的标的，可以有效帮助上市公司拓展市场区域、抢占行业内领先高地，增强上市公司的可持续发展能力。

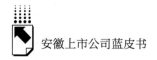
（四）充分利用安徽省区域股权市场资源

区域性股权市场可以直接对接融资，是解决中小微企业融资难、融资贵问题的重要渠道，以兑现奖补，鼓励、支持更多的企业到区域性股权市场挂牌、融资。目前股权交易中心挂牌企业数量有所增加，挂牌企业股改率和融资覆盖率稳步提升，在积极汇聚资源、发挥综合金融服务平台功能方面起到了积极作用。通过投融资路演和孵化培育帮助企业规范发展、做大做强，把安徽省区域股权市场打造成并购重组标的的蓄水池与孵化器，使股权交易中心的挂牌企业早日走向更高层次的资本市场。

（五）促进集团公司整体上市

近年来，安徽资本市场在并购重组方面特别是国有企业集团公司整体上市方面取得了较大进展，如江淮汽车吸收合并江汽集团、安徽水利吸收合并建工集团，雷鸣科化重大资产重组注入淮北矿业集团煤炭主业资产等。通过集团公司整体上市，不仅解决了集团公司与上市公司长期存在的关联交易等独立性问题和同业竞争问题，而且理顺了集团公司整体的管理架构，更好地形成合力参与市场竞争，同步实施国有企业混合所有制改造，在国有资产证券化率的提高等方面都将起到积极的作用。如江淮汽车和安徽水利在集团公司整体上市过程中均引入了管理层持股或员工持股，淮北矿业煤电主业资产整体上市后，省属国企控股上市公司增至20家，资产证券化率由40%提升至45%。

（六）鼓励同行业整合、上下游整合

行业并购指收购方通过横向收购同行业企业或纵向并购上下游企业，实现规模效益、协同效应或产业链延伸。近年来忽悠式重组越来越少，收购的资产如果与上市公司主业不匹配或资产质量不好，无论从监管层面还是中小股东层面均难以得到支持。并购重组围绕产业主线成为趋势，鼓励同行业整合、上下游整合。

鼓励组织体系合理、运营管理科学、主业竞争力强的上市公司以强并弱，以进行同行业及产业上下游的合并重组，让效率高的企业整合带动效率低的企业发展，提升产业整体发展水平。同行业和上下游整合后的上市公司一方面可以获得新的利润增长点，扩大公司的经营能力；另一方面，通过整合，上市公司的行业布局更加完整，对上市公司估值有着显著的提升作用。

（七）依托省内中介力量服务安徽并购

并购是一个系统而复杂的工作。并购活动中包含大量专业工作，像信息收集与判断、资产评估、并购定价、商务谈判等。仅仅依赖并购企业内部员工不利于进行并购活动，同时会浪费许多的成本和时间，进而错过并购最佳时机。所以，企业在并购开始之前，应聘请拥有丰富经验和资源的中介机构，利用其专业化的团队展开详尽的调查和评估，制定与目标企业契合的并购方案，确保并购的成功或最大限度降低并购风险。

因此，安徽上市公司在对外扩展的过程中，无论是进行国内并购还是海外并购都需要积极发挥中介机构的专业力量，尤其是省内中介机构的专业力量。省内中介机构不仅同样具备专业知识、职业操守等条件，而且近距离的高效沟通也为并购的顺利实施提供了坚实保障。

（八）建言并购重组市场化改革

近年来，上市公司并购重组占企业并购交易总额的比例持续上升，资本市场已成为我国企业兼并重组的重要平台。上市公司并购重组在深化企业改革、提高公司质量、推动产业结构升级、服务实体经济发展等方面发挥了重要作用。中国证监会深入贯彻落实党的十九大精神，适应经济发展新阶段特征，继续深化"放管服"改革，结合企业诉求，在上市公司并购重组领域推出了一系列服务举措。一是进一步简政放权，鼓励市场化并购，提高审核效率。例如，证监会针对小额并购交易，推出快速审核通道，简化审批程序，为企业开展市场化并购争取时间。二是继续深化改革，完善基础性制度，充分发挥并购重组服务实体经济作用。

从上述改革措施可以看出，证监会为改进并购重组相关机制，不断优化监管体制。从长远看来，还可以考虑如下方面建议。

1. 将审核资源向关键行业倾斜

针对目前中美贸易战对我国战略性新兴产业发展的影响，建议进一步加快上市公司对该类标的公司并购重组的审核速度，开辟审核绿色通道，放宽此类重组配套融资限制，降低对上市公司的条件要求；在审核过程中简化流程，直接提交证监会并购重组委审核。

2. 放宽对并购配套融资的用途限制

目前，规则规定募集配套资金用于补充公司流动资金、偿还债务的比例不应超过交易作价的 25%；或者不超过募集配套资金总额的 50%。建议放宽至募集资金可以全部用于补充上市公司或标的公司流动资金和偿还银行贷款，提高上市公司对资金的自主支配能力。此外，目前规则不允许借壳上市配套募集资金，不利于民营企业通过资本市场进行转型升级，建议允许借壳上市同时进行募集配套资金，降低上市公司因借壳不能融资而后续还需进行再融资的审核成本。

3. 推进并购重组定价机制进一步市场化

针对目前上市公司并购普遍存在高估值、高业绩承诺、高商誉的情形，截至 2018 年 12 月 31 日，A 股上市公司账面商誉高达上万亿元，上市公司因并购重组"踩雷"频频。建议进一步推进并购重组股票定价机制的市场化，将定价基准日从目前的前 20 日、60 日、120 日均价放宽至可以由并购重组申请人自主选择股票发行价格定价，从而给并购交易双方更多的利益博弈空间。

4. 对特殊行业的估值方法、业绩承诺等进行创新

目前，对于芯片、生物医药等国家重点支持的新兴战略产业，存在前期投入巨大、短期难以实现盈利等情况，但是这些类型企业资金短缺主要体现在早期，亟待早日借助资本市场融资发展。建议对该类上市公司收购，允许采取更为灵活多样的估值方法，同时，业绩承诺方面可以不与利润挂钩，采用如研发进度里程碑等更为多样化的业绩承诺方式。

5. 允许运用募集资金用于并购业务发展

目前，上市公司募集的资金原则上应当用于主营业务，除金融类企业外，募投项目不得用于持有交易性金融资产和可供出售的金融资产、借予他人、委托理财等财务性投资。鉴于上市公司在本行业内经营多年，具备前瞻性和战略性的发展眼光，建议在风险可控和论证充分的前提下，允许上市公司以募集资金设立并购基金，用于新技术、新业态、新模式的并购标的兼并收购或培育发展，促进上市公司并购业务发展，实现上市公司外延式跨越发展。

6. 推进业绩对赌的市场化决策

现行重大资产重组办法规定，上市公司向控股股东、实际控制人或者其控制的关联人之外的特定对象购买资产且未导致控制权发生变更的，可以不适用对业绩承诺进行补偿的相关规定。当前并购重组的实际案例中大多仍包含业绩补偿承诺条款，建议进一步降低对非关联第三方收购且未导致控制权变更的并购重组业绩补偿的相关要求，推动并购重组的进一步市场化。

7. 关于借壳的要求

近期证监会就修改《上市公司重大资产重组管理办法》向社会公开征求意见。新的办法拟进一步提高适应性和包容度，其中包括拟支持符合国家战略的高新技术产业和战略性新兴产业相关资产在创业板重组上市。建议进一步取消创业板可借壳的产业限制，支持与鼓励产能过剩或落后产业上市公司通过并购重组和买壳上市实现转型升级，使各板块上市公司的借壳政策一致。

（九）出台鼓励并购发展的政策

2014 年 3 月 7 日，国务院印发《关于进一步优化企业兼并重组市场环境的意见》（国发〔2014〕14 号），从加快推进审批制度改革、改善金融服务、落实和完善财税政策、完善土地管理和职工安置政策、加强产业政策引导、进一步加强服务和管理等方面在全国层面提出了政策措施安排。同时，为了进一步鼓励并购重组，国内很多省、自治区、直辖市都出台了个性化的

优惠政策扶持，比如浙江省就出台了《浙江省人民政府关于印发浙江省推进企业上市和并购重组"凤凰行动"计划的通知》（浙政发〔2017〕40号）。基于上述因素，安徽省及各地政府应结合自身具体情况，出台一系列优惠政策鼓励并购重组。同时随着长三角一体化的深入发展，安徽省也积极响应国家政策融入长三角经济圈，出台一系列有针对性的政策，鼓励企业融入长三角经济。

B.15
科创板与其他市场上市机制比较研究

路 颖　李明亮　王 旭　朱 蕾　周洪荣　吴一萍　邓舒文*

摘　要： 未来世界必定是高科技的世界，科创板面向的是拥有核心技术与科学技术的科技型创新创业企业。我国资本市场中对创新型企业的包容性、市场化和国际化水平有待提升。设立科创板并试点注册制，一方面在财务指标上实现差异化评定，增强了资本市场的包容性。另一方面有利于畅通股权投资资金的退出渠道。上交所科创板的准入标准与国内 A 股主板等相比更加多元化，并对行业属性、禁售时间和减持规模做出了要求。在此基础上，政策建议如下：1）加快与科创板相适应的法律制度建设；2）明确企业自身特点，合理选择上市板块；3）着力培养核心技术竞争力；4）企业运行勿仅以上市为目标。安徽省与科创板的对接，可以通过分拆上市公司以及寻找合适的新三板企业来实现。

关键词： 注册制　科技创新　上市机制

一　科创板推出的背景

2018 年 11 月 5 日，习近平总书记在首届中国国际进口博览会开幕式上

---

* 路颖，博士，海通证券研究所所长；李明亮，博士，海通证券研究所政策研究部经理；王旭，硕士，海通证券研究所高级分析师；朱蕾，硕士，海通证券研究所高级分析师；周洪荣，博士，海通证券研究所高级分析师；吴一萍，硕士，海通证券研究所高级分析师；邓舒文，博士，上海证券交易所资本市场研究所经理。

宣布，将在上海证券交易所设立科创板并试点注册制。这是中央根据当前世界经济金融形势，立足全国改革开放大局，做出的重大战略部署，是支持科技创新、支持民营经济发展的重大制度创新，是引领资本市场增量改革、完善我国多层次资本市场体系的重要工作。

（一）支持科技创新，服务国家创新驱动发展战略

未来世界必定是高科技的世界。全面实施创新驱动发展战略，已成为中国提高社会生产力和综合国力的战略支撑。科技工作在党和国家全局中的战略地位进一步提升，习近平总书记多次就科技创新发表重要讲话，对实施创新驱动发展战略做出明确指示。在习近平总书记提出的科技强国的战略方针指导下，国务院、中央各部门、各层级的地方政府，纷纷出台针对科创企业的扶助政策和方案，为科创企业的快速发展提供良好的社会环境。

在此背景下，科创板的推出正当其时。科创板面向的是拥有核心技术的科技型创新创业企业，聚焦"硬"科技。科技创新，尤其是"硬"科技的创新研究与应用，具有投入大、周期长、风险高等特点，间接融资和短期融资对这方面的支持能力有限，主要依赖长期资本的引领和催化。近年来，我国资本市场在加大支持科技创新力度上，已经有了很多探索和努力，但囿于种种原因，很多发展势头良好的科技创新企业仍然远赴境外上市。科创板的设立，将为有效促进科技与资本的融合，加速创新资本的形成，补齐资本市场服务科技创新的短板提供有力抓手。

（二）支持民营经济发展

科创板的推出，可以从两个方面拓宽民营企业融资渠道，支持民营企业发展。一方面，增强了资本市场的包容性，有利于优质民营企业的直接上市融资；另一方面，有利于畅通股权投资资金的退出渠道，加大对创业创新型民营企业的融资支持。科创板将为科技领域的股权投资基金开辟一个崭新高效的投资退出、实现收益的通路。对于集中投资于科技创投企业的股权投资基金来说，意味着有机会用比以前更短的时间获得良好的投资

回报，基金产品的流动性大大提高，基金投资创新创业民营企业的意愿大大增强。

（三）引领资本市场增量改革

经过多年发展，我国资本市场从无到有，从小到大，取得的成绩有目共睹，但其中存在的问题也不可回避。创新型企业包容性不足，市场化和国际化水平有待提升，都是当前我国资本市场面临的重要问题。作为中国资本市场改革的突破口和发力点，在上交所设立科创板并试点注册制，将拉开资本市场增量改革的序幕，引领资本市场的持续改革。首先，增强资本市场对科技创新企业的包容性，支持关键核心技术创新，提高服务实体经济能力；其次，坚持市场化、法制化的方向；最后，参考和借鉴国际经验，提高资本市场国际化程度。

（四）丰富完善多层次资本市场

目前，我国已经初步形成由主板、中小板、创业板、新三板、区域性股权交易市场组成的多层次资本市场体系，交易制度逐步完善，产品种类不断丰富，资本市场服务实体经济的能力得到了有效提升。但是，作为场内市场的主板、中小板、创业板，其流动性和融资功能显著高于以新三板和区域性股权交易市场为代表的场外市场，且二者在上市门槛方面的差异较大，并不能全方位地服务于实体经济中有融资需求的各类企业。

设立科创板并试点注册制，将拓宽资本市场的服务范围，细化各层次之间的差异，让各层次之间更好地衔接。首先，将多层次资本市场改革与IPO注册制改革相结合，使上市标准和发行标准相分离。多层次资本市场的分层逻辑在于上市标准，而非场内场外、公募私募等衍生制度。其次，通过制度调整提升新三板和创业板的服务能力。创业板的上市标准可以逐步下沉，与科创板的上市标准相衔接，让资本市场"无死角"服务于创新型企业。新三板创新层的衍生制度设计则可以加以改进，提升创新层的交易便利化水平，扩大投资者群体规模，让新三板在资源配置效率方面与科创板形成衔接。

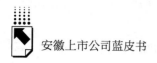
二 科创板与纳斯达克、香港市场、深圳创业板等板块发行机制比较研究

（一）科创板与纳斯达克发行机制比较分析

纳斯达克（NASDAQ）创建于 1971 年，其全称是"全美证券交易商协会自动报价系统"，是当时世界上第一个电子化证券交易市场，通过电子计算机和网络技术将全美六千多家证券经纪商/交易商的网点连接起来形成一个全国统一的场外二级市场。到 1990 年，美国证券交易商协会（NASD）创建"全美场外柜台交易系统"（OTCBB），纳斯达克则正式更名为纳斯达克股票交易所，与纽交所和美国股票交易所并列为全美三大股票交易所市场。2006 年 2 月，纳斯达克宣布将股票市场划分为三个子层次："纳斯达克全球精选市场"（NGSM）、"纳斯达克全球市场"（NGM）和"纳斯达克资本市场"（NCM），有助于吸引不同层次的企业来此上市。经过半个多世纪的发展，纳斯达克交易所已经成长为全球第二大股票交易市场，也见证了大量科创型企业的诞生、成长和壮大。

随着中国进入社会主义建设新时代，经济发展从高速增长转向高质量增长，科技创新对产业升级和经济增长的贡献必定会持续提升，而当前以间接融资为主的金融体系对新经济和科创型企业的支持力度明显偏弱，建设科创板并试点注册制的重要性和紧迫性愈发凸显。与此对应，纳斯达克市场则被封为"美国经济的摇篮"，诸如苹果、亚马逊、微软和谷歌等世界知名科技公司云集于此，登陆纳斯达克市场成为美国"硅谷 + 华尔街"模式的集中体现。自成立以来，纳斯达克就将自己定位于主要服务中小型高科技成长型企业，并随着市场环境的变迁适时调整上市标准，旨在吸引更多的高科技企业上市。为了避免过多不具备公开发行融资的企业上市给投资者带来风险，1975 年纳斯达克就从公众持股状况、资产规模和营收三个方面明确了上市标准，在随后的半个世纪中，纳斯达克多次调整上市标准，适时增加了现金流、市值等准入门槛，上市标准的灵活度显著提升。

在表 1 中，我们列举了目前纳斯达克市场的上市标准基本情况。具体而言，纳斯达克全球精选市场和全球市场分别有 4 种上市标准，纳斯达克资本市场则提供 3 种准入标准，主要考虑因素包括市值、收入、现金流、盈利、股权、资产等因素中的一项或多项，拟上市公司可以根据自己的实际情况选择合适的通道进行申报。例如，如果一家公司还处于发展早期阶段，其营收能力无法满足全球精选市场，不仅可以考虑收入要求相对偏低的纳斯达克全球市场和纳斯达克资本市场，也可以考虑全球精选市场的其他门槛，比如市值、资产或股权等标准。

表 1　纳斯达克市场上市标准

全球精选市场（NGSM）				
	标准 1 （收入）	标准 2 （市值 + 现金流）	标准 3 （市值 + 盈利）	标准 4 （资产 + 股权）
税前收入	每年税前收入为正且前 3 个会计年度累计收入不低于 1100 万美元，最近两个会计年度每年税前收入不低于 220 万美元	/	/	/
现金流	/	前 3 个会计年度累计现金流不低于 2750 万美元且每年现金流均为正	/	/
公司市值	/	前 12 个月平均市值不低于 5.5 亿美元	前 12 个月平均市值不低于 8.5 亿美元	不低于 1.6 亿美元
盈利	/	前 1 个会计年度盈利不低于 1.1 亿美元	前 1 个会计年度盈利不低于 9000 万美元	/
总资产	/	/	/	不低于 8000 万美元
股权	/	/	/	不低于 5500 万美元

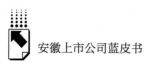

全球精选市场（NGSM）				
	标准1（收入）	标准2（市值＋现金流）	标准3（市值＋盈利）	标准4（资产＋股权）
公众持股	持有 100 股以上的股东数量不少于 450 个或股东总数不低于 2200 个,公众持有股份数量不低于 125 万股,持有股份市值不低于 4500 万美元			
发行价	至少 4 美元			
做市商	至少 4 家			

全球市场（NGM）				
	标准1（收入）	标准2（股权）	标准3（市值）	标准4（总资产＋收入）
税前收入	不低于 100 万美元	／	／	／
股权	不低于 1500 万美元	不低于 3000 万美元	／	／
市值	／	／	不低于 7500 万美元	
总资产和收入	／	／	／	不低于 7500 万美元
公众持股数量	不少于 1100 万股			
公众持股市值	不低于 800 万美元	不低于 1800 万美元	不低于 2000 万美元	
股东数量	不少于 400 个			
发行价	至少 4 美元			
做市商	至少 3 个		至少 4 个	
经营历史	／	至少 2 年	／	／

资本市场（NCM）			
	标准1（股权）	标准2（市值）	标准3（净收入）	／
股权	至少 500 万美元	至少 400 万美元		
经营历史	至少 2 年			
公司市值		至少 5000 万美元		
净收入			至少 75 万美元	
公众持股市值	至少 1500 万美元		至少 500 万美元	
公众持股数量	至少 100 万股			
股东数量	不低于 300 个			
做市商	至少 3 个			
发行价/收盘价 *	4 美元/3 美元	4 美元/2 美元	4 美元/3 美元	

  * 如果公司无法满足上述收盘价要求,则需要满足替代要求,也即①公司连续 3 年平均年收入达到 600 万美元;或②有形净资产达到 500 万美元;或③有形净资产达到 200 万美元且经营满 3 年。

　　根据《上海证券交易所科创板股票发行上市审核规则》，持续经营 3 年以上的股份有限公司可以申请在上海证券交易所科创板上市，除了发行人的行业属性必须符合科创板的定位（必须符合国家战略，拥有关键核心技术，科技创新能力突出，主要依靠核心技术开展生产经营，具有稳定的商业模式，市场认可度高，社会形象良好，具有较强成长性的企业）外，科创板上市企业必须至少满足表 2 中所列的五套标准之一。与纳斯达克市场类似，上交所科创板的准入标准与国内 A 股主板、中小企业板和创业板市场相比更加多元化（见表 2），除了市值、收入和盈利外，还包括现金流、研发等其他指标。由此观之，科创板市场建设在一定程度上借鉴了纳斯达克市场的成功经验，能够为科创型中小企业提供更多选择，有助于让更多科创型企业进入资本市场融资。

表 2　上海证券交易所科创板上市标准

标准 1 （市值 + 盈利）		预计市值不低于人民币 10 亿元，最近两年净利润均为正且累计净利润不低于人民币 5000 万元，或者预计市值不低于人民币 10 亿元，最近一年净利润为正且营业收入不低于人民币 1 亿元
标准 2* （市值 + 收入 + 研发）		预计市值不低于人民币 15 亿元，最近一年营业收入不低于人民币 2 亿元，且最近三年累计研发投入占最近三年累计营业收入的比例不低于 15%
标准 3 （市值 + 收入 + 现金流）		预计市值不低于人民币 20 亿元，最近一年营业收入不低于人民币 3 亿元，且最近三年经营活动产生的现金流量净额累计不低于人民币 1 亿元
标准 4 （市值 + 收入）		预计市值不低于人民币 30 亿元，且最近一年营业收入不低于人民币 3 亿元
标准 5 （市值 + 其他）		预计市值不低于人民币 40 亿元，主要业务或产品需经国家有关部门批准，市场空间大，目前已取得阶段性成果。医药行业企业需至少有一项核心产品获准开展二期临床试验，其他符合科创板定位的企业需具备明显的技术优势并满足相应条件
红筹企业和表决权有差异安排的企业	标准 1 （市值）	预计市值不低于 100 亿元人民币
	标准 2 （市值 + 收入）	预计市值不低于 50 亿元人民币，且最近一年营收不低于 5 亿元人民币

　　* 上海证券交易所可以根据市场情况，经中国证监会批准，对该条标准的具体要求进行适当调整。

通过对比表 1 和表 2，如果采用市值标准通道，在纳斯达克上市的最低市值要求可以低至 5000 万美元（纳斯达克资本市场标准 2），而如果在科创板上市，最低准入上市市值不低于 10 亿元；如果发行人尚未实现盈利，那么其市值准入门槛还会相应调升至 15 亿元到 40 亿元不等；如果是红筹企业或者存在表决权差异安排的发行人，市值标准更是提高至 50 亿元或者 100 亿元。另外，科创板的上市标准 2、3 和 4 对发行人的收入要求也并不比纳斯达克市场低，并且，在纳斯达克市场上市还需要遵守相应的上市公司治理标准，尤其是在高管薪酬、独立董事和升级委员会等方面要求均比较严格。

（二）科创板与香港市场发行机制比较分析

1. 对上市企业甄选的侧重点不同

上交所科创板强调"科技创新"的核心素质，而香港创业板则要求企业的基本经营状况是持续的、符合法规的，企业的发展前景和风险以强调信息披露的方式交给市场投资者来判别。

上交所科创板强调上市企业的行业属性、发展前景和创新能力。如，《上海证券交易所科创板股票发行上市审核规则》第三条规定："发行人申请股票首次发行上市，应当符合科创板定位，面向世界科技前沿、面向经济主战场、面向国家重大需求。优先支持符合国家战略，拥有关键核心技术，科技创新能力突出，主要依靠核心技术开展生产经营，具有稳定的商业模式，市场认可度高，社会形象良好，具有较强成长性的企业。"《上海证券交易所科创板企业上市推荐指引》第三条要求保荐机构优先推荐下列企业："（一）符合国家战略、突破关键核心技术、市场认可度高的科技创新企业；（二）属于新一代信息技术、高端装备、新材料、新能源、节能环保以及生物医药等高新技术产业和战略性新兴产业的科技创新企业；（三）互联网、大数据、云计算、人工智能和制造业深度融合的科技创新企业。"

《上海证券交易所科创板股票发行上市审核问答》中第 9 个问题是"《上市审核规则》规定发行人应当符合科创板定位。对此应如何把握？"要求发行人进行自我评估时，"应当尊重科技创新规律、资本市场规律和企业发展规律，并结合自身和行业科技创新实际情况，准确理解、把握科创板定位，重点考虑以下因素：1. 所处行业及其技术发展趋势与国家战略的匹配程度；2. 企业拥有的核心技术在境内与境外发展水平中所处的位置；3. 核心竞争力及其科技创新水平的具体表征，如获得的专业资质和重要奖项、核心技术人员的科研能力、科研资金的投入情况、取得的研发进展及其成果等；4. 保持技术不断创新的机制、技术储备及技术创新的具体安排；5. 依靠核心技术开展生产经营的实际情况等。"

然而，香港创业板没有对上市企业的行业属性和科技创新做明确的规定，更多的是强调企业的持续经营能力和需充分披露的风险因素，由市场来判断其成长性。如，《GEM 证券上市规则》11.12A（1）"新申请人或其集团（不包括采用权益会计法或比例综合法将其业绩在发行人财务报表内列账的任何联营公司、合资公司及其他实体）必须具备足够至少两个财政年度的适当编制的营业纪录，及且从日常及正常业务经营过程中产生净现金流入（但未计入调整营运资金的变动及已付税项）、申请上市的新申请人或其集团此等在刊发上市文件前两个财政年度从经营业务所得的净现金流入总额必须最少达 3000 万港元"，以及"（2）申请人在刊发上市文件前的完整财政年度及至上市日期为止的整段期间，其拥有权及控制权必须维持不变"，及"（3）申请人在刊发上市文件前两个完整财政年度及至上市日期为止的整段期间其管理层必大致维持不变"，强调公司的持续经营状态稳定。如果是控股型公司，则第 11.13 条要求"新申请人必须在该活跃附属公司拥有不少于 50% 的实际经济权益"。从这些规定我们可以看出其强调的是企业的真实经营存在以及持续经营能力，而对行业属性、企业成长前景都没有过多强调。

2. 对上市条件的门槛设定标准不同

一是盈利和市值标准不同。

上交所科创板为科技型创新型企业上市敞开大门，而在门槛设定上也给出了多套标准。《上海证券交易所科创板股票上市规则》2.1.2 在市值及财务指标方面至少要符合："（一）预计市值不低于人民币 10 亿元，最近两年净利润均为正且累计净利润不低于人民币 5000 万元，或者预计市值不低于人民币 10 亿元，最近一年净利润为正且营业收入不低于人民币 1 亿元；（二）预计市值不低于人民币 15 亿元，最近一年营业收入不低于人民币 2 亿元，且最近三年累计研发投入占最近三年累计营业收入的比例不低于 15%；（三）预计市值不低于人民币 20 亿元，最近一年营业收入不低于人民币 3 亿元，且最近三年经营活动产生的现金流量净额累计不低于人民币 1 亿元；（四）预计市值不低于人民币 30 亿元，且最近一年营业收入不低于人民币 3 亿元；（五）预计市值不低于人民币 40 亿元，主要业务或产品需经国家有关部门批准，市场空间大，目前已取得阶段性成果。医药行业企业需至少有一项核心产品获准开展二期临床试验，其他符合科创板定位的企业需具备明显的技术优势并满足相应条件。"

而香港创业板对上市公司没有财务盈利方面的要求，对市值的要求为《GEM 证券上市规则》11.23 条规定：发行股票需要"由公众人士持有的股本证券的市值（于上市时厘定）必须最少为 45000000 港元"；如果是发行股份的期权、权证或类似权利（权证）的"有关权证的市值（于其上市时厘定）必须最少为 6000000 港元"，以及"新申请人预期在上市时的市值不得低于 1.5 亿港元；而在计算是否符合此项市值要求时将以新申请人上市时的所有已发行股份（包括正申请上市的证券类别以及其他（如有）非上市或在其他受监管市场上市的证券类别）作计算基准"。

由上可见，上交所科创板和香港创业板在盈利和市值要求方面有着较大差别。上交所科创板对盈利和市值都有比较具体的要求，且根据不同经营规模设置了不同层次的标准比例；但香港创业板则没有设盈利要求，对市值要求门槛也较低，仅 1.5 亿港元，对公众持有的部分需要 4500 万港元。

二是股东结构要求有相似之处但也存较大区别。

《上海证券交易所科创板股票上市规则》2.1.1 规定："（二）发行后股本总额不低于人民币 3000 万元；（三）公开发行的股份达到公司股份总数的 25% 以上；公司股本总额超过人民币 4 亿元的，公开发行股份的比例为 10% 以上"。

香港创业板对股票发行人要求是：《GEM 证券上市规则》11.23 条规定，"于上市时，公众持有的股本证券须最少由 100 个人持有（包括透过中央结算系统持有其证券的人士）"；"发行人已发行股份数目总额必须至少有 25% 由公众人士持有"，对公众人士持有最低比例的要求是"正申请上市的证券类别，则不得少于发行人已发行股份数目总额的 15% 而其上市时的预期市值也不得少于 4500 万港元"，不过，"如发行人预期在上市时的市值逾 100 亿港元，另外本交易所亦确信该等证券的数量以及其持有权的分布情况，仍能使有关市场正常运作，则本交易所可酌情接纳介乎 15% 至 25% 之间的一个较低百分比，条件是发行人须于其首次上市文件中适当披露其获准遵守的较低公众持股量百分比，并于上市后的每份年报中连续确认其公众持股量符合规定"；"上市时由公众人士持有的证券中，由持股量最高的三名公众股东实益拥有的百分比，不超过 50%"，也规定了部分特殊豁免情况。

对于公众持股比例，上交所科创板和香港创业板有相似之处，25% 是一个相对合理的标准。科创板对超过 4 亿元总股本的企业可以降低至 10%，而香港创业板则要求至少 15% 且市值不得低于 4500 万港元，在 15% ~ 25% 之间的上市公司还必须于豁免期内给予相应的披露和适当措施。同时，香港创业板也限制公众股东持有的比重不得超过 50%，以防损害其他股东利益。

3. 对上市后控股股东和管理层持股及减持的约束不同

一是持股比例方面。

上交所科创板对股权激励对象规定：《上海证券交易所科创板股票上市规则》第 10.4 条，"激励对象可以包括上市公司的董事、高级管理人员、核心技术人员或者核心业务人员，以及公司认为应当激励的对公司经营业绩和未来发展有直接影响的其他员工，独立董事和监事除外"。对持股比例也有相应规定：《上海证券交易所科创板股票上市规则》10.8 条，"上市公司可以同时实施多项股权激励计划。上市公司全部在有效期内的股权激励计划所涉及的标的股票总数，累计不得超过公司股本总额的 20%"。在《上海证券交易所科创板股票发行上市审核问答》中第 12 问"发行人存在首发申报前制定的期权激励计划，并准备在上市后实施的，信息披露有哪些要求？中

介机构应当如何进行核查？"上交所要求"发行人全部在有效期内的期权激励计划所对应股票数量占上市前总股本的比例原则上不得超过15%，且不得设置预留权益"。

香港创业板要求披露详细的持股情况，包括淡仓（即融券）的多少等，在股权激励方面，以股票期权计划来实施激励的限定为：《GEM证券上市规则》23.03条（4）规定"每名参与人在任何12个月内获授的期权（包括已行使或未行使的期权）予以行使时所发行及将发行的证券不得超过上市发行人（或有关附属公司）已发行的有关类别证券的1%"。在股票发行前的购买限制是，13.02（2）条规定"一般而言，任何寻求上市的发售证券中，以优惠条款售予新申请人或其附属公司或联营公司的雇员及其家属，或前雇员及其家属（'该等人士'），或为该等人士利益而设立的信托基金、公积金或退休金计划（'该等计划'）的部分，不得超过总数10%"。

二是减持方面。

上交所科创板对限售股的减持规定：《上海证券交易所科创板股票上市规则》2.4.3"公司上市时未盈利的，在公司实现盈利前，控股股东、实际控制人自公司股票上市之日起3个完整会计年度内，不得减持首发前股份；自公司股票上市之日起第4个会计年度和第5个会计年度内，每年减持的首发前股份不得超过公司股份总数的2%，并应当符合《减持细则》关于减持股份的相关规定"。2.4.4条对上市公司控股股东、实际控制人减持本公司首发前股份的，应当遵守下列规定："（一）自公司股票上市之日起36个月内，不得转让或者委托他人管理其直接和间接持有的首发前股份，也不得提议由上市公司回购该部分股份。"2.4.5条对上市公司核心技术人员减持本公司首发前股份的，应当遵守下列规定："（一）自公司股票上市之日起12个月内和离职后6个月内不得转让本公司首发前股份；（二）自所持首发前股份限售期满之日起4年内，每年转让的首发前股份不得超过上市时所持公司首发前股份总数的25%，减持比例可以累积使用"。

香港创业板对于减持方面的规定有所不同，对持股30%以上的控股股东的限制是：《GEM 证券上市规则》13.16A（1）规定"自新申请人在上市文件中披露控股股东持有股权当日起至证券开始在本交易所买卖日起计满12 个月之日期止期间，出售上市文件所列示由其实益拥有的证券；就该等由其实益拥有的证券订立任何协议出售发行人证券，或设立任何选择权权利、利益或产权负担"。

从持股和减持限定角度来看，上交所科创板和香港创业板的区别比较大。上交所科创板股权激励和香港创业板的股票期权激励不仅方式不同，比例也有很大差异；上交所科创板限售股的禁售时间和减持规模都有严格的要求，而香港创业板较宽松。

（三）科创板与创业板发行机制比较分析

1. 科创板试行"注册制"，比当前创业板"核准制"发行效率更高、专业性更强

2019 年 3 月 1 日，中国证监会发布并实施《科创板首次公开发行股票注册管理办法（试行）》。与 A 股现有"核准制"相比，"注册制"主要具有以下特点。

（1）企业在科创板上市，不再经历发审会环节，由上交所审核、中国证监会注册，预计审核周期 6～9 个月，发行效率提高。即首次公开发行股票并在科创板上市，应当符合发行条件、上市条件以及相关信息披露要求，依法经上海证券交易所发行上市审核并报经证监会履行发行注册程序。

在时效性上，预计上交所审核周期为 6～9 个月。上交所收到发行上市申请文件后五个工作日内，对文件进行核对，做出是否受理的决定；交易所自受理发行上市申请文件之日起 3 个月内出具同意发行上市的审核意见或者做出终止发行上市审核的决定，但发行人及其保荐人、证券服务机构回复上交所审核问询的时间不计算在内。发行人及其保荐人、证券服务机构回复上交所审核问询的时间总计不超过 3 个月。

证监会收到交易所报送的审核意见及发行人注册申请文件后，依照法定

条件，在 20 个工作日内对发行人的注册申请做出同意注册或者不予注册的决定（不包括发行人根据要求补充、修改注册申请文件，以及中国证监会要求保荐人、证券服务机构等对有关事项进行核查的时间）。

而在"注册制"试点之前，包括创业板在内的沪深市场板块，对新股发行上市实施"核准制"，由中国证监会根据相关法律法规开展 IPO 审核工作，审核通过后企业再申请到交易所挂牌交易，所需时间一般为 1～2 年，甚至更长。从审核流程看，首次公开发行股票的审核工作流程分为受理、见面会、审核、反馈会、预先披露、初审会、发审会、封卷、会后事项、核准发行等主要环节，分别由不同处室负责，相互配合、相互制约。其中，发审委制度是发行审核中的专家决策机关。

发审委是"核准制"中企业能否发行上市的关键。在 2017 年 7 月 7 日，中国证监会除将主板发审委和创业板发审委合并，设立发审委遴选委员会负责选聘发审委委员等，以完善发审委制度外，还通过设立发行审核监察委员会等方式，来强化对发审委制度运行的监督管理。发审委通过召开发审委议进行审核，委员以个人身份出席发审会，独立发表审核意见并行使表决权，以投票方式对股票发行申请进行表决，提出审核意见。每次会议由 7 名委员参会，独立进行表决，同意票数达到 5 票为通过。

（2）上海证券交易所设置独立的审核部门、科创板股票上市委员会和科技创新咨询委员会，提高审核工作的专业性。其中，上市委员会与上交所发行上市审核机构共同承担科创板企业上市审核职责：审核机构承担主要审核职责，提出明确的审核意见；上市委员会侧重于通过审议会议等形式，审议交易所审核机构提出的审核报告，发挥监督制衡作用。科技创新咨询委员会将根据上交所上市推广及发行上市审核工作的需要，提供专业咨询意见。交易所主要通过向发行人提出审核问询、发行人回答问题方式开展审核工作，基于科创板定位，判断发行人是否符合发行条件、上市条件和信息披露要求。

第一届科创板股票上市委员会委员名单人员构成，包括地方证监局 4 名，行业协会 3 名，高校 4 名，保险资管机构 3 名，公募基金 5 名，上市公司 4 名，律师事务所 11 名，会计师事务所 11 名，上交所 3 名。

第一届科技创新咨询委员会委员名单中，则有百度高级副总裁王海峰、红杉资本全球执行合伙人沈南鹏、高瓴资本创始人张磊、中微半导体设备董事长尹志尧、华兴资本董事长包凡、药明康德董事长李革及恒瑞医药副总裁张连山等人在列。

2. 科创板放宽上市条件，增强境内资本市场对新经济的包容性

第一，创业板和科创板均是资本市场与时俱进、服务实体经济的产物。

创业板的诞生源于实体经济发展的需求，以为自主创新企业及其他成长性创业企业提供金融服务。1999 年 8 月，党中央、国务院出台的《关于加强技术创新，发展高科技，实现产业化的决定》指出，要培育有利于高新技术产业发展的资本市场，适当时候在现有的上海、深圳证券交易所设立专门的高新技术企业板块。2004 年 5 月，中国证监会同意设立中小板；2006年下半年开始推进创业板，并于 2009 年 10 月正式开启。

科创板则应顺应新经济发展需求，服务科创企业。随着国内经济快速发展，实体经济的发展方向，组织形式发生翻天覆地的变化，科创板应声而出。根据《科创板首次公开发行股票注册管理办法（试行）》，"发行人申请首次公开发行股票并在科创板上市，应当符合科创板定位，面向世界科技前沿、面向经济主战场、面向国家重大需求，符合国家战略，拥有关键核心技术，科技创新能力突出，主要依靠核心技术开展生产经营，具有稳定的商业模式，市场认可度高，社会形象良好，具有较强成长性"。

第二，与创业板明确的企业盈利要求相比，科创板在财务指标上结合"市值、收入、净利润、现金流、核心技术"等多重指标实现差异化评定，更加灵活包容。在市值及财务指标方面，科创板制定 5 套差异化上市标准，满足各类科创企业上市需求，整体而言，企业经营的确定性越高、经营成果越好，对市值的要求越低。尤其未盈利或存在累计未弥补亏损的优质科创企业也能够到科创板上市，不再对无形资产占比进行限制；可以提高尚未盈利科技企业的直接融资比例，促进企业孵化发展。而创业板企业上市一定要拥有两年或一年的盈利要求。

表3　科创板与创业板上市门槛比较

科创板	创业板
(一)发行后股本总额不低于人民币3000万元; (二)公开发行的股份达到公司股份总数的25%以上;公司股本总额超过人民币4亿元的,公开发行股份的比例为10%以上; 满足下列条件之一: (1)预计市值不低于人民币10亿元,最近两年净利润均为正且累计净利润不低于人民币5000万元,或者预计市值不低于人民币10亿元,最近一年净利润为正且营业收入不低于人民币1亿元; (2)预计市值不低于人民币15亿元,最近一年营业收入不低于人民币2亿元,且最近三年累计研发投入占最近三年累计营业收入的比例不低于15%; (3)预计市值不低于人民币20亿元,最近一年营业收入不低于人民币3亿元,且最近三年经营活动产生的现金流量净额累计不低于人民币1亿元; (4)预计市值不低于人民币30亿元,且最近一年营业收入不低于人民币3亿元; (5)预计市值不低于人民币40亿元,主要业务或产品需经国家有关部门批准,市场空间大,目前已取得阶段性成果。医药行业企业需至少有一项核心产品获准开展二期临床试验,其他符合科创板定位的企业需具备明显的技术优势并满足相应条件。	(1)最近两年连续盈利,最近两年净利润累计不少于1000万元;或者最近一年盈利,最近一年营业收入不少于5000万元。净利润以扣除非经常性损益前后孰低者为计算依据; (2)最近一期末净资产不少于2000万元,且不存在未弥补亏损; (3)发行后股本总额不少于3000万元。第十二条发行人的注册资本已足额缴纳,发起人或者股东用作出资的资产的财产权转移手续已办理完毕。发行人的主要资产不存在重大权属纠纷。

资料来源:《上海证券交易所科创板股票上市规则》《首次公开发行股票并在创业板上市管理办法》。

第三，对于新经济多种组织形式、发行方式具有多元包容性。

允许红筹企业通过发行CDR的方式登陆科创板。条件即采用2018年6月出台的《存托凭证发行与交易管理办法（试行）》等配套规则。一方面，可以保证国内科技公司创始人对公司的控制，推动公司持续创新；另一方面，也可以鼓励国外优质红筹企业回归国内市场。

允许同股不同权企业上市，并予以必要的规范约束。《上海证券交易所科创板股票上市规则》中明确："上市公司具有表决权差异安排的，应当充分、详细披露相关情况特别是风险、公司治理等信息，以及依法落实保护投资者合法权益规定的各项措施。"

上市公司子公司可分拆后登陆科创板。中国证监会明确，达到一定规模的上市公司，可以依据法律法规、中国证监会和交易所有关规定，分拆业务独立、符合条件的子公司在科创板上市。科创公司募集资金应当用于主营业务，重点投向科技创新领域。

三　科创板发展的政策建议

（一）加快与科创板相适应的法律制度建设

加快与科创板相适应的法律制度建设，特别是尽快启动证券法、公司法、刑法等相关法律的联动修改工作。

在科创板进一步放宽准入门槛、市场化导向逐渐明确的当下，加快相关法律制度建设，从顶层设计上对证券法、公司法、刑法等相关法律进行联动修改，成为从制度层面为科创板保驾护航的重要举措。这对于进一步加强市场监管，加大打击资本市场违法违规行为的力度，提高违法违规成本，实现对资本市场的统一有效监管，具有重要意义。

（二）明确企业自身特点，合理选择上市板块

具有一定科创特性和有上市计划的企业，应根据自身企业特点选择上市地，不需要拘泥于某一特定板块。

虽然都是针对科技型企业的上市板块，NASDAQ、创业板、香港创业板和上海科创板在对上市企业的要求上还是有明显区别的。四者当中创业板更看重企业的盈利能力，要求必须达到一定的盈利和净资产水平。香港科创板重点对申请上市企业的净现金流、管理层的稳定性和企业的持续经营能力提出了较为明确的要求。NASDAQ 作为实施注册制的上市地，对上市企业实施形式审核，采取一系列指标组成了 4 套标准对企业进行筛选和要求。上海科创板试行注册制，上市筛选指标也效仿 NASDAQ。

对于有一定科技性，但技术优势并不突出或者行业不在上海科创板推荐

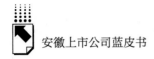

行业范围内的企业，可以考虑深圳科创板和香港科创板，成功率更高。

虽然从制度设置上，上海科创板效仿 NASDAQ，实施更为多元化的筛选标准和注册制度。但从我国资本市场的特点考虑，在初期对企业的科创型要求较高，达到成熟市场注册制的灵活特征的概率不高。因此，没有特别技术优势的企业在科创板开板初期申请上市的成功概率并不高。

（三）专注于科创板上市的企业，着力培养核心技术竞争力

科创板对上市企业的科技特性做出了以下五个方面的规定：（1）所处行业及其技术发展趋势与国家战略的匹配程度；（2）企业拥有的核心技术在境内与境外发展水平中所处的位置；（3）核心竞争力及其科技创新水平的具体表征，如获得的专业资质和重要奖项、核心技术人员的科研能力、科研资金的投入情况、取得的研发进展及其成果等；（4）保持技术不断创新的机制、技术储备及技术创新的具体安排；（5）依靠核心技术开展生产经营的实际情况等。

在行业上，以下行业具有显著优势：新一代信息技术、高端装备、新材料、新能源、节能环保以及生物医药等高新技术产业和战略性新兴产业的科技创新企业；互联网、大数据、云计算、人工智能和制造业深度融合的科技创新企业。

这些行业特征和技术水平要求，凸显了在科创板在企业筛选时对企业科技先进性的要求。如果企业以上市科创板为目标，则需要专注提升企业的技术优势，其重要性大于对短期盈利能力的要求。

（四）企业运行应关注持续长远发展，勿仅以上市为目标

企业希望上市无外乎获得两个方面的优势，其一，企业初期股东能够获取部分利益的兑现；其二，企业自身得以从资本市场融资，借以实现持续发展。好的企业上市，无论对于企业自身还是资本市场都是好事。但如果企业仅以上市为目标，短浅地以获取上市的套现机会和融资机会为目的，则是舍本逐末的行径。

资本市场持续进行的制度建设正在不断缩小这样的短期套利机会。一方面，资本市场对产业资本的减持进行了更为严格的规定；另一方面，资本市场一直致力于完善退市制度，而科创板更是在开板之初就确立了更为严格的退市相关制度安排，不再存在上市即可一劳永逸地获得融资的现象。

因此，有上市机会的企业，应该将更多的关注点放在企业自身，提升企业的技术水平和市场竞争力，建立良好的企业运行生态环境，合理利用外部融资机会，真正把企业做大做强。

四　科创板与安徽企业对接

筛选符合科创板上市要求的企业，可以从两个角度进行考虑。其一，已经上市的上市公司，如果有业务独立、符合条件的子公司，则有在科创板分拆上市的可能。其二，目前在辅导的准备上市企业和新三板企业中，可能存在符合创业板上市要求的企业。

（一）从上市公司业务中寻找可能的拆分机会

2018年3月1日，《科创板上市公司持续监管办法（试行）》提出，达到一定规模的上市公司，可以根据法规相关规定，分拆业务独立、符合条件的子公司在科创板上市。这为有技术优势的上市公司提供了科创板展示、融资的可能性。

我们可对安徽省在主板、中小板、创业板上市公司进行梳理。筛选出有可能符合科创板"符合国家战略，掌握核心技术，市场认可度高；属于互联网、大数据、云计算、人工智能、软件和集成电路、高端装备制造、生物医药、新材料、新能源等高新技术产业和战略性新兴产业"要求的企业。

（二）从新三板中寻找可能的培养目标

新三板挂牌企业中存在具有一定科技实力，可通过发展达到科创板上市

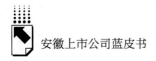

要求的企业。我们对安徽省300多家新三板挂牌企业的行业分类和主营业务进行了梳理，找出业务相关度相对较高的企业，供参考（见表4）。

表4 新三板具有一定高科技属性的企业

证券代码	证券名称	所属东财行业2级	所属东财行业3级	主营业务
430670.OC	东芯通信	半导体	集成电路	LTE基带芯片的研发、设计和销售,LTE解决方案供应商,LTE技术授权和技术服务供应商
835513.OC	金太阳	电力	新能源发电	新能源光伏发电项目(屋顶光伏电站、并/离网光伏电站)的投资开发、运维及电力销售
832388.OC	龙磁科技	电子器件	其他电子器件	主要从事永磁铁氧体新型功能材料的研发、生产和销售
833655.OC	天虹数码	电子设备制造	电子设备制造	公司主营业务以自主研发的视频、音频处理技术为基础,以系统软件和硬件设备研发为核心,设计生产和销售电视节目播出系统、TS流插播监测系统、虚拟演播室系统、媒资管理和网络病毒防范系统、安全非编系统、电视节目播出周边设备,同时逐步拓展了数字医疗系列产品
833893.OC	ST恒宇	电子设备制造	电子设备制造	通信、导航、雷达、电子对抗、计算机产品的开发、生产和销售
836888.OC	来邦科技	电子设备制造	电子设备制造	公司主要从事安防、金融、医疗等领域专用对讲产品及排队产品的研发、生产及销售。主要产品主要包括IP网络可视对讲产品、半数字对讲产品及排队产品
838092.OC	安晶龙	电子设备制造	电子设备制造	各类色选机产品的研发、生产和销售
832502.OC	圆融科技	电子元件	电子元件	全色系发光二极管外延片、芯片的研发、生产和销售;生产和销售LED照明产品、LED背光源及LED显示屏、LED驱动电源及控制系统;LED芯片封装及销售,LED应用技术开发与应用服务,合同能源管理
839776.OC	瀚海新材	电子元件	电子元件	稀土钕铁硼永磁材料的研发、生产和销售
871981.OC	晶赛科技	电子元件	电子元件	石英晶体元器件及其封装材料的研发、生产及销售
872339.OC	光锐通信	电子元件	电子元件	光通信模块及组件产品的研发、生产及销售
833613.OC	华夏显示	光电子器件	LED	光电与电子工程领域相关软、硬件的研发、生产、销售及配套服务

续表

证券代码	证券名称	所属东财行业2级	所属东财行业3级	主营业务
833994.OC	翰博高新	光电子器件	光学元件	光电显示薄膜器件的研发、生产和销售
839353.OC	和鸿电气	光电子器件	LED	LED灯的研发,生产和销售
836827.OC	小马科技	互联网服务	综合互联网服务	媒体推介、互动营销
873146.OC	鑫力新材	化学新材料	化学新材料	不饱和聚酯树脂的研发、生产及销售
836775.OC	高迪环保	环保	环保	粉煤灰、脱硫石膏等固体废弃物的研发、加工及销售
836847.OC	黄河水	环保	环保	环境工程EPC业务及污水处理成套设备的研发、生产与销售
837547.OC	佳明环保	环保	环保	佳明环保是一家提供综合性的水处理服务及产品的高新技术企业,公司集污水处理、污泥干化减量和净化水处理设备的研发、生产、销售、工程施工及运营于一体,同时还进行生物有机肥的研发生产、销售。公司的主营业务是环保EPC工程及环保投资运营、生物有机肥销售、环保设备销售与服务
839640.OC	得奇环保	环保	环保	公司立足于安徽省宣城市得奇金属表面处理中心,是一家为园区内的金属表面处理企业提供包括污水集中处理服务、集中供热、资产租赁及管理的一站式、一体化服务的综合性、科技型第三方污染治理运营商
871032.OC	恒宇环保	环保	环保	销售煤化工废物处理设备、提供煤化工废物处理技术和管理集成方案。其中湿灰处理输送系统是公司的核心业务
871890.OC	欣创环保	环保	环保	节能环保专项工程、环境设施托管运营、合同能源管理(EMC)、环保产品(水处理药剂、环保设备)、环境能源监测和设备诊断、液压备件修复
430398.OC	励图科技	计算机软件	行业应用软件	数字媒体技术解决方案供应商,提供从方案设计、系统开发、采购配套软硬件产品到搭建网络平台、系统集成、安装实施、技术培训、售后服务等一系列数字媒体技术产品和服务
430494.OC	华博胜讯	计算机软件	其他软件服务	公共文化与公共安全领域软硬件产品的开发与销售、计算机系统集成、弱电智能化工程的实施及技术支持与服务

证券代码	证券名称	所属东财行业2级	所属东财行业3级	主营业务
831063.OC	安泰股份	计算机软件	其他软件服务	面向智慧城市的智慧建筑业务和智慧能源业务
831525.OC	学府信息	计算机软件	行业应用软件	管理咨询服务、计算机软件开发、硬件集成和技术开发
831886.OC	云智科技	计算机软件	行业应用软件	专注于为客户提供安防系统、建筑弱电智能化、计算机信息系统集成的业务咨询、方案设计、产品定制、系统集成、工程实施、运维服务等综合的整体解决方案
831918.OC	天立泰	计算机软件	其他软件服务	为客户提供信息智能化系统和信息技术两类服务
832785.OC	国通亿创	计算机软件	其他软件服务	公司专业从事信息技术领域的研究与开发、通信工程的设计与施工、建筑智能化工程的设计与施工,为客户提供集成化的信息系统解决方案与服务
832869.OC	达尔智能	计算机软件	其他软件服务	专业从事交通智能化项目咨询、设计、施工、维护、项目管理以及系统集成
834182.OC	工大高科	计算机软件	其他软件服务	具有物联网技术架构特征的矿井(矿山)移动目标安全监控系列、企业铁路信号控制与智能运输调度系列产品的研发、生产、销售,信息系统集成,以及相关的安装调试等
837116.OC	中水三立	计算机软件	其他软件服务	公司专业从事水利及其他涉水行业信息化领域的系统集成、软件开发、运营维护,以及与其配套的硬件产品的研发、生产和销售
837606.OC	晶奇网络	计算机软件	行业应用软件	医疗卫生、民政等民生领域的软件开发及配套的硬件销售、技术服务业务
838022.OC	商信政通	计算机软件	行业应用软件	计算机软件产品的开发、销售、技术服务和系统集成
839137.OC	金禾软件	计算机软件	行业应用软件	地理信息系统的开发、应用及服务,公司产品主要应用于智慧城市、数字水利、数字矿山等领域
871305.OC	博约科技	计算机软件	其他软件服务	互联网全媒体舆情监测系统的研发、维护、销售和租赁
872607.OC	云康智能	计算机软件	其他软件服务	公司主营业务包括信息安全产品的研发及应用,计算机软件的开发及应用;安全技术防范系统、弱电系统、数字化校园系统的设计、安装及服务;计算机及外部设备、显示设备、实验实训设备、监控及报警设备、数码类产品、家用电器、办公家具销售等

续表

证券代码	证券名称	所属东财行业2级	所属东财行业3级	主营业务
873158.OC	飞马智科	计算机软件	其他软件服务	系统集成及工程服务、系统运行维护服务、技术咨询服务、通信服务、云服务
832198.OC	中晶技术	金属非金属新材料	非金属新材料	人工晶体的生产和销售
834166.OC	杰事杰	金属非金属新材料	非金属新材料	工程塑料的研发、生产、销售与服务
870623.OC	凤阳矿业	金属非金属新材料	非金属新材料	玻璃用石英岩露天开采和销售
872463.OC	恒利股份	金属非金属新材料	其他金属新材料	公司专注于新能源汽车锂离子动力电池金属铜连接片及农机配件的研发、设计、生产和销售
430503.OC	双环电感	其他电气设备	其他电气设备	敏感元件及相关产品的设计、生产和贸易,产品以MZ60型热敏器件和RXF型敏感型温度保险元件为主,同时生产少量金属膜电阻器及电感产品
834065.OC	合凯电气	其他电气设备	其他电气设备	专业从事中高压电力系统中故障防控、电能质量治理、连续供电和电网节能技术研究开发及相关产品的生产与销售的高新技术企业
835098.OC	科阳新材	其他电气设备	其他电气设备	公司主要从事电伴热系列产品研发、生产、销售以及电伴热方案设计
870793.OC	樵森科技	其他电气设备	其他电气设备	公司目前是一家专门从事电力线路器材的生产销售、智能电网辅助设施控制系统的研发、销售、维护的企业,属于电气机械及器材制造业
871127.OC	佑赛科技	其他电气设备	其他电气设备	专业从事电能质量优化、能效管理产品的研发、生产和销售
835852.OC	伊普诺康	生物医药	生物医药	体外诊断试剂的研发、生产和销售
833422.OC	康海时代	通信设备	通信传输设备	物联网通信领域串口通信设备、网络通信产品的研发、生产、销售及提供物联网通信解决方案
836590.OC	润东科技	通信设备	通信终端设备	研发、设计、生产和销售家庭智能网关产品
837609.OC	健坤通信	通信设备	通信配套服务	通信网络的规划设计等技术支撑服务
838487.OC	蓝麦通信	通信设备	通信传输设备	微波通信器件的研发、生产和销售
839996.OC	中瑞科技	通信设备	通信传输设备	通信网络产品的研发销售、通信网络系统集成业务、通信网络维护优化服务以及互联网信息服务业务
835071.OC	慧达通信	通信运营	通信运营	公司主要从事通信管网投资、设计、建设和管理业务

资料来源:Wind,海通证券研究所。

B.16
安徽上市公司商誉研究

谢树志　张　祥*

摘　要： 作为 2018 年上市公司年报监管的重点，商誉受到实务界和理
论界的广泛热议。本报告分析了商誉理论的一般内涵，以
2012～2018 年安徽省 A 股上市公司年报披露数据为基础分析
得出安徽省上市公司商誉存在占比高、积累快、存量大、结
构不合理的特征。虽然从总量角度看，商誉减值问题对整个
市场的潜在冲击有限，但是个体商誉资产减值的危机依然不
可忽视。防范商誉减值风险需要上市公司、中介机构、监管
部门发挥三位一体的作用。

关键词： 商誉　商誉减值　商誉评估

引　言

2008 年金融危机以来，中国资本市场经历了新一轮的洗牌。一方面，
结构化调整意味着市场组成趋于合理，产业链横向和纵向的整合更加明显；
另一方面，传统依靠内在积累的增长模式遇到瓶颈，市场急需寻找新的发展
动力。凭借资本优势，大型企业迅速扩张，掀起一轮并购重组的浪潮，目前
万亿元存量规模的商誉正是源于这一阶段。从会计处理的角度来看，商誉是

---

* 谢树志，容诚会计师事务所安徽分所技术支持部；张祥，容诚会计师事务所安徽分所技术支
持部。

企业并购的伴生品。根据《企业会计准则第 20 号——企业合并》第 13 条的规定，非同一控制下的企业合并中，购买方对合并成本大于合并中取得的被购买方可辨认净资产公允价值份额的差额，应当确认为商誉。因此，商誉今日之症结归根究底是并购估值的错判。虚高溢价形成的商誉是"泡沫经济"的典型代表，由于其具有资产属性并在财务报表中单独列示，大量集中计提商誉减值损失将对实体经济造成巨大的冲击。

2018 年 11 月 16 号，中国证监会发布《会计监管风险提示第 8 号——商誉减值》（以下简称 8 号文），将监管矛头直指商誉。无独有偶，2019 年 1 月 4 日，财政部会计准则咨询委员会就"商誉及其减值"议题的反馈意见摘编中提到，大部分委员认为，商誉摊销相较于商誉减值更为合适。一时间，商誉是减值还是摊销成为实务界和学术界热议的焦点。商誉作为一个报表项目本身并无特别，但在 2018 年年报披露的关口却成为资本市场上人人担忧的"灰犀牛"，这足以说明商誉特别是商誉减值构成了企业年报信息披露的重要一环，在很大程度上影响着投资者的投资信心和投资回报，也衡量着监管的失位与否。商誉已经成为可能引发系统性金融风险的不确定因素之一。

本报告分四部分介绍安徽省上市公司商誉研究成果。第一部分综述了商誉及商誉减值的一般内涵，并对我国商誉会计处理中存在的争议进行了探讨。第二部分，报告以 Wind 金融数据为基础，分析了安徽省 A 股上市公司 2012 年到 2018 年的商誉及商誉减值情况，并与同为长三角城市群成员的江苏省和浙江省 A 股上市公司对比。第三部分，报告列举并分析了安徽省典型的商誉及商誉减值上市公司案例。第四部分是本报告的研究结论和政策建议。

一 商誉及商誉减值概述

随着商品经济的发展和产权交易的规范，商誉（Goodwill）自然产生。广义上的商誉很难归纳为统一的概念，实务中往往和"商号"、"信誉"等概念混淆，而不同学科领域对商誉的内涵也有不同见解。本报告所说的商誉仅指财务概念框架中的商誉。

国际会计准则两大体系中，美国财务会计准则委员会（FASB）于2001年发布《财务会计准则公告第141号——业务合并》和《财务会计准则公告第142号——商誉及其他无形资产》对商誉及其会计处理进行规范。国际会计准则理事会（IASB）于2004年发布《国际财务报告准则第3号——业务合并》和《国际会计准则第36号——资产减值》，统一了商誉的确认和计量。

2006年起，中国颁布并使用新会计准则，《企业会计准则第8号——资产减值》和《企业会计准则第20号——企业合并》对商誉及商誉减值进行了比较完整的规范。

（一）商誉的内涵

有关商誉内涵的表述，目前典型的观点有：（1）商誉是可以为企业带来超额利润的所有有利的因素和环境；（2）商誉是预期未来超额收益的折现值；（3）商誉是企业总价值与单个可辨认净资产价值之间的差额。

美国会计学家亨德里克森（1965）较早地归纳总结出"三元理论"来描述商誉的本质，即好感价值论、剩余价值论和超额收益论。好感价值论强调客户或者员工对企业的主观信任，这种信任难以模仿或者复制，会给企业带来经济利益。剩余价值论又称总计价账户论，认为企业价值并非构成要素之间的机械相加，企业作为有机系统的整体价值大于可辨认的单项资产价值的部分就是商誉。超额收益论考虑了企业未来持续经营前提下超额收益的时间价值，认为商誉是企业超额盈利的贴现值。"三元理论"加上米勒（1973）等人提出的"协同效应论"从不同侧面归纳了人们对商誉的经验认识，但缺乏系统性的提炼，尤其是关于商誉的计量鲜有论述。

从物理形态来看，商誉的本质仍然是一种无形资产，但商誉的独特性在于其无法单独辨认。从商誉的产生途径来看，商誉主要通过内部自创和外部并购两种途径产生。但内部自创的商誉一方面由于难以辨认，无法精确计量，另一方面其带来的未来收益并不可靠，因此出于稳健性考虑，传统上不确认自创商誉。

主流学说倾向于从路径形成的视角来描述商誉的内涵以避免主观判断带

来的争议。财务框架体系内的商誉大部分与业务合并挂钩，而收购一家公司是看好该公司的发展，寄期望于在技术、渠道等方面形成互补，这样收购者才会给出一定溢价，也就是所谓的商誉。所以，收购成功，商誉不但不会减值，而且还会因为此次收购而促进公司业绩快速增长；但如果收购失败，不仅商誉会减值，而且可能对经营业绩产生长期不利影响。

（二）商誉的会计处理

对于商誉的初始确认和后续计量等相关会计处理问题，FASB 和 IASB 等准则制定机构讨论多年已经形成了比较统一的认识。首先是承认商誉的资产属性，并且只确认外购商誉；其次是以直接计量法确定商誉的初始价值并采取单一减值测试法对商誉进行后续计量；最后肯定商誉价值的信息含量，将其纳入表内披露的范畴。

1. 初始确认

我国商誉会计处理的历史可以分为三个阶段：2001 年之前，商誉确认为无形资产；2001～2006 年，商誉属于不可辨认的无形资产，并且不确认自创商誉；2006 年实施新准则以后，商誉成为单独计量的资产，需要在财务报告中披露。对于外购形成的商誉，针对在同一控制下的企业合并，新准则规定相关资产和负债均以账面价值计量，合并溢价只能调整资本公积和留存收益，不确认商誉。这意味着新准则体系中只确认非同一控制下的企业合并形成的商誉。

非同一控制下控股合并形成的商誉 = 购买方的合并成本 –
取得被购买方可辨认净资产公允价值份额

其中，合并成本主要由以下两项内容组成：（1）购买方在购买日支付的对价，包括为取得被购买方的控制权而付出的资产、发生或承担的负债以及发行的权益性证券的公允价值；（2）在购买日能够合理估计该未来事项很可能发生并且对合并成本的影响金额能够可靠计量的前提下，合并合同或协议中所约定的未来事项对合并成本的可能影响金额。

不形成母子公司关系的企业合并交易，即吸收合并和新设合并，购买方在购买日应当将确定的企业合并成本与所取得的被购买方可辨认净资产公允价值之间的差额，视情况分别确认为商誉或是计入企业合并当期的损益。

新准则下，商誉从无形资产中脱离出来，增加了财务报表的信息含量。商誉准则的颁布与实施是我国与国际财务报告准则趋同的重要标志。商誉初始确认环节存在的主要问题有：信息披露透明度不足，容易被并购双方利用，掩盖重组过程中的舞弊甚至是欺诈行为；未能恰当考虑计入合并成本中的或有对价，商誉真实价值被扭曲；未能充分识别被购买方拥有但未在个体报表中确认的可辨认资产或者负债，如未决诉讼、客户关系等。

2. 后续计量

目前，国际会计准则与我国的企业会计准则均采用单一减值测试法。根据我国《企业会计准则第 8 号——资产减值》的规定，企业合并所形成的商誉，至少应当在每年度终了时进行减值测试，对应减值部分计入当期损益，并且一旦确认，不允许冲回。由于难以独立产生现金流，商誉应当结合与其相关的资产组或资产组组合进行减值测试。

虽然商誉减值测试不以出现减值迹象为必要条件，但是出现减值迹象是计提商誉减值准备的重要依据。如果合并形成的商誉发生了减值迹象，商誉大概率需要计提减值准备。证监会 8 号文中列举了七类具有代表性的减值迹象：（1）经营不及预期。经营利润、现金流持续恶化或者明显低于商誉初始确认时的预期，尤其是出现被收购方未实现业绩承诺的情形；（2）行业发生明显不利变化。例如，行业政策、产能过剩、市场状况及市场竞争等；（3）技术更新。相关业务技术门槛，竞争者容易进入并模仿，盈利现状不可持续；（4）核心团队发生明显不利变化；（5）经营特许权调整；（6）市场投资报酬率在当期已经明显提高；（7）国际汇率风险。

（三）商誉的争议

1. 摊销还是减值？

外购商誉的后续会计处理，其理论依据是随着企业合并利益的逐渐消耗，商誉的账面价值减记至零的逻辑论断。这体现了商誉的资产属性，也符合历史成本计量原则。但对于商誉账面价值如何减记至零，长期以来有着不同的观点。直接冲销法不赞同在财务报表上单独反映商誉，主张将商誉与并购方报表或合并报表中的资本公积等直接对冲。系统摊销法认为商誉究其本质还是无形资产，建议商誉应该在一个合理的期限内予以摊销。单一减值测试法认为直接冲销法下，如果商誉突然减记至零，可能会造成以前期间的业绩不真实。而系统摊销法的难点在于商誉的经济寿命并不确定，不能反映经济实质，也不能提供有用的信息。不仅如此，系统摊销法下所确认的减值损失，可能有所"滞后"，这与准则制定机构采用系统摊销法的初衷相违背。因此，需要对商誉定期进行减值测试，一旦发现商誉的可回收金额低于其账面价值，就应计提减值准备。

2001 年，FASB 颁布了美国财务会计准则 142 号《商誉和其他无形资产》，将商誉的后续计量方法由分期摊销改为年度减值测试。2003 年，IASB 发布《国际财务报告准则第 3 号——业务合并》，采用相同的商誉后续计量方法。我国于 2006 年开始实施新准则，以与国际财务报告准则接轨。然而，围绕这一方法的争议从未停止。一方面，基于预期收益再评估的商誉减值测试使商誉的账面价值更好地反映其经济实质，可以提高财务报告的信息含量；但另一方面，商誉减值测试的复杂性、高成本、难以核实等特征不符合成本效益原则，也容易受管理层操纵，沦为管理层平滑业绩的工具。而相较于商誉减值，商誉摊销能够更好地实现将商誉账面价值减记至零的目标，因为商誉摊销能够更加客观、恰当地反映商誉的消耗过程，并且该方法成本低，便于操作，有利于投资者理解，可增强企业之间会计信息的可比性。

理论上，商誉减值测试可以理解为一项可自由裁量的会计处理，很大程度上依赖于管理层的主观预期。自由裁量是企业会计处理的必要部分，并不一定降低会计信息的真实性和可靠性，但容易产生代理问题，赋予管理层更大的盈余管理空间。相较于强制要求商誉在一定年限内摊销，单一减值测试法下管理层可能会投机性地进行自由裁量，扭曲财务会计信息。单一减值测试法到底是改进了财务报告，还是促成了管理操纵、降低了商誉余额和减值损失的信息价值很难有定论。在引入单一减值测试法之前，美国实行商誉摊销法，但定期摊销法的弊端在前文已有论述，核心问题是摊销年限难以确

定。展望商誉会计未来的发展，减值还是摊销依然是讨论的重点。

2. 商誉沦为盈余管理工具

2014年后，A股市场涌现出大量集中的并购，致使2018年末市场上形成了高达1.26万亿元的商誉。大举进行并购一方面表达了资本市场对于未来经济前景的乐观，上市公司愿意以较高的溢价对优质标的资产进行并购；但另一方面，也不排除有一些人为操纵、利益输送、损害中小股东利益行为存在的可能性。无论商誉形成的原因是善意的还是恶意的，从上市公司的实际操作情况来看，在减值测试过程中，企业往往倾向于极端式操作，在发生商誉减值后，出于业绩考虑，采用"洗大澡"的方式，一次性全部清洗掉。这种极端的操作方式会对公司实际财务业绩造成极大的扭曲。商誉可能已经成为盈余管理的手段之一。

上市公司并购重组浪潮中，多家上市公司签订了大量的业绩对赌协议。业绩承诺的期限通常为三到四年，待承诺期过后，在近两年经济结构性调整、国际环境发生深刻变化的背景下，收购标的业绩下滑、业绩变脸成为常态。这是导致2018年年报商誉减值问题比较突出的原因所在。

Wind数据显示，2018年已披露年报的3497家A股上市公司中，存在计提商誉减值情形的上市公司有866家，占比24.76%。上年同期，这一比例为13.93%。2018年度，A股上市公司共计提商誉减值1601.95亿元，同比增长超过3.5倍。大规模、集中性的商誉减值成为2018年年报披露的重头戏，其经济后果是股价振荡和市值缩水，这为我国今后对商誉及商誉减值的监管敲响了警钟。

二 安徽上市公司商誉分析

（一）2012～2018年安徽省A股上市公司商誉及商誉减值

1. 总体概述

根据Wind金融统计的年报数据，本报告整理了2012～2018年安徽省A

股上市公司的商誉及商誉减值概况，如表1所示。截至2018年底，安徽省共有55家上市公司在合并报表中确认了商誉，占安徽省内所有A股上市公司（103家）数量的53.40%；2018年底，全国A股上市公司的商誉规模达到13093.64亿元，安徽省上市公司商誉总规模则为257.50亿元，占全国A股上市公司商誉规模的比例为1.97%。

从公司数量来看，安徽省确认商誉的A股上市公司数量较多，占比较高，且自2012年以来占比持续上升，于2015年首次突破50%，同比增长也在2015年达到最大值。从商誉规模存量上来分析，2012年底安徽省A股上市公司确认的商誉总额仅为26.16亿元，但在2015年后迅速累积，形成百亿元规模的商誉存量。因此，2012~2018年安徽省A股上市公司的商誉可以归纳为占比高、积累快、存量大三个特征。大额的商誉资产已经成为安徽省A股上市公司不可忽视的风险隐患，一旦出现大面积、大规模的计提减值，势必会影响安徽省资本市场的稳定性，并引发整体金融市场的系统性风险。

表1　安徽省A股上市公司2012~2018年商誉与减值总体情况

年度	确认商誉公司家数（家）	确认商誉公司占比（%）	商誉总额（亿元）	商誉减值公司家数（家）	商誉减值公司占比（%）	商誉减值损失总额（亿元）	商誉减值与商誉总额之比(%)
2012	27	36.00	26.16	4	14.81	0.10	0.39
2013	30	40.00	35.51	4	13.33	0.16	0.45
2014	34	43.59	58.82	7	20.59	0.38	0.64
2015	43	50.00	111.98	10	23.26	0.82	0.73
2016	47	51.65	144.31	8	17.02	0.39	0.27
2017	50	50.00	250.63	13	26.00	11.09	4.43
2018	55	53.40	257.50	15	27.27	26.53	10.30

资料来源：Wind金融。

2018年，15家安徽省A股上市公司计提了商誉减值损失，占确认商誉上市公司数量的27.27%，在合并利润表中一共确认了26.53亿元的商誉减值损失，占商誉账面价值的10.30%。从商誉减值计提的趋势来看，2012~2014年，商誉减值不论是公司数量还是减值损失的金额都保持相对平稳的趋势。同样是以2015年为分水岭，到2017年和2018年，上市公司出现大规模集中商誉减值，商誉资产缩水较为严重。

从图1可以发现，在上市公司大肆收购兼并的浪潮下，商誉也在迅速积累。2012年以来，安徽省内上市公司确认的商誉规模不断变大，且在2015年和2017年有两次比较明显的增长。受鼓励重组政策和宽松货币环境影响，2015年商誉增速达到90.39%，一举突破100亿元，虽然在2016年增长有所缓和，但到了2017年又有显著增加，商誉总规模突破200亿元。2018年商誉增速为近五年来最低，从侧面反映了2018年安徽省内上市公司的收购热情正在下降，市场机会也并不多。同时并购估值逐渐趋于理性，高估值高溢价的并购不再受到追捧。

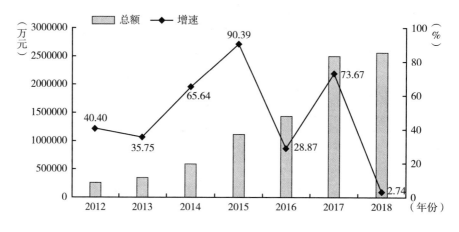

图1　2012~2018年安徽省A股上市公司商誉总额及增速

从结构上看，2012~2018年上市公司确认的商誉总额占所有上市公司总资产的比例有所上升但不到3%，占净资产的比例同样在上升但始终不到5%。截止到2018年底，商誉占总资产比重为2.04%，较2017年有所下降，占净资产比重为4.36%，较2017年同样有所下降（见图2）。

分板块看，2012~2018年，三大板块的商誉增速虽然都在提高，但板块之间差异较大。主板的变化最为显著，从2012年的增速不到20%，到2018年，增速已经达到162.81%；中小企业板呈现递增式上升，到2018

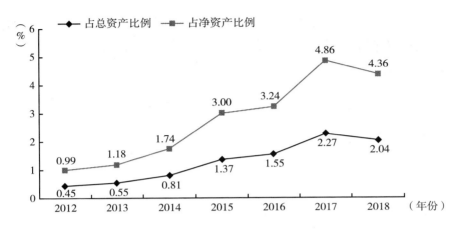

图 2　2012～2018 年商誉减值损失及增速

年，增速达到了 72.82%；创业板增长则相对平稳，没有大幅的上升，到 2018 年增速为 21.87%。

分阶段来看，2015 年之前，中小企业板上市公司的增速最高，2015 年中小企业板商誉增速为 54.77%，主板为 39.96%，创业板为 17.25%。2015 年之后，主板增速飞跃式提高，2017 年增速达到 153.90%，开始与中小企业板和创业板产生较大差距。创业板自 2016 年之后增速有下降趋势，2016～2018 的增速分别为 24.70%、24.00% 和 21.87%（见图 3）。

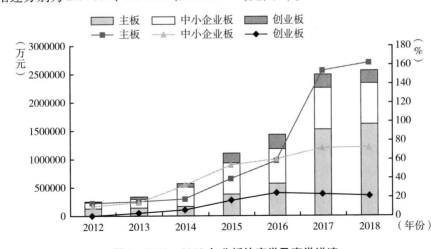

图 3　2012～2018 年分板块商誉及商誉增速

按照申万一级行业分类，上市公司商誉集中在汽车、轻工制造、计算机、传媒、有色金属五大行业。其中，轻工制造、计算机和传媒行业属于典型的轻资产行业（见图4）。

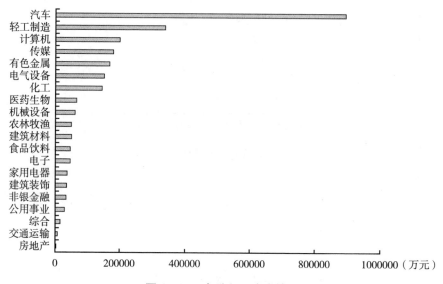

图4　2018年分行业商誉情况

具体来看，汽车行业主要是中鼎股份和众泰汽车；轻工制造行业主要是山鹰纸业和集友股份；计算机行业主要是科大讯飞、科大国创和皖通科技；传媒行业主要是三七互娱、中公教育和皖新传媒；有色金属主要是楚江新材、梦舟股份、铜陵有色和中钢天源。

2. 商誉减值情况

2012～2018年安徽省A股上市公司计提的商誉减值损失及其增速如图5所示。从绝对量来看，2017年和2018年商誉减值损失大幅度提高，到2018年15家上市公司共计提了26.53亿元的商誉。

从增速来看，除了2016年上市公司计提的商誉减值损失较上年减少，其余年份的商誉减值损失均有较大上升，其中，2013年增速为53.30%，2014～2018年增加均超过了一倍，2017年增速更是达到了2765.04%，虽然有2016年计提下降的影响，但这仍是巨大的变化。2017年和2018年正

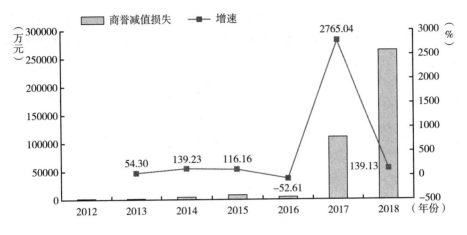

图 5   2012~2018 年商誉减值损失及增速

是并购业绩承诺的到期年，对赌业绩完成不理想，上市公司计提了大额的商誉减值损失。

2017 年和 2018 年大额的商誉减值损失占上年的商誉账面价值比例分别为 7.69% 和 10.58%，占当年的商誉账面价值比例分别为 4.43% 和 10.30%（见图 6）。上市公司计提的商誉损失明显增多，并且已经占到商誉资产的相当一部分，监管部门和投资者必须做好预警和防范。

图 6   2012~2018 年商誉减值损失占商誉总额比例

更进一步地，根据图 7 可以发现，商誉减值损失占营业收入和净利润比例并不高，即上市公司计提的商誉减值损失对整体上市公司的盈利影响有限，但是 2017 年和 2018 年商誉减值损失占资产减值损失总额的比例却并不低，分别达到了 13.61% 和 18.21%。而 2017 年之前，商誉减值损失占资产减值损失总额的比重最多不超过 1.3%。这再次印证了 2017 年和 2018 年安徽省上市公司计提商誉减值损失明显增加的事实。商誉减值并不是一种常规的、固定的资产损耗，但是 2017 年和 2018 年，其占资产减值损失总额的比例大幅提高，上市公司难免有盈余管理的嫌疑。

图 7　2012～2018 年商誉减值损失占营业收入、资产减值损失和净利润比例

分板块看，中小板公司商誉减值压力最大。2018 年，中小板有 5 家上市公司计提商誉减值，计提的商誉减值损失总额为 11.22 亿元；创业板有 4 家上市公司计提商誉减值，计提的商誉减值损失总额为 8.63 亿元；主板有 6 家上市公司计提商誉减值，计提的商誉减值损失总额为 6.68 亿元（见图 8）。

从行业分布看，5 个大类行业计提商誉减值较多，并且 2018 年计提超过亿元，分别是传媒、家用电器、汽车、有色金属和公用事业行业（见图 9）。

根据 2018 年年报披露的数据，传媒行业中，三七互娱计提了 9.60 亿元的商誉减值，也是 2018 年安徽省计提商誉减值最多的上市公司；家用电器

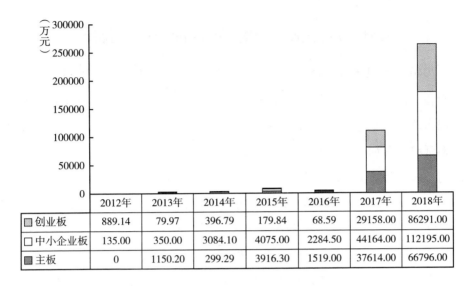

（万元）	2012年	2013年	2014年	2015年	2016年	2017年	2018年
□ 创业板	889.14	79.97	396.79	179.84	68.59	29158.00	86291.00
□ 中小企业板	135.00	350.00	3084.10	4075.00	2284.50	44164.00	112195.00
■ 主板	0	1150.20	299.29	3916.30	1519.00	37614.00	66796.00

图8　2012～2018年分板块商誉减值情况

行业中，融捷健康计提了6.42亿元商誉减值；汽车行业中，众泰汽车计提了3.20亿元商誉减值；有色金属行业中，梦舟股份计提了2.70亿元商誉减值；公用事业行业中，盛运环保计提了1.95亿元商誉减值。

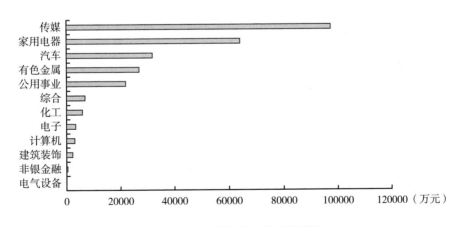

图9　2018年分行业商誉减值情况

数据显示，上述五大行业合计计提的商誉减值达到24.25亿元，占2018年全部上市公司计提商誉减值损失总额的91.40%。

529

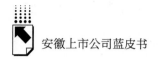

（二）安徽、江苏、浙江三省上市公司商誉对比分析

2016 年 5 月国务院批准《长江三角洲城市群发展规划》，除上海市外，安徽省、江苏省和浙江省的主要城市成为发展规划中的重要组成部分。长三角城市群规划立意高远，战略意义重大，是"一带一路"在长江经济圈的重要延伸，有利于皖苏浙三省的经济发展和文化建设。横向比较皖苏浙三省的商誉及商誉减值情况，有利于设立参照系，从总体上把控风险。

如图 10 所示，2012 年三省的商誉总额差距并不大，安徽省为 26.16 亿元，江苏省为 36.75 亿元，浙江省为 47.47 亿元。2013 年开始浙江省与皖、苏的差距开始拉大。2014 年之后，安徽省的商誉总额开始远远落后于苏、浙两省。到 2018 年，江苏省的商誉总额达到 909.43 亿元，约是安徽省的 3.5 倍。浙江省的商誉总额达到 1196.8 亿元，约是安徽省的 4.65 倍。三省之间上市公司商誉总额的差距主要是由辖区内上市公司数量差异造成的。截至 2018 年，安徽省有 103 家上市公司，其中确认商誉的上市公司有 55 家；江苏省有 400 家上市公司，其中确认商誉的有 219 家；浙江省有 431 家上市

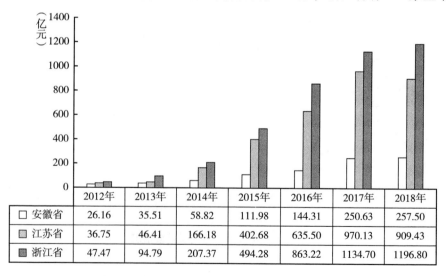

	2012年	2013年	2014年	2015年	2016年	2017年	2018年
□ 安徽省	26.16	35.51	58.82	111.98	144.31	250.63	257.50
▨ 江苏省	36.75	46.41	166.18	402.68	635.50	970.13	909.43
▨ 浙江省	47.47	94.79	207.37	494.28	863.22	1134.70	1196.80

图 10　2012～2018 年三省商誉总额情形

公司，其中确认商誉的有 244 家。安徽省商誉总额的前五名占所有商誉总额的 59.69%，江苏省该比例为 20.53%，浙江省为 27.26%，相比于江苏省和浙江省，安徽省上市公司的商誉确认更为集中。

虽然上市公司数量上差异较大，但从极值上看却没有绝对的差距。同样是 2018 年，安徽省上市公司确认最大商誉账面价值是众泰汽车的 62.59 亿元，最小是皖天然气的 8.11 万元。江苏省上市公司确认最大商誉账面价值是南京新百的 60.23 亿元，最小的是大千生态的 4.36 万元。浙江省上市公司确认最大商誉账面价值是均胜电子的 81.82 亿元，最小的是横店东磁的 1元（见表 2）。

相比江苏省和浙江省，安徽省商誉总额占所有上市公司净资产的比例相对较低。从趋势上看，三省的占比变动趋势基本一致，2014 年和 2015 年之后快速上升，到 2017 年达到最高，2018 年有所回落（见图 11）。

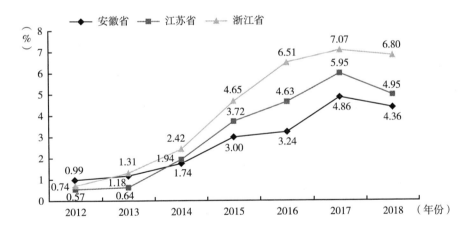

图 11　2012～2018 年三省商誉总额占净资产比例

同安徽省相似，2017 年和 2018 年，江苏省和浙江省的上市公司开始集中计提商誉减值损失（见图 12）。特别是 2018 年，江苏省计提了 171.27 亿元、浙江省计提了 199.41 亿元的商誉减值损失，同比增长分别达到 463.07% 和 334.40%。在业绩承诺到期、监管趋严之际，上市公司突发集中计提商誉减值，存在故意"减负"的嫌疑。

表 2 皖苏浙三省 2018 年商誉总额前五名和后五名

单位：万元

	安徽省			江苏省			浙江省		
商誉前五名	众泰汽车	000980.SZ	625862.12	南京新百	600682.SH	602316.87	均胜电子	600699.SH	818236.72
	山鹰纸业	600567.SH	332942.74	美年健康	002044.SZ	473917.72	世纪华通	002602.SZ	789580.98
	中鼎股份	000887.SZ	267722.89	长江润发	002435.SZ	274041.96	金科文化	300459.SZ	637709.52
	三七互娱	002555.SZ	157856.74	润和软件	300339.SZ	263802.47	盈峰环境	000967.SZ	624680.44
	中电兴发	002298.SZ	152494.75	维格娜丝	603518.SH	252599.91	浙数文化	600633.SH	392903.88
合计占比			59.69%			20.53%			27.26%
商誉后五名	合肥城建	002208.SZ	134.46	基蛋生物	603387.SH	30.97	太平鸟	603877.SH	11.31
	中钢天源	002057.SZ	78.19	恒立液压	601100.SH	28.61	君禾股份	603617.SH	9.63
	安徽水利	600502.SH	68.51	航天晨光	600501.SH	24.02	今飞凯达	002863.SZ	1.83
	华茂股份	000850.SZ	27.59	吉鑫科技	601218.SH	14.17	唐德影视	300426.SZ	0.05
	皖天然气	603689.SH	8.11	大千生态	603955.SH	4.36	横店东磁	002056.SZ	0.0001
合计占比			0.0123%			0.0011%			0.0002%

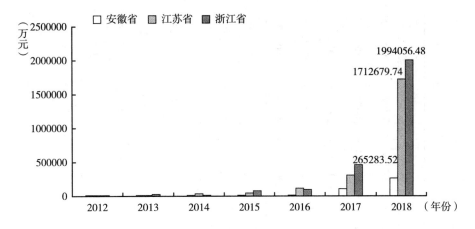

图12　2012～2018年三省商誉总额占净资产比例

2018年，安徽省计提商誉减值损失的前五名为三七互娱、融捷健康、众泰汽车、梦舟股份和盛运环保，合计计提金额为23.86亿元，占所有上市公司计提商誉减值损失比例为89.96%。江苏省计提商誉减值损失的前五名为康尼机电、ST中南、吴通控股、银河电子和宏图高科，合计计提金额为71.11亿元，占所有上市公司计提商誉减值损失比例为41.52%。浙江省计提商誉减值损失的前五名为聚力文化、利欧股份、金盾股份、华谊兄弟和兴源环境，合计计提金额为82.45亿元，占所有上市公司计提商誉减值损失比例为41.35%。三省的商誉减值损失计提都比较集中，但安徽省尤为突出，其商誉集中计提减值的风险高于苏浙两省（见表3）。

三　安徽省上市公司商誉及商誉减值案例分析

根据安徽省A股上市公司披露的2018年年报数据，商誉账面价值最多的是众泰汽车，为62.59亿元。商誉减值方面，计提商誉减值损失最多的上市公司是三七互娱，为9.60亿元。

表3 皖苏浙三省2018年商誉减值前五名和后五名

单位：万元

	安徽省			江苏省			浙江省		
前五名	三七互娱	002555.SZ	95983.37	康尼机电	603111.SH	227149.16	聚力文化	002247.SZ	296500.00
	融捷健康	300247.SZ	64203.77	ST中南	002445.SZ	152946.19	利欧股份	002131.SZ	180903.48
	众泰汽车	000980.SZ	31991.72	吴通控股	300292.SZ	119090.73	金盾股份	300411.SZ	160783.54
	梦舟股份	600255.SH	26961.97	银河电子	002519.SZ	108339.91	华谊兄弟	300027.SZ	97312.41
	盛运环保	300090.SZ	19501.43	宏图高科	600122.SH	103537.57	兴源环境	300266.SZ	89006.58
合计占比			89.96%			41.52%			41.35%
后五名	精工钢构	600496.SH	2403.25	广信材料	300537.SZ	53.06	中亚股份	300512.SZ	118.26
	皖新传媒	601801.SH	1286.77	联发股份	002394.SZ	29.11	海伦钢琴	300329.SZ	51.50
	新力金融	600318.SH	624.35	龙蟠科技	603906.SH	23.32	莱茵体育	000558.SZ	27.09
	辉隆股份	002556.SZ	115.18	退市海润	600401.SH	1.09	哈尔斯	002615.SZ	14.02
	阳光电源	300274.SZ	50.00	莱克电气	603355.SH	0.84	*ST中捷	002021.SZ	7.2870
合计占比			1.69%			0.01%			0.01%

（一）案例一：众泰汽车

1.案例概况

众泰汽车股份有限公司（以下简称众泰汽车）成立于 1998 年，前身黄山金马股份有限公司（下文简称金马股份）曾是国内最大的车用仪表生产企业之一。随着汽车零部件行业与整车行业的深度整合，金马股份开始酝酿产业链上的协同发展计划，并在 2017 年通过重大资产重组方案收购了永康众泰汽车有限公司（以下简称永康众泰）100% 的股权。此次重大资产重组不构成借壳上市，重组前后上市公司的实际控制人并未发生变化，但上市公司的主营业务已经发生重大变化，永康众泰成为隐形的上市主体。2017 年 6 月 7 日，金马股份发布公告，证券简称正式变更为众泰汽车，标志着这家国产汽车企业正式参与到资本市场的竞争中来。

永康众泰成立于 2015 年 11 月，发展初期拥有众泰汽车、江南汽车两个自主品牌，产品覆盖轿车、SUV 和新能源汽车等品类。重组之前，即 2016 年，永康众泰实现 225.04 亿元的营业收入（模拟报表数据），根据金马股份与铁牛集团有限公司（以下简称铁牛集团，系永康众泰母公司）签署的《黄山金马股份有限公司发行股份购买资产的盈利预测补偿协议书》，铁牛集团承诺永康众泰在 2016 年、2017 年、2018 年、2019 年经审计的扣除非经常性损益后归属母公司股东的净利润分别不低于人民币 12.1 亿元、14.1 亿元、16.1 亿元和 16.1 亿元。铁牛集团虽合计持有永康众泰 56.83% 的股权，但对永康众泰 100% 的承诺净利润承担补偿义务。

2.商誉减值情况

2016 年，永康众泰扣除非经常性损益后归属母公司股东的净利润为 12.33 亿元，虽然完成业绩承诺但可谓"精准达标"。2017 年，永康众泰扣除非经常性损益后归属母公司股东的净利润为 13.42 亿元，完成业绩承诺的 95.15%，累计来看，2016～2017 年度扣除非经常性损益后归属母公司股东的净利润合计为 25.75 亿元，完成业绩承诺的 98.28%。上市初年，永康众泰并未能完成业绩承诺，触发补偿协议条款，但 2017 年众泰汽车并未计提商誉减值。2018

年永康众泰扣除非经常性损益以及配套募集资金所产生的损益后归属母公司股东的净利润为 -49142.60 万元，同比下降 136.63%，仅完成业绩承诺的 -30.52%；2016~2018 年，公司扣除非经常性损益后归属母公司的净利润合计为 20.8 亿元，仅完成业绩承诺的 49.25%。在标的资产预期收益出现严重下滑的情况下，计提商誉减值的压力陡然增大。2016~2018 年众泰汽车商誉及商誉减值基本情况见表4。

表4 众泰汽车 2016~2018 年商誉及商誉减值基本情况

项目	2016 年	2017 年	2018 年
商誉账面价值(元)	26872995.39	6578538437.52	6258621225.84
公司净资产(元)	2163640972.54	16808688502.04	17579038315.14
占比(%)	1.24	39.14	35.60、
商誉减值损失(元)	—	—	319917211.68
净利润(元)	87150634.43	1136677396.15	800764883.41
占比(%)	—	—	39.95

根据财务报表附注披露的信息，2016 年 0.27 亿元的商誉系金马股份收购上海飞众汽车配件有限公司形成，2016~2018 年，此项商誉均未发生减值。金马股份已经开始布局汽车配件行业的产业链整合。2017 年商誉同比增加 24380.11%，即金马股份收购永康众泰汽车有限公司增加的商誉。但是 2017 年在标的资产即永康众泰未完成业绩承诺的情况下，上市公司并没有计提商誉减值，评估报告显示预计的资产组组合可回收价值为 1290542.14 万元，而 2017 年 12 月 31 日资产组组合账面价值为 1271629.50 元，预计的资产组组合可回收价值大于账面价值，商誉未发生减值。审计师复核了这一结果并无异议。

2018 年永康众泰出现负增长，依然未能完成业绩承诺，众泰汽车计提商誉减值损失 3.20 亿元。评估师认为业绩不及预期的主要原因为：（1）2018 年汽车行业景气指数下滑，永康众泰产销量双双下滑；（2）汽车行业有关政策变动，特别是新能源汽车政策调整和补贴退坡影响较大。

2018 年众泰汽车商誉减值测试的关键参数如表5、表6 所示。

表5 众泰汽车2018年商誉减值测试关键参数1

单位：%

项目	2019 年	2020 年	2021 年	2022 年	2023 年
收入增长率	44.30	23.93	2.81	4.88	3.73
毛利率	14.45	15.51	14.38	14.94	15.52
息税前利润率	3.03	4.45	3.28	3.96	4.61

表6 众泰汽车2018年商誉减值测试关键参数2

项目	预测期	预测增长率	稳定增长率	息税前利润率	税前折现率
永康众泰	2019~2023 年	见表4	2%	见表4	13.65%

3. 案例分析

2018 年 11 月中国证监会发布的 8 号文提到，与商誉减值相关的前述特定减值迹象包括"现金流或经营利润持续恶化或明显低于形成商誉时的预期，特别是被收购方未实现承诺的业绩"。按照这一规定，2017 年永康汽车并未完成业绩承诺，已经出现商誉减值迹象。由收购永康汽车形成的商誉很大概率上应该计提减值损失。然而审计师和评估师对此的判断是无须计提减值，从 2018 年众泰汽车商誉大幅计提减值的情况来看，减值迹象的影响并不是一时的，不计提减值的判断可能存在偏差。

从行业环境和行业政策来看，2018 年经济下行压力加大，汽车行业需求明显缩减。与此同时，新能源行业的补贴红利也在减少，审核政策从严，整个行业环境与商誉形成时的预期相比发生了明显且重大的变化，针对标的资产的预期收益评估也随之下调。商誉减值测试面临的情况复杂多变，对业绩预期的变化和商誉减值风险的防范要求审计师和评估师具备专业胜任能力，并保持谨慎的执业态度。

（二）案例三：三七互娱

1. 案例概况

芜湖三七互娱网络科技集团股份有限公司（以下简称三七互娱）的前

身是芜湖顺荣汽车部件股份有限公司（荣顺股份），是一家汽车零部件公司。早在 2014 年荣顺股份便通过重大重组将三七互娱（上海）科技有限公司（以下简称三七玩）纳入合并范围，而三七玩则是一家主营业务包括手机游戏和网页游戏研发、发行和运营的公司。从业务范畴上看，这次并购并不是一次产业链的整合，很难说可以产生协同效应。通过"类借壳"重组操作，2014 年 12 月 31 日，荣顺股份更名为三七互娱，上市公司的主营业务也由并购开始时的兼顾汽车零配件和游戏业务发展到以互动娱乐业务为核心竞争力，淡化了汽车零配件业务，转型成为传媒行业公司。

整体上市以来，三七互娱的营收取得了可观的增长，2016～2018 年分别取得了 52.48 亿元、61.89 亿元、76.33 亿元的经营成果，但因收购上海墨鹍数码科技有限公司（以下简称墨鹍科技）形成的商誉计提减值损失 9.6 亿元，致使三七互娱 2018 年第四季度亏损超过 2 亿元，公司全年业绩亦受到一定程度的拖累。

三七互娱的商誉减值主要来源于 2017 年收购墨鹍科技的战略举措。三七互娱收购墨鹍科技可谓步步为营。2016 年，三七互娱便出资 4.3 亿元取得上海墨鹍 31.57% 的股份，2017 年 5 月，三七互娱又以发行股份及支付现金相结合的方式，作价 9.53 亿元购买墨鹍科技剩余 68.43% 的股权，完成了对墨鹍科技的全资收购。根据三七互娱与相关方签订的《利润补偿协议之补充协议（二）——墨鹍科技》，涉及的三名交易对手做出了墨鹍科技 2016～2018 年度净利润分别不低于 1.03 亿元、1.29 亿元及 1.68 亿元的盈利保证。如在利润补偿期间内，墨鹍科技截至当期期末累计实际净利润数低于截至当期期末累计净利润预测数，则由三名交易对手在当年度向上市公司支付补偿。

2. 商誉减值情况

2017 年收购当年，墨鹍科技 2017 年度经审计的归属母公司股东的净利润和扣除非经常性损益后归属母公司股东的净利润分别为 -4503.29 万元和 -4596.53 万元。2016～2017 年度累计实现的扣除非经常性损益后归属母公司股东的净利润为 6334.73 万元，而 2016～2017 年度承诺的累计净利润为 23175.00 万元，未达到业绩承诺，差异金额为 16840.27 万元，累计盈利完成率仅为 27.33%。由此，2017 年，三七互娱对收购墨鹍科技形成的商誉计提 2.99 亿元的商誉减值损失（见表 7）。

表 7　三七互娱 2016～2018 年商誉及商誉减值基本情况

项目	2016 年	2017 年	2018 年
商誉账面价值(元)	1579976961.87	2840034285.68	2838122372.34
公司净资产(元)	4729154283.48	7286658456.08	6113702339.92
占比(%)	33.41	38.98	46.42
商誉减值损失(元)	——	299457551.04	959833685.66
净利润(元)	1216668610.03	1836499722.03	1151429834.13
占比(%)	——	16.31	83.36

2018 年，墨鹍科技归属母公司股东的净利润和扣除非经常性损益后归属母公司股东的净利润分别为 -459.04 万元和 -482.49 万元。三年承诺期内墨鹍科技累计实现的扣除非经常性损益后归属母公司股东的净利润共计 5852.24 万元，业绩承诺未完成。据此，三七互娱收购墨鹍科技形成的商誉计提减值损失约 9.6 亿元。至此，由收购墨鹍科技形成的商誉几近全部计提。

2018 年三七互娱由收购墨鹍科技形成的商誉减值测试关键参数如表 8 所示。

表 8　三七互娱 2018 年商誉减值测试关键参数

商誉项目	预测期	预测增长率	稳定增长率	息税前利润率	税前折现率
墨鹍科技	2019～2023 年	15.91% ~ 17%不等	五年以后的永续现金流量按照详细预测期最后一年的水平	未披露	14.11%

2019 年 3 月，墨鹍科技再次进行股权变更，北京朝夕光年信息技术有限公司成为其新股东。朝夕光年是近年来发展迅速的今日头条布局下的企

业，此次入主墨鹍科技的动机、形成的商誉不得而知，是否会重蹈三七互娱的覆辙也有待观望。此次出售后，三七互娱财务报表上近 3 亿元的商誉原值也随之减少。

3. 案例分析

三七互娱的商誉减值风险本质上是并购的失败，从收购到出售仅历时两年便草草收场。三七互娱进入了一个相对陌生的经营领域，加之自身资本市场的运作经验并不丰富，对收购标的估值过高，最终导致商誉风险爆发。

墨鹍科技成立于 2013 年 5 月，主要从事计算机专业领域内的技术开发、技术服务。自成立之后，墨鹍科技历经多次股权变换，前后数名股东入围退出。这其中有计算机互联网企业的特性使然，但也有墨鹍科技自身经营不善、管理混乱的原因。三七互娱分两步收购墨鹍科技，在经历了一年的观察期后决定全资收购墨鹍科技，同时形成 12.60 亿元的商誉。但收购第一年墨鹍科技便出现巨额亏损，2018 年依然未能扭亏为盈，更不用说完成业绩承诺。2019 年，三七互娱毅然选择退出，希望就此摆脱商誉减值对业绩的拖累。

四 研究结论和建议

（一）研究结论

通过以上对安徽省 A 股上市公司 2012～2018 年的商誉及商誉减值分析，本报告得出以下结论。

1. 商誉总量相对可控。根据 2018 年披露的数据，55 家上市公司确认的商誉为 257.50 亿元，占 103 家上市企业总资产和净资产比重为 2.04% 和 4.36%。从总量角度看，商誉减值问题对全市场潜在冲击有限。

2. 商誉增速有所回落。2014 年、2015 年和 2017 年商誉增速相对较高，分别达到 65.64%、90.39% 和 73.67%。到 2018 年增速迅速下降至 2.74%，一方面受到国内外经济环境变化的影响，另一方面也体现出企业并购投资情绪的理性转变。

3. 商誉减值风险突出。从商誉减值角度看，2018 年 15 家上市公司确认商誉减值损失，共计提 26.53 亿元的商誉减值损失，占 2017 年商誉账面价值比例为 10.58%，占 2018 年商誉账面价值比例为 10.30%。从全市场商誉减值的计提增速看，2012~2018 年间，除 2016 年增速为负之外，其余年份增幅均相对较高，2017 年超过了 2000%、2018 年则为 139.13%。从计提商誉减值损失的个体上市公司来看，2016~2018 年，计提商誉减值损失最多的上市公司分别为江南化工、新力金融和三七互娱，计提金额分别为 0.81 亿元、3.52 亿元和 9.60 亿元。

4. 商誉结构性问题相对明显。截至 2018 年，商誉总额排名前五的行业分别是汽车、轻工制造、计算机、传媒、有色金属，占比分别为 34.70%、13.15%、7.82%、7.04% 和 6.56%。计提商誉减值损失排名前五的行业分别是传媒、家用电器、汽车、有色金属和公用事业，分别为 36.67%、24.20%、12.06%、10.16% 和 8.31%。

（二）政策建议

1. 合理制定并购战略，谨慎估值，从源头防范商誉减值风险

根据案例分析，高商誉、高计提的上市公司首先是对并购标的的估值过高，为后续的商誉减值埋下隐患。商誉的形成不仅是数字上的溢价，更多的是要有预期业绩和协同效应的支持。上市公司应该从自身实际出发，理性制定并购战略，对并购目标做充分的尽职调查和市场预判，对标的资产的价值评估切勿"注水"，业绩承诺并不能成为高估值、高商誉的担保，应通过聘请专业的第三方机构确定合理的估值区间。

对于商誉减值测试中选用的现金流量折现模型和参数，管理层应做合理估计。商誉减值的结果要符合客观实际，不能随意调高收益预期，掩盖商誉减值的事实，也不能恶意评低经营预期，触发业绩补偿条款，更不能以商誉减值为手段进行盈余管理，平滑利润，损害中小投资者的利益。

2. 监管不缺位，加强信息披露，提高上市公司违法成本

各级部门应加强对商誉的事前、事中和事后监管，提高企业信息披露的

透明度。源头上，监管部门要从严审核跨界并购、海外并购，区分商誉与无形资产的界限，防止收购企业虚增企业价值，形成泡沫经济。年报披露期间，通过问询函、监管函等方式，要求异常计提商誉减值的公司说明商誉发生减值迹象的时点、计提减值的合理性以及是否谨慎、充分；说明是否存在通过减值对当期财务报表进行不当盈余管理的情况；说明业绩承诺的完成情况、未来预期等情形，多维度地向投资者揭示相关风险。

除了加强信息披露和风险提示之外，监管部门还应该严惩失信的上市公司和中介机构，提高资本市场违法成本，有效化解经济运行的潜在风险，切实维护群众利益和投资者合法权益。

3. 完善相关企业会计准则和应用指南，指导商誉实务处理

会计准则理当是中立的，是企业会计行为的准绳，其本身并没有市场监管的功能。由于商誉会计在理论和实务等诸多方面的复杂性，不同利益相关方对商誉会计可能有不同的理解和要求。如果对不同利益相关方的意见处理不当，可能破坏会计准则的内在逻辑，导致会计实务应用不一致。

鉴于我国资本市场的成熟度、商誉会计处理的历史演变等因素，我国会计准则制定在与国际财务报告准则趋同的同时，也需要考虑我国资本市场的特点，区分、协调会计准则与不同利益相关方的职责和立场，如实反映企业商誉的经济实质。商誉的后续会计处理方法不论是采用"减值法"还是"摊销法"，都需要立足于我国市场特点、企业行业特点等进行充分论证，从而得出适当方法。

4. 中介机构应保持独立性，提高执业水平，加强专业胜任能力

在商誉年度减值测试法下，审计师面临着评估技术和客户关系的双重挑战。一方面，商誉减值测试中所涉及的资产组认定、商誉分摊、模型构建、增长率、折现率等程序和参数对审计师的专业水平和胜任能力提出了较高要求。另一方面，审计师在进行减值测试时追求偏差最小化，而管理层往往有规避商誉减值或者大幅度计提商誉减值的盈余管理动机，提出购买审计意见或者威胁更换审计机构的要求。面对客户关系的压力，审计人员需要坚守底线，保持独立性，加强对企业外部环境的分析，审慎利用专家工作，谨慎运用职业判断，确保商誉减值审计的客观公正。

B.17
上市公司治理和内部控制研究

毕 栋　陈若菲＊

摘　要： 完善公司治理和内部控制是上市公司健康发展的根本保障，是企业规范化经营的内在要求，是监管机构对上市公司监督管理的重要内容。部分上市公司存在国有控股上市公司党委会与"三会"运作关系未理顺；"内部人"控制导致内控存在重大缺陷；未建立健全风险评估机制；治理与内控机制流于形式；监督机制不完善等问题。本报告按照发现问题、分析问题和解决问题的思路，提出完善上市公司治理和内部控制的对策建议，以供安徽省上市公司借鉴与参考。

关键词： 上市公司　公司治理　内部控制　对策研究

　　自 2008 年 6 月财政部、证监会等五部委颁布《企业内部控制基本规范》及其配套指引以来，我国企业的内控建设步入了快速发展期。本报告通过上市公司治理和内部控制综述及典型案例分析，总结上市公司治理和内部控制缺陷以及对安徽省上市公司治理和内部控制规范的借鉴与启示，最后针对结论提出相应的对策和建议。

一　研究背景及目的

　　随着我国经济的高速发展，上市公司数量不断增加，上市企业经营规模

＊ 毕栋，硕士，容诚会计师事务所管理咨询高级项目经理；陈若菲，本科，容诚会计师事务所管理咨询业务总监。

和资产总量不断扩大，对其治理的科学性和内部控制有效性提出了更高的要求。而在经济全球化的背景下，上市公司自身能否建立科学、完善、有效的治理结构和内控机制，以及国家能否就上市公司治理及内部控制充分发挥监督与引导职能，对于我国上市公司的经营与发展有着重要的影响。在此背景下，积极研究上市公司治理和内部控制的现有问题并给予有效解决，引导上市公司自觉完善治理架构与内部控制、规范运作，提高治理水平，积极回报投资者，不断提升公司规范运作及治理水平，有着极大的必要性。

二 上市公司治理和内部控制概述

（一）上市公司治理概述

1. 新《上市公司治理准则》简析

为进一步规范上市公司运作，提升上市公司治理水平，保护投资者合法权益，促进我国资本市场稳定健康发展，证监会修订了《上市公司治理准则》（以下简称新《准则》），并于 2018 年 9 月 30 日发布了公告。这是自 2002 年旧《准则》正式颁布 16 年来首次修订，改动幅度较大。

新《准则》共十章、九十八条。相较于旧《准则》，新《准则》立足经济发展新时代，在保留上市公司治理主要规范要求的基础上，适应境内外市场变化和公司治理发展趋势，明确了上市公司的新责任，为投资者提供了新保障，对管理者提出了新约束，也为资本市场注入了新动力，从而构建起我国上市公司治理的新框架。但是，新时代给公司治理提出了源源不断的新命题，新《准则》并不是公司治理的终点，只是一个新的起点。

2. 安徽省证监局推动落实新《准则》

为落实新《准则》，安徽省证监局制定了三大具体方案。一是印发专项工作通知督导落实，要求辖区内上市公司对照新《准则》，针对关联资金往来情况、资金被非经营性占用及违规担保等突出问题开展自查。二是结合 2018 年年报监管工作强化现场检查，对于违反新《准则》相关规定且未及时整改的，依法履行监管职责，严格监管处置。三是走进辖区内上市公司开展主题培训，强化规范运作现场督导。

安徽省证监局强调，贯彻落实新《准则》对于进一步提升上市公司规范运作水平、防范化解市场金融风险、实现上市公司高质量发展具有重要意义，并提出了具体要求。一是新《准则》修订只是起点，公司治理永远在路上；二是上市公司规范运作是资本市场发展的根基，依法全面从严监管不会松懈；三是签署规范运作承诺书不能流于形式，全体董监高人员、上市公司及相关各方要进一步强化责任意识、担当意识和风险意识。

（二）内部控制概述

内部控制是一个过程，是由企业董事会、监事会、经理层和全体员工实施的，旨在实现控制目标的过程，该过程确保企业经营管理合法合规、资产安全、财务报告及相关信息真实完整，提高经营效率和效果，促进企业实现发展战略等目标。内部控制包括内部环境、风险评估、控制活动、信息与沟通、内部监督五个方面的要素。

1. 内部环境

内部环境是内部控制体系的基础，是有效实施内部控制的保障，直接影响公司内部控制的贯彻执行、公司经营目标及整体战略目标的实现。内部环境决定了公司的总体态度，是内部控制所有其他组成要素的基础。内部环境一般包括治理结构、机构设置及权责分配、内部审计、人力资源政策、企业文化等。

2. 风险评估

风险评估是指企业及时识别、系统分析经营活动中与实现内部控制目标相关的风险，合理确定风险应对策略。风险评估程序包括目标设定、风险识别、风险分析、风险应对等。

3. 控制活动

控制活动是指企业根据风险评估结果，采用相应的控制措施，将风险控制在可承受度之内，是确保管理层指令得到贯彻执行的必要措施，存在于整

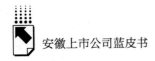

个机构内所有级别和职能部门。包括不相容职务分离控制、授权审批控制、会计系统控制、财产保护、预算控制、运营分析控制和绩效考评控制等活动。

4. 信息与沟通

信息与沟通是公司经营管理所需信息被识别、获得并以一定形式及时传递的过程，以便员工履行职责。信息不仅包括内部产生的信息，还包括与公司经营决策和对外报告相关的外部信息。畅通的沟通渠道和机制使公司员工能及时取得他们在执行、管理和控制公司经营过程中所需的信息。

5. 内部监督

内部监督指企业对内部控制建立与实施情况进行监督检查，评价内部控制的有效性。一旦发现内部控制缺陷，应当及时加以改进。内部监督分为日常监督和专项监督。

（三）建立健全内部控制的必要性

1. 遵循与符合上市公司内部控制相关的监管要求

证监会、财政部、审计署等五部委做出如下要求。

（1）执行企业内控规范体系的企业，董事会负责内部控制的建立健全和有效实施。监事会对董事会建立与实施内部控制进行监督。经理层负责组织和领导企业内部控制的日常运行。

（2）执行企业内控规范体系的企业，必须对本企业内部控制的有效性进行全面评价，出具评价报告。

（3）聘请具有证券期货业务资格的会计师事务所对其财务报告内部控制的有效性进行审计，出具审计报告。

2. 改进与提升内部管理水平

将企业发展战略、管理理念、控制要求融入公司治理、企业文化、部门职责、岗位授权、制度规范和业务流程。

通过风险评估、信息沟通、流程监控、有效性评价、缺陷改进等控制活动，推动企业管理水平全面提升。从单一制度管理向体系化管理转变；从传统管理向风险管理转变；从事后监督向过程监督转变；从职能管理向流程管理转变。

3. 规范公司治理机制，提高决策效率

为了满足企业未来的持续发展要求，摆脱"一人企业"的困境，提出规范公司治理机制，重点是明确权限与职责，使公司各层级管理及操作人员均承担相应的职责权限，即使没有上级监督，每个人也明白自己需要做什么，从被动式工作向主动式工作转化。首先，划清股东大会、董事会的权限；其次，划清高级管理层的权限；最后，厘清各部门在各业务、管理流程中的职责。

4. 规范公司考核体系

将一级流程层层分解至二级、三级流程，直至控制点，对每个控制点，形成相应的工作规范，以全流程的绩效表现取代个别部门或个别事项的绩效，根据流程控制与操作规范合理设置考核指标，将考核要求体现在各流程的内部控制与管理制度中。

5. 提高流程精细化管理水平

通过开展流程梳理与优化，确定关键控制点及控制要求。对照重大风险管理要求，梳理查找业务流程中影响管理目标实现的风险点，结合内控管理要求，查找流程缺陷，优化完善业务流程。制定统一的流程控制规范。按照确定的业务流程框架、关键控制点及控制要求，在完善各专业流程控制的基础上，制定覆盖全部公司的流程控制规范，明确业务流程的风险点、关键控制点、控制措施、控制责任以及相关控制文档要求。同时，公司生产管理严格按照质量体系实施全过程控制，从而不断满足客商要求。

三 上市公司治理和内部控制现状分析

（一）上市公司治理和内部控制典型案例分析

1. 国有控股上市公司党委会与"三会"运作关系未理顺

按照习近平总书记在全国国有企业党的建设工作会议上的讲话（2016

年10月10日）要求以及《中央组织部、国务院国资委党委关于加强和改进中央企业党建工作的意见》等相关文件的要求，国有企业需要加强和改进企业党建工作，充分发挥企业党组织的政治核心作用，最终促进国有企业做强做优做大，实现国有资产保值增值。

实际业务运作中，部分国有控股上市公司还没有完全理顺党组织与企业股东大会、董事会、监事会（以下简称"三会"）运作之间的关系，出现了各种各样的困惑和矛盾。例如，有的企业是大事小事都先开党委会进行讨论，然后再通过"三会"走流程；有的企业直接是党委会与"三会"一起开，党委委员发表意见后，其他成员多举手附和，决策意见一式两份；还有的企业干脆只有党委会，"三会"在某种程度上流于形式。这些现象的出现损害了国有控股上市公司的"三会"运作和治理机制，也没有发挥好党组织的政治核心作用。

之所以出现这些问题，首先是部分国有控股上市公司没有搞清楚党委会目标与"三会"目标之间的关系，以为多谈党建、少谈业务就不会出现政治问题；其次也没有理顺究竟哪些重大问题需要党委会参与，以及党委会参与的具体判断标准；最后是党组织运作机制应如何有效地内嵌到企业的治理结构之中没有理顺，变成了两套机制，没有发挥好党组织在推动企业重大问题决策贯彻落实、打造企业执行力等方面的作用。

2. 企业"内部人"控制，导致内控存在重大缺陷

（1）A股份公司2014年度内部控制审计报告显示，注册会计师认为A股份公司财务报告内部控制存在如下重大缺陷：2014年度，A股份公司与控股股东B公司、最终控股股东C公司及其附属企业D公司等，累计发生资金支付非经营性资金往来106195.10万元。A股份公司未按照《关联交易管理办法》等内部控制制度规定，对上述非经营性资金往来履行相应决策审批程序，财务报告未予以及时披露，内部监督无效，上述缺陷表明与之相关的内部控制运行失效。

（2）A股份公司内部控制缺陷原因分析如下。

➤来源于控股股东的压力

上市公司很难抵御控股股东的干预，因为控股股东控制着上市公司的董事会、总经理、财务总监，这就是所谓的"内部人"，有了"内部人"好办事，甚至从上市公司转移一些资金出来都成为很容易办到的事情。"内部人"也会站在控股股东立场，乐于为控股股东效劳，因为"内部人"的考核与升迁掌握在控股股东手里。

上市公司董事会中的独立董事为什么不对这种事情发表自己的专业意见呢？根据上海证券交易所的报告，2011 年沪市共有 3081 名在任独立董事，报告期内，共有 26 家公司的 38 位独立董事对相关事项提出异议，分别占沪市上市公司总数的 2.77%，以及独立董事总人数的 1.23%。上交所就此分析，从总体看，独立董事对董事会议案的异议率仍然较低，而其中一个重要的原因是独立董事的异议难以对公司董事会决策产生支配性影响。

事实上，很多独立董事都是由控股股东指定的，甚至是朋友介绍的，这就决定了其难以发挥制衡作用，在实践中，独立董事往往迫于人情压力而屈从于控股股东，独立董事的作用并没有发挥出来。

➤内部缺失制衡机制

与关联方之间的非经营性资金往来意味着支付资金的时候没有发生真实的业务交易，比如说销售产品、采购材料、资产购置、提供劳务等。这些资金的支付，通常发生在企业财务部门与控股股东财务部门之间。子公司的财务部门通常会按照财务总监或者是总经理的指示向控股股东划拨资金。一般来讲，任何一笔资金支出最少会经过四个人：经办人员会填写一个付款申请，部门负责人会在付款申请上签字同意，财务总监会复核并签字审批，最后由总经理签字同意才能办理；并且大多数企业会执行董事会规定的资金支付权限。

在本案例中，与控股股东之间支付的非经营性资金也许有这四个人的签字，好像符合企业内部控制的要求，但没有真实发生业务的资金支付损害了其他股东的利益。所以，看上去有四个人在把关每一笔资金支付，但实际上可能流于形式。如果一家企业连最起码的制衡机制都没有、最起码的经营原则也不考虑，那么不可能把经营业绩做好。

（二）安徽省上市公司治理和内部控制典型案例分析

1. 案例一：内控失效，导致公司股票被终止上市

（1）2017年，H公司被出具保留意见审计报告，原因之一就是其实际控制人凌驾于内部控制之上，导致H公司在未履行必要的审批程序的情况下支付J公司61.5亿元股权转让款。该会计师指出："一般上市公司都会有一套很严格的内控机制，但如果实际控制人的权力过大，不仅其企业资金去向和用途无法被监督和控制，数据也更容易造假。"

（2）H公司内部控制缺陷原因分析如下。

公司实际控制人凌驾于公司内部控制之上，干预公司经营管理，直接决策公司的重大事项，董事会、监事会及管理层难以发挥应有的作用，导致公司在大额资金管理、对外投资等方面存在未履行董事会和股东大会审批程序的情形。对此，安徽省证监局对公司采取出具责令改正的监管措施，要求H公司立即对公司内控展开自查，并按加强有效监督与制衡、切实履行重大事项审议程序和披露义务等要求进行改正。

2. 案例二：内控失效，导致公司蒙受巨额损失

（1）G公司2017年度的内部控制被会计师事务所出具了否定意见的审计报告。导致否定意见的内部控制重大缺陷是：公司全资子公司F公司原财务总监利用职务便利，以监管者的身份行违法之事，违规发售储值卡，导致F公司储值卡发售金额与实际收款出现重大差异85223466.25元，给公司造成重大损失。尽管公司在发现这一重大事故后，采取了一系列的补救措施，但整改措施运行时间较短，运行是否有效尚不能判断。故被会计师事务所出具了否定意见的审计报告。

（2）F公司内部控制缺陷原因分析如下。

从审计报告披露信息来看，如此重大的损失主要出现在对储值卡发售环节的控制。犯罪嫌疑人XX是F公司原财务总监，利用团购部门员工的信任，违规发售储值卡，并导致储值卡发售金额与实际收款出现重大差异。

同时，审计报告还披露，G公司的《储值卡管理办法》要求储值卡的

发售、检查应按照不相容职责分离的原则由不同部门人员分别行使，其设计是合理的。但实际执行中，存在制度与运行不一致现象，造成这起重大损失的源头就是内部控制执行缺陷。

所以，从上面的信息归纳来看内部控制缺陷表现在：一是制度运行不到位，犯罪嫌疑人XX利用他人信任未遵循《储值卡管理办法》要求的不相容职责分离原则；二是团购部门员工法律意识淡薄，没有保管好密钥，也没有认识到这样做会给公司造成如此大的损失。

（三）上市公司治理和内部控制缺陷总结

1. "内部人"控制，损害公司利益

所谓"内部人"控制，是指现代企业中所有权与经营权（控制权）相分离的前提下，由于所有者与经营者利益不一致，经营者控制公司的现象。实务中大量的"内部人"控制，是大股东代表董事长，既控制董事会，又掌管日常大小事务，此处所说的大股东，比如妻子、儿女、兄弟等，还掌握着关键业务、关键岗位。当然，这些在对外披露信息中是看不出来的。

在新的环境下，"内部人"控制现象带来了更多新的风险：关键岗位都是大股东安排的自己人，优秀人才难以引入与保留，部分岗位出现胜任能力不足现象，甚至部分岗位出现个人利益大于企业利益的情形；甚至，小股东利益和声誉被理所当然地忽视，出现更为严重的"内部人"利益输送现象。

2. 未建立健全风险评估机制

部分上市公司未建立健全包括风险信息收集、风险识别、风险分析与评价、风险应对、风险预警与报告等程序在内的风险评估机制，也未构建事前防范、事中控制、事后考核问责的三道风控关口，不利于对经营过程中可能产生的各种风险进行识别、评估、预警和应对，也不利于对风险进行监督、考核和责任追究。

3. 治理与内控机制流于形式

治理与内控机制流于形式，首先，实际控制人凌驾于内部控制之上臆断行事，习惯于直接决策公司的重大事项；其次，战略失误，决策者热衷于业务扩展、资本运作，忽略公司主营业务及可持续经营能力；最后，决策者热衷于质押借款和业绩对赌，这三大致命因素在短期内客观上难以消除，需要引起高度重视。

4. 监督机制不完善

部分上市公司监督机制不完善，比如监事会成员、独立董事的产生机制，影响监事会、独立董事的独立性与监督能力；资金、经营、重大采购受控股股东影响；未设置内审部门，内审职能由控股股东代为履行、内审人员兼任，内审部门不独立；未按公司内审制度的规定，定期对内部控制及公司经营情况进行审计、评估；未建立完善的反舞弊机制等，不符合《企业内部控制基本规范》及其配套指引的规定，也影响内部控制的有效执行。

四 对安徽省上市公司治理和内部控制规范的借鉴与启示

内部控制体系的建设是一个系统、长期的工程，涉及上市公司管理的方方面面（见图1）。因此，内部控制体系的建设也应有计划、有步骤地持续开展。内部控制是组织内部建立的一整套促使其达成目标的规范和程序。五部委联合发布的《企业内部控制基本规范》及其配套指引对上市公司内部控制体系的建立与完善提出了要求和指导意见。

2018年9月30日，中国证监会发布了修订后的《上市公司治理准则》，体现了上市公司监管的新理念和新要求。对此，安徽省证监局下发了关于贯彻落实新修订的《上市公司治理准则》的通知（皖证监函〔2018〕436号），要求辖区内上市公司认真组织学习、培训与交流，及时修订公司章程，严格规范控股股东及关联方行为，进一步完善信息披露，强化中小投资者合法权益保护，远离监管"红线"，等等，进一步推动辖区内上市公司规范运作，提升公司治理水平。

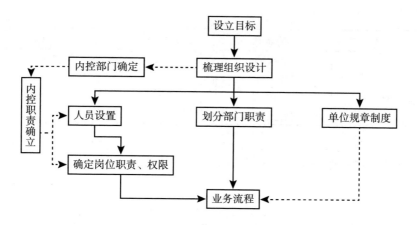

图1　内部控制体系建设流程

（一）对安徽省上市公司治理和内部控制建设方法的建议

1. 内部控制体系建设步骤及工作成果

（1）内控规范目标

遵循与符合证监会、财政部、审计署等五部委关于上市公司内部控制的相关监管要求；改进与提升内部管理水平；规范公司治理机制，提高决策效率；规范公司考核体系；提高流程精细化管理水平等。

（2）内控规范内容

企业内部控制应遵循《企业内部控制基本规范》、证监会及交易所关于上市公司内部控制的要求以及其他法律、法规规定，结合实际情况进行设计、修订与完善。具体如下。

①公司层面控制规范（见表1）

表1　公司层面控制规范

序号	业务流程	序号	业务流程
01	内部环境	02	组织架构
03	发展战略	04	人力资源

序号	业务流程	序号	业务流程
05	社会责任	06	企业文化
07	风险评估	08	内部监督
09	合同管理	10	内部信息传递
11	信息系统	12	信息披露

②业务层面控制规范（见表2）

表2 业务层面控制规范

序号	业务流程	序号	业务流程
01	采购业务 （含材料、固定资产）	02	存货管理 （含材料、半成品、产成品）
03	固定资产	04	无形资产
05	销售业务	06	销售费用
07	工程项目	08	成本控制
09	研究与开发	10	委外加工
11	工程管理		

③财务层面控制规范（见表3）

表3 财务层面控制规范

序号	业务流程	序号	业务流程
01	资金营运	02	筹资
03	投资	04	担保业务
05	财务报告	06	关联交易控制
07	全面预算	08	税务管理

（3）内控规范工作步骤

内部控制规范工作步骤如下。

第一阶段：现状调研、流程梳理、缺陷发现阶段

第二阶段：内部控制缺陷整改、弥补阶段

第三阶段：内部控制规范阶段

——业务层面控制设计

——财务层面控制设计

——公司层面控制设计

——编制内部控制管理手册

第四阶段：改进与提升内部管理水平阶段

——组织结构和部门职责

——设置权限指引表

——推动和落实内控规范

第五阶段：制度修订与完善阶段

——评估制度有效性，协助制度修订

——培训内控手册和制度要求

第六阶段：内部控制评价阶段

具体来看，各阶段的主要工作内容如下。

1. 现状调研、流程梳理、缺陷发现阶段

（1）现状调研，工作内容包括：部门访谈，收集资料，制度、流程、表单设计；

（2）流程梳理，工作内容包括：梳理一级流程、二级流程以及对应的职能部门；

（3）缺陷发现，工作内容包括：按照上市公司内控要求，进一步测试内部控制执行情况，发现控制缺陷，提出改进建议。

工作成果通过以下表单来展示：

·《一级流程、二级流程以及对应的职能部门表》；

·《内部控制缺陷与改进建议表》。

2. 内部控制缺陷整改、弥补阶段

该阶段的工作成果由《内部控制缺陷整改报告》来展示，具体示例见表4。

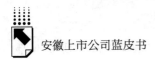

表4　固定资产投资计划内部控制缺陷整改报告

序号	二级流程	重点工作	完成标准	完成时间	完成情况反馈	责任单位	责任人	协助单位
1	固定资产投资计划	组织设计固定资产投资计划（含新增、维修保养、更新改造等）模板	提交固定资产年度投资计划模板	12月31日		财务部	财务总监	信息管理部、行政部、生产部
2			提交办公类固定资产投资计划	12月31日		行政部	行政部经理	
3		组织各部门编制2018年固定资产投资计划	提交经营类固定资产投资计划	12月31日		生产部	生产总监	
4			提交IT类固定资产投资计划	12月31日		信息管理部	信息管理部经理	
5		汇总、上报2018年固定资产投资计划	提交2018年公司固定资产投资计划	12月31日		生产部	生产总监	信息管理部、行政部
6		组织设计固定资产投资预算（含新增、维修保养、更新改造等）模板	提交固定资产投资预算模板	12月31日		财务部	财务总监	信息管理部、行政部、生产部
7		组织编制2018年固定资产投资预算	提交2018年固定资产投资预算	12月31日		财务部	财务总监	信息管理部、行政部、生产部

3. 内部控制规范阶段

（1）编制业务流程图，示例如图2所示。

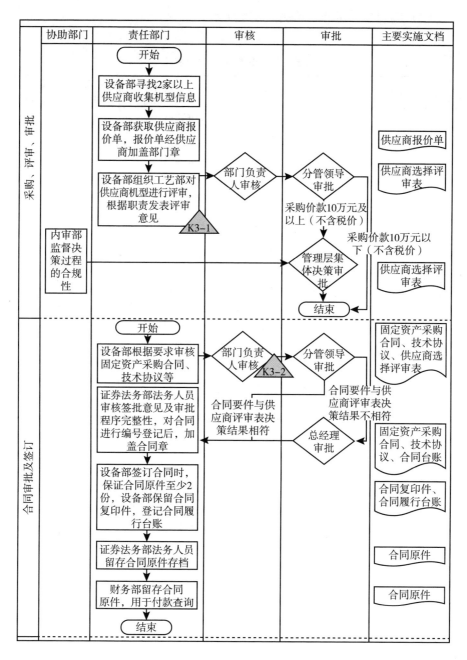

图2 固定资产采购流程

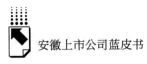

（2）编制控制矩阵，示例如表 5 所示。

表 5　固定资产采购控制矩阵

关键控制点	控制目标	关键控制	责任部门	协助部门	主要实施文档
采购评审、审批	经过有效评审，选择合适的供应商	1. 设备部寻找 2 家以上供应商收集相应机型的信息，并要求供应商报价，供应商报价单加盖供应商销售部门章。 2. 设备部组织工艺部对供应商相关机型进行评审： （1）工艺部对供应商机型与现有设备的匹配度与搭配生产效率发表意见； （2）工艺部对供应商机型的耗能经济性发表意见； （3）设备部对设备维修难度与效率等发表意见； （4）设备部对设备价格可谈性发表意见。 3. 设备部、工艺部评审完成后，形成供应商选择评审表，经部门负责人审核。 4. 10 万元以下（不含税价）的机器设备采购经分管领导审批。 5. 10 万元及以上（不含税价）的机器设备采购经管理层集体讨论审批，内审部参与决策过程，监督决策程序的合规性。决策结果记录于供应商评审表中，并经参会人员签字确认。 6. 设备部根据决策结果与供应商谈判，确定合同事宜	设备部、工艺部	内审部	供应商机型信息、供应商报价单、供应商选择评审表
合同审批及签订	合同签署合法合规	1. 设备部根据确定的供应商、采购价格、数量、质量、交货等要求审核固定资产采购合同、技术协议等。 2. 采购合同、技术协议等后附供应商选择评审表提交设备部负责人审核，审核主要内容包括： （1）供应商选择评审表中确定的供应商及机器型号与合同记载内容是否相符； （2）供应商选择评审表中评估的价格与合同是否相符； （3）供应商选择评审表中评估的付款方	设备部	证券法务部、财务部	采购合同、技术协议、供应商选择评审表、合同盖章登记表、合同履行台账

关键控制点	控制目标	关键控制	责任部门	协助部门	主要实施文档
合同审批及签订	合同签署合法合规	式与合同是否相符； (4)供应商选择评审表中评估的质保期与合同是否相符。 3. 上述合同内容与供应商选择评审表中的决策结果全部相符，则经设备部分管领导审批后签订合同，同时抄送总经理。上述合同内容与供应商选择评审表中的决策结果不相符，则经设备部分管领导审核后，提交总经理审批。 4. 证券法务部法务人员审核合同签批人员的意见及审批程序的完整性，确认无误，对合同进行编号及盖章登记后，加盖合同专用章。 5. 设备采购合同至少留存 2 份原件，一份法务人员留存，定期交档案室存档；一份财务部留存；设备部留存复印件，并登记合同履行台账	设备部	证券法务部、财务部	采购合同、技术协议、供应商选择评审表、合同盖章登记表、合同履行台账

（3）编制内部控制管理手册，示例如下。

《AAA 股份有限公司内部控制管理手册》

目　录

第一章　手册说明

第二章　内部控制实施细则

（一）公司层面

　1.1 内部控制实施细则——内部环境

　　1.1.1 适用范围

　　1.1.2 内部控制基本要求

　　1.1.3 涉及的管理办法

　　1.1.4 控制矩阵

（二）业务层面

　2.4 内部控制实施细则——采购

2.4.1 采购（原材料）

2.4.1.1 适用范围

2.4.1.2 内部控制基本要求

2.4.1.3 涉及的管理办法

2.4.1.4 控制流程图

2.4.1.5 控制矩阵

2.4.2 采购（备品备件）

2.4.2.1 适用范围

2.4.2.2 内部控制基本要求

2.4.2.3 涉及的管理办法

2.4.2.4 控制流程图

2.4.2.5 控制矩阵

（三）财务层面类

3.2 内部控制实施细则——合同管理

3.2.1 适用范围

3.2.2 内部控制基本要求

3.2.3 涉及的管理办法

3.2.4 控制流程图

3.2.5 控制矩阵

4. 改进与提升内部管理水平阶段

（1）组织结构和部门职责

以完善的企业法人制度为基础，建立和完善组织架构；落实不相容职务相互分离原则，有效防范和化解各种舞弊风险。

工作成果由《组织结构和部门职责》展示。

（2）设置权限指引表

工作成果由《权限指引表》展示。具体示例如表6所示。

（3）推动和落实内控规范

示例如表7所示。

表 6　固定资产采购权限指引

序号	业务流程	业务事项	执行部门	董事会	董事长	管理层集体决策	总经理	分管领导	部门负责人	备注
1	采购与审批	机器设备需求申请评审表（计划内）	设备部、工艺部				√	√	☆	
2		机器设备需求申请评审表（计划外）	设备部、工艺部	√			√	√	☆	
3		供应商选择评审表	设备部、工艺部						△	
4		供应商选择评审表（10万元以下（不含税价））	设备部、工艺部					√	☆	
5		供应商选择评审表（10万元及以上（不含税价））	设备部、工艺部			√			☆	
6	采购过程管理	采购合同、技术协议（要件与供应商选择评审表决策结果相符）	设备部					√	☆	
7		采购合同、技术协议（要件与供应商选择评审表决策结果不相符）	设备部				√	√	☆	
8		采购合同、技术协议审核盖章	证券法务部						☆	

注：“√”表示审批；“☆”表示审核；“△”表示复核或会签。

表7　内控规范要求落实工作内容

工作内容	工作成果	中介机构的责任	公司配合事项
按照上市公司要求、内控规范要求,落实到业务和管理	·《内控规范要求落实情况报告》	·出具内控规范要求落实清单 ·协助推动落实 ·评估落实情况并出具《内控规范要求落实情况报告》	·负责组织、协调、推动和落实内控规范要求

工作成果由《内控规范要求落实情况报告》展示。

5. 制度修订与完善阶段

（1）评估制度有效性，协助制度修订

示例如表8所示。

表8　固定资产采购内控制度修订

序号	制度名称	需新增内容	需修改内容	责任部门	整改截至时间	整改情况
1	《设备采购管理制度》	1. 增加职责权限划分的条款。2. 细化验收环节的责任分工。	1. 第三条中,"由设备部门填写固定资产采购申请单"属于职责不相容,需要修改为需求部门填写固定资产采购申请单…… ……	设备部		

工作成果体现为《内控相关制度汇编》。

（2）培训内控手册和制度要求

示例如表9所示。

表9　内控手册和制度培训材料

工作内容	工作成果	中介机构的责任	公司配合事项
组织公司相关人员宣贯和培训内控手册及制度要求	内控手册和制度培训材料	制作培训材料;对手册和制度的关键控制点进行解释和说明	组织培训工作;各相关人员参加培训,并于培训后落实培训内容

工作成果体现为《内控手册和制度培训材料》。

6. 内部控制评价阶段

（1）对内部控制的设计与执行进行测试（见表10）

表10 内部控制穿行测试

工作内容	工作成果	中介机构的责任	公司配合事项
·制订穿行测试计划及测试模版 ·执行穿行测试 ·复核测试结果，记录测试中发现的问题	·穿行测试计划及测试模版 ·各公司穿行测试工作底稿 ·穿行测试缺陷汇总表	·对穿行测试计划及测试范围的合理性提供意见 ·提供穿行测试底稿的样例并协助修订测试底稿模版初稿 ·进行穿行测试 ·复核测试工作底稿 ·对关键流程的关键内部控制的设计与执行有效性进行评估 ·协助各个流程负责人确认流程记录、提出发现的设计与执行缺陷及改进建议	·确定测试范围 ·对穿行测试底稿模版进行确认 ·协助执行穿行测试，并记录发现的问题 ·对关键流程的关键内部控制的设计与执行有效性进行评估 ·各个流程负责人确认流程记录、发现的设计与执行缺陷及其改进建议

（2）穿行测试缺陷整改（见表11）

表11 穿行测试缺陷整改

工作内容	工作成果	中介机构的责任	公司配合事项
·制订缺陷整改的方案并与相关负责人员进行沟通，并确定最终的整改办法 ·将缺陷整改方案下发至各公司各部门，进行缺陷整改 ·根据整改后的流程将内控文档进行更新	·整改方案 ·穿行测试缺陷整改报告 ·更新后的内控文档 ·流程描述 ·流程图 ·控制矩阵	·评估已确认的缺陷性质，确定需要纠正的缺陷，并设计改进措施 ·与管理层讨论，确认改进措施的可操作性 ·解答缺陷整改过程中遇到的问题 ·更新内控文档初稿	·对缺陷整改方案进行确认 ·进行缺陷的整改，并监督整改进程 ·确定更新后的内控文档

（3）符合性测试（见表12）

表 12　内部控制符合性测试

工作内容	工作成果	中介机构的责任	公司配合事项
·制订符合性测试的计划及测试的范围 ·制作符合性测试底稿模版 ·执行符合性测试,并记录发现的问题 ·复核测试底稿	·符合性测试计划及测试模版 ·符合性测试工作底稿 ·符合性测试缺陷汇总表	·对符合性测试计划及测试范围的合理性提供意见 ·提供符合性测试底稿样例并编制测试底稿模版初稿 ·复核测试工作底稿	·确定测试范围 ·对符合性测试底稿模版进行确认 ·协助执行符合性测试,并记录发现的问题

（4）符合性测试缺陷整改（见表13）

表 13　符合性测试缺陷整改

工作内容	工作成果	中介机构的责任	公司配合事项
·对符合性测试发现的问题制订整改方案 ·按照缺陷整改方案,在各公司范围内进行缺陷整改	·符合性测试缺陷整改方案 ·符合性测试缺陷整改报告	·评估已确认的缺陷性质,确定需要纠正的缺陷,并设计改进措施 ·与管理层讨论,确认改进措施的可操作性 ·为缺陷整改提供技术支持,解答整改过程中遇到的问题	·对缺陷整改方案进行确认 ·进行缺陷的整改,并监督整改进程

（5）出具内控评价报告（见表14）

表 14　内部控制评价报告

工作内容	工作成果	中介机构的责任	公司配合事项
·提供内控信息披露内容 ·出具内控评价报告	·内控信息披露文件 ·内控评价报告	·按照上市公司信息披露要求,提供内控信息披露文件 ·按照内控评价指引要求,出具内控评价报告	·负责所提供资料与信息的准确性、完整性 ·负责理解和陈述内控信息披露内容

工作成果体现为：

· 《内控信息披露文件》；

· 《上市公司内控评价报告》。

（二）安徽省某上市公司治理和内部控制规范案例

1. 项目背景

作为上市公司，A公司需要按照五部委颁布的《企业内部控制基本规范》及其配套指引的要求，建立健全内部控制，对内部控制的有效性进行评价，接受内部控制审计，出具内部控制评价报告和审计报告。

另外，A公司内部管理也面临种种挑战：

· 公司治理架构（如董事会等）不规范、不完善；

· 行政职能式管理，市场化理念和意识不强；

· 部门职责不清晰，业务重叠，部门孤岛，制度缺失；

· 客户资源掌握在业务员手里，业务员直接收取货款和客户以个人名义回款，缺乏客户信用管理；

· 针对较为创新、复杂的业务模式的内控及会计核算问题；

· 在建工程入账依据（按支付进度还是按工程实际进度）、转固不及时、资本性支出异常等；

· 存货账实不符、退货不及时，存在积压、呆滞现象；

· 合同管理环节比较薄弱；

· 未建立严格的资金授权、批准、审验、责任追究等制度；

· 对关联交易、内幕交易、利益冲突、敏感信息保密、合规等方面的管控不到位。

因此，亟待通过内部控制体系建设来满足监管要求和提升管理水平。

2. 主要工作

内部控制建设的具体内容如下：

· 项目启动、内部控制知识宣贯和培训；

· 部门访谈、高管访谈、内部控制现状审核；

·风险评估，协助确定风险等级及风险应对措施；

·问题发现及沟通；

·建立新的内控框架、关键控制点、控制流程图、控制责任和权限；

·内控流程底稿编制；

·内控体系审核报告和管理建议；

·制度体系审核报告和管理建议；

·内部控制管理手册建议。

内部控制运行与评价的具体内容如下：

·内控问题整改，指导内控运行；

·按部门/单位实施培训；

·按部门/单位实施考试；

·内控落实情况测试、检查；

·所发现薄弱环节的再培训；

·再次测试、检查；

·制度修订的讨论与沟通；

·公司领导、各部门集中沟通；

·跟进内控、制度诊断报告中所涉及问题的改进；

·出具内部控制评价报告。

需重点关注如下问题：

（1）治理结构的关键设计（见图3）

（2）财务、业务、监督形成制衡机制和管控合力（见图4）

（3）风险与控制融入业务流程

·应用"价值"原则导向；

·设立风险管理与内部控制"重大事项"集体决策机制；

·拓展控制目标的"定量"要求以及"个人"的控制职责；

·明确"流程科学、机制制衡、风险植入"的操作性；

·考虑职业胜任能力与整体目标的匹配。

・战略与投资   ・独立履行职责   ・寻找董事会下达目标的
・重大人事任命和考核   ・关注中小股东的合法权益   最佳途径与资源配置
・管理层僭越控制与利益   ・深入企业投入时间与感情   ・做好"教练"与"导师"
  的冲突   ・管目标、管绩效
・企业声誉与社会责任   ・通过放权来获得控制权

图 3　治理结构的关键设计

- 审计委员会代表董事会对经理层进行监督，侧重加强对经理层提供的财务报告和内部控制报告的监督
- 同时通过指导和监督内部审计和外部审计工作，提高内部审计和外部审计的独立性
- 在信息披露、内部审计和外部审计之间建立起一个独立的监督和控制机制

图 4　财务、业务、监督形成制衡机制和管控合力

3. 工作成果

建设阶段主要包括：

・内部控制管理手册建议；

・治理与组织结构建议；

・内控体系审核报告和管理建议；

·制度体系审核报告和管理建议。

运行阶段主要包括：

·内控执行培训与考试；

·组织结构与部门职责调整；

·控制缺陷整改；

·补充和完善制度；

·管理情况问卷调查；

·内控管理信息系统；

·内部控制评价报告。

4. 内控建设取得的收益

·新增了关键财务控制流程，解决了会计核算中存在的一些不规范事项。比如，在建工程延迟转固少提折旧、收入入账原始凭证不齐全、暂估入账不够谨慎、部分成本费用跨期入账、向供应商大额付款审批手续不完备等。

·推动业务量持续攀升、应收账款账期缩短、存货周转加快、资产安全得到保障等。

·解决了组织失衡、业务管控缺失、合同管理环节薄弱、应收账款漏洞、专项业务违规、物流隐患等经营、管理、稽核等各个层面的问题。

·新增和加强了对销售、物资采购、投资、工程项目、存货管理等关键流程中舞弊风险的防范措施。

五 对策研究

（一）完善公司治理结构，营造良好的内控环境

完善的公司治理结构是企业内部控制有效运行的重要保证，也是企业增强竞争力和提高经营绩效的内生动力。良好的公司治理是企业规范发展的基本条件，也是防范化解业务风险、实现资本市场高质量发展的必然要求。上

市公司及相关各方一定要高度重视《上市公司治理准则》的贯彻落实工作，敬畏资本市场相关法律规则，营造良好的内控环境。

安徽省上市公司应该结合新《准则》相关要求和近期监管形势，严格按照安徽省证监局梳理归纳的《上市公司治理"十个应当、十个不得"》的相关要求，在独立性、信息披露、财务核算、权益变动、内幕信息管理、关联交易、董监高履职、规范股票买卖、投资者保护、杜绝违规担保及大股东资金占用十个方面严格遵守监管要求，远离监管"红线"，勿踏违规"雷池"，自觉完善治理架构与内部控制，规范运作，提高治理水平，积极回报投资者，不断提升公司规范运作及治理水平。

（二）建立健全风险评估机制，不断完善内控机制

上市公司应当建立健全适合本单位的包括风险信息收集、风险识别、风险分析与评价、风险应对、风险预警与报告等程序的风险评估机制；重点关注财务风险、经营风险、法律风险、市场风险等风险防控；构建事前防范、事中控制、事后考核问责的三道风控关口；同时对风险控制进行监督、考核和责任追究，提高公司风险防范与控制水平。

（三）完善监督机制，确保内控有效执行

建立健全监督机制是确保内部控制有效执行的一个重要保证。高风险业务领域，需要以监控和独立审计的方式来检验其执行是否合规，是否存在执行缺陷。一旦发现违规线索（如员工举报）和违规行为，立即展开独立审计，这是企业内部控制管理中的最后防线。既要保证审计的行为可为企业排除风险，又要确保审计的方法和内容遵循法律法规。如果发现违反业务所在国相关法律法规的案件，一经收到，应立刻上报相关国家机关进一步调查。

内部控制体系重在执行，而内部控制评价是监督内部控制体系是否有效执行的重要保障及有力武器。因此，上市公司可以通过持续开展内部控制评价、提高评价频率（每年开展两次内部控制评价工作，7月、12月各开展一次）、建立内部控制运行考核机制等方式不断加强内部控制评价，以确保

内部控制体系得到有效执行，避免同样的问题在不同年度持续发生，不断提高管理水平。

（四）建立健全预防"内部人"控制的机制

要真正预防"内部人"控制，必须从根源上改善管理供给，还原市场地位。"内部人"控制的预防核心是真正确立上市公司的市场主体地位，具体包括确立母公司的管理定位、确立子公司真正的市场地位、建设好子公司的董事会、选好子公司的总经理等四个方面。

（五）通过 IT 控制，加强内控和财务管理

在信息技术高速发展的今天，内部控制信息化的实施进度及推进深度俨然已成为确保内部控制制度设计合理和执行到位的最优方法和手段。如今，没有人可以再执着地认为，复杂企业的内部控制体系可以脱离信息化而存在。ERP 的普遍使用、各种定制化软件层出不穷及人工智能在企业的广泛运用，也在一定程度上彰显着企业对信息化程度的重视及对信息系统的依赖。企业还可以通过信息系统落实和强化内部控制要求，为财务报表数据的有效性提供技术支撑。

内部控制与信息化融合的目标具体体现如下。

首先，合规型内控的信息化融合目标应该是，信息系统能够支持企业对内控文档的有效管理；进一步的，企业内控管理的流程和控制点能够一定程度上固化到各业务运营系统及财务系统中。其次，管理型内控的信息化融合目标应该是，企业内控管理的流程和控制点能较为全面地固化到各业务运营系统及财务系统中，并在一定程度上实现自动控制或预警；同时，内控（内审）部门能够在一定程度上通过内控管理软件，对企业的各项关键风险指标进行实时的监控。最后，价值型内控的信息化融合目标应该是，公司治理和运营的各个层面都存在 IT 技术的支持，企业的风险与内控管理、业务管理、合规遵从，拥有一套功能全面，运行可靠的 IT 解决方案进行有效支撑；内控（内审）部门能够有效通过内控管理软件，实现全面风险管理及控制。

（六）建立财务共享平台，提升会计信息质量

财务共享服务平台是一个企业与共享中心交互的平台。首先，企业用户在自助系统提交业务处理申请，并在线上寄送原始单据；其次，共享中心通过自助系统接收企业提交的业务申请和原始单据，并对原始单据进行初审、扫描、复核、问题单据处理、归档等操作。这样企业就可以不用全配备财务人员，节约了人力成本。财务共享中心的建立需要信息技术的支持，多为应用 ERP 及票据影像识别工具，并将财务处理分为总账、应收、应付、成本、费用等多个部门，分别处理固定的业务类型，从而实现规模效应。企业对提交的凭证负责，而财务共享中心不审核业务的真实性，只审核凭证是否规范。

财务共享服务中心的建立能够引起企业内部业务处理的变化，通过改变公司的内部控制流程，从而影响会计信息质量的要求。可靠性是会计信息质量要求的基础，要求会计信息能够如实反映实际发生的交易或事项。财务共享将企业和财务业务处理人员分隔开，减少了企业与财务业务人员的直接接触，能够有效规避造假风险。而且企业对业务的真实性负责，财务业务处理人员只根据合规的凭证进行财务业务处理，更能有效提升会计信息质量。

权威报告·一手数据·特色资源

皮书数据库
ANNUAL REPORT(YEARBOOK) DATABASE

当代中国经济与社会发展高端智库平台

所获荣誉

- 2016年，入选"'十三五'国家重点电子出版物出版规划骨干工程"
- 2015年，荣获"搜索中国正能量 点赞2015""创新中国科技创新奖"
- 2013年，荣获"中国出版政府奖·网络出版物奖"提名奖
- 连续多年荣获中国数字出版博览会"数字出版·优秀品牌"奖

成为会员

通过网址www.pishu.com.cn访问皮书数据库网站或下载皮书数据库APP，进行手机号码验证或邮箱验证即可成为皮书数据库会员。

会员福利

- 已注册用户购书后可免费获赠100元皮书数据库充值卡。刮开充值卡涂层获取充值密码，登录并进入"会员中心"—"在线充值"—"充值卡充值"，充值成功即可购买和查看数据库内容。
- 会员福利最终解释权归社会科学文献出版社所有。

社会科学文献出版社 皮书系列
SOCIAL SCIENCES ACADEMIC PRESS (CHINA)

卡号：379327164874
密码：

数据库服务热线：400-008-6695
数据库服务QQ：2475522410
数据库服务邮箱：database@ssap.cn
图书销售热线：010-59367070/7028
图书服务QQ：1265056568
图书服务邮箱：duzhe@ssap.cn

S 基本子库
UB DATABASE

中国社会发展数据库（下设 12 个子库）

全面整合国内外中国社会发展研究成果，汇聚独家统计数据、深度分析报告，涉及社会、人口、政治、教育、法律等 12 个领域，为了解中国社会发展动态、跟踪社会核心热点、分析社会发展趋势提供一站式资源搜索和数据分析与挖掘服务。

中国经济发展数据库（下设 12 个子库）

基于"皮书系列"中涉及中国经济发展的研究资料构建，内容涵盖宏观经济、农业经济、工业经济、产业经济等 12 个重点经济领域，为实时掌控经济运行态势、把握经济发展规律、洞察经济形势、进行经济决策提供参考和依据。

中国行业发展数据库（下设 17 个子库）

以中国国民经济行业分类为依据，覆盖金融业、旅游、医疗卫生、交通运输、能源矿产等 100 多个行业，跟踪分析国民经济相关行业市场运行状况和政策导向，汇集行业发展前沿资讯，为投资、从业及各种经济决策提供理论基础和实践指导。

中国区域发展数据库（下设 6 个子库）

对中国特定区域内的经济、社会、文化等领域现状与发展情况进行深度分析和预测，研究层级至县及县以下行政区，涉及地区、区域经济体、城市、农村等不同维度。为地方经济社会宏观态势研究、发展经验研究、案例分析提供数据服务。

中国文化传媒数据库（下设 18 个子库）

汇聚文化传媒领域专家观点、热点资讯，梳理国内外中国文化发展相关学术研究成果、一手统计数据，涵盖文化产业、新闻传播、电影娱乐、文学艺术、群众文化等 18 个重点研究领域。为文化传媒研究提供相关数据、研究报告和综合分析服务。

世界经济与国际关系数据库（下设 6 个子库）

立足"皮书系列"世界经济、国际关系相关学术资源，整合世界经济、国际政治、世界文化与科技、全球性问题、国际组织与国际法、区域研究 6 大领域研究成果，为世界经济与国际关系研究提供全方位数据分析，为决策和形势研判提供参考。

法律声明